中国科学院规划教材

国际贸易实务

（第二版）

主　编　张相文　曹　亮
副主编　田毕飞

科学出版社
北　京

内 容 简 介

本书共十二章，内容涉及国际贸易术语、国际贸易合同、国际货物运输、保险、进出口货物的定价、结算以及近几年蓬勃发展的电子商务和电子单据等内容，全面系统地阐述了国际贸易实务的相关知识。每章后面均附有“复习思考题”及“案例分析”，以加强学生对相关内容的联系与理解。针对目前国际贸易的特点以及中国对外贸易的特点，本书在案例系统的开发和书籍内容上作出相应的创新，使其能同时满足在校学生和国际贸易实务从业人员的双重需要。

本书配有多媒体教学课件及国际贸易实务案例库，广泛适用于各大专院校经济、管理类专业，特别是国际贸易专业本科生及研究生的教学，也可用于与国际贸易有关的各种在职培训。

图书在版编目（CIP）数据

国际贸易实务 / 张相文，曹亮主编．—2版．—北京：科学出版社，2009

中国科学院规划教材

ISBN 978-7-03-023144-4

Ⅰ．国…　Ⅱ．①张…②曹…　Ⅲ．国际贸易-贸易实务-教材　Ⅳ．F740.4

中国版本图书馆CIP数据核字（2008）第153830号

责任编辑：李　欢　林　建　李俊峰/责任校对：陈玉凤

责任印制：徐晓晨/封面设计：耕者设计工作室

科学出版社出版

北京东黄城根北街16号

邮政编码：100717

http://www.sciencep.com

北京盛通商印快线网络科技有限公司 印刷

科学出版社发行　各地新华书店经销

*

2009年2月第　二　版　开本：B5（720×1000）

2019年3月第九次印刷　印张：25 1/4

字数：485 000

定价：59.00 元

（如有印装质量问题，我社负责调换）

前　言

随着经济全球化的深入，国际贸易作为国际分工的结果，在全球范围内蓬勃发展。进入21世纪以来，国际贸易的广度和规模更是前所未有，不但发展速度远远高于全球生产量和世界经济的增长率，而且其商品结构、知识含量和交易方式也更加高级化。中国自2001年加入世界贸易组织以来，对外贸易总额从加入前最高的5097.68亿美元迅速增加到2007年的21 738.3亿美元，年复合增长率达20%左右，中国也一跃成为仅次于美国和德国的世界第三大贸易体，在一定程度上改变了美国、日本和欧盟的贸易“金三角”格局。

中国贸易的飞速发展急需大量懂管理、会操作、善变通的高层次贸易人才。正是在这种背景下，我们重新组织编写了这本《国际贸易实务》教材，希望对我国国际贸易人才的培养尽绵薄之力。本书以一份标准的国际货物买卖合同为主线，分别从合同标的、贸易术语、货物运输、货物保险、商品价格、款项结算、争议处理等方面系统地介绍了国际贸易的具体操作流程。在此基础上，本书详细介绍了货物进出口合同的订立与履行。此外，本书还介绍了除一般贸易之外的其他贸易方式，如加工贸易、多边贸易等。

与其他有关国际贸易实务的教材相比，本书具有如下特点：

（1）紧扣贸易发展实际。国际贸易在知识经济条件下获得了新的发展，未来的国际贸易将更多地通过网络等电子交易方式实现。本书紧扣经济发展潮流，详细介绍了国际电子商务，不仅描述了其独有特点与操作流程，还讨论了其所涉及的法律法规及争议处理。此外，在贸易术语的选用方面，本书囊括了编者长期以来的研究成果及最新结论，具有时代感。

（2）反映实务最新变化。国际贸易总是在各种惯例和公约之下进行的，而这些都在不断发生变化。如国际商会已于2006年底对《跟单信用证统一惯例》（UCP500）做了修订，并于2007年正式实行新版惯例，即UCP600。本书根据修改后的惯例撰写了相关内容，尤其是在第七章国际货款结算的编写中，体现得非常明显。

(3) 贴近读者使用需要。本书在编写过程中，充分考虑了中国读者的思维习惯及使用效果。如在国际贸易术语的介绍方面，本书一改大多数教材在正文部分简单介绍，把具体内容通过《国际贸易术语解释通则 2010》的附录罗列出来的方式，而是对于常用术语直接将有关惯例的主要条款摘录出来在正文中说明与论述，便于读者更好地理解并应用这些术语。本书在每一章后均附有重要概念、思考题与案例分析，这些内容大大方便了读者掌握教材重点，也有利于读者检测自己的学习效果。此外，本书还在最后附上了贸易实务中的全套单据，便于读者更形象地理解与使用这些单据。

本书是团队合作的成果，由中南财经政法大学国际商务研究所的张相文和曹亮担任主编，田毕飞担任副主编。具体写作分工如下：第一章和第五章由曹亮编写，第二、八、九、十、十一章及附录与附件由田毕飞编写和整理，第三章和第六章由丁梅生编写，第四章由谭智编写，第七章由余乐芬编写，第十二章由张相文编写。全书编写结构及提纲由张相文和曹亮共同确定，具体章节审校由曹亮和田毕飞完成，最后由张相文和曹亮负责统筹和定稿。

本书在编写过程中，参考了大量书籍、报刊以及中国国际贸易促进委员会、中国国际商会公布的相关资料。虽然我们已尽量列出这些参考书目，但由于种种原因仍有少数书目未能逐一列出，在此，我们对所有作者一并表示最诚挚的谢意！

由于时间和编者水平有限，书中难免有不足之处，敬请各位读者批评指正。

编　者

2009 年 1 月于武昌晓南湖畔

目 录

第一章

导　论

第一节　当代国际贸易的发展特点及趋势

对外贸易（foreign trade）是指一个国家或地区同别的国家或地区进行商品和劳务交换的活动。从国际范围看，当这种商品和劳务的交换活动由各国的对外贸易构成世界范围的交易，就称为国际贸易（international trade）或世界贸易（world trade）。由于现代国与国之间的货币信贷关系、科技合作关系等都以商品运动为基础，因此国际贸易已经成为现代国际经济联系的基本形式。进入21世纪，世界经济已经由工业经济向知识经济转变。当代的国际分工是以知识、资本、科技、信息技术、人才等高级生产要素为基础的新型的分工形式。这种新的、深入的、高级的分工形式促进了新的国际贸易方式和交易手段的产生和发展，使得当代的国际贸易呈现出新的发展特点和趋势。

一、当代国际贸易的发展特点

第二次世界大战结束后，在第三次科技革命和国际分工深化的基础上，伴随20世纪中期世界经济的大繁荣（1948～1973年）、20世纪90年代以来经济全球化进程的加快和以信息产业为核心的新经济的发展，国际贸易出现了空前的高速发展局面。[①] 当代国际贸易的发展，主要呈现出以下四个方面的特点。

（一）世界贸易步入新一轮高速增长期，贸易对经济增长的拉动作用越来越明显

国际贸易的高速增长是当代国际贸易发展的主要特征之一。世界贸易组织

① 黄汉民、钱学锋．2006．中国对外贸易．北京：中国财政经济出版社．155～158。

(WTO）官方网站的统计数据显示，世界贸易的增长速度远远快于世界生产的增长速度。同时，世界贸易的快速发展极大地促进了世界经济的增长，世界生产、GDP总值同世界贸易总值呈正比例关系发展。纵观20世纪60年代后期的世界贸易额，除70年代世界性经济危机以及2001年“9·11”事件带来的世界性经济衰退以外，国际贸易的增长基本上呈上升趋势。特别表现在2001年“9·11”事件之后，世界经济和贸易发展迅速，国际贸易步入新一轮的高速增长时期，各国对外贸易对经济的拉动作用都得到了充分的体现。

（二）国际贸易商品结构高级化，服务贸易及技术贸易发展迅速，知识产权贸易比重上升

国际贸易商品结构的高级化与产业结构的优化升级互为依托。国际贸易商品结构的高级化主要表现在国际贸易商品的智能化和无形化两个方面。具体来讲，就是指服务贸易的迅速发展以及技术贸易的大幅增长。

1. *服务贸易的发展日新月异*

首先，在贸易规模上，世界服务贸易年度贸易总额从1980年的3643亿美元，上升到1996年的12 706亿美元，2006年已增加至27 559亿美元。服务贸易的增长快于同期货物贸易的增长。服务贸易占世界贸易的比重由1980年的15.2%上升到2005年的19.3%。1998～2006年世界服务贸易发展规模如表1.1所示。

表1.1 1998～2006年世界年服务贸易总额 单位：10亿美元

年度	1998	1999	2000	2001	2002	2003	2004	2005	2006
出口额	1351.5	1406.4	1493.6	1498.9	1608.4	1842.9	2212.9	2458.8	2755.9
进口额	1331.5	1387.5	1477.7	1496.1	1583.3	1805.6	2145.9	2379.8	2648.4

资料来源：http://www.wto.org/english/res_e/statis_e/its2007_e/its07_appendix_e.htm

其次，在贸易结构上，服务贸易日益向金融、保险、电信、信息、咨询、法律、医疗等新兴的、技术含量较高的服务业倾斜，高技术产品的附加值也在不断增加。相对而言，传统的劳动密集型的运输业、旅游业所占份额持续下降。

欧洲学者佩尔西·巴纳维克预言，到2010年，服务业将代替制造业成为推动经济发展的主要力量，其中美国经济构成中将仅有10%是制造业，其余将全部是服务业。据有关专家估计，到2010年，世界服务贸易将与货物贸易“平分秋色”。可见，服务贸易的发展壮大已经成为国际贸易中不可逆转的趋势。

2. *国际技术贸易发展迅速*

随着科学技术的进步和知识经济的发展，各国都把发展高新技术产业作为获得经济、贸易领先地位的制高点。首先，高技术产品贸易在制成品贸易中的比重大大提高，传统的劳动力密集型、资本密集型产品将让位于技术密集型，尤其是高新技术密集型产品。同传统商品相比较，高技术产品具有种类繁多、操作灵活、技术含量高、使用方便等优点，被称为“轻型”或者“无重量”商品。可以预见，在未来的国际贸易商品结构中，这一类型的商品将会占据越来越重要的地位，其发展形势十分可观。

其次，国际技术贸易额增长迅速，且正以更快的速度攀升。技术贸易的市场竞争也愈演愈烈，在英国、美国、德国、法国、日本等发达国家继续占据主要市场份额的基础上，主要石油输出国、新兴工业化国家以及中国等发展中国家也在技术贸易上日渐成熟，成为发达国家有力的竞争对手。

3. *知识产权贸易的比重不断上升*

在知识经济迅速发展的时代背景下，知识产权贸易成为未来国际贸易的主要内容将是不可避免的发展趋势。随着知识的进步和科技的发展，知识产权贸易在世界贸易中所占的比重及地位将不断上升。如今，它已经同货物贸易、服务贸易一起，并列为世界贸易的三大支柱。同时，尽管一些国际组织如世界贸易组织、世界知识产权组织（WIPO），以及各国政府等都对知识产权的保护制定了严格的政策和措施，但是，利用高科技手段侵犯知识产权的问题依然屡禁不止。可以预见，知识产权方面的纠纷将成为未来国际贸易的主要争端。

（三）国际贸易运作方式高级化

随着多媒体技术、信息技术的发展以及国际贸易规模的不断扩大，国际贸易运作方式也日益高级化，主要体现在交易方式的网络化及电子化。

同传统贸易手段相比较，网络贸易有效突破了时间、空间、国家地理界限的限制，可以将相互分割的国家、企业、海关、税务、金融服务等机构紧密地联系在一起。电子商务在世界大部分国家和地区的普及，无纸贸易（EDI），即电子数据交换系统的出现，都极大地提高了国际贸易的运作效率，促进了国际贸易的发展。电子商务在推动经济发展、提高贸易效率、增强企业竞争力方面有显著的效用。它不仅整合国家经济进入全球经济，还能提供就业机会，创造财富。可以预见，21世纪网络贸易将成为主导型的贸易方式。

（四）发达国家依然在国际贸易中占据主导地位，中国成为国际贸易增长的新生力量

首先，发达国家依然占据着国际贸易的主导地位。2006年，货物出口额占据世界前十位的国家分别是德国、美国、中国、日本、法国、荷兰、英国、意大利、加拿大、比利时，其份额分别为9.2%、8.6%、8.0%、5.4%、4.1%、

3.8%、3.7%、3.4%、3.2%、3.1%，除中国之外，发达国家占据9席①。美、日、欧依然是世界三大主要的经济体。目前发达国家已经占据了世界货物出口70%以上的份额以及服务贸易90%以上的份额。发达国家通过开展区域贸易合作和控制多边贸易体制来主宰国际贸易秩序，并在国际交换中获得了大部分贸易利益。

其次，作为2006年唯一一个货物出口总额进入世界前十位的发展中国家，中国的贸易地位及经济地位都在世界获得了稳步的提升。继中国2004年货物出口额以5933.2亿美元仅次于美国和德国跻身世界前三甲的位置之后，2006年又以9690.8亿美元位居世界第三位，2007年中国货物出口总额一举突破一万亿美元，达到了12 180.2亿美元。经过多年的快速发展，中国已经成为世界贸易和经济中的“亮点”。我们有理由相信，在未来国际贸易的新格局当中，中国将占有举足轻重的地位，它将带领其他发展中国家，为世界经济贸易的发展做出贡献。

二、当代国际贸易的发展趋势

（一）贸易投资一体化趋势明显，跨国公司对全球经济的主导作用日益增强，国际贸易交易市场垄断化程度加剧

国际直接投资的迅猛发展是当代世界经济发展的一个显著特点。根据联合国贸发会议发布的《2007年世界投资报告》显示，全球外国直接投资流入量连续3年增长，2006年达到了13 060亿美元，比2005年增长了38%，成为2000年以来增幅最高的一年。从总体上来看，国际投资已经成为经济全球化最重要的推动力量。资本在全球范围内的自由流动，推动了世界贸易投资一体化趋势的增强，并对国际贸易格局产生了深刻的影响，使得跨国公司成为全球范围内资源配置的核心力量。

跨国公司是全球经济活动的主角之一。根据联合国贸发会议有关数据，截至2005年，全球跨国公司的总数已达6.3万，跨国公司产值占全球总产值25%，跨国公司的贸易额占国际贸易的60%，目前跨国公司已经垄断了国际技术创新的70%～80%，以及国际技术贸易的90%，其进行的对外直接投资也占据了国际直接投资的90%。跨国公司已经实现了全球范围内资源的整合，并实现了成本的最小化及利润的最大化。同时，跨国公司的发展使得各国开展对外贸易的基础从以比较优势为主，转变为以拥有跨国公司的数量及企业整合世界资源的能力为主。跨国公司凭借其人才、技术、管理、资产等方面的巨大优势，通过全球资

---

① WTO网站2007年贸易数据：http：//www.wto.org/english/res _ e/statis _ e/its2007 _ e/section1 _ e/i08.xls

源最优化配置，在知识特别是技术领域始终占据世界领先地位。从某种意义上来讲，跨国公司已经成为国际贸易市场的垄断者。随着生产国际化及经济一体化的新发展，跨国公司将进一步加强对国际贸易、国际投资的控制。

（二）以WTO为核心的多边贸易体制面临新的挑战，双边自由贸易成为国际贸易发展的新趋势

贸易全球化是经济全球化的重要表现。在贸易全球化的背景之下，以WTO为核心的多边贸易体制在制定和实施多边贸易规则、主持多边贸易谈判、解决贸易争端方面发挥了十分重要的作用。然而，近年来，由于多边贸易谈判阻力不断增大，以及部分区域性自由贸易区的计划未能如期实现，WTO遇到了诸多困难与挑战。发达成员国长期奉行单边主义，采取各种手段规避其自身义务、维护自身利益，导致乌拉圭回合达成的部分协议无法正常实施。多边贸易体制面临巨大挑战。

在这种背景之下，曾经被冷落的双边自由贸易协定（FTA）又一次受到世界各国的青睐。新一轮的双边自由贸易热潮从20世纪80年代局部出现，90年代末开始全球盛行①。根据WTO网站公布的数据，1948～1994年，向GATT通报的区域性经济组织有124个，而1995～2006年，向WTO通报的区域性经济组织就新增130个，且大部分是双边自由贸易区。截止2006年6月15日，向WTO通报的区域性经济组织实际存在197个，其中170个为双边自由贸易区，约占86.3%。② 新一代的双边自由贸易协定，无论是同它的传统形式相比，还是同其他区域贸易协定相比，具有缔结速度快、方式灵活、可以同时与多个不同对象国或地区签订的优点，对成员国的地理位置、经济发展水平也没有了过高的要求，因此，双边自由贸易发展迅速，成为国际贸易发展的新趋势。

（三）贸易自由化和保护主义的斗争愈演愈烈，贸易壁垒花样迭出，各种经济体的利益冲突白热化

在经济全球化的推动下，世界各国、各经济体的贸易和经济往来愈加频繁。从国际贸易的总体发展趋势来看，贸易自由化已经成为不可逆转的趋势和潮流。

然而，各国经济发展水平的差异、区域贸易集团的排他性增强、国际贸易利益分配的两极化等问题都加剧了贸易保护主义的横向、纵向发展。

发达国家为了维护自身利益，加速对世界资源的掠夺，采取种种不公平竞争手段、制定各种新兴的贸易壁垒，并通过控制WTO等多边贸易体制来限制发展

---

① 丘嘉峰、顾丽娜．2006．国际贸易发展的新趋势及中国对策．经济纵横，(11)：11～13。

② 根据WTO官方网站数据计算整理而得：http：//www. wto. org/english/tratop _ e/region _ e/summary-e. xls

中国家贸易的发展，致使世界贸易争端及贸易摩擦层出不穷。当前的贸易争端主要呈现以下特点：一是各国基于战略利益考虑而引发的贸易摩擦增多。二是贸易保护的手段不断翻新，各种技术壁垒成为贸易保护的新式武器，知识产权纠纷成为国际贸易争端的重要方面。三是摩擦从单纯的贸易问题转向更为综合的领域。贸易与劳工标准、贸易与环境保护以及汇率等问题都已列入世贸组织的谈判议程，资源摩擦与贸易摩擦交互作用的趋势越来越明显。四是中国已成为国际贸易保护的最大受害国。1995～2005 年，中国连续 10 年成为遭受反倾销最多的国家。这些趋势的出现，必然会给 21 世纪的国际贸易带来巨大的障碍和不利影响。发达国家同发展中国家的矛盾，将会因为贸易利益的两极化而进一步加剧。同等发展水平的国家之间的斗争，也因为争夺海外市场、战略资源等目的而愈演愈烈。各种经济体的利益冲突将日趋白热化。

（四）国际贸易及生产领域绿色浪潮兴起，绿色贸易盛行，国际贸易被赋予新的特点和内涵

近年来，在全球范围内，以保护环境为主题的绿色浪潮声势日高，绿色贸易也应运而生。随着各国消费者环保意识的增强，以及各国政府对环境效益、社会效益的重视，绿色消费将成为新的消费潮流，绿色贸易将成为国际贸易的主要发展趋势。主要表现在以下几个方面：

（1）绿色消费将引领消费潮流，成为绿色贸易的基础。国际贸易的基础是各国生产和消费上的差异。20 世纪 90 年代以来，随着社会经济的发展，人们的价值观念、消费心理都发生了深刻的变化。重视环保、崇尚自然的绿色消费之风蔚然兴起。据联合国有关部门的统计，越来越多的消费者更青睐于绿色产品，并在购物时将环保因素考虑在内。可见，绿色消费的理念已经越来越深地根植于消费者的日常消费之中，绿色消费成为绿色贸易的基础。

（2）绿色产品优化了国际贸易商品结构。随着世界绿色消费、绿色产业、绿色市场的兴起，国际贸易商品结构得到进一步的优化。主要表现在：绿色产品在国际贸易商品结构中所占的比例日益增大，同时，加速自然资源消耗的初级产品贸易所占的比重日益降低，新能源、新材料、新技术的兴起和发展，使得各种环保产品和新工艺得以广泛的应用。产品的技术知识含量不断提高，使得原来的国际贸易商品结构从以资源密集型商品为主转化为以高新技术、知识密集型产品为主，即绿色产品贸易日渐成为国际贸易的主要内容。

（3）绿色壁垒成为主要贸易壁垒。当今，绿色壁垒（green barriers，GBs）已经成为技术性贸易壁垒的重要组成部分，是指那些为了保护生态环境而直接或间接采取的限制甚至禁止贸易的措施。根据 WTO 降低关税的精神，各国的关税水平已经大幅度降低，各种传统的非关税壁垒也在不断减少，在环境保护成为全球共同呼声的背景之下，加上 WTO 中的有关规定为绿色壁垒的实施提供了合法性，绿色壁垒在近几年得到了迅速的发展和深化。绿色关税、绿色市场准入制度、强制性绿色标志、绿色反倾销及反补贴、PPMs 标准①及其他环保标准等绿色壁垒已经成为贸易保护主义的新型武器。

第二节 国际贸易遵循的原则、法律及惯例

国际贸易惯例同国际贸易有着十分密切的关系。随着我国加入 WTO，我国的经济发展及对外贸易更加深入地融合到世界经济发展的大潮中去。我国的对外贸易在取得飞速发展的同时，我国与贸易伙伴间的贸易摩擦和纠纷也呈上升趋势，在这些摩擦与纠纷中，越来越多地涉及国际贸易条约、国际贸易法律法规及国际贸易惯例与规则的问题。只有充分了解国际贸易中适用的各种条约、协定、惯例、法律与规则，才能有效避免及解决贸易纠纷，促进我国对外贸易的健康发展。

一、国际贸易条约与协定

（一）国际贸易条约与协定的含义及法律效力

1. 国际贸易条约与协定的含义

国际贸易条约与协定通常是两个或者两个以上的主权国家为了确定彼此之间在经济、贸易方面的权利和义务而缔结的书面协议，也是缔约国之间开展经济、贸易往来必须遵守的准则。

国际贸易条约和协定的主要区别在于，协定一经各方国家的政府代表签字则可生效，而条约在签字后还需经条约中所规定的国家的立法机构的批准才能生效。按照参加国的数量，条约和协定又可以分为双边及多边的条约和协定，其中多边的国际条约通常称为公约。

2. 国际贸易条约与协定的法律效力

按照“条约优于国内法”的原则，国际贸易活动必须符合当事人所在国加入或者签订的国际条约和协定。缔约国之间的一切经济贸易活动都必须遵守而不能违反国际贸易条约的规定。也就是说，国际贸易条约与协定具有法律效力，且其效力高于缔约国的国内法。就我国而言，我国《民法通则》规定：“中华人民共和国缔结或者参加的国际条约同中华人民共和国的民事法律有不同规定的，适用

① PPMs 是“processing & product method”的缩写，是对产品生产和加工过程所制定的特定环境标准。有的国家生产技术水平较高，人们对生存环境提出了更高的质量要求，这些国家制定了较为严格的 PPMs 标准以及其他一些近乎苛刻的环保标准，要求进口商品必须达到。

国际条约的规定，但中华人民共和国声明保留的条款除外。”

（二）国际贸易条约和协定所适用的主要法律待遇条款

国际贸易条约和协定所适用的优惠待遇条款包括最惠国待遇条款及国民待遇条款。

1. 最惠国待遇条款（most-favored-nation treatment）

最惠国待遇条款是国际贸易条约与协定的重要条款。该条款规定：缔约国一方现在和将来给予任何第三国的一切特权、优惠和豁免，也必须同样给予缔约对方。该条款的基本要求是使缔约一方在缔约另一方享有不低于任何第三国享有或者可能享有的待遇。也就是说，要求一切外国人或者外国企业处于同等地位，享有同样的待遇，不受到任何歧视。

最惠国待遇分为无条件的最惠国待遇及有条件的最惠国待遇。所谓无条件的最惠国待遇，指缔约国一方现在和将来给予任何第三国的一切优惠待遇，立即无条件地适用于对方。相对而言，有条件的最惠国待遇是指如果一方给予第三国的优惠待遇是有条件的，则另一方必须提供同样的条件才能享受这种优惠待遇。当今的国际贸易条约一般多采用无条件的最惠国待遇条款。

最惠国待遇条款可以适用于缔约国经贸关系的各个方面，也可以适用于其经贸关系中的某些具体问题，如进口、出口、过境商品的关税及其他捐税、海关规则、手续及费用；进出口许可证发放的行政手续；关于移民、投资、商标、专利及铁路运输方面的待遇等。最惠国待遇条款也有其限制及例外，即在贸易条约及协定所规定的某些不适用于该条款的事实及理由存在时，即不适用最惠国待遇条款。

2. 国民待遇条款（nation treatment）

国民待遇条款是国际贸易条约与协定适用的另一条重要条款。其基本含义是：缔约国一方保证缔约国另一方的公民、企业、船舶在本国境内享受与本国公民、企业、船舶同等的待遇。

国民待遇条款的适用也有一定的范围。其一般适用于外国公民或者企业的经济权利。主要包括外国产品所应缴纳的国内捐税、船舶在港口的待遇、商标注册、著作权及发明专利权的保护等。而有些权利，如沿海航行权、领海捕鱼权、购买土地权等权利则一般不包括在国民待遇条款当中。

（三）国际贸易条约与协定的种类

根据内容划分，国际贸易条约与协定主要包括通商航海条约、贸易协定、支付协定以及国际商品协定等。

1. 通商航海条约

通商航海条约（treaty of commerce and navigation），又称通商条约或者友好通商条约，是指全面规定缔约国之间经济、贸易关系并需要经过缔约国立法机构批准才能生效的国际条约。其内容相当广泛，涉及缔约国经济、贸易、航海等各个方面的问题，主要包括：关税的征收及海关手续的规定、船舶航行与使用港口的规定、缔约双方的公民和企业在对方国家所享受待遇的规定、有关知识产权保护的规定、进口商品征收国内捐税的规定、铁路运输和过境的规定、仲裁裁决的规定等。

通商航海条约一般由国家首脑或者特派的全权代表来签订，并经双方的立法机构审议通过，最高权力机关批准才可以生效。条约的有效期限一般较长。

2. 贸易协定

贸易协定（trade agreement），是指两个国家或几个国家之间签订的、调整彼此之间相互经济贸易关系的一种书面协议。其特点是对缔约国之间的贸易关系规定得比较具体，有效期一般较短，签订的程序也较简单，一般只需经签字国的行政首脑或其代表签署即可生效。

贸易协定的主要内容有：①最惠国待遇条款的规定；②进出口商品货单和进出口贸易额；③作价原则和使用货币的规定；④支付和清算办法的规定；⑤优惠关税的规定；⑥其他事项的规定。

3. 支付协定

支付协定（payment agreement）是两国间关于贸易和其他方面债权、债务结算办法的书面协议。支付协定是外汇管制的产物，在实行外汇管制的条件下，一种货币不能自由兑换成另一种货币，对一国所拥有的债权不能用来抵偿第三国的债务，结算只能在双边基础上进行。因此，就需要通过缔结支付协定的办法来解决两国间的债权和债务。第二次世界大战以后，资本主义国家所签订的支付协定实际上是一种支付清算协定。支付协定主要包括清算机构的规定、清算账户的规定、清算项目与范围的规定、清算货币的规定、清算方法的规定以及双方债权债务抵偿后差额的处理办法等。

4. 国际商品协定

国际商品协定（international commodity agreement）是指某项商品的主要生产国和出口国与消费国和进口国之间，为了稳定该项商品价格和保证供销等目的所缔结的政府间多边贸易协定。国际商品协定的主要对象是发展中国家的初级产品，其消费国及进口国主要是发达国家。由于国际市场上初级产品价格偏低，且很不稳定，造成发展中国家的贸易条件不断恶化，而发达国家也希望通过缔结贸易条约来保证重要初级产品的供应，因此，双方基于经济利益和贸易发展的考虑，国际商品协定应运而生。

在国际贸易领域中的国际商品协定主要有 1949 年的“国际小麦协定”、1954 年的“国际糖协定”、1956 年的“国际锡协定”、1959 年的“国际橄榄协定”和“国际天然橡胶协定”、1972 年的“国际可可协定”和 1979 年的“国际咖啡协定”等。

国际商品协定的主要条款有经济条款和行政条款。经济条款规定各成员国的权利和义务，主要有：

(1) 出口配额规定，即规定基本的出口配额以控制商品供应量，保持价格的稳定。

(2) 缓冲存货规定，即协定执行机构建立缓冲存货（包括实物和现金）并规定最高限价和最低限价以干预市场，稳定物价。

(3) 多边合同规定，即一方面要求进口国保证在协定规定的价格幅度内向出口国购买一定数量的有关商品；另一方面要求出口国保证在规定的价格幅度内向进口国出售一定数量的有关商品。

行政条款主要规定权力机构和表决权的分配，但由于发达资本主义国家的操纵和利用，协定未能充分发挥作用。

(四)《联合国国际货物销售合同公约》(以下简称《公约》)

1.《公约》的产生背景及我国加入《公约》的情况

《公约》是在 1964 年海牙会议上签订的《国际货物买卖统一法》和《国际货物买卖合同成立统一法》两个公约的基础上融合大陆法系与英美普通法系的精神草拟而成的。在 1980 年 4 月召开的包括中国在内的 60 多个国家代表出席的维也纳外交会议上，正式通过了这个公约，定名为《联合国国际货物销售合同公约》。《公约》自 1988 年 1 月 1 日起生效。由于公约的规定遵循了平等互利的原则，适应了统一国际货物买卖法的趋势，既坚持了国际贸易法的统一化，又照顾到不同的社会、经济和法律制度的差别，对合同的形式问题、实际履行问题、所有权转移等问题给予了较好的解决方案。因此，该公约得到了越来越多国家的认可。截至 2002 年 10 月 10 日，共有 61 个国家成为《公约》的缔约国。

我国于 1986 年 12 月 11 日正式向联合国秘书处提交了加入《公约》的核准书。按照公约的规定，我国核准该公约时，提出了两项保留：

(1) 关于公约适用范围的保留。我国对《公约》第 1 条第（1）款 b 项的规定提出了保留。即我国仅认为双方的营业所分处于不同缔约国的当事人之间订立的货物买卖合同适用于《公约》。

(2) 关于采用书面形式的保留。按照《公约》第 11 条的规定，国际货物买卖合同不一定要以书面形式订立或者证明，在形式方面不受任何其他条件的限制。最初，我国对该条规定提出了保留，我国认为，订立或者更改国际货物买卖合同应采取书面的形式。但是，1999 年公布的《中华人民共和国合同法》又对此做出新的规定："当事人订立合同，有书面形式、口头形式和其他形式。"

2.《公约》的基本结构及法律效力

1)《公约》的基本结构

《公约》分 4 个部分，共计 101 条。第一部分为"适用范围和总则"，包括第 1～13 条。该部分规定了适用及不适用本《公约》的详细事宜，并规定了解释和适用《公约》的原则、解释当事人意旨的原则、当事人营业地的确定等等。第二部分为"合同的订立"，包括第 14～24 条，对发盘和接受这两个交易磋商的主要环节作了详细介绍。第三部分是"货物销售"，包括第 25～88 条。该部分详细规定了买卖双方的各项权利和义务。第四部分是最后条款，包括第 89～101 条。主要内容为一些程序性及技术性的规定。

2)《公约》的法律效力

作为国际货物买卖的最重要的国际公约，《公约》的法律效力如下：

根据《公约》第六条的规定，当事人可以全部排除《公约》的适用，也可以删减或者改变《公约》中任何规定的效力。也就是，《公约》的适用是不具有强制力的，买卖双方可以选择适用或者不适用《公约》，即使买卖双方的营业地点处于不同的缔约国，按要求是适用公约的，但是如果他们在合同中明确规定不适用于《公约》，而选择适用其他的法律或者国际条约，则《公约》就不适用于该合同。但是，如果双方的营业地点处于不同的缔约国，合同中没有明确表示不适用于《公约》，则该合同就自动适用于《公约》。

同时，当事人也可以选择部分适用于《公约》，或者改变《公约》中的某一条或者某几条规定，而在合同中做出相应的规定。但是，该权利的使用是要受到一定的限制的。如果合同双方中任何一方当事人的营业地所在国在加入《公约》时，已对《公约》中的某些条款提出了保留，则当事人必须遵守该保留。

二、国际贸易适用的国内法

(一) 资本主义国家两大法系有关国际贸易的法律

1. 大陆法系的贸易法

大陆法系又称为民法法系，起源于欧洲大陆，包括法国、德国、西班牙、荷兰、葡萄牙、比利时、奥地利等国家。后来，其范围还扩张到亚洲、非洲、美洲等世界各个地区。大陆法作为合理性立法运动的产物，以法律成文化、法典化为目标，在大陆法系各国形成各自国内法的"法典体系"。以罗马法为基础的民法和商法成为这个体系的司法核心[①]。

欧洲大陆法系的国家大多把有关贸易的法律编入民法典内，作为民法典的一个组成部分。大陆法系的大部分国家采取民法和商法分立的做法，即除了民法典外，还另有商法典。但是也有国家仅有民法典，没有独立的商法典，如意大利只有民法典，而没有专门的商法典。

2. 英美法系的贸易法

英美法系又称普通法，是指以英国中世纪以来的法律，特别是以它的普通法为基础发展起来的法律制度的体系。英美法系的分布范围包括英国、美国、加拿大、澳大利亚、新西兰、印度、巴基斯坦、新加坡、南非等国及中国的香港。

英美法系原则上不存在民法与商法的区分。英美法系国家不存在民法典及商法典，只存在普通法及制定法[②]，后者即有关货物贸易的立法。英国在 18 世纪时已经把商法吸收到普通法（common law）中去，成为普通法的一个组成部分。英国的《1893 年货物贸易法》(*Sale of Goods Act* 1893) 经历了一百多年的修订和检验，为英美法系各国制定各自的贸易法提供了一个样本。1942 年，美国起草了《美国统一商法典》(*Uniform Commercial Code*, U. C. C.)。该法典的第二篇称为“贸易”，专门对货物贸易做出具体规定。其内容在资本主义的贸易法中是最为详尽的。

大陆法系及英美法系，在国际贸易法的具体领域里，各有优势。但是，在海上货物运输、国际贸易保险、国际贸易支付的信用证等方面基本上由英美法系支配。近年来，由于欧洲经济一体化的加速及其他政治经济原因，两大法系在国际贸易法上的融合趋势日益明显。

（二）我国有关国际贸易的法律

我国对外贸易的有关法律主要包括《中华人民共和国对外贸易法》、《中华人民共和国合同法》、《中华人民共和国海关法》、《中华人民共和国海商法》、《中华人民共和国仲裁法》、《中华人民共和国商标法》、《中华人民共和国进出口商品检验法》等。除此之外，国务院的各种行政法规、外贸部门的部门规章等也是我国对外贸易法律制度的重要组成部分。

1. 对外贸易法

我国对外贸易法于 1994 年 7 月 1 日正式生效，并于第十届全国人大常委会第八次会议通过了新修订后的《中华人民共和国对外贸易法》(简称新外贸法)。

---

① 邓敏．2005．国际贸易实务与融资．成都：西南财经大学出版社．3～76。

② 普通法即由法院以判例形式确立法律原则，属于不成文法；制定法又称成文法。二者共同构成了英美法系。

且新外贸法已经自2004年7月1日起正式实施。对外贸易法是我国对外贸易法律制度的基本法，是整个外贸制度的核心。该法的修订与实施，对于我国在新的国际贸易形势和背景下进一步对外开放，并妥善处理对外贸易争端与问题提供了强大的法律保障。

2.《中华人民共和国合同法》

作为我国市场经济最基本法律规则的《中华人民共和国合同法》（以下简称《合同法》），于1999年3月15日经九届全国人大二次会议通过，并于1999年10月1日起生效实施。

《合同法》的颁布施行，结束了我国《经济合同法》、《涉外经济合同法》、《技术合同法》三足鼎立的局面，在统一和完善我国市场经济法律体系方面迈出了重要的一步。《合同法》既广泛参考、借鉴了两大法系成功的合同立法经验和判例学说，采纳了现代合同法的各项新规则及新制度，同时又立足于中国的实际，从中国的现实情况出发，系统而又全面地总结了我国合同立法和司法实践经验。

我国《合同法》的制定与实施，对于维护市场经济秩序、保护交易当事人的合法权益、完善我国外贸法律体系具有重要的意义。

三、国际贸易惯例

（一）国际贸易惯例的含义与特点

国际贸易惯例是国际惯例的主要类别之一。通常认为，国际贸易惯例（international trade customs）是指在长期的国际贸易实践中逐渐形成和发展，为大多数国家所认可和遵循，并经国际组织编撰和解释的，具有普遍意义的习惯做法。贸易惯例是在国际贸易实践中形成的、发达的商品经济的产物，其涉及国际贸易实务的各个环节，对于指导国际贸易活动、解决国际贸易争端具有重要的作用和意义。

就国际贸易惯例的特点而言，作为国际惯例的主要类别之一，其具有以下特点。

1. 在国际惯例的选择和适用上既有任意性，又有强制性

国际惯例不是法律或者国际公约、条约，任何国际惯例都不具备强制当事人使用该惯例并受其约束的能力。这种性质具体到其选择与适用上，就表现为任意性与准强制性特征。首先，国际贸易双方当事人可以选择适用某惯例，也可以选择不适用某惯例，其选择和适用是以“当事人意思自治”及“契约自由”的原则为基础的，也就是说，当事人意思高于惯例，合同条款的法律效力高于国际贸易惯例。只有在当事人以某种方式表示承认或者选择某国际贸易惯例时，该惯例才

对当事人产生约束，即惯例具有“任意性”。

然而，在以下情况下，国际贸易惯例对当事人具有法律约束力，具有强制性：①国际贸易惯例通过国内立法被引入国内法中，或者在国内法中明文规定适用某国际贸易惯例的；②国际贸易惯例虽然不是法律，但受各国法律保护，当事人一经选择使用某种国际贸易惯例，该惯例就对当事人具有强制性约束力；③国际贸易惯例被通过国际立法引入国际公约或条约中，若一国恰好加入该公约或者条约，则被引入的惯例对该国当事人具有强制性；④若在合同中没有引用明确的惯例，在合同发生争议时，受理争议的仲裁机构常会引用惯例进行裁决。

2. 国际惯例的发展具有稳定性及变化性

首先，国际贸易惯例作为国际贸易实践长期发展的产物，具有明确的内容，且得到世界上大多数国家和地区的认可，因此具有相对的稳定性。尤其是一些相对权威的惯例，如《国际贸易术语解释通则》、《跟单信用证统一惯例》、《华沙-牛津规则》等都具有很强的稳定性。

同时，国际贸易惯例也不是一成不变的。国际贸易惯例比法律更具有灵活性，更容易跟上国际贸易实践的变化。因此，很多国际贸易惯例都是经过多次修订而成的，并且还在不断的完善之中。变化性及发展性也是国际贸易惯例的重要特点。

（二）主要的国际贸易惯例

1. 关于贸易术语的国际惯例

1）《2010 年国际贸易术语解释通则》（*International Rules for the Interpretation of Trade Terms* 2010，INCOTERMS 2010）

《2010 年国际贸易术语解释通则》是现今最重要的规范国际贸易术语的国际贸易惯例。国际商会（ICC）于 1936 年在巴黎制定了《国际贸易术语解释通则》，之后，又于 1953 年、1967 年、1976 年、1980 年、1990 年和 2000 年对其进行多次修订和补充。国际商会对此做的最近的一次修订是 2007 年，历时两年，简称 INCOTERMS 2010。INCOTERMS 2010 共有 11 种国际贸易术语，是目前解释术语最多、影响最大、使用面最广的有关国际贸易术语的国际贸易惯例。

2）《1932 年华沙-牛津规则》（*Warsaw-Oxford Rules* 1932）

为了对 CIF 合同双方的权利与义务作出统一的规定与解释，国际法协会特别制定了《华沙-牛津规则》，为那些按 CIF 贸易术语成交的买卖双方提供了一套可在 CIF 合同中易于使用的统一规则，供买卖双方自愿采用。在买卖双方缺乏标准合同格式或共同交易条件的情况下，买卖双方可以约定采用此项规则。《华沙-牛津规则》自 1932 年公布后，一直沿用至今，并成为国际贸易中颇有影响的国际贸易惯例。这是因为，此项《规则》在一定程度上反映了各国对 CIF

合同的一般解释。不仅如此，其中某些规定的原则，还可适用于其他合同。例如，《华沙-牛津规则》规定，在CIF合同中，货物所有权转移于买方的时间，应当是卖方把装运单据（提单）交给买方的时刻，即以交单时间作为所有权转移的时间。此项原则，虽是针对CIF合同的特点制定的，但一般认为也可适用于卖方有提供提单义务的其他合同。

3）《1941年美国对外贸易定义修正本》（*Revised American Foreign Trade Definitions* 1941）

1919年，美国九个商业团体以美国国际贸易中惯用的FOB贸易术语为基础，制定了《美国出口报价及其缩写》（*The U. S. Export Quotations and Abbreviations*）。1940年对其进行了修改，并于1941年定名为《1941年美国对外贸易定义修正本》。该惯例主要对FOB等6种贸易术语进行了解释。

《1941年美国对外贸易定义修订本》是国际贸易中具有一定影响的国际贸易惯例，这不仅在美国使用，而且也为加拿大和一些拉丁美洲国家所采用。该定义对Ex Point of Orign、FAS、FOB、C&F、CIF和Ex Dock等六种贸易术语作了解释。值得注意的是，该《定义》把FOB分为六种类型，其中只有第五种，即装运港船上交货（FOB vessel），才同国际贸易中一般通用的FOB的含义大体相同，而其余五种FOB的含义则完全不同。为了具体说明买卖双方在各种贸易术语下各自承担的义务，在此修订本所列各种贸易术语之后，一般附有注释。这些注释，实际上是贸易术语定义不可分割的组成部分。

上述有关国际贸易术语的现行国际贸易惯例，是建立在当事人"意思自治"的基础上，具有任意法的性质。因此，买卖双方商订合同时，可以规定适用某些惯例，也可以变更、修改规则中的任何条款或增添其他条款，即是否采用上述惯例，悉凭自愿。在中国进出口贸易业务中，采用国际商会的规定和解释的居多，如按CIF条件成交还可同时采用《华沙—牛津规则》的规定和解释。如从美国和加拿大按FOB条件进口时，在规定合同条款和履行合同时，还应考虑《1941年美国对外贸易定义修订本》对FOB术语的特殊解释与运用。

2. 关于国际贸易结算的国际贸易惯例

1）《跟单信用证统一惯例》（*Uniform Customs and Practice For Commercial Documentary Credits*）

该惯例是由国际商会于1929年制定的，最初叫做《商业跟单信用证统一规则》，后经多次修改，更名为《跟单信用证统一惯例》。2006年10月25日，在巴黎BNP Paribas银行会议大厅举行的ICC银行技术与惯例委员会2006年秋季例会上，以点名（roll call）形式，经71个国家和地区ICC委员会以105票（中国内地3票、中国香港2票、中国台北2票）赞成通过最新的UCP600，取代了1994年1月1日起实施的UCP500。UCP600共有39个条款，比UCP500减少

10条，但是却比UCP500更准确、清晰、更易读、易掌握、易操作。

2)《托收统一规则》(*Uniform Rules for Collection*)

国际商会为统一托收业务的做法，减少托收业务各有关当事人可能产生的矛盾和纠纷，曾于1958年草拟《商业单据托收统一规则》。为了适应国际贸易发展的需要，国际商会在总结实践经验的基础上，1978年对该规则进行了修订，改名为《托收统一规则》(*The Uniform Rules for Collection*, *ICC Publication No*.322)。1995年再次修订，称为《托收统一规则》国际商会第522号出版物(简称URC522)，1996年1月1日实施。该出版物除总则及定义外，共分8个部分23条，内容有义务和责任、提示、付款、承兑、拒绝证书等。《托收统一规则》自公布实施以来，被各国银行所采用，已成为托收业务的国际惯例。

3. 关于国际货物运输的国际惯例

1)《海牙规则》

《海牙规则》(*Hague Rules*)是《关于统一提单的若干法律规则的国际公约》(*International Convention for the Unification of Certain Rules of Law Relating to Bills of Lading*)的简称。为了缓和船方和提单中各利益关系人之间日益尖锐的矛盾，并有利于世界航运业的发展，1921年，各国的航运资本家在海牙召开会议，拟定了《海牙规则草案》。1924年，欧美26个主要航运国家在布鲁塞尔召开会议，通过了《海牙规则草案》，签订了《关于统一提单的若干法律规则的国际公约》，《海牙规则》由此诞生。

海牙规则于1931年6月正式生效。它对承运人的责任、义务、权利和豁免都做出了规定。目前已经有80多个国家和地区承认了《海牙规则》。有些国家虽然没有加入这一公约，但他们的一些船公司的提单条款也采用了这一公约的精神。所以，这一公约是海上货物运输中有关提单的最重要的和目前仍普遍被采用的国际公约。我国虽然没有加入该公约，但却把它作为制定我国《海商法》的重要参考依据，我国不少船公司的提单条款也采纳了这一公约的精神。所以，《海牙规则》堪称现今海上货物运输方面最重要的国际公约。

2)《维斯比规则》

《维斯比规则》是《修改统一提单若干法律规定的国际公约议定书》(*Protocol to Amend the International Convention for the Unification of Certain Rules of Law Relating to Bills of lading*)的简称。

《海牙规则》自1931年生效实施后，得到了国际航运界的普遍接受，它在提单的规范化方面起到了重要的作用。但随着国际政治、经济形势的变化，以及航海、造船技术日新月异的进步，使海上运输方式发生了重大变革，特别是集装箱运输方式的出现和迅猛发展，《海牙规则》的内容已不适应新形势发展的需要，要求修改《海牙规则》的呼声日益强烈。为了适应国际贸易发展的需要，20世纪 60 年代起，国际海运协会就开始着手修订《海牙规则》。1968 年，以英、法为代表的欧洲发达国家在布鲁塞尔签订了《修改统一提单若干法律规定的国际公约议定书》，即《维斯比规则》。《维斯比规则》自 1977 年 6 月 23 日开始生效，共有 17 条。它不仅扩大了公约的适用范围，提高了最高赔偿限额，明确了承运人的受雇人及代理人的法律地位，延长了诉讼时效，并且保护了善意的提单受让人。《维斯比规则》在一定程度上对《海牙规则》做出了改进。

3）《汉堡规则》

《汉堡规则》是《联合国海上货物运输公约》（*United Nations Convention on the Carriage of Goods by Sea*，1978）的简称。于 1978 年 3 月 6 日至 31 日在德国汉堡举行的、由联合国主持的、78 国代表参加的海上货物运输大会讨论通过，于 1992 年 11 月 1 日生效。我国于 1992 年加入《汉堡规则》，该规则于 1993 年 7 月 1 日在我国生效。由于该规则是鉴于第三世界国家对《海牙规则》和《维斯比规则》的强烈反对，为了取代《海牙规则》而制定的，截至 1996 年 10 月，该规则共有成员国 25 个，其中绝大多数为发展中国家。

《汉堡规则》全文共 34 条，包括总则、承运人的责任、托运人的责任、运输单证、索赔、诉讼、补充规定六大部分。在具体内容上，《汉堡规则》对承运人的责任期间、赔偿责任限制等做了重大调整，加重了承运人的责任，保护了货方的利益。

第三节 本课程的研究对象和基本内容

一、"国际贸易实务"课程的研究对象

国际贸易是世界各国和地区之间货物、服务和技术的交换活动，包括货物贸易、服务贸易、技术贸易三大内容。虽然当代服务贸易和技术贸易发展十分迅速，在国际贸易中已经占有相当大的比重，而且还有继续上升的趋势，但国际货物贸易是最早、最基本的国际贸易形式，目前仍然是国际贸易最重要的组成部分，也是世界各国、各地区经济贸易往来的主要形式。此外，很多有关技术贸易及服务贸易的操作方法，都是沿袭了货物贸易的基本做法，或者是从货物贸易操作方法中脱胎出来的。对国际货物贸易的学习，也是掌握国际技术贸易和国际服务贸易知识的重要途径。因此，国际货物贸易的基本理论和操作方法是每一个国际贸易专业学生及相关工作人员必须掌握的。本书的研究对象就是国家间有形商品交换，即货物贸易的具体运作过程，包括国与国之间货物买卖的有关原理、实际进出口业务过程所经历的环节、操作方法和技能，以及应遵循的法律和惯例等行为规范。具体来讲，主要包括 3 个方面。

（1）国际货物买卖的基本知识，如国际贸易术语、国际贸易条件、主要的国际贸易方式、国际贸易合同等。

（2）国际货物买卖的基本规则，如国际贸易需要遵守的基本原则、国际贸易条约与协定、各种国内法以及国际贸易惯例与规则等。

（3）国际货物买卖的基本技能，如市场调查与研究；交易对象的选择；合同的磋商、签订和履行；商品的运输、投保、报检；交易争端的解决等。

在确定国际贸易实务课程研究对象的同时，必须明确国内贸易同国际贸易的区别。也就是说，货物贸易是否具有“国际性”，是国际贸易实务中一个关键的问题。由于国际贸易同国内贸易所适用的法律是不同的，所以，明确货物贸易的“国际性”具有十分重要的意义。

对于“国际货物销售”的标准，不同的国家有不同的规定。《公约》中采用单一的营业地标准，即其第一条第一款规定：“本公约适用于营业地在不同国家的当事人之间所订立的货物销售合同”。也就是以买卖双方的营业地是否处于不同的国家为标准。这就为国内贸易同国际贸易划清了界限，明确了国际贸易实务的研究对象问题。

同属于商品交换范畴，国际货物贸易同国内货物贸易并无本质区别。但是，由于国际货物贸易发生在不同的国家和地区之间，因此，同国内贸易相比，国际货物贸易具有以下 4 个方面的特点。

1. 国际货物贸易比国内贸易更为复杂

国际贸易涉及不同的国家和地区，容易受到双方所在国家或地区的政治、经济、双边关系以及国际局势变化的影响。同时，在法律体系、语言文化、社会风俗习惯等方面的差异和冲突，使得国际贸易涉及的问题更为复杂、多变。

2. 同国内贸易相比，国际货物贸易要承担更大的风险

国际贸易是跨越国界进行的，交易数量和金额一般较大，运输距离较远，履行时间较长，遇到的问题既多且复杂，由此带来的贸易风险也比国内大得多。比较显著的风险主要有：信用风险、汇率风险、价格风险、运输风险、政治风险等。

3. 国际货物贸易牵扯到的相关部门较多，容易产生纠纷

同国内贸易相比，国际货物贸易在操作过程中会牵扯到较多的部门和相关方。除了交易的双方之外，还需要运输、保险、银行、商检、海关等部门的协作与配合，另外，还要涉及与业务有关的中间商、代理商等，环节复杂，较容易产生经济纠纷。

4. 国际货物贸易中强手如林，竞争更为激烈

同国内贸易相比，国际货物贸易的竞争更为激烈。首先，国际贸易的市场是开放的，是世界性的，更为广阔和自由，有来自各个国家的强有力的竞争对手；

另外，国际货物贸易不仅关系到企业个体的利益，同样关系到国家的贸易利益，因此，贸易中会受到由竞争对手国家的支持带来的压力，竞争更为激烈。

二、“国际贸易实务”课程的基本内容

本课程是一门综合性较强的应用性课程，涉及范围较广，除国际贸易课程本身的理论基础外，还涉及国际商法、国际市场营销、国际金融、国际运输及保险、商务英语等学科知识。

（一）国际贸易法律、条约及惯例

国际贸易活动需要在一定的法律规范下开展，需要国际贸易法律、惯例、原则的指导与约束。其中，当代主要用来约束国际贸易活动的法律规范主要有：第一，各国国内法。本教材在导论部分介绍了大陆法系及英美法系的国际贸易法律体系，以及我国外贸法律法规。第二，主要的国际贸易条约与协定。现今国际货物贸易方面最重要的国际公约是《联合国国际货物销售合同公约》。第三，国际贸易惯例。惯例的种类有很多，如货物运输方面的惯例、国际贸易结算方面的惯例、国际贸易术语惯例，等等。国际贸易法律、惯例贯穿于国际货物买卖的各个环节。

（二）国际货物买卖合同的磋商、签订及履行

国际货物买卖合同的磋商、签订与履行是国际货物贸易的重要环节。国际货物买卖合同相关内容也是本课程的主要组成部分。

国际货物买卖合同的磋商与订立是交易达成的重要环节，这个阶段主要是谈判成交的过程。其中包括国际商务谈判的准备工作、国际货物买卖合同的订立过程（询盘、发盘、还盘、接受）。合同订立之后，就是合同的履行阶段，本课程分别详细介绍了出口合同的履行及进口合同的履行。以及在合同履行过程中，争议的预防和处理的问题。

（三）国际贸易条件

国际贸易都是围绕着一定的贸易条件进行的。贸易条件也是国际贸易双方协商、谈判的重要内容。双方通过提出各自期望的贸易条件，通过谈判达成一致并订立合同，最终实现各自的贸易利益。贸易条件是国际货物买卖的重要内容。

主要的贸易条件包括以下部分：

（1）商品条件。即合同的标的，包括标的物的品名、质量、数量、包装及商品检验等条款。商品条件约束了双方交易的商品及其详细信息。

（2）价格条件。商品的价格条件是同贸易术语密切相连的。国际货物买卖的

价格包括商品的价格构成及种类、作价方法及计价货币的选择、佣金与折扣等方面。价格条件是国际贸易条件的重要组成部分。

(3) 支付条件。包括支付工具、支付方式的选择。

(4) 商品装运及保险条件。包括商品的运输方式的选择、装运时间及地点的确定、运输单据、是否转运、保险的办理及索赔等。

(四) 国际贸易方式

国际贸易方式也是国际贸易实务的一个重要组成部分。随着国际贸易的发展，国际贸易方式也在不断地发展、完善。除了传统的国际贸易方式之外，一些新型的国际贸易方式也得到了推广和应用。如包销、代理和寄售的贸易方式，可以帮助稳定双方长期的贸易关系；招标、投标和拍卖的方式，可以更好地促进公平竞争；另外，还有加工贸易、易货贸易、补偿贸易、租赁贸易、期货贸易等。这些贸易方式融合资本、技术、劳务为一体，极大地促进了国际贸易的发展。

第四节　学习本课程的方法和注意事项

"国际贸易实务"是一门应用性、操作性、实践性都很强的综合性学科，是国际贸易专业的一门核心课程。本课程主要有三大特点：一是理论难度不大；二是涉及内容较多，专业跨度比较大，同其他学科联系十分紧密；三是实践性较强。这就给学生对该课程的学习既带来了有利的一面，又带来了不利的一面。有利的一面是，因为教材难度较小，因此不要求学生具备高深的经济学知识，只需具备一定的国际贸易学知识即可。不利的一面是，由于该课程涉及国际金融、国际保险、国际运输、国际贸易法律与规则、商务英语等多门课程的知识与技能，因此对学生知识层面的要求较高，并且要求学生做到理论同实践相结合，加强实践方面的锻炼。基于以上分析，学生在对本课程进行学习时，应注意以下学习方法及事项。

1. 要贯彻理论联系实际的原则

在学习本课程时，要了解国际贸易的基本理论，并以国家的对外方针政策为指导，将"国际贸易学"等学科的理论知识同本学科的实务知识相结合，以便使理论和实践、政策及业务有机结合起来，不断提高分析问题和解决问题的能力。

2. 要贯彻与国际规范接轨的原则

为了促进国际贸易的发展，国际商会等国际组织制定了各种规范国际贸易的规则、公约、条约等，在长期的国际贸易实践中也形成了已经被各国普遍接受的国际贸易惯例，如《联合国国际货物销售合同公约》、《跟单信用证统一惯例》、《国际贸易术语解释通则》等，这些惯例和规则规范着国际贸易的实践和进行，已经被世界普遍接受。在学习本课程时，必须坚持与国际规范接轨的原则，对国际通用的惯例和原则进行研究，以此来指导国际贸易的开展。

3. 要把“学”和“用”相结合，做到学以致用

实用性强是本课程的特点之一。鉴于这个特点，在学习本课程的过程中，一定要注重案例的分析和学习，在教学中，教师要注重案例教学法的使用。同时，要增加实验课程的安排，结合现场参观、实习的机会，强化对课程的理解和认识。尽可能地让学生将学到的知识转化到实践当中，真正做到学以致用。

4. 要注意同其他学科的关联，结合其他学科知识学习本课程

国际贸易实务课程是一门学科跨度较大的课程。作为一门国际贸易和经济管理类专业的核心课程，它同国际金融、市场营销、国际商法、国际贸易理论与政策等课程都有着紧密的联系。这就要求学生在学习时，充分结合其他学科的知识，解决具体业务问题。同时用心研究学科之间的差异和关联，做到举一反三。

➢ 重要概念

对外贸易；国际贸易条约与协定；最惠国待遇条款；国民待遇条款；国际贸易惯例

➢ 思考题

1. 当代国际贸易的发展有哪些特点？其发展趋势是怎样的？
2. 国际贸易应当遵循的主要的国际贸易条约与协定有哪些？
3. 国际贸易条约与协定适用的主要法律条款有哪些？
4. 《公约》的法律效力如何？
5. 我国加入《公约》时作了哪两项保留？
6. 简述主要的国际贸易惯例。
7. 本课程的主要内容及研究对象有哪些？学习时应注意哪些问题？

➢ 案例分析

有一份CIF合同在美国订立，由美国商人出售一批货物给中国香港某进口商，货运目的地是中国香港。但是双方在合同的执行过程中，发生了争议。那么，此项合同的纠纷适用于哪个国家的法律？为什么？

第二章

国际货物买卖合同的标的

标的（subject matter）是指法律行为所要达到的目的，包括交付财产、提供劳务和完成工作等。标的有时指行为，如运输合同、保管合同中的运输、保管这类服务性的行为；标的有时指不行为，如租赁合同中的出租人约定承租人不得将租赁物转租他人；标的有时指物，如买卖合同中买或卖的某种物就是标的，在这种情况下，标的也称“标的物”。

国际货物买卖合同的标的是进入国际贸易领域的货物。在国际贸易中，交易的标的物种类繁多，每种标的物都有其具体名称，并表现为一定的质量，每笔交易的标的物都有一定的数量，而且交易的大多数标的物都需要一定的包装。因此，买卖双方洽商交易和订立合同时，必须谈妥合同的标的物及其质量、数量与包装这些主要交易条件，并在买卖合同中作出明确具体的规定。

本章所阐述的合同标的，是国际货物买卖合同中有关商品名称、质量、数量和包装条件。本章将主要介绍这些内容的规定方法，以及在进出口实际业务中如何正确对待有关商品的质量、数量和包装的若干注意事项。

第一节　合同标的物的品名

一、品名的含义

商品名称（name of commodity）又称品名，是指能使某种商品区别于其他商品的一种称呼或概念。商品的品名在一定程度上体现了商品的自然属性、用途以及主要的性能特征，常常与品质联系在一起，构成描述或说明商品的重要组成部分。一般而言，加工程度低的商品，其名称较多地反映出该商品所具有的自然属性；反之，加工程度高的商品，其名称则较多地体现出该商品的性能特征。

二、品名的作用

国际贸易中的绝大多数交易，从签订合同到具体交货往往相隔很长一段时间。而且在很多情况下，买卖双方在磋商和订立合同的过程中，并未看到具体的商品，只是凭借对将要买卖的商品进行必要的描述来确定交易的标的。因此，在国际货物买卖合同中，规定标的物的具体名称即商品的品名，就显得必不可少且意义重大。

从法律角度看，在合同中规定商品的名称，关系到买卖双方在货物交收方面的权利和义务。按照有关的法律和惯例，对买卖货物的具体描述是有关商品说明的一个主要组成部分，是买卖双方货物交收的基本依据之一。如果卖方交付的货物不符合合同规定的品名或说明，买方有权拒收货物、撤销合同并提出损害赔偿①。

从业务角度看，列明商品的品名或说明是买卖双方交易的物质内容，是交易赖以进行的物质基础和前提条件。只有先明确商品的名称，即买卖什么商品，才能确定商品的品质，即以什么样的具体商品进行交易，然后才能更进一步就商品的其他交易条件进行洽商并作出规定。

三、品名的表示方法

商品品名的确定方法有很多，概括起来，主要有以下几种：

（1）以商品的主要用途命名。这种命名方法在于突出其用途，便于消费者按其需要购买。如自行车、打印纸、旅行包、防晒霜等。

（2）以商品的主要原材料命名。这种命名方法能通过突出所使用的主要原材料反映出商品的质量。如棉布、玻璃杯、羊毛衫、铝锅、冰糖燕窝等。

（3）以商品的主要成分命名。这种命名方法目的在于方便消费者了解商品的有效内涵，有利于提高商品的身价，一般适用于以大众所熟知的名贵原材料制造的商品。如西洋参蜂皇浆、人参珍珠霜等。

（4）以商品的外观特点命名。这种命名方法目的在于方便消费者通过字义了解该商品的特征。如绿茶、高跟鞋、喇叭裤、蝙蝠衫等。

（5）以商品的制作工艺命名。这种命名方法目的在于提高商品的威望，增强消费者对该商品的信任。如蒸馏水、脱脂牛奶、精制食用油、二锅头烧酒等。

（6）以人物名字命名。这种命名方法通过以著名的历史人物或传说中的人物命名，引起消费者的注意和兴趣，如杜康酒、王老吉凉茶、李宁运动服等。

---

① 参见《联合国国际货物销售合同公约》第35条。

四、合同中的品名条款

(一) 基本内容

国际货物买卖合同中关于品名条款的规定，并无统一的格式，可由交易双方酌情商定。合同中的品名条款一般比较简单，通常都是在“商品名称”或“品名”(name of commodity) 的标题下，列明交易双方成交商品的名称。有时为了省略起见，也可不加标题，只在合同的开头部分，列明交易双方同意买卖某种商品的文句。

品名条款的规定，还取决于成交商品的品种和特点。就一般商品而言，有时只要列明商品的名称即可。但有的商品，往往具有不同的品种、等级和型号。因此，为了明确起见，也要把有关具体品种、等级或型号的概括性描述包括进去，做进一步限定。此外，有的甚至把商品的品质规格也包括进去，在此情况下，它就不单是品名条款，而是品名条款与品质条款的合并。如表 2.1 所示。

表 2.1　货物品名与品质条款

货物：
Commodity：

序号 Item	货物品名与规格 Description	单位 Unit	数量 Quantity	单价 Unit Price	总价 Amount

(二) 订立品名条款时应注意的事项

由于品名条款是国际货物买卖合同的主要条款之一，加之其涉及知识产权保护问题的特殊性和敏感性，有些事项是要在订立合同时注意的：

(1) 商品名称必须明确、具体，以免发生不必要的纠纷。

(2) 商品名称必须实事求是，切实反映商品的实际情况。对卖方而言，必须是他有能力生产或供应的品种、规格或型号；对买方而言，必须是他所需要进口的品种。

(3) 为避免误解，商品名称尽可能使用国际通行的称谓。如果必须使用地方性名称，交易双方应对其含义达成共识。新商品的定名必须做到准确、易懂，译名应符合国际习惯。

(4) 适当选择商品的不同名称，以利于降低关税和节省运费。

第二节　合同标的物的品质

一、品质的含义

商品的品质（quality of goods）又称商品的质量，是指商品的内在素质和外观形态的综合，前者包括商品的物理性能、机械性能、化学成分和生产特征等自然属性；后者包括商品的外形、色泽、款式和透明度等。在国际贸易中，往往是按照每种商品的不同特点，选择一定的质量指标去表示不同商品的品质，如机床以性能、用途、功率、自动化程度等指标表示；煤以灰分、含水、含硫、发热量、挥发性、杂质等指标表示。商品的不同质量指标或特征具有不同的使用价值，可以满足消费者和使用者不同的需要。因此，商品的质量优劣是购买者最关心的问题。

二、品质的作用和要求

（一）商品品质的作用

国际货物买卖中的交易双方，在明确了商品的名称后，就要对商品的具体品质进行商定。商品的品质是构成货物说明的重要组成部分，是国际货物买卖的主要交易条件和合同的重要条款，也是买卖双方交收货物的品质依据。具体说来，商品品质的作用主要体现在以下几个方面：

（1）商品品质是商品使用价值的标志。使用价值是商品满足社会需求的自然属性，商品的品质则是这种自然属性的体现，是消费者评价商品的依据。商品品质的优劣直接影响到商品的使用效能，是能否吸引消费者购买的重要条件。

（2）商品品质是国际市场竞争的焦点。国际市场竞争激烈，传统的“价格竞争”即以“廉价低质”商品参与国际竞争已不能达到扩大市场、扩大销售的目标。尤其是在贸易保护主义盛行，各国纷纷采取形式多样的进口配额等限制措施的情况下，只有提高出口产品档次、促进升级换代、提高产品的品质，采取“以质取胜”战略，才能巩固和发展传统市场、拓展新市场。

（3）商品品质是增加出口收汇的重要途径。质量是效益的核心，国际货物买卖也是如此。品质的优劣直接影响售价的高低，质优才能价高。通过改善和提高品质、增加产品附加值，才能在国际市场上卖好价，卖高价，增加外汇收入。

（4）商品品质是商业信誉的保证。“质量第一、信誉第一”，是国际贸易交易的重要原则。商品的品质不仅关系到出口者的信誉，并且对出口国家的信誉都有重要的影响，从而对整个国家的对外贸易产生重要的影响。

（5）商品品质是合同履行的依据。国际贸易买卖合同中的品质条款，是买卖双方履行合同的重要依据。卖方提供的货物如不符合合同规定的品质要求，就构成严重违约，买方就有权撤销合同，并要求得到损害赔偿①。

在当今国际市场竞争日趋激烈的情况下，不断改进出口商品的质量，提高产品的适销性，加强产品的售后服务，已成为通过非价格因素增强出口商品竞争能力，进而占领和巩固国际市场的必要而又有效的手段。

（二）商品品质的要求

如上所述，商品品质的高低不仅关系到买卖双方的权益，还关系到商品、企业甚至国家的声誉，因此，必须认真对待。以下分别简述出口和进口业务中对商品品质的基本要求。

1. 我国对出口商品品质的要求

对于出口商品质量的把握，出口产品生产企业和出口商要注意以下几方面：

第一，强化质量至上观念，将低价竞争转向为品质竞争。严格把守质量检验关，杜绝所有劣质商品、不合格产品的流出。

第二，加强新产品的研究、开发，发展适销对路的出口商品。出口商应针对不同目标市场、不同时期消费者的需求，开发出具有较强市场适应性、针对性和竞争力强的出口产品。

第三，积极实施国际标准化的质量、环境管理体系。ISO9002 质量管理体系与 ISO14000 环境管理体系系列标准是国际通行标准。通过建立和实施两个一体化管理体系，改善和提高出口商品的质量，增强出口商品的国际竞争力。

第四，出口商品品质应符合进口国的有关法令和要求。许多国家政府对进口商品质量制定有严格的质量、卫生、安全管理办法，不符合规定的商品一律不得进口。了解和熟悉各国对进口商品的质量规定，使出口商品的品质适应并符合进口国家的有关要求或规定。

第五，适应国外的销售季节、销售方式和自然条件。注意季节变化、自然条件不同和销售方式的差异，掌握商品在流转过程中的变化规律，使出口商品适应这些方面的不同要求，从而扩大出口。

2. 我国对进口商品品质的要求

对于进口商品质量的把握，主要注意两个问题。一是要实事求是，根据国内生产和消费的实际需求组织进口，避免因盲目追求高档次、高规格和重复进口（主要指大型成套设备）而造成的浪费。二是要严格把好质量关，尤其是防止那些危害国家安全、影响人民生命健康以及破坏生态环境（比如洋垃圾等）的商品流入国内。

---

① 参见《联合国国际货物销售合同公约》第 35 条。

三、品质的表示方法

在国际货物买卖中，由于交易的商品种类繁多，特点各异，故表示品质的方法也不相同。归纳起来，主要分为以实物表示和凭文字说明表示两大类。

（一）以实物表示商品的品质

以实物表示商品的品质通常包括凭成交商品的实际品质（actual quality）和凭样品（sample）两种表示方法。前者为看货买卖，后者为凭样品买卖。

1. 看货买卖

看货买卖即买卖双方根据成交商品的实际品质进行交易，通常是先由买方或其代理人在卖方所在地验看货物，达成交易后，卖方即应按验看过的商品交付货物。只要卖方交付的是验看过的商品，买方就不得对品质提出异议。在实际交易中，采用看货买卖方式成交的业务有限，一般多限于寄售、拍卖、展卖业务。

2. 凭样品买卖

样品通常是指从一批商品中抽出来的或由生产、使用部门设计、加工出来的，足以反映和代表整批商品质量的少量实物。凡以样品表示商品质量并以此作为交货依据的，称为凭样品买卖（sales by sample）。凭样品买卖一般适用于一些在造型上有特殊要求或具有色、香、味方面特征的商品。目前，我国出口的某些工艺品、服装、轻工业品等常采用这种方式表示其品质。

在国际贸易中，按样品提供者的不同，可分为下列几种：

（1）凭卖方样品买卖（sales by seller's sample）。凡凭卖方提供样品作为品质依据进行的买卖，称为凭卖方样品买卖。一般在买卖合同中规定："品质以卖方样品为准"（quality as per seller's sample）。日后，卖方所交整批货物（bulk）的品质，必须与其提供的样品相同。在出口交易中，卖方应注意样品的代表性，不可将品质定得太高或太低，要留存"复样"（duplicate sample）或称"留样"（keep sample），作为交货时检验品质的依据。

（2）凭买方样品买卖（sales by buyer's sample）。凡凭买方提供的样品作为品质依据进行的买卖，称为凭买方样品买卖，在我国也称为"来样成交"或"来样制作"。一般在买卖合同中规定"品质以买方样品为准"（quality as per buyer's sample）。日后，卖方所交整批货物的品质，必须与买方样品相符。在出口交易中，卖方应充分考虑来样所代表的商品在原材料、加工生产技术、设备和生产时间安排等方面的可行性，以防日后交货困难。另外，一般应在合同中规定，如果发生由买方来样引起的工业产权等第三者权利问题，与卖方无关，概由买方负责①。

(3) 凭对等样品买卖。即卖方根据买方提供的样品加工复制出一个类似样品交买方确认，经确认后的样品称为“对等样品”（counter sample）或“回样”（return sample），业务上又称为“确认样”（confirming sample）。日后卖方所交货物品质必须以对等样品为准。

为了防止在凭样品履行合同时发生不必要的麻烦，必要时还可采取双方封样（sealed sample）或请局外人封样（如公证机构、商检局等）的方法等。此外，在实际业务中，如果买卖双方寄送样品的目的，只是为了介绍商品的一般品质状况，成交时将另定规格作为品质依据，这就不是凭样品买卖。在这种情况下，为了明确起见，寄送样品时，应写明“仅供参考”（for reference only），以区别于标准样品。

凭样品买卖交易，容易造成交货品质上的纠纷。因此，在目前进出口业务中，除了一些不能用科学方法表示品质的商品外，应尽量避免单一地采用此类方法。在实际业务中，常把样品和文字图样说明等结合运用来表示商品的品质。

(二) 以文字说明表示商品的品质

在国际货物买卖中，大多数商品适用以文字说明来表示商品品质的方法，即“凭文字说明买卖”（sales by description）。具体包括下列六种。

1. 凭规格买卖（sales by specification）

商品的规格（specification）是指用以反映商品品质的一些主要指标，如成分、含量、纯度、性能、长短、粗细等。各种商品由于品质的特点不同，规格的内容也各不相同。买卖双方通过文字说明商品的规格，就能说明商品品质的基本情况。用规格来确定商品品质的方法称为凭规格买卖。在进出口贸易业务中，因凭规格买卖比较方便，容易确定，所以应用最广。例如，超细碳酸钙的规格为：碳酸钙主含量高达97%，活化度大于95%，平均粒径0.8～1mm，含脂量1.5%～2.5%，铁含量小于0.1%。

2. 凭等级买卖（sales by grade）

商品的等级（grade）是指同一类商品按其品质的差异或重量、成分、外观、效能等的不同，用文字、数码或符号所作的分类。例如，松花蛋按其重量、大小分为奎、排、特、顶、大五级；我国出口的钨砂，主要根据其三氧化钨和锡含量的不同，分为特级、一级、二级3种。如表2.2所示。

---

① 参见《联合国国际货物销售合同公约》第42条。

表 2.2 我国钨砂出口等级表

含量 等级	三氧化钨 （最低）	锡 （最高）	砷 （最高）	硫 （最高）
特级	70%	0.2%	0.2%	0.8%
一级	65%	0.2%	0.2%	0.8%
二级	65%	1.5%	0.2%	0.8%

凭等级买卖时，由于不同等级的商品具有不同的规格，为了便于履行合同，避免争议，在品质条款列明等级的同时，最好一并规定每一等级的具体价格。当然，如果交易双方都熟悉每个级别的具体价格，则也可以只列明等级，而无须规定其具体价格。

3. 凭标准买卖（sales by standard）

商品的标准（standard）是指将商品的规格和等级予以标准化。商品的标准，有的由国家或有关政府主管部门规定，也有由同业工会、交易所或国际性的工商组织规定。在我国，商品的标准分为国家标准和部颁标准。前者如《中华人民共和国药典》（CP），后者如中华人民共和国农林部标准《松香》（LY 204—74）等。

在国外，商品的标准分为 5 类：①国际化的标准，如国际标准化组织（ISO）制定的标准；②区域性的标准，如欧洲标准化委员会（CEN）制定的标准；③国家标准，如美国国家标准（ANSI）、日本国家标准（JIS）等；④行业团体标准，如美国材料试验协会标准；⑤地方企业标准。

国际贸易中采用的各种标准，有些具有法律上的约束力，凡品质不符合标准要求的商品，不许进口或出口。但也有些标准不具有法律上的约束力，仅供交易双方参考使用，买卖双方洽商交易时，可另行商定对品质的具体要求。在我国实际业务中，凡我国已规定有标准的货物，通常采用我国的标准进行买卖，但也可酌情采用国外规定的品质标准。需要注意的是，各国制订的标准经常进行修改和变动，因此在采用有不同版本的国外标准时，必须标明援引标准的版本年份。

在国际市场上买卖农副产品时，还有两种常见的“标准”：一种是“良好平均品质”（fair average quality，FAQ）。所谓“良好平均品质”是指一定时期内某地出口货物的平均品质水平，它通常由装船地的同业工会在该季节内装船的货物中分别抽出少量加以混合调配，以此代表该季节的平均品质，但该含义比较模糊。我国对某些农副产品也使用 FAQ 来表示品质，习惯上我们把它称作“大路货”。使用这种方法时，除了在合同中注明 FAQ 字样外，还应订有该货物的主规格指标。例如，中国花生仁，FAQ2003，大路货，水分最高 13%；不完善粒最低 5%，最高 44%。

另外，还有一种常见的标准被称为“尚好可销品质”（good merchantable quality，GMQ）。一般指卖方所交货物应为“品质尚好，合乎商销”，这种“标准”的含义就更为含糊不清。我们一般不采用GMQ，但有时国外开来的信用证中有“良好的”（sound）、“可销品质”（merchantable quality）等品质附加条款，交货后如发生品质争议，通常由同业工会聘请专家以仲裁方式解决。

4. 凭商标或品牌买卖（sales by brand or trade mark）

商标（trade mark）是指生产者或商号用来说明其所生产或出售的商品的标志，它可由一个或几个具有特色的单词、字母、数字、图形或图片等组成。品牌（brand name）是指工商企业给其制造或销售的商品所冠的名称，以便与其他企业的同类产品区别开来。商标与品牌之所以能被用来表示商品的品质，是因为这些商标或品牌的商品品质稳定，规格统一，并在市场上树立了一定的良好信誉，为广大购买者所熟悉，因此在交易此类商品时，只要说明其商标或品牌，品质即已明确，无须再具体说明其规格或寄送样品。这种表示商品品质的方法已被各国广泛使用。

例如：长虹牌彩电

Chang Hong Brand Color Television Set

如果同一品牌有不同型号或规格的商品，则除了要在合同中注明规定的商标或品牌之外，还必须加注主要的规格。

例如：蝴蝶牌缝纫机

型号JA—1脚踏式三斗折板

Butterfly Brand Sewing Machine

Model JA—1 Treadle Type 3 Drawer Folding Cover

5. 凭说明书和图样买卖（sales by description and illustration）

有些商品，如机械、电器、仪表产品等，由于其结构和性能十分复杂，无法用几个简单的具体指标来反映其品质的全貌。因此，必须凭详细的说明书（description）以及图样（illustration）来具体说明其构造、用材、性能及使用方法等，必要时甚至还须辅以设计图、照片、分析表等解释。按这种办法进行的买卖，称为凭说明书和图样买卖。有些凭说明书和图样买卖的机电产品，除在合同中订有品质检验条款外，还订有品质保证条款和技术服务条款。明确规定卖方须在一定期限内保证其所出售的商品质量符合说明书上所规定的指标，如在保证期限内发现品质低于规定的指标，或部件的工艺质量不良，或材料内部有隐患而产生缺陷时，买方有权提出索赔，卖方有义务消除缺陷或更换有缺陷的商品或材料，并承担由此引起的各项费用。

6. 凭产地名称买卖（sales by name of origin）

在国际货物买卖中，有些产品，因产区的自然条件、传统加工工艺等因素的影响，在品质方面具有其他产区的产品所不具有的独特风格和特色。对于这类产品，一般也可用产地名称（name of origin）来表示其品质，如“四川榨菜”、“青岛啤酒”等。这些标志不仅标注了特定商品的产地，更重要的是无形中对这些商品的特殊质量和品味提供了一定的保障。地理标志在GATT乌拉圭回合最终协议文件中已被正式列入知识产权保护范畴。

上述各种表示品质的方法，根据商品的特点和市场或交易习惯，可以单独运用，也可以酌情将几种方式结合运用。

四、合同中的品质条款

（一）基本内容

表示商品品质的方法不同，合同中商品品质条款（quality clause）的内容也不尽相同。但一般来说，品质条款的最基本内容是品名、规格、牌号、等级、标准、商标或产地名称等。在凭样品买卖时，一般应列明样品的编号或寄送日期，有时还加列交货品质与样品大致相同的文字说明。在以图样和说明书表示商品品质量时，须在合同中列明图样、说明书的名称、份数等内容。在凭标准买卖时，一般应列明所引用的标准和标准的版本年份。此外，对于某些农副产品、工业原料、部分加工精度较高的轻工业品等的交易，合同条款中还要加订交货的机动幅度或品质公差，以免交货时引起争执。

（二）品质的机动幅度与品质公差

在国际贸易中，为了避免因交货品质与买卖合同稍有不符而造成违约，保证合同的顺利进行，可以在合同品质条款中做出某些变通规定，主要方法如下：

1. 品质机动幅度

某些初级产品的质量不甚稳定，在规定品质指标的同时，可另订一定的品质机动幅度，即允许卖方所交货物的品质指标在一定幅度内机动灵活掌握。它主要适用于初级产品，具体方法有：

（1）规定范围。即对品质指标的规定允许有一定的差异范围。

例如：棉坯布 幅阔 37/38 英寸

Cotton Gray Fabric Width 37/38″

（2）规定极限。即对某些货物的品质规格，使用上下极限的字样，即最大、最高、最多、最小、最低、最少。

例如：中国大米 良好平均品质

碎粒　　最高 20%

杂质　　最高 0.2%

水分　最高10%

Chinese Rice FAQ

Broken Grains (max) 20%

Admixture (max) 0.2%

Moisture (max) 10%

(3) 规定上下差异。即在规定某一具体品质指标的同时，规定必要的上下变化幅度。

例如：C708 中国灰鸭绒 含绒量90%，允许1%上下。

C708 Chinese Grey Duck Down With 90% down content, 1% more or less allowed.

2. 品质公差（quality tolerance）

品质公差是指国际上公认的产品品质的误差。在工业制成品生产过程中，产品的质量指标出现一定的误差有时是难以避免的。这种公认的误差，即使合同没有规定，只要卖方交货品质在公差范围内，也不能视作违约。但为了明确起见，还是应在合同品质条款中订明一定幅度的公差。例如，尺码或重量允许有±(3%～5%)的合理公差。凡在品质公差范围内的货物，买方不得拒收或要求调整价格。

此外，对于某些难以用数字或科学方法表示的，则采取“合理差异”这种笼统的规定。例如，“质地、颜色允许合理差异”。由于对“合理差异”未作具体规定，容易导致争议，故使用时应慎重。凡能用数字或科学方法表示的，则不宜采用此种规定。

（三）订立品质条款时应注意的事项

在国际贸易中，由于货物的品质千差万别，表示品质的方法也不尽相同，品质条款如何规定应视具体商品而定。一般说来，订立品质条款时，主要应该注意以下四点。

1. 要认真贯彻“平等互利”的原则

在订立品质条款时，应体现平等互利的精神，防止订立对单方有利的片面条款。例如，某些出口货物的品质对计价有影响时，合同中就应规定在一定幅度内由于品质增减而价格也相应随之增减的条款，以防单方受益，同时要避免只有减价，而无增价的片面规定。

2. 要从生产实际出发，实事求是

品质条款要根据国际市场的需求，结合国内生产实际情况来订立，既不能订得过高，以免造成生产和对外履约的困难；也不能订的过低，以免影响售价和销路。应该本着实事求是的精神，把需要与实际尽可能结合起来。

3. 要正确使用货物品质的各种表示方法

在国际贸易中，各种表示货物品质的方法都有其特定的含义和使用范围。买卖双方必须按此承担相应的义务，同时，凡是能够用一种方法表示品质的，一般就不要采用两种或两种以上的方法来表示；如果必须采用两种以上的方法来表示时，经双方协商一致后，则需在合同中作出明确规定，以免引起争议。

4. 要注意科学性和灵活性

品质条款的内容和文字应注意科学性、严密性、准确性。但对有些货物，特别是品质规格不易做到完全统一的货物，如某些农副产品、轻工业品及矿产品等，一般要有一定的灵活性，规定合理的品质机动幅度和品质公差。

第三节 合同标的物的数量

商品的数量（quantity of goods）是指用度量衡单位来表示商品的重量、数量、长度、面积、体积、容积等。

按照合同约定的数量交付货物是卖方的一项基本义务。某些国家法律规定，卖方交货数量必须与合同规定相符，否则买方有权提出赔偿，甚至拒收货物。例如，英国《1893年货物买卖法》规定："卖方交付货物的数量如果少于约定数量，买方可以拒收货物；卖方实际交货数量多于约定数量，买方可以只接受约定数量而拒收超过部分，也可以全部拒收。如果买方接受了卖方所交的全部货物，则必须按约定单价支付货款。"①

《公约》也规定，卖方必须按合同数量条款的规定如数交付货物②。如果卖方交货数量多于约定数量，买方可以收取，也可以拒绝收取多交部分货物的全部或一部分③；如果卖方实际交货数量少于约定数量，卖方应在规定的交货期届满前补交，但不得使买方遭受不合理的不便或承担不合理的开支。然而，买方保留要求损害赔偿的任何权利④。

因此，正确掌握成交数量和所订立合同中的数量条件，对交易的达成和争取有力的价格，具有十分重要的意义。

一、数量的重要性

商品的数量是合同的重要内容或重要条款之一，也是合同履行的重要基础。

① 参见英国《1893年货物买卖法》第30条。
② 参见《联合国国际货物销售合同公约》第35条。
③ 参见《联合国国际货物销售合同公约》第52条。
④ 参见《联合国国际货物销售合同公约》第37条。

因此，卖方一定要按合同约定的数量交货。这是因为：第一，数量的多寡决定合同金额的大小及交易双方交货的最后依据；第二，数量的大小直接影响市场销售及价格的高低；第三，数量的多少也涉及包装、运输、检验等环节的成本；第四，数量还受一国生产、消费、市场、政策等一系列因素的制约。总之，数量条款是一方以一定数量的商品与另一方以一定货币金额相交换而构成的一笔交易必不可少的条件。没有数量条款，合同就无法履行。

二、数量的计量单位与制度

国际贸易中交易的商品繁多，特点各异，各地市场传统习惯有所差别，商品计量的单位也不一致，各国的度量衡制度不同。因此，究竟采用什么样的计量单位，要视具体情况而定。

（一）计量单位

在国际货物买卖中，通常采用的计量单位名称及适用的商品有以下六种：

（1）重量（weight）。常用的重量单位有：公吨（metric ton，M/T），长吨（long ton，L/T），短吨（short ton，S/T），千克（kilogram，kg.），克（gram，g.），磅（pound，lb.），盎司（ounce，oz.），公担（quintal，q.）等。重量单位一般适用于天然产品及部分工业制成品，如矿产品、钢材、羊毛、谷物、油类等商品的计量。

（2）数量（number）。常用的个数单位有：只（piece，pc.），件（package，pkg.），双（pair，pr.），台、套、架（set），打（dozen，doz.），罗（gross，gr.），大罗（great gross，g. gr.），令（ream，rm.），卷（roll，coil），辆（unit），头（head），箱（case），捆（bale），桶（barrel，drum），袋（bag）等。个数单位一般适用于工业制成品、日用杂货等，如电视机、衬衫、纸张、水果、车辆等商品的计量。

（3）长度（length）。常用的长度单位有：米（meter，m.），英尺（foot，ft.），码（yard，yd.），厘米（centimeter，cm.）等。长度单位一般适用于绳索、电线电缆、纺织布料等商品的计量。

（4）面积（area）。常用的面积单位有：平方米（square meter，sq. m.），平方英尺（square foot，sq. ft.），平方码（square yard，sq. yd.），平方英寸（square inch，sq. in.）等。面积单位一般适用于木板、玻璃、纺织品、地毯等商品的计量。

（5）体积（volume）。常用的体积单位有：立方米（cubic meter，cu. m.），立方英尺（cubic foot，cu. ft.），立方码（cubic yard，cu. yd.），立方英寸（cubic inch，cu. in.）等。体积单位一般适用于木材、化学气体等商品的计量。

（6）容积（capacity）。常用的容积单位有：升（litre，l.），加仑（gallon，gal.），蒲式耳（bushel，bu.）等。容积单位一般适用于小麦、玉米等谷类，汽油、酒精等液体类以及天然气等气体类商品的计量。

（二）计量制度

计量制度即度量衡制度。目前，国际贸易中通常使用的度量衡制度有：公制或米制（the metric system）、美制（the U. S. system）、英制（the British system）和国际单位制（the international system of unit，SI）四种。1960 年国际计量大会上通过的在公制基础上发展起来的国际单位制，已为越来越多的国家所采用。我国采用的是以国际单位制为基础的法定计量单位。

《中华人民共和国计量法》规定："国家采用国际单位制。国际单位制计量单位和国家选定的其他计量单位，为国家法定计量单位"①。我国出口商品，除合同规定采用公制、美制或英制计量单位外，应使用我国法定计量单位。我国进口的机器设备和仪器等，应要求使用法定计量单位（一般按个数计算，如台、件等），否则，一般不许进口。如确有特殊需要，也必须经有关标准计量管理部门批准。

三、数量的计量方法

在国际贸易中，计算商品数量的方法尽管有按重量、个数、长度计量的，也有按体积、容积、面积计量的，但大多数商品还是按重量计量的。商品重量的计算方法主要有以下几种：

（一）毛重

毛重（gross weight）是指商品本身连同包装的重量，也即商品本身的重量加皮重（tare）。对于有些商品，由于包装本身不便分别计量（如卷筒白报纸），或单位价值不高（如粮谷、饲料等），可以采用"以毛作净"（gross for net）的办法计重，即以毛重作为计算价格和交付货物的计量基础。

例如：马料豆，单层麻袋包装约 100 千克以毛作净。

Horse Beans, packed in single gunny bags of about 100 kg each gross for net.

（二）净重

净重（net weight）是指商品的实际重量，即从毛重中扣除皮重后的重量。

---

① 参见《中华人民共和国计量法》第 3 条。

因此，货物若以净重计量，要去除皮重。计算皮重的方法主要有四种：

（1）实际皮重（actual tare；real tare）。实际皮重即将整批货物的包装逐一过秤求得的重量。

（2）平均皮重（average tare）。有些货物包装材料和规格比较统一，即按部分货物包装的实际重量求出平均包装重量。

（3）习惯皮重（customary tare）。对于比较规范化的包装，按市场公认的包装重量，无需过磅称量，这种已被公认的皮重即为习惯皮重。

（4）约定皮重（computed tare）。即按买卖双方事先约定的重量，而不必过秤。

（三）公量

公量（conditioned weight）是指用科学方法抽去商品中的水分后，再加上标准含水量所求得的重量。这种计量方法虽较复杂，但对于一些含水成分极不稳定而经济价值又比较高的商品较为适用，如生丝、羊毛等商品的计量。商品公量中所含的标准水分是用商品的标准回潮率计算出来的。所谓回潮率，是指商品含水量与干量之比。标准回潮率是买卖双方事先约定的商品含水量与实际干量之比。商品中实际水分含量与实际干量之比为实际回潮率。国际上公认的生丝、羊毛的标准回潮率为11％。公量的计算公式为

公量＝干量＋标准含水量＝实际重量×（1＋标准回潮率）/（1＋实际回潮率）

（四）理论重量

理论重量（theoretical weight）是针对一些按固定规格生产和销售的商品，只要其规格一致、尺寸相符，其重量大致相同，就可以根据商品件数算出总重量。如钢板、马口铁等。

（五）法定重量和净净重

法定重量（legal weight）是指以商品本身重量加上直接与商品接触的内包装（如销售包装）重量计算后的商品重量。法定重量是海关征收从量税的基础。

净净重（net net weight）是指在法定重量中扣除内包装的重量及一些附着于商品的杂质重量后的最终重量。按净净重计量的方法也为海关征税时所用。

四、合同中的数量条款

（一）基本内容

买卖合同中的数量条款（quantity clause）主要由成交数量和计量单位组成。

按重量计算的商品，须明确计算重量的方法。对于大宗散装货物，还需要规定数量机动幅度，即在合同中对交货数量的幅度范围作出规定。在国际货物买卖合同中，数量机动幅度的规定方法主要有以下三种：

(1) 溢短装条款 (more or less clause)。是指在买卖合同的数量条款中明确规定可以增减的百分比，但增减幅度以不超过规定数量的百分比为限。例如，5000 吨，卖方可溢装或短装 5% (5000M/T, with 5% more or less at seller's option)。一般情况下，在溢短装条款允许的机动幅度内多交或少交是由卖方决定的。但在 FOB 或 FAS 贸易条件下，也可以由派船的买方决定多装或少装的数量。例如，规定买方有权决定多交或少交 3% (3% more or less at buyer's option)。合同条款中如未规定溢短装部分的加价方法，则一般按照合同价格计算。"溢短装" (more or less) 也可用"增加或减少" (plus or minus) 或用"±"号代替。

(2)"约"数 (about or circa or approximately)。为使装货数量可以有所机动，也可将数量规定为约数，即在某一具体数量前加个"约"字。例如，约 5000 公吨。由于"约"数的含义在各国或地区之间存在不同的解释，有的解释为 5%，有的解释为 10%。在采用信用证结算方式下，信用证中交货数量前使用"约"数，则按 UCP600 的规定，可增加或减少 10%。为了明确责任和便于合同的执行，避免不必要的纠纷，除非买卖双方对"约"数的含义已有协议和默认，最好在合同数量条款中不采用"约"数，而应明确规定溢短装的幅度较好。

(3) 数量公差。在以信用证支付的合同下，根据 UCP600 第 30 条规定，在满足三个条件的前提下，数量可以有±5%的机动幅度：第一，信用证未作出相反规定；第二，支取金额不超过信用证金额；第三，货物数量不是按包装单位或个数计算。

(二) 订立数量条款时应注意的事项

在国际货物买卖合同中，按合同规定的数量交货是卖方的主要义务，除非另有规定，否则就构成卖方违约。因此，在订立数量条款时，要注意以下两个问题。

1. 数量条款各项内容的规定要明确和具体

在数量条款中，对计量单位的规定，如以"吨"计量时，就要明确规定是公吨，还是长吨或短吨；以罗为单位时，就要注明每罗的打数，力求不使用含糊不清和笼统的字句，以防日后发生争议。

2. 正确掌握成交货物的数量

在出口货物数量的掌握上，既要考虑国外市场的需求量、市场趋势、运输能力、季节因素，保证及时供货，以巩固和扩大销售市场，又要考虑国内货源情况和国内生产能力，以免造成交货困难。在成交数量的掌握上，还必须考虑国外客户的资信及其经营能力，防止发生交货的货款落空，造成经济损失。

此外，在进口货物数量的掌握上，也要考虑市场的需求量、外汇支付能力及运输条件等。

第四节　合同标的物的包装

商品的包装是指盛装商品的各种容器或包装物，并采用不同形式的容器或包装物对商品进行包装的操作过程。包装是商品生产的继续，是商品进入流通领域的必要条件，也是实现商品使用价值和增值的一种手段。在实际业务中，商品的包装应力求符合科学、经济、牢固、美观、适销等要求，从而保护商品完好无损地从生产厂家转移到流通领域，到达消费者手中，并能起到节省运力，提高仓储使用率和降低费用的作用。

在国际货物买卖中，包装是货物说明的组成部分。包装的好坏关系着产品的信誉，也关系着产品能否在激烈的国际市场竞争中取胜，能否在出口贸易中扩大销售、提高售价、增加外汇收入；同时，也足以反映一个国家在经济建设、科学技术、文化艺术等方面的发展水平。因此，包装也是交易磋商的主要条件之一。当前，研究和改进包装材料和包装方式，设计和创新包装款式和包装装潢，已成为对外贸易工作中不容忽视的重要问题。

国际贸易的货物种类繁多，按是否需要包装来划分，可以分为三类：即裸装货（nude cargo）、散装货（bulk cargo）和包装货（packed cargo）。裸装货，是指一些货物品质比较稳定，不易受外界条件影响，自成件数，难以包装或不需要包装的货物，如钢材、铅锭、木材、橡胶等。散装货，是指货物散装在运输工具上，如散装的石油、矿砂、粮食、煤炭等，散装货可用专门设计的运输工具和装卸设备进行载运和装卸。包装货是我们研究的重点，包装货按其在流通过程中作用的不同，可以分为运输包装和销售包装。

一、运输包装

运输包装（packing for transportation）又称“大包装”或“外包装”（outer packing）。对运输包装的要求应坚固、结实，具有通风、防潮、防震、防漏、防锈蚀、防失散、防盗窃等性能。运输包装又分为单件运输包装和集合运输包装。

（一）运输包装的分类

1. 单件运输包装

单件运输包装指在运输过程中，将货物作为一个计量单位而进行的包装。单件包装按包装的造型和使用的材料不同又可分为：

(1) 箱（case）。有木箱（wooden case）、纸箱（carton）、板条箱（crate）、漏孔箱（skeleton case）等，通常适用于不能挤压的货物的包装。

(2) 袋（bag）。有麻袋（gunny bag）、纸袋（paper bag）、塑料袋（plastic bag）等，通常适用于粉状、颗粒状和块状的农产品和化学肥料等货物的包装。

(3) 桶（drum；cask）。有木桶（wooden cask）、铁桶（iron drum）、塑料桶（plastic cask）等，通常适用于液体、半液体、粉状、颗粒状货物的包装。

(4) 包（bale）。有棉布包、麻布包等，通常适用于可以挤压而品质不易变化的商品的包装。

此外，还有捆（bundle）、篓（basket）、坛（carboy）、罐（can）等。

2. 集合运输包装

集合运输包装也称组合化运输包装。这是将一定数量的单件包装组合起来装入一个大的包装容器内的包装方式。集合运输包装主要有以下几种形式：

(1) 集装包和集装袋（flexible container）。一般是指用合成纤维或复合材料编织成的圆形大口袋或者方形大包。集装包或集装袋又分为一次性使用和可回收周转使用两种。集装包或集装袋的容量，因使用的材料和生产工艺不同而有区别，一般可装载是1～4公吨，最高可达13公吨左右。集装袋则适用于装粉状、粒状的化工产品、矿产品、农产品及水泥等散装商品。

(2) 托盘（pallet）。一般是指用木材、金属或塑料制成的、能够用铲车叉起的托板。其规格主要有：80cm×100cm，80cm×120cm，100cm×120cm，120cm×160cm，120cm×180cm等几种。托盘的承载力一般为0.5～2公吨，堆货高度不得超过1.6米。

(3) 集装箱（container）。它是一种用金属板或木材、纤维板制成的长方形大箱，可装载5～40公吨重的商品。集装箱分：杂货箱、防热箱、冷藏箱、散装干货箱、罐装箱、平板箱、牲畜箱、载车箱等不同类型。为适应不同商品的特性和装卸的要求，有的箱内还设有空调或冷冻设备，有的备有装入或漏出的孔道等。

根据ISO的规定，集装箱共分为13种规格，用得最多的是8英尺×8英尺×20英尺和8英尺×8英尺×40英尺的集装箱。国际上以8英尺×8英尺×20英尺为计算集装箱的标准单位，称为“TEU”（twenty-foot equivalent unit），中文翻译为“20英尺等量单位”。凡是非20英尺的集装箱，均折合成20英尺集装箱进行统计。集装箱是现代化的运输包装，可以有效地保护商品，加快货物的装卸速度，提高码头的使用效率。

(二) 运输包装的标志和说明

1. 运输标志 (shipping mark)

运输标志又称为唛头，是由简单的几何图形加上字母、数字和文字构成的。其主要作用是便于在装卸、运输、储存过程中的识别、点数，防止错发错运。其内容通常有：

(1) 发货人或收货人名称的缩写或代号。通常用几何图形和英文字母或简单的文字表示。

(2) 目的地名称。即合同中规定的交货口岸，不能用简称和缩写。如果货物需要中途转港，必要时可将中转港列明。例如，新加坡经香港转运 (Singapore VIA Hong Kong)。

(3) 货物件数。在实际业务中，货物件数这项内容常常是既要列明该件货物的序号又要列明该批货物的总件数，例如，“No. 1～50”。运输标志即唛头的式样举例如图 2.1 所示。

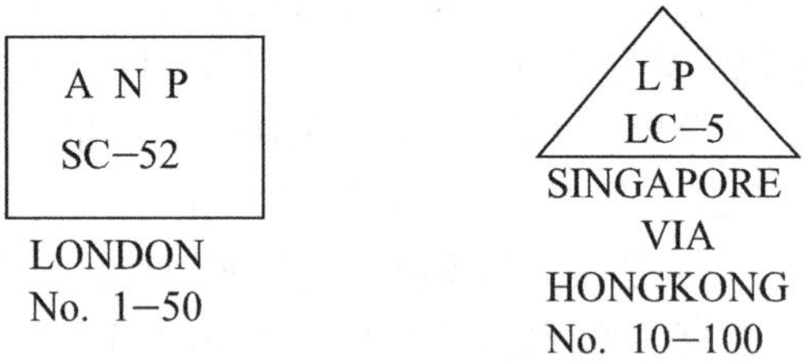

图 2.1 运输标志式样

2. 指示性标志 (indicative mark)

指示性标志也称保护性标志、安全标志或注意标志。其目的是针对商品的特点，提出在运输和保管过程中应注意的问题，从而引起搬运人员、运输人员的注意，确保货物和操作人员的安全。一般在包装上刷上简单和醒目的图形，主要用于易碎、易变质、易损坏的商品。常见的指示性标志如图 2.2 所示。

(1)易碎物品　(2)怕雨　(3)向上

图 2.2 常用的指示性标志

3. 警告性标志（warning mark）

警告性标志又称危险品标志，是指对一些易燃品、爆炸品、有毒品、腐蚀性物品、放射性物品等危险品在其运输包装上清楚而明显地刷制的标志，以示警告。它一般由简单的几何图形、文字说明和特定图案组成。对此，各国一般都有规定。此外，一些国际组织也有专门规定。例如，联合国国际海事组织公布有《国际海运危险品标志》，国际海运协会也曾制定国际海运危险品规则。目前，联合国国际海事组织规定，在出口危险品的外包装上要刷写国际海运危险品标记，有些国家已照此执行。

为使我国出口货物运输方便，出口危险品时，除刷写我国国内危险品标志外，还应刷写国际海运危险品标志，以避免货物到达国外港口时发生不准靠岸卸货而被迫改港、绕航等问题。根据我国国家技术监督局发布的《危险货物包装标志》规定，在运输危险货物的包装上必须标刷警告性标志。常见的警告性标志如图 2.3 所示。

(1)有毒物品　　(2)感染性物品　　(3)杂类物品

图 2.3　常见的警告性标志

除上述包装标志外，商品的运输包装上一般还会刷制一些诸如商品的毛重、净重、体积尺码和商品生产国别的标志，这也被称为识别性标志。目前在实际业务中出于安全的考虑，有逐步减少这种标志的趋势。

例如：Gross Weight（G. W）　55kgs
　　　Net Weight（N. W）　51kgs
　　　Measurement　160×40×32
　　　Made in America

二、销售包装

销售包装（packing for sale）又称小包装（small packing）、内包装（inner packing）或直接包装（direct packing）。在国际贸易中不仅要求销售包装具备适于商品销售的各种条件，而且在包装的用料、装潢设计、造型结构和文字说明上都有较高的要求。只有这样，才能达到宣传介绍商品、扩大销路、增加外汇收入的作用。特别是在当前国际市场竞争激烈以及超级市场迅速发展的情况下，出口商品的销售包装变得日益重要，它起到了“无声销售员”的作用。

（一）销售包装的分类

目前国际市场上流行的销售包装按形式和作用可分为：

1. 陈列展销类

陈列展销类包装是指可在商店的货架陈列、展示商品的包装方式。一般有挂式包装、堆叠式包装和展开式包装。

（1）挂式包装。是指用挂钩、挂孔、吊带等悬挂商品，常见的有起泡包装、袋形包装等。这种包装可以充分利用货架的空间，增加展卖面积。

（2）堆叠式包装。是指商品包装的顶部和底部都设有吻合部分，使商品在上下堆叠时可以互相吻合。这种包装堆叠稳固性强，适于超级市场堆叠罐头等商品。

（3）展开式包装。是指具有特殊结构的盒盖，当盒盖打开时，盒面图案和商品互相衬托，具有良好的陈列展销效果。

2. 识别商品类

识别商品类包装是指能让消费者从外观上识别商品的包装。一般有透明式包装、开窗式包装和习惯性包装。

（1）透明式包装和开窗式包装。是指全部或部分用透明材料或开窗纸盒包装，这种包装可使购买者直观商品的形态和质量。

（2）习惯性包装。是指采用商品习惯包装造型，使购买者见到包装即可识别商品。

3. 使用类

使用类包装是从便于消费者使用的角度来考虑的商品包装方式。一般有携带式包装、易开式包装、喷雾式包装、配套包装和礼品包装。

（1）携带式包装。这种包装上附有手提装置，适合消费者携带使用。

（2）易开式包装。是指密封的包装容器，具有容易开启的特点，常见的有易开罐、易开盒和易开瓶等。

（3）喷雾式包装。这种包装是一个液体喷雾器，使用时按按钮，液体即可自动喷出。这种包装主要适用于日用消费品和医药喷撒。

（4）配套包装。是指把经常同时使用的不同种类和不同规格的商品搭配成套，合成一体的包装。

（5）礼品包装。是指专门作为礼品的销售而进行的包装。

（二）销售包装的标志和说明

销售包装要直接与消费者见面，它往往作为一种竞争手段在销售过程中占有重要地位。销售包装不仅直接影响销量和售价，而且对消费者会产生吸引力。因此，市场对销售包装的质量要求很高，对所用的材料、造型结构、大小尺寸、包装的装潢和文字说明，都有严格的标准。其中，尤其要注意包装的装潢和文字说明。

（1）包装装潢。通常包括图案、色彩，这些图案、色彩一般直接印刷在商品的包装物上，也可以在商品上粘贴标签、挂吊牌等。包装的装潢应新颖大方、不落俗套、富有艺术性，并突出商品的特征。同时，还应考虑进口国或销售地的民俗习惯和对颜色、图形、数字的偏好，对不同的地区采用不同的色彩和图案。

（2）文字说明。文字说明通常包括商品的名称、商标牌名、数量规格、成分构成、使用说明等内容；文字说明要与图案、色彩遥相呼应，和谐统一；文字说明的内容应与图案表现的含义一致；使用外文的说明，要注意词义的正确表达。此外，文字说明、粘贴、标签、吊牌等，不能违反有关国家的标签管理条例的规定。

（3）条形码标志。条形码又称条码，是由一组粗细间隔不等的平行条纹及其相应的数字所组成的、利用光电扫描阅读设备为计算机输入数据的一种特殊的代码语言。国际上通用的条形码主要有两类：一类是美国统一代码委员会编制的UPC码（universal product code）；另一类是由国际物品编码协会编制的EAN码（european article number）。目前使用EAN码的国家比较多，已成为国际公认的物品编码标志系统。为了适应国际市场的需要和扩大出口，1988年12月我国成立了“中国物品编码中心”。该中心于1991年4月代表中国加入EAN并成为正式会员，负责统一组织、协调和管理我国的条形码工作。目前，凡标有“690”、“691”、“692”、“693”、“694”和“695”条形码的商品，即表示是中国内地出产的商品。

各国对于销售包装都有不同的要求和规定，因而要注意进口国对销售包装的规定。工业发达国家通常对食品、药品都订有标签（label）管理上的规定，如日本对进口的菠萝罐头类商品规定要注明生产年月；美国对进口药品规定必须说明功能、成分、服用方法等；食品进入美国市场时，要在销售包装上注明净重数等。有些国家对商品包装上的语言文字也有规定，如意大利对罐头食品的装潢要有意大利文的说明；有的国家规定一种商品上要有两种指定的文字说明；有的国家规定容量和净重必须使用英制。包装要适应国外零售企业管理现代化的需要，在商品的销售包装上采用国际通用的条形码，作为商品的代号等。

三、中性包装和定牌

在国际贸易中，为适应市场需要，买方通常会要求卖方采用中性包装或定牌的做法。定牌是指商品上和包装上不采用卖方自己的商标、牌号，而采用买方指定的商标或牌号。定牌包装的一种常见形式是在包装上注明买方指定的商标、牌号，但标明生产国别。定牌中性包装是定牌包装的另一种形式，它只注明买方的商标或牌号，不注明生产国别。在实务中，卖方同意采用定牌，是为了利用指定品牌的商业声誉，从而扩大销量和提高售价。对于本身已是国内知名品牌的出口商品，一般不宜采用定牌，以免逐渐销蚀国产品牌的声誉。

（一）中性包装

中性包装（neutral packing）是指在商品和内外包装上均不注明生产国别的包装方式。采用中性包装的目的是为了打破进口国家和地区实行的各种限制和政治歧视，也是扩大出口的一种方法。我国的出口商品一般都应注明“中华人民共和国制造”、“中国制造”等字样，但有时也采用中性包装。

1. 中性包装的分类

中性包装分无牌中性包装和定牌中性包装。无牌中性包装，是指商品和包装上既无商标、牌号，也无生产国别的包装；定牌中性包装，是指商品和包装上标有买方指定的商标、牌号，但不注明生产国别的包装。

2. 中性包装的作用

中性包装是国际市场上的习惯做法，它能够以特殊的办法打破进口国家和地区的各种限制，以及政治或其他方面的歧视，既扩大了出口商的对外出口规模，又便利了国外进口商的营销活动，故深受进出口贸易双方的欢迎。

3. 采用中性包装时需注意的问题

采用中性包装，主要是为了打破某些国家和地区禁止商品进口所采取的限制措施。例如，对商品实行高关税或不合理的配额限制，以便促进商品顺利出口到这些国家和地区的市场。在采用中性包装的交易中，应注意以下几个问题：

（1）采用中性包装出口商品时，应该注意与进口商或代理商的配合，在选择进口商和代理商时，应该选择那些具有一定实力和影响力的商人。

（2）在接受定牌中性包装时，要考虑到卖方提供的商标是否有可能侵犯他人商标专有权等问题，一般应在合同中规定：“凡因由买方提供的商标、牌名引起的知识产权纠纷，责任完全由买方承担。”

（二）定牌和无牌

1. 定牌

定牌是指卖方在商品及其包装上采用买方指定的商标或牌号。一般对于国外大量的长期的稳定的订货，可以接受买方指定的商标。在我国出口业务中，我方同意使用定牌，是为了利用买主的经营能力和他们的企业信誉或名牌声誉，以提高商品售价和扩大销售数量。具体做法有下列几种：

(1) 在定牌生产的商品和/或包装上，只用外商所指定的商标或品牌，而不标明生产国别和出口厂商名称，这属于采用定牌中性包装的做法。

(2) 在定牌生产的商品和/或包装上，标明我国的商标或品牌，同时也加注国外商号名称或表示其商号的标记。

(3) 在定牌生产的商品和/或包装上，采用买方所指定的商标或品牌的同时，在其商标或品牌下标示“中国制造”字样。

2. 无牌

无牌是指商品出口时不使用任何商标和牌号的方式，主要用于需进一步加工的半制成品、半成品，如供印染用的棉坯布，或供加工成批服装用的呢绒、布匹和绸缎等。其目的是为了节省费用，降低成本。国外有的大百货公司、超级市场向我国订购低值易耗的日用消费品时，也有要求采用无牌包装方式的。其原因是，无牌商品无需广告宣传，可节省广告费用，降低销售成本，从而可达到薄利多销的目的。

除非另有约定，采用定牌和无牌时，在我国出口商品和/或包装上均须标明“中国制造”字样。

3. OEM

OEM (original equipment manufacture) 的基本含义是定牌生产合作，俗称“贴牌”。它是指品牌生产者不直接生产产品，而是利用自己掌握的“关键的核心技术”负责设计和开发新产品，控制销售渠道，通过合同订购的方式委托其他同类产品厂家生产，将所订产品低价买断，并直接贴上自己的品牌商标，这种委托他人生产的合作方式即为 OEM。承接加工任务的制造商就被称为 OEM 厂商，其生产的产品就是 OEM 产品。

四、合同中的包装条款

商品的包装是交易磋商的重要内容之一，它涉及保护商品、减少货损、节约运费、安全交货、顺利履行合同等方面的问题。因此，在国际货物买卖合同中，买卖双方必须就商品的包装问题认真洽商，取得一致意见，并在合同中作出明确具体的规定。

(一) 基本内容

合同中包装条款 (packing clause) 的主要内容一般包括包装材料、包装方式、包装费用和运输标志等内容。

1. 包装材料和方式

关于包装方式和包装材料，主要应明确规定用料、尺寸、每件重量以及填充物和加固条件等。

例如：纸箱装或空格木箱装，每箱净重约12kg，每个果体包纸。

In cartons or crates of about 12kg net，each fruit wrapped with paper.

约定包装条款时，一般不宜使用“习惯包装”（customary packing）、“适合海运包装”（seaworthy packing）、“常规包装”（conventional packing）等笼统的术语。这些术语语义含义模糊，无统一解释，容易引起争议。

2. 包装费用

包装费用一般已包含在商品货价之内，不另计收。但是，如果买方要求特殊包装，对超出的包装费用应由何方负担，在合同中要明确规定。如果由买方支付，还应规定这部分费用的支付时间和方法。如果由买方提供全部或部分包装材料，还需要明确规定包装材料到达卖方的最迟期限，以及在逾期到达卖方的情况下买方应承担的责任。

3. 运输标志

运输标志一般由卖方决定（at the seller's option）。如果买方要求指定运输标志，应在合同中规定运输标志的式样和内容，或规定买方提出运输标志式样和内容的时限，并规定如果在货物装运前若干天未收到有关运输标志的通知，卖方可自行决定。

（二）订立包装条款时应注意的事项

包装条款应符合有关国家和地区的法律规定。例如，有些国家禁止或限制使用某些包装材料；有些国家对运输标志、标签等作了严格规定；有些国家对不同商品的每件包装重量，订有不同的税率，或规定装卸时采用不同的操作办法。

此外，需要了解的是，保险公司对因包装不良所造成的损失是不赔偿的。在进口合同的包装条款中，对包装不善造成损失的索赔问题应作适当的规定，以防止进口物资因包装不良而受到损失。对于仪器、机械设备进口时所采用的包装条款，更应就索赔问题作详细的规定。例如，“需用坚固的新木箱包装，适合长途海运、防湿、防潮、防震、防锈，并耐受粗暴搬运。凡由于包装不良所造成的损失和费用或由于防护措施不妥发生锈损所造成的损失和费用均应由卖方承担。”

总之，订立包装条款时应缜密考虑，务求具体明确，方便工作，以利于顺利交货和安全及时收汇。

➢重要概念

商品品名；商品的品质；对等样品；品质机动幅度；良好平均品质；品质公差；商品的数量；公量；净净重；溢短装条款；商品的包装；裸装货；唛头；中性包装；定牌

➢思考题

1. 在买卖合同中列明商品的名称有何意义？规定品名条款时应注意哪些事项？

2. 表明商品品质的方法有哪些？试分别说明其含义及其在使用时应注意的问题？

3. “凭买方样品买卖”时应注意哪些问题？试述在买方来样时，使用“对等样品”的意义？

4. 试述“品质机动幅度”与“品质公差”的含义及其作用。

5. 在国际货物买卖中，计算重量的方法主要有哪几种？

6. 什么是溢短装条款？它包括哪些内容？合同中应如何规定？

7. 在国际货物买卖中，商品包装的意义何在？

8. 什么是运输标志？运输标志由哪些内容构成？试设计一个运输标志。

9. 什么是中性包装、定牌和无牌？在使用这些做法时应注意哪些问题？

10. 包装条款有哪些主要内容？在订立包装条款时应注意哪些问题？

➢案例分析

1. 2008 年 6 月，中国深圳空港检验检疫局在对一批进口的蓝湿牛二层皮检验检疫中发现：货物厚度严重不均，薄处如纸，皮面多虻、叮和孔洞，几乎无使用价值。但是，由于买卖双方是凭样品签订的购买协议，合同中除约定每张皮革重量外，既无品质要求，也未提及样品情况，更没有双方签字的封样。因此，这批实货与样品严重不符的货物，由于重量达到了合同规定而无法对外索赔，买方 5 万美元货款付诸东流。试结合相关知识，分析本案例中进口商在签订品质条款时应吸取的教训。

2. 湖北省 XH 县历来盛产柑子，并形成了一种优质品种，称为“XH 柑”。XH 柑品质上乘，一直享誉东南亚地区。XH 县某出口公司曾与某港商订立了一项向香港出口大宗柑皮的合同。合同中的品质条款仅规定：“XH 种柑皮”，货物交收后，港商提出异议，称这些柑皮不是 XH 县当地出产的，因为他已派人调查了全县所有产地，即使用全县生产的所有柑子也无法剥出这么多皮。我方出口公司解释，合同仅规定：“XH 种柑皮”，只要是“XH 品种”的柑皮就符合合同规定。对方认为，合同规定：“XH 种柑皮”必须是在 XH 县当地“种”植的柑皮才是符合合同要求的，双方各持己见，最终，内地方为维持双方业务关系赔偿港方了结此案。试结合相关知识分析此案例。

3. 某出口公司对日本出口电风扇1000台，信用证规定不允许分批装运。但在装船时，发现有40台严重损坏，临时更换又来不及。为保证质量起见，发货人员认为根据UCP600的规定，即使合同未规定溢短装条款，数量上仍允许有5%的增减，故决定少交40台风扇，即少交4%。结果，遭银行拒付。为什么？

4. 我某外贸公司与美国一客户签订一份CIF合同，出口一批工艺品，规定内包装盒由客户免费提供。距合同规定的交货期前3个月，公司去电"订货将备妥，请速提供内包装盒"，客户未作答复。一个月后公司再次去电"货妥，急等内包装盒，否则货将无法按期装运"，客户仍未回复。几天以后该客户派了一位远东分公司的代表来厂看货，当场表示"内包装印刷来不及，不再提供，可由厂方自行解决"，并指明用无印刷的单瓦楞纸盒。我方工厂当即按该代表意见办妥纸盒，进行包装，进仓待运。在合同规定的装运期前一个月，客户突然来电："此批货物仍用我方提供的内包装。"公司当即回电说明："货已按你方远东公司代表意见包装完毕，进仓待运，无法更改。"客户回电承认远东公司代表同意我方自己包装是出于好意，旨在解决工厂困难。但是，由于用户现在坚持要用印刷的包装盒，事出无奈，希望我方理解和合作，但经济损失对方不能承担，而包装一定要改，否则将不履行合同。在这种情况下，公司考虑到该商是老客户、大客户，关系不宜搞僵，只好同意客户要求，重新更换包装。试就此案分析我方应从中吸取哪些教训。

5. 2008年1月，我国A公司与日本B公司签订一份机床买卖合同，A公司根据日本B公司所提供的图纸生产（其实该合同产品上拥有的技术已在法国取得专利权），出售机床一批，日本B贸易公司将该机床出售给法国C公司。机床进入法国后，法国C公司被法国D专利权人起诉，认为该机床侵犯了其在法国有效的专利权。法国法院判令法国C公司向D专利权人赔偿损失，随后法国C公司向日本B公司索取赔偿，而日本B公司赔偿后又找到我国A公司要求赔偿，被A公司拒绝。此案例中，我国A公司是否应该承担责任？

6. 某公司（以下称我方）与欧洲某公司（以下称外方）于2007年1月通过函电签订了5份销售合同，由我方向外方出售黑色碳化硅和棕色氧化铝（通称磨料）3110公吨。订明价格条款为CIF马赛，总金额为385万欧元（TOTAL AMOUNT CIF MARSEILLE NET EURO3 850 000）。包装条款为适于海运的包装（PACKING IN SEAWORTHY PACKING）。保险由卖方（INSURANCE TO BE COVERED BY THE BUYER）办理。索赔条款：货物到达目的港须经买方同意的检验人员证明，数量和规格问题应于15日之内，质量问题应于90日之内向卖方提出索赔要求。

在货物发运前，外方公司专营磨料的负责人到我方仓库查看了包装情况，表示满意。自3月份起，我方开始发货，每批装载，船方都出具了清洁提单，对装袋及托盘无批注意见。货物运抵目的港后，外方发现10批货物都有部分托盘和袋子损坏。于是，外方单方面聘请某公证行检验货物，并将损坏的托盘自行更换为新的，以便继续在陆上运输。对方的检验报告表明破损的原因是："由于托盘木条强度不够，不适宜海上运输，以及包装带捆扎不紧所致。"外方于10月22日来函给我方提出索赔，要求我方赔偿重新包装破损货物的有关费用，赔偿金额为168 790欧元。

我方复函称：①有关磨料包装问题，在第一次发货前，贵公司负责人已查看过，表示满意，因此贵方负有责任；②我方磨料的习惯包装是25公斤一袋的塑料袋内包装，聚丙烯编织袋外包装，适合远洋运输，未违反合同。托盘是运输工具，不是包装。货达目的港后，托盘的作用已经结束，对方重新整理托盘是为了其本身业务的需要，方便陆路运输，这与本合同无关，我方不应承担此项整理费用；③货物系以CIF成交，有关包装损坏等情况，理应由贵公司自行向保险公司提出索赔。同时表示，我方出于发展双方业务及友好关系，愿意承担一部分费用。最后，在中国国际经济贸易仲裁委员会的调解下，于2008年5月22日通过协商，双方达成以下协议：外方不再提及修理托盘的费用，我方则给予外方适当补偿，主要是外方直接以25公斤的小包装装卸而增加的费用。试分析此案中我方应吸取的教训。

第三章

国际贸易术语

第一节　国际贸易术语概述

由于贸易术语与商品价格的密切关系，通常贸易术语也被称为价格术语。但事实上贸易术语不但涉及商品的价格，也涉及交易的许多方面。本章将介绍贸易术语的含义、有关贸易术语的国际惯例、主要国际惯例对贸易术语的解释、常用的贸易术语的使用等方面的知识。由于贸易术语的选择问题涉及货物运输及其保险的相关知识，将在第六章（国际货物买卖的价格）中对其进行介绍。

一、贸易术语的含义和作用

贸易术语（trade terms），又称贸易条件，是指一些英文缩写或简短的概念，它们对买卖双方在交易过程中有关手续、责任、风险及费用的划分作出了规定，其中包括：①货物运输及其保险、装货、卸货、检验、进出口许可证的申办、报关纳税等工作由谁办理；②办理上述工作所需的费用由谁支付；③货物在运输途中可能发生的损坏或灭失的风险由谁承担，等等。由于贸易术语规定了一些卖方应支付的费用，直接影响价格的高低，所以又称为价格术语（price terms）或价格条件。

在国际贸易中使用贸易术语，可简化交易磋商和买卖合同的内容，能减少交易磋商的时间，节省交易的费用。由于国际惯例对贸易术语的解释在一定程度上是统一的，因而使用贸易术语还可以减少由于合同规定不明确而引起的纠纷。

二、有关贸易术语的国际贸易惯例

早在1812年，就已出现了贸易术语。最初，对各种贸易术语并无统一的解释。后来，某些国际组织和机构及商业团体，对贸易术语作出了统一的解释，订立了一些规则，这些解释和规则在一定的范围内得到法律界和工商界的承认和运用，成为有关贸易术语的国际贸易惯例。在国际上有较大影响的有关贸易术语的惯例有三个。

（一）《1932年华沙-牛津规则》

《1932年华沙-牛津规则》是由国际法协会于1928年在波兰的华沙开会制定的，1932年在英国的牛津作了修订。它是专门为解释CIF贸易术语而制定的，对CIF买卖合同的性质作了说明，并具体规定了在CIF合同中买卖双方所承担的费用、责任和风险。

（二）《1941年美国对外贸易定义修正本》

1919年美国的九个商业团体制定了《美国出口报价及其缩写条例》，1941年在美国第27届全国对外贸易会议上对它进行了修订，改称为《1941年美国对外贸易定义修正本》，在同年为美国商会、美国进口协会和全国对外贸易协会所组成的联合委员会所采用。该修正本在美国及美洲一些国家有较大的影响。该修正本共对以下六种贸易术语作了解释。

1. 产地交货——Ex（point of origin）

在Ex后面注明具体的交货地点，如“Ex Factory”（“制造厂交货”）、“Ex mill”（“工场交货”）、“Ex mine”（“矿山交货”）、“Ex plantation”（“农场交货”）、“Ex warehouse”（“仓库交货”）等。

按此术语，所报价格仅适用于原产地交货，卖方同意在规定日期或期限内在双方商定地点将货物置于买方控制之下。

2. F. O. B.（free on board）

《1941年美国对外贸易定义修正本》将F. O. B. 术语分为下列六种：

（1）在内陆指定发货地点的指定内陆运输工具上交货——F. O. B.（named inland carrier at named inland point of departure）。按此术语，所报的价格仅适用于：在内陆装运地点，由卖方安排并将货物装于火车、卡车、驳船、拖船、飞机或其他供运输用的载运工具之上。

（2）在内陆指定的发货地点的指定内陆运输工具上交货，运费预付到指定的出口地点——F. O. B.（named inland carrier at named inland point of departure）freight prepaid to (named point of exportation)。按此术语，卖方所报价格包括

把货物运至指定出口地点的运输费用，并预付至出口地点的运费。卖方在内陆指定起运地点取得清洁提单或其他运输收据后，对货物不再承担责任。

（3）在指定的内陆发货地点的指定内陆运输工具上交货，减除至指定出口地点的运费——F. O. B.（named inland carrier at named inland point of departure）freight allowed to（named point）。按此术语，卖方所报价格，包括货物至指定地点的运输费用，但注明运费到付，并将由卖方在价金内减除。卖方在指定内陆起运地点取得清洁的提单或其他运输收据后，对货物不再承担责任。

（4）在指定出口地点的指定内陆运输工具上交货——F. O. B.（named inland carrier at named inland point of exportation）。按此术语，卖方所报的价格，包括将货物运至指定出口地点的运输费用，并承担直至上述地点的任何灭失及/或损坏的责任。

（5）指定装运港船上交货——F. O. B. vessel（named port of shipment）。按此术语，卖方所报价格包括在指定装运港将货物交到由买方提供或为买方提供的海洋轮船上的全部费用。

（6）进口国指定内陆地点交货——F. O. B.（named inland point country of importation）。按此术语，卖方所报价格包括货价及运至进口国指定内陆地点的全部运输费用。注意：《1941 年美国对外贸易定义修正本》对 FOB 术语的解释，与国际商会制定的《2000 年国际贸易术语解释通则》所作的解释有较大的区别。

3. 船边交货——F. A. S.（free along side）

船边交货（指定装运港）——F. A. S. vessel（named port of shipment）。按此术语，卖方所报价格包括将货物交到海洋轮船船边，船的装货吊钩可及之处。

4. 成本加运费——C. & F.（cost and freight）

成本加运费（指定目的地）——C. & F.（named point of destination）。按此术语，卖方报价包括将货物运到指定目的地的运输费用在内。

5. 成本加保险费、运费——C. I. F（cost，insurance and freight）

成本加保险费、运费（指定目的地）C. I. F（named point of destination）。按此术语，卖方报价包括货物的成本、海洋运输保险费和将货物运到指定目的地的一切运输费用在内。

6. 目的港码头交货——Ex Dock（named point of importation）

按此术语，卖方报价包括货物的成本和将货物运到指定进口港的码头所需的全部附加费用，并交纳进口税。

近年来，美国的一些商业团体、贸易组织也曾表示放弃他们所惯用的《1941 年美国对外贸易定义修正本》，建议尽量采用国际商会的《国际贸易术语解释通则》。尽管如此，我们对《1941 年美国对外贸易定义修正本》应有所了解。在与这些国家进行贸易时，应明确贸易术语所适用的惯例。

（三）《2010 年国际贸易术语解释通则》

《2010 年国际贸易术语解释通则》简称《通则 2010》，是国际商会第 715 号出版物。国际商会（International Chamber of Commerce；ICC），是世界性的、非政府的商业组织，它制定了许多国际商界规则和惯例，其中很多已为全世界所普遍采用，通则《2010》就是其中之一。中国于 1994 年 11 月加入国际商会，1995 年 1 月 1 日正式成立了国际商会中国国家委员会（简称国际商会 CHINA）。

国际商会在 1936 年第一次公布了《1936 年国际贸易术语解释通则》，其副标题为 International Rules for the Interpretation of Trade Terms，故译作《1936 年国际贸易术语解释通则》。随后，国际商会为适应国际贸易实践的不断发展，于 1953 年、1967 年、1976 年、1980 年、1990 年和 2000 年对 INCOTERMS 作了 6 次修订和补充。

鉴于国际贸易中出现的新情况，包括免关税区的不断扩大，商业交易中使用电子通讯的增长，货物流动中对安全关注的提高，以及货物运输实务的变化，国际商会自 2007 年起着手开展对 INCOTERMS 2000 的修订。经过两年多的时间终于完成新版本的制定，于 2010 年 9 月正式公布 INCOTERMS 2010。

《通则 2010》与《通则 2000》相比，前者对后者做了一定的改变，就实质性改变而言，有以下几方面：

（1）2010 版两种新术语替代 2000 版四种贸易术语，将所解释的术语数目从 13 种改为 11 种，从而简化贸易术语的种类。《通则 2000》解释 13 种贸易术语——EXW、FCA、FAS、FOB、CFR、CIF、CPT、CIP、DAF、DES、DEQ、DDU、DDP。2010 版本以两种新术语 DAP 和 DAT 替代 2000 版的 DAF、DES、DEQ 和 DDU 四种术语。INCOTERMS 2010 的编制者认为，通过在 DAP 和 DAT 术语后面明确交货地点，包括边境地点、港口、码头、集装箱堆场和终点站等，这两种新术语完全可满足 2000 版的 DAF 等四类术语使用的需要。

（2）2010 版对 11 种贸易术语按运输方式分为两类。《通则 2000》对 13 种贸易术语按 E 组（启运）、F 组（主运费未付）、C 组（主运费已付）和 D 组（到达）分为四类。主要依据卖方交货义务从最小（EXW）到最大（DDP）做渐进排列，并不突出适用的运输方式。而《通则 2010》对 11 种贸易术语按适用的运输方式做如下的两大类分类：

一类是适用于任何一种或多种运输方式的术语，如 EXW、FCA、CPT、CIP、DAT、DAP、DDP 等 7 种术语，这 7 种贸易术语可以在完全没有海洋运输的情况下使用，也可以在运输过程中的部分路段为海洋运输的情况下使用。

另一类是适用于海运和内陆水路运输方式的术语，如 FAS、FOB、CFR、CIF 等 4 种术语，这 4 种贸易术语，其交货地点和货物运往买方的地点都为港口。

第二类四种贸易术语，其交货地点和货物运往卖方的地点都为港口。因此，FAS、FOB、CFR和CIF归属于适用于海洋和内陆水路运输方式类别的范畴。鉴于海洋运输是国际贸易中最为重要的运输方式，可以预计，为人们所熟悉的被习惯使用的FOB、CFR和CIF三种传统的贸易术语，将继续在国际货物买卖中被广泛地使用。

(3) 取消以"船舷"作为交货点的规定。长期以来INCOTERMS规定FOB、CFR和CIF三种术语的交货点为装运港"船舷"(ship' s rail)。卖方在装运港将货物装船，当货物越过船舷，即被认为完成交货。买卖双方对货物灭失或损坏的风险，也以船舷为界，货物越过船舷，风险就从卖方转移至买方。但是，在国际贸易的实际业务中，FOB、CFR和CIF的买方通常都要求卖方在装运港将货物交到船上(deliver the goods on board the vessel)，并提供清洁已装船单据(clean on board document)。在卖方同意买方上述要求的情况下，FOB、CFR和CIF的交货地点实际上已从"船舷"延伸到了"船上"(on board the vessel)。因此，《通则2010》取消了FOB、CFR和CIF三种术语下，以"船舷"为交货点的传统规定，而改为卖方的交货义务是："将货物装到船上"。

(4) 对FOB、CFR和CIF三种术语卖方交货义务作添加规定。《通则2000》规定FOB、CFR和CIF的卖方必须负责在装运港将货物交到船上。《通则2010》对此规定，添加了"或取得已如此交付的货物"(to procure the goods so delivered)。按经添加后的规定，FOB、CFR和CIF的卖方除了可以在装运港将货物装运上船完成交货义务外，也可以不负责装运货物(ship the goods)，而以取得已如此交付的货物履行其交货义务。"取得已装运的货物"的义务(obligation to "procure goods shipped")是FOB、CFR和CIF三种术语装运货物的义务(obligation to ship goods)的一种替代条件。在大宗商品销售中，货物在运输途中往往被多次转售，而形成链式交易。在此情况下，处于链式交易中间位置的某个或某几个卖方并不实际装运货物，而以取得已在装运港交到船上的货物履行其交货义务。因为，装运货物是由最初第一个卖方完成的。INCOTERMS 2010对FOB、CIF和CFR卖方交货义务作此添加规定，旨在鼓励在大宗商品销售中使用INCOTERMS术语。

有必要指出，在链式交易中，只有在载货船舶未起航前，可采用FOB(或CIF)术语转售已装船货物；一旦船舶启航，转售在途货物必须采用CIF术语。因为卖方必须提供对货物作合理投保的保险单和清洁已装船提单。

《通则2010》也对《通则2000》做了形式上的改变。它对每一贸易术语中买方和卖方义务的编排格式做了改变。《通则2000》的编排时，A卖方义务(A1—A10)与B买方义务(B1—B10)各10项，逐项作上下间隔排列，而2010版则对卖方和买方各 10 项义务的编排，改为逐项平列，左右对照。

尽管《通则 2010》对《通则 2000》做了上述改变，编者认为，二者在整体上并无根本性的区别。

国际商会在《通则 2010》导言中指出：INCOTERMS 在传统上适用于跨境交易的国际货物买卖合同。然而随着世界上区域性贸易集团（例如，欧盟）的增多和发展，不同国家间边境手续的办理（清关义务）显得不再那么重要。同时，有鉴于国际上许多贸易商在单纯的国内货物买卖合同中使用 INCOTERMS 术语，特别是美国国内贸易较多使用 INCOTERMS 术语，而放弃使用美国《统一商法典》的装运和交货术语，《通则 2010》副标题正式承认，其规则适用于国际和国内贸易。

在 INCOTERMS 规定卖方和买方义务的条件中，有些条文（如 A2、A6 和 B2、B6）的起首有“在适用的地方”字样。“在适用的地方”是“在清关适用的地方”的省略语。加注这一用语，可使规定有清关义务的条文具有灵活性。这就是说，在清关适用的地方，有关当事人（卖方或买方）必须承担清关义务。反言之，在清关不适用的地方（例如在欧盟内部交易的国家），有关当事人就无须承担清关义务。

无论国际贸易还是国内贸易，如买卖双方愿意采用 INCOTERMS 术语，均以在合同中明确援引《通则 2010》为妥。例如，“CIF New York INCOTERMS 2010”或在合同中注明：“This contract is governed by INCOTERMS 2010”（本合同受《通则 2010》约束）。

经国际商会国际商业惯例委员会组织各国众多专家认真讨论、修订后公布的《通则 2010》，更加适合于现代贸易实际的需要。因此，它一定将更广泛地为世界各国贸易界和法律界人士所接受和承认。

有必要强调，以上这些关于贸易术语的规则、定义和解释通则，作为国际惯例，并不具有普遍的约束力。国际货物买卖双方有权自愿选择采用某种惯例，并在合同中作明确的规定。这样，该惯例将确定他们之间有关货物交接方面的义务。买卖双方也可在合同中作出与某种解释或规则不同的规定，这种合同中不同规定的效力将超越惯例的任何规定。但是，如果买卖双方在合同中既不排除、也不明确规定采用何种惯例，一旦双方在交接货物的义务方面发生争议而提交诉讼或仲裁时，法院或仲裁机构往往会引用某种公认的或影响较大的有关贸易术语的国际惯例（例如《通则 2010》），作为判决或裁决案件的依据。

第二节　《通则 2010》中的六种常用贸易术语

在国际贸易中，FOB、CFR、CIF 和 FCA、CPT 和 CIP 是六种使用较多的贸易术语。其中，FOB、CIF 和 CFR 这三种贸易术语早期最为常用，因此称之为传统常用贸易术语。

一、FOB、CIF 和 CFR 三种传统常用贸易术语

FOB、CIF 和 CFR 三种术语适用于海运和内陆水路运输方式。由于国际贸易中大多数货物是通过海洋运输完成，因此这三种术语最为常用。

（一）FOB（free on board…named port of shipment）

FOB 称为"装运港船上交货"，是指在指定装运港将货物交到买方指定的船上，或取得已如此交付的货物，卖方完成交货。当货物被交到船上时，风险转移。自该时刻起，买方负担货物灭失或损坏的风险，并支付一切费用。具体使用这一术语时，要在其后面注明货物装运港的名称，如 FOB 上海。

1.《通则 2010》规定的买卖双方的主要义务

1）卖方主要义务

（1）负责在合同规定的日期或期限内，在指定装运港，将符合合同的货物按港口惯常方式交至买方指定的船上，或取得已如此交付的货物，并给予买方充分的通知。《通则 2010》在 FOB 项下 A1①（A 项为卖方的义务）规定：卖方必须提供符合合同要求的货物和商业发票，以及按合同规定需要提供的任何其他证明货物符合合同的凭证。②

（2）在规定的时间内于指定装运港按该港口习惯方式将货物交至买方指定的船上，并向买方发出详细的通知。《通则 2010》在 FOB 项下 A4 规定：卖方必须在指定的装运港，于买方指明的装载地点（如有的话），将货物放置于买方指定的船上，或取得已如此交付的货物作为交货。但在任何情况下，卖方均必须在约定的日期或在约定的期限内，按照该港口的惯常方式交付货物。如买方未能指明特定的装载地点，卖方可以选择在指定装运港内最适合其意图的地点。在 FOB 项下 A7 规定：在买方负担风险及费用的情况下，卖方必须就货物已按 A4 规定交付，或就该船只未能于约定时间内承载货物，给予买方充分的通知。

（3）负担货物在装运港交至船上为止的一切费用和风险。《通则 2010》在 FOB 项下 A5 规定：除 B5（B 项为买方的义务）规定外，卖方必须承担货物损坏或灭失的一切风险，直至货物在指定的装运港船上为止。在 FOB 项下 A6 规

---

① 文中所有关于《通则 2010》的内容说明均源于国际商会第 715 号出版《2010 年国际贸易术语解释通则》。

② 买卖双方义务中所提及的任何单据，如当事人协商一致或已有惯例，均可为具有同等效力的电子记录或程序。

定：卖方必须支付 a）与货物有关的一切费用，直至货物已按 A4 的规定交付时为止，但如 B6 规定中由买方支付的费用除外；b）在清关适用的地方，出口所需的海关手续费以及出口时需支付的一切关税、税捐和其他费用。

（4）自负风险和费用，取得任何出口许可证或其他官方核准书，办理出口报关手续，支付关税或其他手续。《通则 2010》在 FOB 项下 A2 规定：在清关适用的地方，卖方必须自负风险和费用，取得任何出口许可证或其他官方核准书，并办理货物出口所需的一切海关手续。

（5）提供交货单据，并应买方要求，协助买方取得交货证据以外的有关运输合同的运输单据。《通则 2010》在 FOB 项下 A8 规定：卖方必须自负费用向买方提供货物已依 A4 规定交付的通常证明。除非此证明系运输单据，在买方请求并由买方负担风险及费用的情况下，卖方必须协助买方取得运输单据。

（6）支付查对费用，提供运输包装并作适当标记。《通则 2010》在 FOB 项下 A9 规定：卖方必须支付为按 A4 规定交货所需查对（如查对品质、丈量、过磅、计数）的费用，以及任何由出口国当局强制实施的装运前检验费用。卖方必须自负费用提供货物运输所需的包装，但在特定的贸易中，运送该类货物通常无需包装的情况下除外。除非在订立买卖合同前，买方已通知卖方特别的包装要求，卖方可按照适合该货物运输的方式包装该货物，并在包装上予以适当的标记。

（7）协助买方取得进口货通过第三国所需的由装运地国及/或原产地国签发或转发的任何单据或相当的电子信息，提供办理保险所需的资料。《通则 2010》在 FOB 项下 A10 规定：在可适用的情况下，卖方必须依照买方的请求，并由买方负担一切风险和费用，以适时的方式，为买方提供或协助买方取得为货物输入，及/或为货物运送至最终目的地所需的任何单据或信息，包括与安全相关的信息。卖方必须偿付买方，如 B10 规定的由买方因提供或给予协助以取得单据及信息所产生的一切费用。

2）买方的主要义务

（1）接受货物和交货凭证，支付价款。《通则 2010》在 FOB 项下 B1 规定：买方必须按照买卖合同规定支付价款。在 FOB 项下 B4 规定：买方必须收取已按 A4 规定交付的货物。在 FOB 项下 B8 规定：买方必须接受按 A8 规定提供的交货证明。

（2）负责租船或订舱，支付运费，并给予卖方关于船名、装船地点和要求交货时间的充分的通知。《通则 2010》在 FOB 项下 B3 规定：买方必须自付费用订立自指定交货地运输货物的合同。在 FOB 项下 B7 规定：买方必须将船名、装船地点以及必要时在约定的期间内选定的交货时间，给予卖方充分的通知。

（3）负担货物在装运港交至船上后的一切费用和风险。在 FOB 项下 B5 规定：买方负担货物自按A4规定交付时起的灭失或损坏的一切风险。如果买方未按B7规定通知指定的船只；或买方指定的船只未能按时到达以便卖方能履行A4的规定，或未能承载货物，或截止装货的时间早于按B7规定的通知时间，则买方ⅰ）自约定日期，或无约定日期时；ⅱ）自卖方在约定的期间内依A7规定通知的日期起，或无此通知日期时；ⅲ）自任何约定的交货期间届满日起，负担货物灭失或损坏的一切风险，但以货物已经清楚地被确认为本合同的货物为准。在FOB项下B6条a）规定：买方必须支付自货物已按A4规定交付时起的一切有关费用，但在清关适用的地方，出口所需的海关手续费以及出口时需支付的一切关税，税捐和其他费用，如A6条b）款所提及者，除外；b）因下列原因所产生的任何额外费用：ⅰ）买方未能依B7规定发出适当的通知；ⅱ）买方指定的船只未能按时到达或未能承载货物，或截止装货的时间早于按B7规定的通知时间，但以货物已经清楚地被确认为本合同的货物为准；c）在清关适用的地方，货物进口时所需的海关手续费、一切关税、税捐和其他费用，以及货物通过任何国家运输时的费用。

（4）自负风险和费用，取得进口许可证或其他核准书，并办理货物进口以及必要时经由另一国过境运输的一切海关手续。在FOB项下B2规定：在清关适用的地方，买方必须自负风险和费用，取得任何进口许可证或其他官方核准书，并办理货物进口以及通过任何国家运输所需的一切海关手续。

（5）支付除法定检验之外的装船前的检验费用。在FOB项下B9规定：买方必须支付任何装运前检验的费用，但该检验系出口国当局强制检验者除外。

（6）支付及补偿卖方应自己请求而提供A10所述单证或相当的电子信息所产生的一切费用。在FOB项下B10规定：买方必须以适时的方式，通知卖方任何与安全有关的信息，以便卖方得以履行A10的规定。买方必须偿付卖方，如A10规定中的由卖方因提供或给予协助的以取得单据及信息所产生的一切费用。在可适用的情况下，买方必须按照卖方的要求，并由卖方承担一切风险和费用，以适时的方式，为卖方提供或协助卖方取得为货物的运输和出口，以及为货物通过任何国家运送所需的任何单据和信息，包括与安全相关的信息。

2. 货物运输保险的问题

《通则2010》在所有的11种贸易术语下的A3和B3皆列有保险合同的栏目，但FOB项下，买卖双方均无订立海运货物保险合同的义务。实际业务中，买方为了自己的利益着想，应在接到卖方的装船通知后，及时向保险公司投保，否则，当风险转移后，买方需承担货物灭失和损坏的风险。在CFR贸易术语下也是如此。

3. 装船费用的划分问题

在FOB条件下，为明确由谁装船以及理舱和平舱的费用，在实际业务中有下述的 FOB 变形：

（1）FOB 班轮条件（FOB liner terms），指装货费用如同以班轮运输那样，由支付运费的一方（即买方）负担。

（2）FOB 吊钩下交货（FOB under tackle），指卖方将货物至于轮船吊钩可及之处，从货物起吊开始的装货费用由买方负担。

（3）FOB 包括理舱（FOB stowed，FOBS），指卖方负担将货物装入船舱并支付包括理舱费在内的装货费用。

（4）FOB 包括平舱（FOB trimmed，FOBT），指卖方负担将货物装入船舱并支付包括平舱费在内的装货费用。

注意：对贸易术语的变形，国际上并无统一和权威性的解释。因此，在实际业务中，除非买卖双方对有关贸易术语变形的含义有一致的理解，在使用术语变形时，应在合同中明确规定卖方所需承担的额外义务。以常用的 FOBS 为例，它是仅限于卖方负担因理舱而发生的额外费用——理舱费，还是它不仅包括理舱费，还包括直至完成理舱为止货物可能发生灭失或损坏的风险。对此，《通则 2010》并无规定。在合同中，对术语变形所产生的额外义务作具体明确的规定，可避免以后履行合同时因双方理解不一致而发生的纠纷。

4. 美国对 FOB 术语的特殊解释

按《修正本》的规定，“FOB 纽约”表示在纽约市内任何地点交货，只有 FOB 中的一种即“FOB Vessel”表示船上交货。而且该修正本还规定在 FOB 条件下由买方自负风险及费用办理出口手续。因此，若我国企业采用 FOB 条件从美国、加拿大及拉美国家进口，应在 FOB 后加上“Vessel”，如“FOB Vessel 纽约”，并加上“由卖方办理出口手续并负担出口费用”的文字。

（二）CFR（cost and freight...named port of destination）

CFR 称为“成本加运费”，指卖方将货物交至船上，或取得已如此交付的货物，完成交货。卖方必须支付将货物运至目的港所必需的费用和运费，但交货后货物灭失或损坏的风险，以及由于发生事件而引起的任何额外费用，自卖方转移至买方。在《通则 1980》中，CFR 缩写为 C&F。使用这一术语时，应在其后面注明目的港的名称。在实务中，有的交易方经常频繁使用 C&F（或 C and F，C＋F）这样传统的术语。然而，在绝大多数情况下，交易方应使用 CFR 术语，因为 CFR 是全球广泛接受的“成本加运费”术语的唯一缩写。

《通则 2010》对 CFR 卖方交货义务的规定，添加“或取得已如此交付的货物”，是为了迎合在大宗商品销售中对已装船货物作为转售交易的需要。需注意，只有在载货船舶启航前，可采用 CFR 术语对已装船货物作转售交易；载货船舶起航后，必须采用 CIF 术语。

1. 买卖双方的主要义务

与 FOB 相比较，除规定由卖方办理与运输有关的事项的义务外，CFR 条件下，买卖双方的其他义务划分与 FOB 基本相同。具体的主要不同为：

《通则 2010》在 CFR 项下 A3 规定：卖方必须订立或取得运输合同，将货物自交货地的约定交货地点（如有的话），运至指定目的地或该港口内的任何地点（如有约定）。卖方必须自负费用，按通常条件订立运输合同，以通常用来运输该类货物的船只，并经惯常航线运送此货物。

在 CFR 项下 B4 规定：买方必须收取已按 A4 规定交付的货物，并在指定目的港向承运人提货。

在 CFR 项下 A6 规定：卖方必须支付由于订立运输合同而产生的运费和一切其他费用，包括货物装载于船上的费用以及在约定卸货港的任何卸货费用；

在 CFR 项下 B6 规定：买方必须支付到达约定目的港之前的有关该货物运输途中的一切费用，以及驳船费和码头费在内的卸货费用，除非此类费用系由卖方负担。

2. CFR 术语的变形

尽管《通则 2010》已规定了卸货费用的负担问题，但在实际业务中，为明确卸货费用的负担，产生了下述的 CFR 术语的变形：

CFR 班轮条件（CFR liner terms），指卸货费用按照班轮条件处理，由支付运费的一方（即卖方）负担。

CFR 舱底交货（CFR ex ship’s hold），指买方负担将货物从舱底起吊卸到码头的费用。

CFR 吊钩交货（CFR ex tackle），指卖方负担将货物从舱底吊至船边卸离吊钩为止的费用。

CFR 卸到岸上（CFR landed），指卖方负担将货物卸到目的港岸上的费用，包括驳船费和码头费。

3. 装运通知问题

CFR 和 CIF 的不同之处仅在于：由于 CFR 合同的卖方不负责办理保险手续和不支付保险费，不提供保险单据。有关海上运输的货物保险由买方自理，因此 CFR 合同的卖方要及时向买方发出装运通知，以便买方及时买保险。除此之外，CFR 和 CIF 合同中买卖双方的义务划分基本上相同。

（三）CIF（cost, insurance and freight...named port of destination）

CIF 称“成本加保险费和运费”，指卖方将货物交至船上，或取得已如此交付的货物完成交货。卖方必须像 CFR 术语一样支付货物运至指定目的港所必需的费用和运费外，还须对货物在运输途中灭失和损坏的买方风险取得货物保险，订立保险合同，并支付保险费。如买卖双方事先未在合同中规定保险险别和保险金额，卖方只需按照最低责任的保险险别取得保险，最低保险金额为合同金额的110%，并以合同货币投保。保险责任的起讫期限必须与有关合同的运输相符合，并必须自买方需负担货物灭失或损坏的风险时起开始生效，直至货物到达约定的目的地为止。使用该术语时，在其后面要注明目的港的名称。

1. 买卖双方的主要义务

与CFR相比较，在CIF条件下，除了由卖方负责办理保险之外，买卖双方的其他义务基本相同。其与CFR术语的主要不同为：卖方必须按照合同规定，自付费用取得货物保险，并向买方提供保险单或其他保险证据，以使买方或任何其他对货物具有保险利益的人有权直接向保险人索赔。保险合同应与信誉良好的保险人或保险公司订立，在无相反明示协议时，应按照《协会货物保险条款》（伦敦保险人协会）或其他类似条款中的最低限度保险险别投保。应买方要求，并由买方负担费用，卖方应加投战争、罢工、暴乱和民变险，如果能投保的话。最低保险金额应包括合同规定价款另加10%（即110%），并应采用合同货币。

2. CIF术语的变形

在CIF条件下，为明确卸货费用的责任负担，也产生了CIF术语的变形。这些变形与CFR术语的变形相似，有CIF班轮条件（CIF liner terms）、CIF舱底交货（CIF ex ship’s hold）、CIF吊钩交货（CIF ex tackle）、CIF卸到岸上（CIF landed）。

（四）三种常用术语的比较

1. 三种术语的主要相同之处

（1）都适用于海运及内河水运。

（2）交货地点皆为装运港船上交货。

（3）风险和装卸货费用相同。风险均以货物在装运港上船时从卖方转移至买方。卖方承担货物在装运港装上船为止的一切费用。但由于卸货是一个连续作业，各港口的习惯做法又不尽一致，因此在合同中需要明确装货费用由何方负担。

（4）都规定由卖方：①提供货物及商业发票；②将货物交至船上并及时通知买方；③办理出口手续。

（5）都规定由买方：①接收货物、支付货款；②办理进口手续。

2. 三种术语的主要不同之处

（1）办理运输的责任的规定不同，CIF和CFR下由卖方办理运输，FOB下由买方办理。

（2）办理保险的责任不同，CIF下由卖方办理保险，FOB和CFR下由买方办理保险。

(3) 术语后的地点不同。

(4) 各术语的价格构成不同，CFR 价等于 FOB 价加上运费，CIF 价等于 CFR 价加上保险费。

二、FCA、CPT、CIP 三种新的常用贸易术语

(一) FCA (free carrier...named place)

FCA 称为“货交承运人”，指卖方在其所在处所或另一指定地，将货物交付给由买方指定的承运人或另一人，即完成交货。双方当事人应尽可能明确地规定指定地内的交货地点，因为风险是在该地点从卖方转移至买方。

如买方不通知在指定地内的特定交货地点，卖方可选择在指定地内他认为最合适的地点交货。在清关适用的地方，FCA 术语要求卖方办理货物出口清关，该术语适用于任何运输方式或多种运输方式，包括多式运输。

1. 买卖双方的主要义务

1) 卖方的主要义务

(1) 负责在合同规定的日期或期限内，在指定装运港，将符合合同的货物按港口惯常方式交至买方指定的船上，或取得已如此交付的货物，并给予买方充分的通知。《通则 2010》在 FCA 项下 A1 规定：卖方必须提供符合合同要求的货物和商业发票，以及按合同规定需提供的任何其他证明货物符合合同的凭证。

(2) 在规定的时间内于指定装运港按该港口习惯方式将货物交至买方指定的船上，并向买方发出详细的通知。《通则 2010》在 FCA 项下 A4 规定：卖方必须于约定的日期或在约定的期间内，于指定地，在约定的地点（如有的话），将货物交付给买方指定的承运人或另一人。交货在下列情况下完成：a）如指定地是卖方所在处所，当货物已经装上买方提供的运输工具时；b）在任何其他情形下，当货物放置于卖方的运输工具上准备卸载，交由买方所指定的承运人或另一人处置时。如卖方并未按 B7d）款规定通知在指定交货地内的特定地点，且有几处地点可供利用时，卖方可选择最适合其意图的地点。除买方另行通知卖方外，卖方可根据货物的数量和/或性质所需要的方式将货物交付运输。《通则 2010》在 FCA 项下 A7 规定：在买方负担风险及费用的情况下，卖方必须就货物已按 A4 规定交付，或就买方指定的承运人或另一人未能于约定时间内接受监管货物，给予买方充分的通知。

(3) 承担货物交付承运人之前的风险和费用。《通则 2010》在 FCA 项下 A5 规定：卖方负担货物灭失或损坏的一切风险，直至货物已如 A4 规定交付时为止，但 B5 所列明的情况中的灭失或损坏责任除外。《通则 2010》在 FCA 项下

A6 规定：卖方必须支付与货物有关的一切费用，直至货物已按 A4 规定交付时为止，但如 B6 规定中由买方支付的费用除外；在清关适用的地方，出口所需的海关手续以及出口时需支付的一切关税、税捐和其他费用。

（4）自负风险和费用，取得任何出口许可证或其他官方核准书，办理出口报关手续，支付关税或其他手续。《通则 2010》在 FCA 项下 A2 规定：在清关适用的地方，卖方必须自负风险和费用，取得任何出口许可证或其他官方核准书，并办理货物出口所需的一切海关手续。

（5）提供交货单据，并应买方要求，协助买方取得交货证据以外的有关运输合同的运输单据。《通则 2010》在 FCA 项下 A8 规定：卖方必须自负费用向买方提供货物已依 A4 规定交付的通常证明。在买方请求并由买方负担风险及费用的情况下，卖方必须协助买方取得运输单据。

（6）支付查对费用，提供运输包装并作适当标记。《通则 2010》在 FCA 项下 A9 规定：卖方必须支付为按 A4 规定交货所需查对（如查对品质、丈量、过磅、计数）的费用，以及任何由出口国当局强制实施的装运前检验费用。卖方必须自负费用提供货物运输所需的包装，但在特定的贸易中，运送该类货物通常无需包装的情况下除外。除非在订立买卖合同前，买方已通知卖方特别的包装要求，卖方可按照适合该货物运输的方式包装该货物，并在包装上予以适当的标记。

（7）协助买方取得进口货通过第三国所需的由装运地国及/或原产地国签发或转发的任何单据或相当的电子信息，提供办理保险所需的资料。《通则 2010》在 FCA 项下 A10 规定：在可适用的情况下，卖方必须依照买方的请求，并由买方负担一切风险和费用，以适时的方式，为买方提供或协助买方取得为货物输入，及/或为货物运送至最终目的地所需的任何单据或信息，包括与安全相关的信息。卖方必须偿付买方，如 B10 规定的由买方因提供或给予协助以取得单据及信息所产生的一切费用。

2）买方的主要义务

（1）接受货物和交货凭证，支付价款。《通则 2010》在 FCA 项下 B1 规定：买方必须按照买卖合同规定支付价款。在 FCA 项下 B4 规定：买方必须收取已按 A4 规定交付的货物。在 FCA 项下 B8 规定：买方必须接受按 A8 规定提供的交货证明。

（2）自付费用订立自指定的交货地运输货物的合同并及时通知卖方。《通则 2010》在 FCA 项下 B3 规定：买方必须自付费用订立自指定的交货地运输货物的合同，卖方按照 A3a）款的规定订立者除外。注意：在 FCA 项下 B3 规定，卖方无订立运输合同的义务。在 FCA 项下 B7 规定，买方必须 a）按 A4 规定的指定承运人或另一人的名称。该通知应于充分的时间内作出，以使卖方能够按照

A4 规定交付货物；b）必要时，在约定的交货期间内，选定的由指定承运人或另一人接管货物的时间；c）该指定人将使用的运输方式；d）在指定地内接受交货的地点。FCA 项下 B10 规定，买方必须偿付卖方，如 A10 规定中的由卖方因提供或给予协助以取得单据及信息产生的一切费用。

（3）承担货物交付承运人之后的风险和费用。在 FCA 项下 B5 规定：买方负担货物自按 A4 规定交付时起的灭失或损坏的一切风险。如果 a）在 A4 规定的情形下，买方未按 B7 规定通知承运人或指定的另一人，或发出通知，或；b）在 A4 规定的情形下，买方指定的承运人或另一人未接受监管货物；则买方ⅰ）自约定日期，或无约定日期时；ⅱ）自卖方在约定的期间内依 A7 规定通知的日期起，或，如无此通知日期时；ⅲ）自任何约定的交货期间届满日期起；负担货物灭失或损坏的一切风险。但以货物已经清楚地被确认为本合同的货物为准。在 FCA 项下 B6 规定：买方必须支付 a）自货物按 A4 规定情形交付时起与货物有关的一切费用，但在清关适用的地方，出口所需的海关手续费以及出口时需支付的一切关税，税捐和其他费用，如 A6b）款中所提及者除外；买方必须支付 b）因ⅰ）买方未能按 A4 规定指定承运人或另一人，或；ⅱ）买方指定的承运人或另一人未能按 A4 的情形接受监管货物；ⅲ）买方未能按照 B7 规定发出适当的通知，但以货物已经清楚地被确认为本合同的货物为准，且支付 c）在清关适用的地方，货物进口时所需的海关手续费、一切关税、税捐和其他费用，以及货物通过任何国家运输时的费用。

（4）自负风险和费用，取得进口许可证或其他核准书，并办理货物进口以及必要时经由另一国过境运输的一切海关手续。在 FCA 项下 B2 规定：在清关适用的地方，买方必须自负风险和费用，取得任何进口许可证或其他官方核准书，并办理货物进口以及通过任何国家运输所需的一切海关手续。

（5）支付除法定检验之外的装船前的检验费用。在 FCA 项下 B9 规定：买方必须支付任何装运前检验的费用，但该检验系出口国当局强制检验者除外。

（6）支付及补偿卖方应自己请求而提供 A10 所述单证或相当的电子信息所产生的一切费用。在 FCA 项下 B10 规定：买方必须以适时的方式，通知卖方任何与安全有关的信息，以便卖方得以履行 A10 的规定。买方必须偿付卖方，如 A10 规定中的由卖方因提供或给予协助的以取得单据及信息所产生的一切费用。在可适用的情况下，买方必须按照卖方的要求，并由卖方承担一切风险和费用，以适时的方式，为卖方提供或协助卖方取得为货物的运输和出口，以及为货物通过任何国家运送所需的任何单据和信息，包括与安全相关的信息。

（二）CPT（carriage paid to…named place of destination）

CPT 称为“运费付至”，指当货物已被交由买方指定的承运人或另一人时，卖方即完成了交货。交货后，货物灭失或损坏的风险，以及由于发生事件而引起的任何额外费用，即从卖方转移至买方。但卖方还必须支付将货物运至指定目的地所需的运费。

与 FCA 比较，除规定由卖方办理与运输有关的事项的义务外，CPT 条件下买卖双方的其他义务划分与 FCA 基本相同。具体的主要不同为：

《通则 2010》在 CPT 项下 A3 规定：卖方必须自负费用，按通常条件订立运输合同，并经通常路线和以惯常方式运送货物。如未约定特定地点或未能按惯例予以确定，则卖方可在指定目的地选择最适合其意图的交货地点。

在 CPT 项下 B4 规定：买方必须收取已按 A4 规定交付的货物，并在指定目的地向承运人提货。

在 CPT 项下 A6 规定：卖方必须支付 a）与货物有关的一切费用，直至货物已按 A4 规定交付时为止，但如 B6 规定中由买方支付的费用除外；b）由于 A3a）规定而产生的运费和一切其他费用，包括货物装载费用以及在目的地依据运输合同应由卖方负担的任何卸货费用；及 c）在清关适用的地方，出口所需的海关手续费，出口时需支付的一切关税、税捐和其他费用，以及货物通过任何国家运输时依据运输合同应由卖方负担的费用。

在 CPT 项下 B6 规定，除 A3a）款规定之外，买方必须支付 a）自货物按 A4 规定情形交付时起与货物有关的一切费用，但在清关适用的地方，出口所需的海关手续费以及出口时所需的一切费用、税捐和其他费用，如 A6c）款中提及者，除外；b）在运输途中直至到达约定目的地与货物有关的一切费用除非按运输合同此类费用系由卖方负担；c）卸货费用，除非按运输合同此类费用由卖方负担；d）如果买方未按 B7 规定发出通知，则必须自约定的发运日期或自约定发运期间届满日起，由此发生的一切与货物有关的额外费用，但以该项货物已经被清楚地确认为本合同的货物为准；及 e）在清关适用的地方，货物进口时所需支付的海关手续费、一切关税、税捐和其他费用，以及货物通过任何国家运输时的费用，除非该费用已包括在运输合同的费用内。

（三）CIP（carriage and insurance paid to...named place of destination）

CIP 称为“运费、保险费付至”，指卖方除须承担在 CPT 下同样的义务外，还须对货物在运输途中灭失和损坏的买方风险取得货物保险，订立保险合同，并支付保险费。如买卖双方事先未在合同中规定保险险别和保险金额，卖方只需按照最低责任的保险险别取得保险，最低保险金额为合同金额的 110%，并以合同货币投保。保险责任的起讫期限必须与有关合同的运输相符合，并必须自买方需负担货物灭失或损坏的风险时起开始生效，直至货物到达约定的目的地为止。买卖双方的义务与 CPT 条件下的义务基本相同。

(四) 三种术语的比较

1. FCA、CPT、CIP 的主要相同之处

(1) 都适用于任何运输方式。

(2) 风险的划分皆以货交承运人或其代理人为界。

(3) 都规定由卖方：①提供货物及商业发票；②将货物交至船上并及时通知买方；③办理出口手续。

(4) 都规定由买方：①接收货物、支付货款；②办理进口手续。

2. 三种术语的主要不同之处

(1) 办理运输的责任的规定不同，CPT 和 CIP 下由卖方办理运输，FCA 下由买方办理。

(2) 办理保险的责任不同，CIP 下由卖方办理保险，FCA 和 CPT 下由买方办理保险。

(3) 术语后的地点不同。

(4) 各术语的价格构成不同，CPT 价等于 FCA 价加上运费，CIP 价等于 CPT 价加上保险费。

(五) FCA、CPT、CIP 与三种常用贸易术语的比较

1. 相同之处

FCA、CPT、CIP 三种术语是在三种常用贸易术语的基础上为了适应多种运输方式的需要而产生的，其与三种常用贸易术语的相同之处表现在：

(1) 进出口手续的办理。

(2) 买卖双方在办理运输和保险的责任上，FCA 与 FOB 相同，CPT 与 CFR 相同，CIP 与 CIF 相同。

(3) 都是象征性交货的贸易术语。象征性交货（symbolic delivery）是针对实际交货而言的。实际交货是指卖方要在规定的时间和地点将符合合同规定的货物提交给买方或其指定的人。而象征性交货又称推定交货（constructive delivery），是指卖方只要按期在约定地点将货物交给承运人或其代理人，并向买方提交合同规定的，包括物权凭证在内的有关单据，就算完成了交货义务。

2. 不同之处

(1) 适用的运输方式不同。

(2) 交货地点不同。

(3) 风险和费用的划分不同。

(4) 术语后的地点。

(5) 装卸费用的负担不同。这一点主要体现在海洋运输的租船运输方式中。

在FOB术语下，合同中应明确装货费用由何方负担；在CFR和CIF术语下，合同中则应明确卸货费用由何方负担。而在FCA、CPT和CIP术语下，卖方将货物交给承运人时所支付的运费（CPT和CIP术语），或由买方所支付的运费（FCA术语），已包含了承运人接管货物后在装运港的装货（装船）费用和目的港的卸货（卸船）费用。这样，在FCA术语下，合同中不用规定装货费用由何方负担；在CPT和CIP术语下，合同中也不用规定卸货费用由何方负担。

（6）运输单据不同。在FOB、CFR和CIF术语下，卖方一般应向买方提交已装船清洁提单。而在FCA、CPT和CIP术语下，卖方提交的运输单据则视不同的运输方式而定。

第三节　《通则2010》中的其他贸易术语及其比较

以上阐述的是《通则2010》对六种主要贸易术语的解释和在实际运用中的一些应该注意的问题。现对该通则的其他五种贸易术语作简要介绍。

一、其他贸易术语

（一）EXW（EX works...named place）

EXW称为“工厂交货”，指卖方在其所在处所（工厂、工场、仓库等）将货物置于买方处置之下时，即完成了交货义务。卖方不负责将货物装上买方备妥的车辆，也不负责出口清关。买方负担自卖方所在处提取货物至目的地所需的一切费用和风险。这个术语是卖方负担最少义务的术语。

如果买方要求卖方在发货时负责将货物装上收货车辆，并负担一切装货费用和风险，则应在合同中用明确的词句对此加以规定。

该术语适用于任何一种或多种运输方式。

（二）FAS（free alongside ship... named port of shipment）

FAS称为“船边交货”，是指卖方在装运港将货物放置码头或驳船上靠到船边，即完成了交货。这是指买方必须自该刻起，负担一切费用和货物灭失或损坏的一切风险。

《通则2010》在FAS卖方交货义务A4中规定，“卖方必须在指定装运港于买方指明的装船地点（如有的话），将货物放置于买方所指定的船舶边，或取得已如此交付的货物……”如同FOB、CFR和CIF交货义务的规定，对FAS卖方交货义务添加“或取得已如此交付的货物”，是为了适应在大宗商品销售中，对已放置于船边的货物作转售买卖（链式交易）的需要。

在清关适用的地方，FAS术语要求卖方办理出口清关。该术语适用于海运和内陆水路运输。

该术语适用于海运和内陆水路运输。

（三）DAT（delivered at terminal…named terminal at port or place of destination）

DAT称为“终点站交货”，指卖方在指定目的港或目的地终点站，将从到达的运输工具上卸下的货物，交由买方处置时，完成交货。“终点站”包括任何地方，不论是有遮蔽的还是露天的，诸如码头、仓库、集装箱堆场，或公路、铁路、航空货运站。卖方负担将货物运至目的港或目的地指定的终点站并卸下的一切风险。

当事人应尽可能明确地规定指定目的港或目的地的终点站，如有可能，规定位于该终点站内的特定地点，因货物被运至该地点的风险，概由卖方负担。如当事人拟由卖方将货物自该终点站运至另一地方，并负担货物运送和处理的风险和费用，则采用DAP或DDP。

在清关适用的地方，DAT术语要求卖方办理货物出口清关，但无义务办理货物进口清关。该术语适用于任何一种或多种运输方式。

（四）DAP（delivered at place…named place of destination）

DAP称为“目的地交货”，指在指定的目的地，将到达的在运输工具上待卸下的货物，交由买方处置时，卖方完成交货。卖方负担将货物运至指定目的地的一切风险。当事人应尽可能明确地规定在约定目的地内的特定地点，因货物被运至该地点的风险，概由卖方负担。如卖方按照运输合同承担在目的地卸货的有关费用，除非双方另有约定，卖方无权向买方索还该项费用。在清关适用的地方，DAP术语要求卖方办理货物出口清关，但无义务办理货物进口清关。

如当事人拟由卖方办理货物进口清关，支付进口关税、税捐等费用，则应采用DDP术语。

该术语适用于任何一种或多种运输方式。

（五）DDP（delivered duty paid…named place of destination）

DDP称为“完税后交货”，指在指定目的地，将到达的运输工具上待卸下（ready for unloading）的货物交由买方处置之下，卖方才完成交货。卖方负担将货物运至指定目的地的一切费用和风险，也要办理进口清关，并支付任何出口和进口关税、税捐和其他费用，与EXW相反，DDP是卖方负担最多义务的术语。

当事人应尽可能明确地规定在约定目的地内的特定地点，因货物被运至该地点的风险，概由卖方负担。如卖方按照运输合同承担在目的地卸货的有关费用，除非双方另有约定，卖方无权向买方索还该项费用。

如果卖方不能直接或间接地取得进口许可证或其他由当局签发的进口核准书，则不应使用本术语。

如果双方当事人愿从卖方的义务中排除货物进口时需支付的某些费用，如增值税，则应就此意思加注字句，如“完税后交货，增值税未付（……指定目的地）”，以使之明确。

该术语适用于任何一种或多种运输方式。

值得注意的是，《通则2010》各种术语“A8交货单据”和“B8交货单据”省略了《通则2000》版中“运输单据或具有同等效力的电子信息”的字样。但《通则2010》在“A1卖方的一般义务”和“B1买方的一般义务”中规定：A1—A10和B1—B10中所提及的任何单据，如当事人协商一致或已有惯例，得为具有同等效力的电子记录或程序（即所有纸质单据均可被具有同等效力的电子信息所替代）。

二、总共同点

《通则2010》中11种贸易术语皆规定：

（1）卖方皆有提供合同规定的货物的义务。《通则2010》11种术语项下A1皆规定：卖方必须提供符合合同要求的货物和商业发票，以及按合同规定需提供的任何其他证明货物符合合同的凭证。

（2）买方皆有接受货物和交货凭证，支付价款。《通则2010》11种术语项下B1皆规定：买方必须按照买卖合同规定支付价款。

（3）卖方皆有查对、包装、标记的义务。《通则2010》11种术语项下A9皆规定卖方必须支付为按A4规定交货所需查对（如查对品质、丈量、过磅、计数）的费用，以及任何由出口国当局强制实施的装运前检验费用。卖方必须自负费用提供货物运输所需的包装，但在特定的贸易中，运送该类货物通常无需包装的情况下除外。除非在订立买卖合同前，买方已通知卖方特别的包装要求，卖方可按照适合该货物运输的方式包装该货物，并在包装上予以适当的标记。

（4）买方必须支付任何装运前检验的费用。《通则2010》11种术语项下B9皆规定：买方必须支付任何装运前检验的费用，但该检验系出口国当局强制检验者除外。

（5）卖方必须协助买方取得进口货通过第三国所需的由装运地国及/或原产地国签发或转发的任何单据或相当的电子信息，提供办理保险所需的资料。《通则2010》11种术语项下A10皆规定：在可适用的情况下，卖方必须依照买方的请求，并由买方负担一切风险和费用，以适时的方式，为买方提供或协助买方取得为货物输入，及/或为货物运送至最终目的地所需的任何单据或信息，包括与安全相关的信息。卖方必须偿付买方，如B10规定的由买方因提供或给予协助以取得单据及信息所产生的一切费用。

（6）买方必须支付及补偿卖方应自己请求而提供A10所述单证或相当的电子信息所产生的一切费用。《通则2010》11种贸易术语B10皆规定：买方必须以适时的方式，通知卖方任何与安全有关的信息，以便卖方得以履行A10的规定。买方必须偿付卖方，如A10规定中的由卖方因提供或给予协助的以取得单据及信息所产生的一切费用。在可适用的情况下，买方必须按照卖方的要求，并由卖方承担一切风险和费用，以适时的方式，为卖方提供或协助卖方取得为货物的运输和出口，以及为货物通过任何国家运送所需的任何单据和信息，包括与安全相关的信息。

三、部分共同点

（一）清关的责任

《通则2010》中的11种贸易术语，除了EXW和DDP之外，其余9种贸易术语皆规定由卖方办理出口清关手续并支付相关的费用，买方办理进口清关手续并支付相关的费用。

《通则1990》中的EXW、FAS（要求买方办理货物出口清关手续）和DEQ（要求卖方办理进口清关手续）与上述原则不一致。《通则2000》的FAS和DEQ术语分别将办理出口和进口清关手续的义务规定给卖方和买方，但表示卖方最小义务的术语EXW却未被改动（买方仍承担办理出口清关的义务）。DDP术语的字面含义即完税后交货（delivered duty paid），采用该术语自然表示卖方明确同意完成该术语的义务，即办理进口清关手续并交纳全部相关费用。

《通则2000》在其序言第11条中指出："清关"这个词已经造成了一些误解，因此，现在已明确，无论何时当卖方或买方承担将货物运过出口国或进口国的海关的义务时，这项义务不仅包括交纳关税和其他费用，而且包括履行一切与货物通过海关有关的行政事务以及向当局提供必要信息并交纳相关费用。在某些地区，如欧盟内部或其他自由贸易区，当不再有交纳关税的义务和对进出口的限制时，有人认为使用规定办理货物清关手续义务的术语是不恰当的（尽管这是错误的认识）。为此，"在需要办理海关手续时"（where applicable）的用语被加入了相关术语的A2和B2、A6和B6条款，这样，在无需办理海关手续的情况下，使用该用语就可以避免模棱两可。

《通则2010》与《通则2000》在清关义务方面几乎完全相同。

（二）出口法定检验手续和费用

一些国家的政府对某些出口商品规定须经指定检验机构检验合格并出具检验

证书后，海关才准通关，这种检验称为法定检验。

《通则 2010》中，除了 EXW 外，其余 10 种贸易术语的 B9 皆规定：买方必须支付任何装运前检验的费用，但该检验系出口国当局强制检验者除外。

而在 EXW 术语下 B9 规定：买方必须支付任何装运前检验的费用，包括出口国当局强制进行的检验。

➢重要概念

贸易术语；INCOTERMS2010；FOB；CFR；CIF；FCA；CPT；CIP；FOB Liner Terms；FOB Under Tackle；FOB Stowed；CFR Ex Ship's Hold；CFR landed；DDP

➢思考题

1. 贸易术语规定了买卖双方在哪些方面的义务？
2. 有关贸易术语的国际贸易惯例有哪些？分别是由哪些机构颁布的？
3. 对《通则 2010》中的 13 中贸易术语，指出各术语的英文缩写及全称、交货地点、风险和费用的划分、运输责任的负担。
4. FOB、CFR、CIF 三种术语有哪些相同和不同之处？
5. FCA、CPT、CIP 三种术语有哪些相同和不同之处？
6. 解释 FOB、CFR、CIF 三种常用贸易术语与 FCA、CPT、CIP 的不同之处。
7. 《通则 2010》中的 13 中贸易术语在清关的义务方面有什么规律？
8. 《通则 2010》中贸易术语分为哪几组？各组术语有什么共同点？

➢案例分析

1. 我某出口公司按 CIF 伦敦条件向欧洲某国进口商出口一批草编制品，向中国人民保险公司投保了一切险，并规定用信用证方式支付。我出口公司在规定的期限、指定的我国某港口装船完毕，船公司签发了提单，然后去中国银行议付货款。第二天，出口公司接到客户来电，称：装货的海轮在海上失火，草编制品全部烧毁，客户要求我公司出面向中国人民保险公司提出索赔，否则要求我公司退回全部货款。问：对客户的要求我公司该如何处理？为什么？

2. 日本某公司与我国某粮油进出口公司签订了一份购销中国大米的合同。合同规定：交货条件为 FOB 中国某市，目的港为沙特阿拉伯的某港口城市；购买方保证该合同项下的中国大米运往沙特阿拉伯销售，不转销至其他地区。合同签订后不久，粮油进出口公司获悉日本公司将中国大米通过香港一家公司向菲律宾转销。粮油进出口公司遂要求日本公司提供将大米运往沙特的保函，或将交货条件改为CIF或CFR。日本公司否认有转销的事实，并提出：“按国际贸易惯例，FOB条款意味着目的地不受限制。”拒绝开具保函，拒绝修改贸易术语。粮油进出口公司遂通知日本公司解除合同，日本公司坚持要粮油进出口公司执行合同，因而产生纠纷，日本公司依据合同之规定向中国有关仲裁机构申请仲裁。

请问，此案应如何处理？并说明理由。

3. 我某进口公司按每吨242美元FOB VESSEL NEW YORK进口200吨钢材。我方如期开出48 400美元的信用证，但美国出口商来电要求增加信用证金额至50 000美元，否则有关出口税捐以及签证费用应由我方另行电汇。美方这样要求是否有道理？为什么？

4. 有一份CIF合同，日本公司出售450吨洋葱给澳大利亚公司，洋葱在日本港口装船时经公证行验明完全符合商销品质，并出具了合格证明。但该批货物运抵澳大利亚公司时，洋葱已全部腐烂变质，不适合人类食用。买方因此拒绝收货，并要求卖方退回已付清的货款。在上述情况下，买方有无拒绝收货和要求卖方退回货款的权利？为什么？

5. 某出口公司按CIF伦敦向英商出售一批核桃仁，由于该商品季节性较强，双方在合同中规定：买方须于9月底前将信用证开到，卖方保证运货船只不迟于12月2日驶抵目的港。如货轮迟于12月2日抵达目的港，买方有权取消合同，如货款已收，卖方必须将货款退还买方。问该合同是否属于《通则2010》中的CIF合同？为什么？

6. 我按CFR价格条件与客户签约成交某出口商品一批，合同规定保险由买方自理。我于10月1日凌晨2点装船完毕，受载货轮于当日下午起航。因10月1日为我国法定国庆假日，2日又适逢星期例假，未及时向买方发出装船通知，3日上班时收到买方急电称；该轮于2日下午4时遇难沉没，货物灭失，要求我赔偿全部损失。我方是否该承担责任？

7. 买卖双方按CIF条件、D/P即期付款方式签约成交某初级产品一批。卖方根据合同装船，并取得合同规定的全部无疵单据。在向银行办理托收时，接船方代理电传通知称：该载货轮船因中途遇险，货物灭失，并已同时通知了收货人。在此情况下，买方可否以货物灭失为理由拒付货款，卖方亦因此不能通过银行交单托收？

8. 印度孟买一家电视机进口商与日本京都电器制造商洽谈买卖电视机交易。从京都（内陆城市）至孟买，有集装箱多式运输服务，京都当地货运商以 contracting carrier 的身份可签发 MTD。货物在京都距制造商 5 公里的 CY 装入集装箱后，由货运商用卡车经公路运至横滨，然后装上海轮运到孟买。京都制造商不愿承担公路和海洋运输的风险；孟买进口商则不愿承担货物交运前的风险。你认为京都制造商应采用何种贸易术语？

9. 某土产出口公司以 CFR 条件向 A 贸易公司出口一批茶叶。信用证规定："Insurance covered by buyers and shipment advice to be sent by registered airmail immediately after shipment to Commerce Insurance Co.，Address：… under open policy No. B/OPEN/3787 and a copy of this advice to accompany the documents for negotiation."

土产出口公司在装运后根据信用证要求向对方保险公司以航空公司挂号寄出"装运通知"。主要内容如下：

To：Commerce Insurance Co. Address：…L/C No. 94/38151，Open Policy No. B/OPEN/3787.

Under the captioned credit and open policy，Please insure the goods as particulars being given below；

Commodity：Tea；Quantity：200 cases；Carrying Vessel："HONGQI"；Shipping date：1994. 3. 5；Port of Loading：Shanghai；Port of discharge：Dubai.

同时土产出口公司以上述"装运通知"的副本随同其他单据向议付行办理议付。但单到国外，开证申请人通过开证行提出异议，理由是"装运通知"项目不全，漏发票金额，即货物价值。它是保险业务中最主要项目之一，保险公司系根据该批装运货值办理投保。不提供货物价值，保险无法生效，故开证申请人不同意接受单据。

土产出口公司直接向 A 贸易公司提出意见：关于我们××号合同项下 200 箱茶叶的单据，据银行通知因我"装运通知"中缺少货物价值，无法办理保险，故你方拒收单据。但该项交易属于 CFR 条件规定，根据国际商会第 560 号出版物 INCOTERMS 2010 对 CFR 条件规定：卖方对有关保险事宜没有这方面的义务，保险应由买方自理。你方不能以有关保险方面的任何问题作为不付款的理由。为今后双方贸易关系，请你方按时承兑款项。

买方答复称：按 INCOTERMS 2010 对 CFR 条件第 A7 条规定和第 A10 条规定，卖方在装运货物时必须向买方发出详细通知。其所谓"详细"者即指货物各有关的项目、内容要详尽和全面，尤其货物的金额是保险业务最主要的项目之一。根据上述A10条规定，虽然卖方无义务办理保险，但却有义务向买方提供办理保险所需的资料。所以你方的意见不符合INCOTERMS 2010的规定，由于你方向我保险公司发出项目不全的“装运通知”，致使我保险未能生效。所以只能等待实际货物到达目的港后，视是否安全不受损而决定付款。

最后因货物在途中受其他物质影响，部分串味变质，土产出口公司被迫降价处理，造成经济损失。试述土产出口公司今后应吸取哪些教训？

10. 我方向美商询购马口铁，某日美商报马口铁500公吨，每公吨350美元FOB纽约。问这里的“FOB纽约”有无特殊解释？

11. 我方进口商以FOB条件从巴西进口橡胶，但是我方由于租船困难，不能在合同规定的时间内到装运港接运货物，从而出现了较长时期的货等船现象，于是巴西方面要求撤销合同并向我方进口商提出赔偿损失的要求。请问巴西出口商的做法是否合理？

12. 某公司以CFR价格出口一批货物，由于船只在运输途中搁浅，使部分货物遭受损失，我方应如何处理？若使用CIF价格术语时，我方应如何处理？

13. 买卖双方按CIF条件、D/P即期付款方式签约成交某初级产品一批。卖方根据合同装船，并取得合同规定的全部无疵单据。在向银行办理托收时，接船方代理电传通知称：该载货轮船因中途遇险，货物灭失，并已同时通知了收货人。在此情况下，买方可否以货物灭失为理由拒付货款，卖方亦因此不能通过银行交单托收？

14. 买卖双方按照FOB条件达成一笔大麦种子的买卖合同。合同规定大麦种子的发芽率必须在90%以上。卖方在装船前对货物进行了检验，结果符合合同的规定。然而，货到目的港，买方提货后由指定的检验机构进行检验，却发现大麦种子发芽率不到60%。于是，买方要求退货，并提出索赔。卖方予以拒绝，其理由是：卖方在装船前进行检验，证明所交货物是合格的；买方在目的地检验发现质量有问题，说明货物品质的变化是在运输途中发生的。按照国际贸易惯例，在FOB条件下，货物在装运港装上船后，风险转移，运输途中货物品质变化的风险，应该由买方承担。双方协商后无法达成一致意见，遂将争议提交仲裁。仲裁庭审理时发现，大麦种子包装所用的麻袋上粘有虫卵，正是这些虫卵在运输途中孵化成虫，咬坏了种子胚芽，造成发芽率降低。但应由谁来承担这一后果，买卖双方仍各执一词。如果你作为仲裁员，请问你将如何断案？

15. 某合同规定，A按CFR条件出售1000吨小麦给B。由于A是按散装货出售，A在装运的3000吨小麦中，有1000吨是属于B的。待货物运到目的港后，再由船公司负责分发工作。该船在运输途中，由于海上风险使货物损失1200吨，其余1800吨则安全运抵目的港，但卖方A宣称出售给B的1000吨已在运输途中损失，他认为按照CFR合同的解释，A对此项风险不负责任。但B对上述解释不同意，并坚持要求A交货。试问在上述情况下，究竟谁是谁非？为什么？

16. 2010年5月，法国某贸易公司（以下简称进口方）与我国湖北省某进出口公司（以下简称出口方）签订合同购买一批日用瓷具，价格条件为CIF LOS ANGELES，支付条件为不可撤销的跟单信用证，出口方需要提供已装船提单等有效单证。出口方随后与青岛某运输公司（以下简称承运人）签订运输合同。9月初出口方将货物备妥，装上承运人派来的货车。途中由于驾驶员的过失发生了车祸，耽误了时间，错过了信用证规定的装船日期。得到发生车祸的通知后，我出口方即刻与进口方洽商要求将信用证的有效期和装船期延展半个月，并本着诚信原则告知进口方两箱瓷具可能受损。美国进口方回电称同意延期，但要求货价应降5%。我出口方回电据理力争，同意受震荡的两箱瓷具降价1%，但认为其余货物并未损坏，不能降价。但进口方坚持要求全部降价。最终我出口方还是做出让步，受震荡的两箱降价2.5%，其余降价1.5%，为此受到货价、利息等有关损失共计达15万美元。

事后，出口方作为托运人又向承运人就有关损失提出索赔。对此，承运人同意承担有关仓储费用和两箱震荡货物的损失；利息损失只赔50%，理由是自己只承担一部分责任，主要是由于出口方修改单证耽误时间；但对于货价损失不予理赔，认为这是由于出口方单方面与进口方的协定所致，与己无关。出口方却认为货物降价及利息损失的根本原因都在于承运人的过失，坚持要求其全部赔偿。3个月后经多方协商，承运人最终赔偿各方面损失共计5.5万美元。出口方实际损失9. 5万美元。

请通过本案分析CIF和CIP之间的区别。

17. 买卖双方签订FOB合同，卖方向买方出口一级大米300吨，装船时货物经公证人检验，符合合同规定的品质条件，卖方于装船后及时发出装船通知。货物运输中由于风浪过大，大米被海水浸泡，品质受到影响，当货物到达目的港后，只能按三级大米价格出售，因而买方要求卖方赔偿差价损失。问卖方是否应该负责？为什么？

第四章 国际货物运输

国际货物运输是国际贸易中实现货物交付的重要环节之一，它包括海洋运输中的班轮运输、租船运输、铁路运输、公路运输、航空运输、国际多式联运、集装箱运输等多种运输方式。国际货物运输具有线长面广、中间环节多、情况复杂多变和风险大的特点，为了完成国际货物运输任务，必须合理地选用各种运输方式，订好买卖合同中的各项装运条款，并掌握装运单据的缮制、运用以及有关的运输知识。

第一节　国际货物海上运输

海洋运输（sea transport or ocean transport），简称海运，是指采用船舶通过海上航道从事海上国际货物营运的一种运输方式。它是国际贸易中最主要的运输方式，我国绝大部分进出口货物都是通过海洋运输方式运送的。由于海洋运输具有通过能力强、运载量大、运价低、不受道路或管道限制等特点，许多国家特别是沿海国家的进出口货物，大部分都采用这种方式。但是海洋运输易受自然条件和气候的影响，风险较大，且航行速度较慢，因此对于不宜经受长期运输的货物以及急需的和易受气候条件影响的货物，一般不宜采用这种运输方式。

一、海洋运输船舶的经营方式

商船是海洋运输的基本工具，按船公司对船舶经营方式的不同，海洋商船可分为班轮（liner）和不定期船（tramp）两种类型，这两种类型的船舶在经营上各有自己的特点，所以海洋运输又可分为班轮运输和租船运输两种方式。

（一）班轮运输

班轮运输（liner transport），又称定期船运输，是指在一定的航线上，按照船公司制定的船期表停靠一定港口的船舶运输方式。班轮运输主要具有以下特点：

(1)"四固定"。一般来说，班轮运输具有固定的航线、固定的停靠港口、固定船期和相对固定的运费率。

(2)船方负责货物的配载、管装管卸。即由承运人负责货物的配载、装卸，装卸费包括在运费中，不再另行收取装卸费，船货双方也不计算装卸货时间以及滞期费和速遣费。

(3)班轮运输对货物的品种、数量要求灵活，只要有舱位都接受装运。因此，零星成交、批次较多、到港分散的货物多采用班轮运输。同时，班轮运输货运质量较有保证，且一般采取在码头仓库交接货物，为货主提供了更便利的条件。

(4)班轮运输对船货双方的权利、义务与责任豁免均有明确规定，这个规定以船方签发的提单条款为依据。

(二)租船运输

租船运输(charter transport)，又称不定期船运输，是指租船人向船东租赁船舶用于运输国际货物的业务。租船有租赁整船和租赁部分舱位两种，一般以租赁整船为多，所以大宗货物一般都采用租船运输。租船运输与班轮运输不同，它没有预定的船期表，船舶经由的航线和停靠的港口也不固定，有关船舶的航线和停靠的港口、运输货物的种类、航行时间、运费或租金以及装卸费用等，都必须由船货双方根据租船市场与货运情况，在租船合同中加以约定和安排。在国际海运业务中，租船运输的方式有定程租船、定期租船和光船租船三种。

(1)定程租船(voyage charter)，又称航次租船，是指按照租赁合同，由船舶所有人提供船舶，在指定港口之间进行一个航次或数个航次航行，承运指定的货物的租船运输。船租双方的责任和义务以定程租赁合同为准。定程租船的船方直接负责船舶的经营管理，他除负责船舶航行、驾驶和管理外，还应对货物运输负责。定程租船的租金或运费，一般按装运货物的数量计算，也有按航次包租总金额计算的。采用定程租船时要规定装卸期限和装卸率，并计算滞期费和速遣费。定程租船按照租赁航程不同又分单程航次租船(single trip charter)、来回程航次租船(return trip charter)、连续航次租船(consecutive voyages)和包运合同等。

(2)定期租船(time charter)，又称期租船，是指按照租赁合同，由船舶所有人将船舶出租给承运人，供其使用一定时期的租船运输。租期短的仅几个月，长的可达几年或十几年甚至一直到船舶报废时为止。在租期内，船舶交由租船人掌握并调度，船东(船舶所有人)按期收取约定的租金。船租双方的责任和义务以定期租船合同为准。船方对船舶的维护、修理、机器正常运转和员工工资与给养负责，而船舶的调度、货物运输、船舶在租期内的营运管理和日常开支，如船用燃料、港口费、税捐以及货物装卸、搬运、理舱、平舱等费用，均由租船方负责。定期租船的租金一般是按租期每月每吨若干金额计算。船租双方不规定装卸率和速遣费。除租赁合同另有规定外，租船人可将租赁的船舶作为班轮营运，或作为程租船经营，一般可装任何货物驶往任何港口，甚至也可以将其转租给第三者，自己充当二船东。

(3) 光船租船（bareboat charter），是指船舶所有人仅将船舶出租给承租人，船上既无船长，又无船员，如要进行运输，租船人自己必须任命船长和配备船员，并负责船员的给养和船舶管理所需的一切费用。由此可见，这种租船方式实际上是一种财产租赁，由于方式复杂，在国际货运中较少使用。

除以上三种租船方式外，国际上又兴起了一种航次期租（time charter on trip basis，TCT），这是介于航次租船和定期租船之间，以完成一个航次运输为目的，按完成航次所花时间和约定的租金率计算租金的一种租船运输方式。

在国际货物运输中，租船运输最适宜大宗货物，如粮食、油料、矿产品和工业品的运输。我国进出口的大宗货物，都是采用租船运输，而且使用较多的是租船方式中的定程租船。

二、海上货物运输费用

海上货物的运输费用，根据海运船舶的不同营运方式，主要分为班轮运输费用、程租船运输费用和期租船租金三种。

（一）班轮运输费用

班轮运输费用是指班轮公司从事货物运输后向货主收取的报酬，它由基本运费和附加费两部分组成。班轮运费通常是按照班轮运费表（liner's freight tariff）的规定计收的。不同的班轮公司或班轮公会有不同的班轮运价表，如班轮公会运价表、班轮公司运价表、双边运价表和货方运价表等。我国按照使用班轮的不同，分别采用不同的运价表。

班轮运价表就形式结构讲，一般包括文字及说明两部分；就内容分，它包括货物分级表、各航线费率表、附加费率表、冷藏货及活牲畜费率表等。运价表依照项目的费率和等级分，又可分为“单项费率表”和“等级费率表”。目前，我国海洋班轮运输公司使用的是“等级费率表”，即将承运的货物分成若干等级（一般为 20 个等级），每一个等级的货物有一个基本费率，其中 1 级费率最低，20 级费率最高。

1. 基本运费

基本运费是指货物从装运港运到卸货港所应收取的运费，它是构成全程运费的主要部分。基本运费按班轮运价表规定的计收标准计收，其计算标准有如下八种：

(1) 按货物的毛重，即以重量吨（weight ton）为计算单位计收。1重量吨为1公吨或1长吨，视船公司采用公制还是英制计量而定。按此方式计收运费的，班轮运价表中的货物名称后面均注有“W”字样。

(2) 按货物的体积，即以尺码吨（measurement ton）为计算单位计收。1尺码吨为1立方米或40立方英尺，也视船公司采用公制还是英制计量而定。按此方式计收运费的，班轮运价表中的货物名称后面均注有“M”字样。

以上两种计算运费的重量吨和尺码吨统称为运费吨（freight ton）。

(3) 按货物的FOB总值计收，又称从价运费，即以有关货物的FOB总价值按一定的百分率收费。按此方式计收运费的，在运价表中注有“A. V.”或“ad val.”（拉丁文ad valorem，意即“从价”）字样。

(4) 按货物重量或尺码从高计收，即在重量吨和尺码吨两种计费标准中选择其高者计收。运价表内用“W/M”表示。

(5) 按货物重量、尺码或价值三者中选择一种最高的运费计收。运价表中用“W/M or ad val.”表示。

(6) 按货物重量或尺码选择其高者，再加上从价运费计收。运价表中以“W/M plus ad val.”表示。

(7) 按每件货物作为一个计费单位收费。如活牲畜按“每头”（per head），车辆按“每辆”（per unit）。

(8) 临时议定运价（open rate），即由货主和船公司临时协商议定。通常适用于承运粮食、豆类、矿石、煤炭等运量较大、货值较低、装卸容易、装卸速度快的农副产品和矿产品。临时议定运价的运费率一般均较低。

在实际业务中，基本运费的计算标准以按货物的毛重“W”和按货物的体积（“M”）或按重量、体积选择（“W/M”）的方式为多，贵重物品较多的是按货物的FOB总值（“A. V.”）计收。

2. 班轮附加费

班轮附加费是指对一些需要特殊处理的货物，或者由于突发事件或客观情况变化等原因而需另外加收的费用。附加费名目繁多，其计算方法多有不同，有的是在基本运费的基础上，加收一定的百分比；有的是按每运费吨加收一个绝对数计算；而且还会随着航运情况的不断变化而变动。班轮运输中的附加费有：

(1) 超重附加费（extra charges on heavy lifts）。它是指由于货物单件重量超过一定限量时而加收的一种附加费。

(2) 超长附加费 (extra charges on over lengths)。它是指由于货物单件长度超过一定限量时而加收的一种附加费。

(3) 选卸附加费 (additional on optional discharging port)。对于选卸货物 (optional cargo) 需要在积载方面给予特殊的安排，这就会增加一定的手续和费用，甚至有时会发生翻舱，由于上述原因而追加的费用，称为选卸附加费。

(4) 直航附加费 (additional on direct)。如一批货达到规定的数量，托运人要求将一批货物直接抵达非基本港口卸货，船公司为此加收的费用，称为直航附加费。

(5) 转船附加费 (transhipment additional)。如果货物需要转船运输的话，船公司必须在转船港口办理换装和转船手续，由于上述作业所增加的费用，称为装船附加费。

(6) 港口附加费 (port additional)。由于某些港口的情况比较复杂，装卸效率较低或港口收费较高等原因，船公司特此加收一定的费用，称为港口附加费。

除上述各种附加费外，船公司有时还根据各种不同情况临时决定增收某种费用，如燃油附加费、货币附加费、绕航附加费等。

班轮运费除临时议定的事先由货方和船方协商确定外，其具体的计算方法是：先根据货物的英文名称从货物分级表中查出有关货物的计费等级和其计算标准；然后再从航线费率表中查出有关货物的基本费率，最后加上各项需支付的附加费率，所得的总和就是有关货物的单位运费，再乘以计费重量吨或尺码吨即得该批货物的运费总额。如果是从价运费，则按规定的百分率乘 FOB 货值即可。

现举实例如下：

某企业出口柴油机一批，共 15 箱，总毛重为 5.65 公吨，总体积为 10.676 立方米。由青岛装中国远洋运输公司轮船，经香港转船至苏丹港，试计算某企业应付船公司运费多少？

首先，按柴油机的英文名称 diesel engine，查阅货物分级表，柴油机属于 10 级货，计算标准为 W/M；然后在中国——香港航线费率表中查出 10 级货从青岛运至香港的费率为 22 美元，香港中转费为 13 美元；再从香港——红海航线费率表中查出 10 级货的费率为 95 美元；最后查附加费率表，了解到苏丹港要收港口拥挤附加费，费率为基本运费的 10%。由于该批货物的尺码吨 (10.676 运费吨) 较重量吨 (5.65 运费吨) 为高，而其计费标准为 W/M，自应按尺码吨计，因此该货物每一运费吨的运价应为 22 美元＋13 美元＋95 美元＋95 美元×10%＝139.5 美元，共需支付总运费 139.5 美元×10.676＝1489.302 美元。

（二）程租船运输费用

程租船运输费用主要包括程租船运费和装卸费。此外，还有速遣费、滞期费等。

1. 程租船运费

程租船运费是指货物从装运港至目的港的海上运费。程租船运费的计算方式与支付时间，需由租船人与船东在所签订的程租船合同中明确规定。其计算方式主要有两种：一种是按运费率，即规定每单位重量或单位体积的运费额，同时还要规定是按装船时的货物重量还是按卸船时的货物重量来计算总运费；另一种是整船包价，即规定一笔整船运费，船东保证船舶能提供的载货重量和容积，不管租方实际装货多少，一律按整船包价付。

影响程租船运费率高低取决于诸多因素：租船市场运费水平、承运的货物价值、装卸货物所需设备和劳动力、运费的支付时间、装卸费的负担方法、港口费用高低及船舶经纪人的佣金高低等。

程租船运费有预付和到付之分。预付有全部预付的，也有部分预付的，到付有船到目的港开始卸货前付的、边卸边付的，也有货物卸完后支付的。

2. 程租船的装卸费

程租船运输情况下，有关货物的装卸费用由租船人和船东协商确定后在程租船合同中作出具体规定，具体做法主要有以下四种：

（1）船方负担装货费和卸货费。又称为“班轮条件”（gross terms；liner terms 或 berth terms）。即装卸费用按班轮做法，货物的装卸费用包括在运费内，由货方即租船人负担运费，装卸费由船方负责支付。在此条件下，船货双方一般以船边划分费用。多用于木材和包装货物的运输。

（2）船方管装不管卸（free out——F. O.）。即船方负担装货费，但不负担卸货费。

（3）船方管卸不管装（free in——F. I.）。即船方负担卸货费，但不负担装货费。

（4）船方装和卸均不管（free in and out——F. I. O.）。即船方既不负担装货费也不负担卸货费。这种条件一般适用于散装货。采用这一规定方法时，必要时还需明确规定理舱费和平舱费由谁负担，如规定由租方负担，则称为“船方不管装卸、理舱和平舱”（free in and out，stowed and trimmed——F. I. O. S. T.）条款。

3. 程租船的装卸时间

程租船运输情况下，装卸货时间的长短影响到船舶的使用周期和在港费用，直接关系到船方利益。因而在租船合同中需规定装卸货时间。装卸时间或称装卸期限，是指租船人承诺在一定期限内完成装卸作业，是租船合同的重要内容。装卸期限可用若干日表示；也可用装卸率表示，即平均每天装卸若干吨。此外还要规定哪些时间应算为工作日，哪些时间除外。装卸时间的计算，通常有以下几种：

（1）按日（days）或连续日或时（running or consecutive days/hours），是指时间连续满 24 小时就算一日或连续日。

（2）按工作日（working days），是指按港口习惯，属于正常工作的日子。

（3）按晴天工作日（weather working days）。晴天工作日是指在天气允许的情况下，适宜装卸的装卸时间或工作日。所谓适宜装卸，是指天气状况在不影响货物质量的前提下所能从事的装卸活动。

（4）按连续 24 小时晴天工作日（weather working days of consecutive 24 hours）。这是指在天气晴好的情况下，连续作业 24 小时所计算的一个工作日。中间如遇坏天气不适宜装卸，其时间长短应予以扣除。这种方法一般适用于昼夜作业的港口，国际上采用比较普遍，我国也使用此方法。

（5）有关星期日、节假日的规定。对装运时间的计算，一定要把星期日、节假日的时间考虑进去，并作出明确具体的规定。如在规定工作日前加订“星期日、节假日除外”（sundays and holidays excepted）；或者规定“不用不算，用了要算”（not to count unless used）；或者规定“不用不算，即使用了也不算”（not to count even used）。

（6）有关装运时间的起止。

关于装卸时间的起算时间，按照国际航运惯例，船舶到达港口，不论是否靠泊或在锚地，只要船舶具备装卸货条件，船长就可递交“装、卸准备就绪通知书”（notice of readiness，N/R）。该通知若在上午 8 时～12 时递交，装卸时间则于当日下午 14 时起计算；若通知书于下午 14 时～18 时递交，装卸时间则从次日上午 8 时起算；若在星期六下午或假日前一天下午的办公时间内递交，则从星期一或假日后第一天的上午 8 时起算。

关于装卸时间的止算时间，现在国际上的习惯做法是以货物装完或卸完的时间，作为装卸时间的止算时间。

装卸率是指日装卸货物的数量。装卸率的高低关系到装卸任务的完成时间和运费水平。装卸率的规定一定要适当，如果规定过高，完不成装卸任务，就是承担滞期费损失；如果规定过低，虽能提前完成装卸任务，可得到船方给予的速遣费，但船方会因装卸率低，船舶在港时间的延长而增加运费，致使租船人得不偿失。

4. 滞期费和速遣费

滞期费（demurrage）是指在规定的装运期限内，租船人未完成装卸作业任务，给船方造成经济损失，租船人对超过的时间应向船方支付一定的罚金。滞期费一般是参照船舶大小，经营成本和当时的租船市场价格由买卖双方商定。

速遣费（dispatch money）是指在规定的装运期限内，租船人提前完成装卸作业任务，使船方节省了船舶在港的费用开支，船方应向租船人就节省的时间支付一定的奖金。速遣费有两种计算方法：一是按节约的全部时间计算；二是按节约的工作时间计算。按照国际惯例，速遣费一般应为滞期费的一半。滞期费与速遣费通常约定为每天若干金额，不足一天者，按比例计算。

三、海上货物运输单据

海上货物运输单据主要为海运提单以及海上货运单。

（一）海运提单

海运提单（ocean bill of lading），简称提单（B/L），是指用以证明海上货物运输合同和货物已经由承运人接收或装船，以及承运人保证据以交付货物的凭证。

1. 海运提单的性质与作用

海运提单的性质与作用，可以概括为三个方面：

（1）货物收据。提单是承运人（或其代理人）出具的货物收据，证明承运人已收到或接管提单上所列货物。

（2）物权凭证。提单是货物所有权的凭证，谁持有提单，谁就可以提货。承运人凭提单交付货物。提单作为一种商业单据，经背书后可以转让，从而转让货物所有权。

（3）运输契约的证明。提单内规定着承运人与托运人双方之间的权利义务和责任豁免，是处理承运人与托运人之间争议的法律依据，在法律上它具有运输合同的作用，因此提单是运输合同。

2. 海运提单的格式与内容

海运提单格式很多，但无固定格式。因为每个船公司都有自己的提单格式，目前尚未统一。虽然海运提单的格式不一样，但其内容却大致相同。在国际贸易中通常使用的班轮提单，一般包括提单正面的记载事项和提单背面印就的运输条款两部分。

（1）提单正面的内容。提单正面内容一般包括：承运人名称、托运人名称、收货人名称、船名和船舶国籍及航次、收货地或装运港、目的港或卸货港、货物名称、唛头、件数、重量或体积、运费及其他运费、提单签发日期、地点及份数、承运人及其代理人签字。以上提单正面记载事项，分别由托运人与承运人或其代理人填写。

（2）提单背面的条款。提单背面的条款一般是用来规定承运人、托运人、收货人及提货人之间的权利和义务的，起初是由各船公司自行规定，因而内容很不一致。为了统一提单背面条款的内容，国际上曾先后签署了三个国际公约，它们是：①1924 年 8 月 25 日在布鲁塞尔签署的《关于统一提单的若干法律规则的国际公约》，简称《海牙规则》。②1968 年 2 月 23 日在布鲁塞尔签署的《修改关于统一提单的若干法律规则的国际公约的议定书》，简称《维斯比规则》。③1978 年 3 月在汉堡通过的《联合国海上货物运输公约》，简称《汉堡规则》。

上述三个公约签署的时代背景不同，故其内容有别，加之参加公约的国家不一，因此各国船公司签发的提单背面的条款内容也就互有差异，但以《海牙规则》的内容为依据的居多。

3. 海运提单的种类

海运提单的种类很多，按不同的性质予以归类，现择其主要的予以介绍。

1）根据货物是否已装船，分为已装船提单和备运提单

已装船提单（on board B/L；shipped B/L）是指承运人在货物已经装上指定船舶后所签发的提单。已装船提单的特点是：必须以文字表明货物已装上或已装运于某具名船只，提单的签发日期为装船日期，并有船长或其代理人签字。

备运提单（received for shipment B/L）又称收讫待运提单，是指承运人已收到托运货物等待转运期间所签发的提单。备运提单的特点是：备运提单不能交银行议付，发货人可在货物装船后凭以调换已装船提单；也可以承运人或其代理人在备运提单上批注货物已装上某具名船舶及装船日期，并签署后使之成为已装船提单。

按国际贸易惯例，除非另有约定，卖方有义务向买方提交已装船提单。

2）根据提单上对货物外表状况有无不良批注可分为清洁提单和不清洁提单

清洁提单（clean B/L）是指货物在装船时表面状况良好，承运人在提单上不带有明确宣称货物和/或包装有缺陷状况的文字或批注的提单。

不清洁提单（unclean B/L；foul B/L）是指承运人在签发的提单上带有明确宣称货物及/或包装有缺陷状况的条款或批注的提单。例如，提单上有“包装被雨水淋湿”，或“包装损坏”等记录。

按国际贸易惯例，除非另有约定，卖方有义务提交清洁提单，清洁提单也是提单转让时必须具备的基本条件之一。

3）根据提单收货人抬头的不同或是否可转让可分为记名提单、不记名提单和指示提单

记名提单（straight B/L）又称“收货人抬头提单”，是指提单上的收货人栏内填明指定收货人名称的提单。记名提单的特点是：只能由该特定的收货人提货，不能由托运人通过背书的方式转让给第三者，因而也不能流通，所以在国际

贸易中只在特定情况下使用。

不记名提单（bearer B/L）又称“来人抬头提单”，是指提单上的收货人栏内不写明具体收货人的名称，只写明货交提单持有人，或不填写任何内容的提单。不记名提单的特点是：谁持有提单，谁就可以提货。承运人交货，只凭单，不凭人。不记名提单无须背书即可转让，流通性极强，在国际贸易中使用极少。

指示提单（order B/L）是指提单上的收货人栏内填写“凭指示”（to order）或“凭某某人指示”（to order of）字样的提单。指示提单的特点是，经过背书后可以转让，所以在国际贸易中使用最广。背书的方式有“空白背书”和“记名背书”两种。前者是指背书人在提单背面签名，而不注明被背书人名称；后者是指背书人除在提单背面签名外，还列明被背书人名称。记名背书的提单受让人如需再转让，必须再加背书。目前在实际业务中使用最多的是“凭指定”并经空白背书的提单，习惯上称其为“空白抬头、空白背书”提单。

4）根据不同的运输方式，提单又可分为直达提单、转船提单和联运提单

直达提单（direct B/L）是指货物由起运港装船中途不经过换船而驶往目的港所签发的提单。凡信用证规定不准转船者，必须使用这种直达提单，且提单上不得有“转船”字样的批注。直达提单的特点是：可以节省费用、减少风险、及早到货，对货方十分有利。

转船提单（transhipment B/L）是指货物从起运港装载的船舶不直接驶往目的港，需要在中途港口换装其他船舶转运至目的港卸货，承运人签发的这种提单称为转船提单。转船提单的特点是：在提单上注明有“转运”或“在××港转船”字样。转船提单往往由第一程船的承运人签发。货物中途转船，增加费用和风险，并影响到货时间，故一般信用证内均规定不允许转运。

联运提单（through B/L）是指货物运输需经两段以上的运输方式来完成，如海/陆、海/空、或海/海等，在这种情况下签发的提单称为联运提单。联运提单的特点是：它一般包括全程运输，由第一承运人或其代理人向下一程承运人办理。

5）根据船舶经营方式不同可分为班轮提单和租船提单

班轮提单（liner B/L）是指经营班轮运输的船公司承运货物后所签发给托运人的提单。

租船提单（charter party B/L）是指承运人根据租船合同而签发的提单。租船提单的特点是：提单上批注有“根据××租船合同出立”字样。这种提单要受租船合同约束。银行或买方在接受这种提单时，往往要求卖方提供租船合同副本。

6）根据提单内容的繁简，可分为全式提单和略式提单

全式提单（long form B/L）是指提单的正面既印有记载的事项，背面又印

有承运人和托运人权利、义务详细条款的提单。

略式提单（short form B/L）又称简式提单，是指提单上只印有正面的必要记载项目而无背面详细条款的提单。略式提单的特点是：提单上注有“所有条件均根据×年×月×日签订的租船合同”，“各项条款及例外条款以本公司正式提单内所印就的条款为准”。

这种略式提单与全式提单在法律上具有同等效力，但租船合同项下的略式提单，除信用证另有规定外，银行一般不予接受。

7）根据提单使用效力不同，可分为正本提单和副本提单

正本提单（original B/L）是指提单上有承运人、船长或其代理人签名盖章并注明签发日期的提单。正本提单的特点是：这种提单在法律和商业上是公认的有效单据。提单上必须要有标明“正本”字样，以区别于副本提单。正本提单的份数一般是一式二至三份，并且必须在提单上注明签发的份数。凭其中的任何一份提货后，其余的即作废。根据《跟单信用证统一惯例》规定，银行接受仅有一份的正本提单，如果签发一份以上正本提单时，应包括全套正本提单。

副本提单（copy B/L）是指提单上没有承运人、船长或其代理人签字盖章，而仅供参考之用的提单。副本提单一般都标明“副本”（copy）或“不可转让”（non-negotiable）字样，副本提单不得标明“正本”字样。

8）其他种类的提单

过期提单（stale B/L）是指提单签发后超过信用证规定期限才交到银行的提单，或者银行按正常邮程寄单，收货人不能在船到目的港前收到的提单。过期提单原意是指晚于货物到达目的港的提单。自国际商会《跟单信用证统一惯例》规定银行拒绝接受晚于信用证规定的从装运日期后 21 天提交的单据后，有人也把这种晚交的提单归入过期提单。但就其本质而言，真正的过期提单应当主要是指前者。在实践中，近邻国家之间的贸易，常因运输路线短，提单邮寄所需的时间往往超过实际运输时间而不能在船到目的港前为进口人所收到，从而产生提单“过期”。由于过期提单可能造成进口人不能如期提货而造成损失的情形，所以在实际业务中，鉴于近邻国家的贸易产生过期提单在所难免，为便于进口人及时提货，买卖双方往往事先商定，待货物装运后，由卖方负责将一份正本提单委托船公司随货带往目的地交开证银行或代收银行，由进口商银行付款后领取，然后再凭以向船公司提取货物。至于非近邻国家之间的一般交易，如在买卖合同或信用证中规定“过期提单也可接受”（stale bill of loading is acceptable）的条款，对出口人是有利的。

甲板提单（on Deck B/L）又称舱面提单，指承运人签发的表明货物装于船舶甲板上的提单。有些货物如危险品、活动物等，只能装在甲板上；有些货物因体积过大或舱位不够而装在甲板上。承运人在签发提单时加批“货装甲板”字

样。货物装在甲板上受损的风险很大，所以进口商一般不愿意接受货物装在甲板上，不接受甲板提单。根据《跟单信用证统一惯例》规定，除非信用证另有规定，银行不接受甲板提单。

（二）海运单

海运单（sea waybill，ocean waybill），又称海上货运单，是证明海上运输合同和货物由承运人接管或接船，以及承运人保证据以将货物交付给单证所载明的收货人的一种不可流通的单证，因此又称“不可转让海运单”（non-negotiable sea waybill）。

海运单不是货物凭证，故而不可转让。收货人不凭海运单提货，而是凭到货通知提货。但海运单收货人一栏应填写实际收货人的名称和地址。海运单的特点是：能方便进口人及时提货，简化手续，节省费用，还可以在一定程度上减少以假单据进行诈骗的现象。近年来，欧洲、北美、远东和中东地区的贸易界人士越来越倾向使用不可转让的海运单。另外，由于 EDI 技术在国际贸易中的广泛使用，不可转让海运单更适宜使用这种技术。

四、海上货物运输合同

在国际货物运输合同中，选择运输方式只是运输工作的一个方面，买卖双方还必须就交货时间、装运港、目的地、分批装运、转运、装运通知、滞期、速遣等装运条款作出明确的规定，以确定双方的责任和义务，这是保证买卖合同顺利履行的重要条件。

（一）装运时间

装运时间，又称交货期、装运期，是指双方在合同中规定卖方将货物装上运输工具或交给承运人的期限。装运时间是买卖合同中的重要条款。其所以重要，在于它涉及双方的经济利益，保证合同顺利完成。《公约》第 33 条规定：卖方必须在合同规定的日期或一段时间内交付货物；如合同未规定日期或一段交货时间，则应在订立合同后一段合理时间内交货。第 37 条、49 条、52 条也规定：若卖方在合同规定的时间以前交货，或者延迟交货，买方有权要求损害赔偿和/或拒收货物，也可宣告合同无效。由此可见，出卖人应当按照约定的期限交付标的物。约定交付期间的，出卖人可以在该交付期间内的任何时间交付。

（二）装运时间的规定方法

根据国际货物买卖合同的特点和国际货运情况的复杂性，装运时间不仅要作出具体的、毫不含糊的规定，而且也要留有充分的余地。一般来说，不应规定一个具体的日期，如于某年某月某日装运的做法。在实际业务中，最常见的有以下几种：

1. 规定某月装运

在国际货物买卖合同中，通常规定某月装运，一个月是最理想的一段时间，符合明确具体，留有余地的原则。例如，2008 年 3 月装运（shipment during March，2008）。按此规定，卖方应从 2008 年 3 月 1 日起至 3 月 31 日这一段时间内的任何时间装运货物。

2. 规定跨月装运

合同中可以规定跨月装运，但跨月装运比某月时间更长，它可以从某月跨到下月，甚至更后的月份。例如，2008 年 2/3 月装运（shipment during Feb./March. 2008）。按此规定，卖方可从 2008 年 2 月 1 日至 3 月 31 日这段时间内任何时候装运货物。

3. 规定某月或某日之前装运

规定某月或某日之前装运即合同中规定一个最迟期限，这个最迟期限是以某月（实际是月底的那一天）或某日作为最后期限。例如，2008 年 5 月底或以前装运（shipment at or before the end of May 2008）。按此规定，自订立合同之日起，到 2008 年 5 月 31 日或于此日以前的任何时期都为装运期。再如，2008 年 5 月 15 日前装运（shipment before May 15th 2008）。按此规定，自合同订立之日起，最迟不得迟于 2008 年 5 月 15 日装运。

4. 规定在收到信用证后若干天内装运

采取此种规定，主要是针对某些进口管制较严的国家和地区，或专为买方制造的特定商品，或对买方资信不够了解等情况，为防止买方不履行合同而造成经济损失专门设立的。例如，收到信用证后 45 天内装运（shipment within 45days after receipt of L/C）。按此规定，卖方必须在收到信用证 45 天后装运。但是，这里有一个前提，那就是先必须规定信用证开到的期限。如果不订明信用证开到期限，很可能由于买方拖延开证，使卖方无法及时安排生产、包装、装运，而陷于被动。

5. 规定近期装运

目前最常见的近期术语有：尽速装运（shipment as soon as possible）、立即装运（immediate shipment）、即刻装运（prompt shipment）、优先装运（shipment by first）、有船即运（shipment by first available steamer）等。由于此类术语在国际上尚无统一的解释，为了避免不必要的纠纷，最好不采用。

6. 不规定装运期

合同不规定装运期，一般认为卖方应在合同签订后的“合理时间”内装运货物。由于“合理时间”的尺度难以把握，所以在实践中一般不要采用。

(三)装运港(地)与目的港(地)

装运港(地)(port of shipment)是指合同中规定的货物起始装运的港口。目的港(地)(port of destination)是指合同中规定的货物最终的卸货港口。

在国际贸易中，装运港的选择一般先由卖方提出，目的港的选择一般先由买方提出，然后经与对方协商确定后，写入合同。一经确定，对双方均有约束力。从出口方的角度看，在选择装运地点时应考虑以下方方面面：

第一，交通便利、费用低廉以及仓库与其他设施完善的地方。

第二，鉴于合同中的价格术语(如 FOB、CFR、CIF)则装运地点只能是港口。

第三，按合同规定的运输方式确定装运地，如合同中规定采用海运，则装运港应是海轮能够直接停靠的海港，如合同规定采用集装箱多式联运，则可以接受有集装箱经营人收货站的地方作为装运地点。

第四，如果交易数量大而供货地点分散，则可争取在两个或两个以上的地点装运。

目的港(地)通常由买方提出，经卖方确认后在合同中加以确定。一经确定，双方都必须履行。目的港(地)在什么地方，直接关系到运费，甚至还影响到保险的险别和费率。

在买卖合同中，装运港和目的港的规定方法有四种：

(1)规定装运港和目的港各一个。一般来说，这是业务正常情况下的规定方法。

例如：

装运港：宁波(port of shipment：Ningbo)

目的港：伦敦(port of destination：London)

(2)规定两个或两个以上的装运港与目的港。这是在实际业务需要的情况下的规定方法。

例如：

装运港：大连/宁波(port of shipment：Dalian/Ningbo)

目的港：伦敦/利物浦(port of destination：London/Liverpool)

(3)规定选择港(optional ports)。这是在明确规定目的港有困难时而采取的规定目的港的方法。

例如：

CIF 伦敦/汉堡/鹿特丹(CIF London/Hamburg/Rotterdam)。卖方接受选择港时应注意以下方面：选择港的总数一般不超过 3 个；备选港应在同一航线上；备选港一般应是班轮直接抵达的；运费应按备选港中最高的费率和附加费计算，如果合同中的运费是按一般费率核定的，则应在合同中明确规定因选择港口而增加的运费、附加费等均由买方负担；买方必须在货轮驶抵第一个可选择的港口之前，最后确定卸货港，并及时通知该船的船公司，否则船方有权在备选港中的任何一个港口卸货。

(4) 笼统规定某一航区，即最后交货可以选择这一航区内的主要港口

例如：

装运港：中国港口（port of shipment：China ports）。

在规定装运港（地）与目的港（地）时应注意：规定装运港与目的港必须明确具体；内陆城市不能直接作为装运港与目的港；必须注意装卸港的具体条件；规定装运港与目的港力戒重名；慎重使用“选择港”。

（四）分批装运与转运

一般来说，一批货物是应该一次性装运整批直达目的地的，但是由于运输服务的可提供性和客户的多种需求，货物需要分批装运和转运，不如此就会影响到买卖双方的经济利益，所以，在买卖合同中，一定要高度重视并明确订立分批装运与转运条款，这对买卖双方都主动。

1. 分批装运

分批装运（partial shipment），又称分期装运，是指一个合同项下的货物分若干批或若干期装运。但一笔成交的货物，在不同时间和地点分别装在同一航次、同一条船上，即使分别签发了若干不同内容的提单，也不能按分批装运论处，因为该笔成交的货物是同时到达目的港。

在国际货物运输中，分批装运是经常发生的，这主要是由于在大宗货物或成交数量较大的交易中，买卖双方根据交货数量、货源准备情况、运输条件、市场营销和资金等因素，有必要在运输合同中订立分批装运条款。为了避免在履行合同时引起争议，交易双方应在买卖合同中订明是否允许分批装运。若双方同意分批装运，应将批次和每批装运的具体时间与数量订明。

2. 转运

转运（transhipment）在海洋运输中叫“转船”，是指货物从装运港（地）至卸货港（地）的运输过程中，从一运输工具或运输方式转为另一运输工具或运输方式的转装或重装。《跟单信用证统一惯例》规定，除非信用证另有规定，可允许转运。这对买卖双方都有利，尤其对卖方比较主动，但要增加费用支出。为了明确责任和便于安排装运，买卖双方是否同意转运以及有关转运的办法和转运费的负担等问题，应在买卖合同中予以订明。

（五）装运通知

装运通知（advice of shipment）是指买卖双方为了共同做好车、船、货的装运衔接和办理货运保险，而相互承担通知的义务、传递信息的行为。由于它不仅关系到货物装运的顺利实施，交易的圆满完成，而且还涉及双方的经济利益。因此，装运通知是装运条款的一项重要内容。

由于各个贸易术语的性质不同，按照国际贸易的一般做法，装运通知的要求也不一样。

例如，按 FOB 条件成交时，卖方应在约定的装运期开始以前，一般是 30 天或 45 天，向买方发出货物备妥通知，以便买方及时派船接货。买方接到卖方发出的备货通知后，应按约定的时间，将船名、船舶到港受载日期等通知卖方，以便卖方及时安排货物出运和准备工作。按 FOB、CFR 和 CIF 条件成交时，卖方应在货物装船后，按约定时间，将合同、货物的品名、件数、重量、发票金额、船名及装船日期等项内容电告买方。

再例如，按 FCA、CPT 和 CIP 条件成交时，卖方应在把货物交付承运人接管后，将交付货物的具体情况及交付日期电告买方，以便买方办理保险并做好接、卸货的准备工作，及时办理进口报关手续。

从以上实际情况看，买卖双方按 CFR 或 CPT 条件成交时，卖方交货后，及时向买方发出装运通知，具有最为重要的意义。

（六）装运时间、装卸率、滞期费和速遣费

装运时间、装卸率、滞期费和速遣费在租船运输方式中尤为重要，应在租船合同中予以明确，具体内容不再赘述。

第二节　国际货物铁路运输、公路运输、航空运输

国际货物铁路运输、公路运输、航空运输虽不及海洋运输普遍，但也因各有优势，而适合于不同类型的货物或不同的运输要求。

一、铁路运输

铁路运输（rail transport）是我国对外贸易中仅次于海洋运输的又一大运输方式。它具有运量大、安全可靠、运输准确及连续性强等优点。

（一）国际铁路货物联运

国际铁路货物联运，是指使用一份统一的国际联运单据，经由两国或两国以

上的铁路运输，中间不需要收、发货人参加移交的一种货物运输方式。它一般是根据有关国际条约的规定进行的。

1. 国际货约

《国际货约》是国际上铁路货物运输最早的书面约定。它是1890年欧洲各国在瑞士首都伯尔尼举行的各国铁路代表会议上制定的《国际铁路货物运送规则》，1938年修改时改称《国际铁路货物运送公约》，简称《国际货约》，又称《伯尔尼货运公约》，同年10月1日开始实行。参加该公约的国家有：德国、奥地利、比利时、丹麦、西班牙、芬兰、法国、希腊、意大利、列支敦士登、卢森堡、挪威、荷兰、葡萄牙、英国、瑞典、瑞士、土耳其、南斯拉夫、保加利亚、匈牙利、罗马尼亚、波兰、前捷克斯洛伐克共24个。

2. 国际货协

《国际货协》是《国际铁路货物联运协定》的简称。从1951年4月1日起，我国与前苏联签订了中苏铁路联运协定，并开办铁路联运。同年11月，前苏联与东欧七国签订并实行《国际铁路货物联运协定》。1954年1月，我国参加了《国际货协》，接着朝鲜、蒙古、越南也参加了这一协定。当时参加《国际货协》的国家除了上述国家外，还有东欧的罗马尼亚、保加利亚、匈牙利、前民主德国、波兰、阿尔巴尼亚、原捷克斯洛伐克共12个国家。由于德国统一和东欧形势的变化，1990年10月前民主德国终止参加《国际货协》，匈牙利、捷克斯洛伐克等也于1991年1月1日起终止《国际货协》。

目前，我国对朝鲜、俄罗斯的大部分进出口货物，都是采用国际铁路联运的方式进行的。其具体的做法是：

(1) 参加《国际货协》国家之间的货物运送。发货人使用一份《国际货协》运单在发货站向铁路托运，即可由铁路以连带责任办理货物的全程运输，在最终到达站将货物交付收货人。

(2) 向未参加《国际货协》国家铁路间的货物运输。从参加《国际货协》的国家发货，使用《国际货协》的铁路联运单据，当货物运到离开《国际货协》参加国的最终出口国国境站时，由铁路边境站负责改换适当的联运票据继续转运至最终到站。

(3) 通过参加《国际货协》国的港口向其他国家运送货物。使用《国际货协》运单将货物运至国际货协国港口，由港口收转人办理转发至目的地的手续。

(4) 从未参加《国际货协》的国家向参加《国际货协》的国家发货。由参加《国际货协》的第一过境铁路的进口国国境站负责办理继续转运发送事宜。

(二) 国内铁路货物运输

国内铁路货物运输，是指在我国范围内，根据《国内铁路货物运输规程》的规定办理的货物运输。国内铁路货物运输包括：我国出口货物经铁路运至港口装船，进口货物卸船后经铁路运往各地；供应香港、澳门地区的货物经铁路运往香港、九龙，或经香港、澳门地区的物资运往内地，均属国内铁路运输范畴。对港澳出口货物的运送，既不同于国际联运，又不同于一般的国内货物运送，属于一种特殊的运送方式。对港澳运送货物的全过程由两部分组成，即内陆段和港段铁路运送，是一种特殊的租车方式的两票运输。发货人在内地车站填写国内铁路运单，办理发货地至深圳北站的国内段运送，以中国对外贸易运输公司深圳外运分公司为收货人。深圳外运分公司作为各外贸企业发货人的代理，在收到货物后，在口岸与铁路部门办理货物运送票据的交接，并向铁路部门租车，然后向海关部门办理出口托运与申报手续，经海关查验放行后，过轨至香港九龙站。货车过轨后，由深圳外运分公司在香港的代理——香港中旅货运有限公司办理港段铁路运送。货车至九龙各目的地车站后，由香港中旅货运有限公司将货物卸车交给香港的实际收货人。

目前，供港运送尚无法办理联运，国内运单不是全程运送单据，不能作为对外结汇的凭证。按现行的办法，由各地外运分支机构以运输承运人的身份向发货人提供经深圳中转香港货物的承运货物收据，作为向银行结汇的依据。

运往澳门的货物由内地按国内铁路运单至广州南站，以广东外运分公司为收货人，货到后由广东外运分公司办理水运中转至澳门的业务手续。货到澳门后由南光集团的运输部门接货并转交收货人。

香港和澳门已经回归祖国，该地区是我国同世界各国、各地区经贸往来的重要通道之一，做好对港澳地区的运输工作是我国外贸运输中的重点之一。出口港澳的货物，鲜活商品较多。由于鲜活商品在运输上具有特殊性，因此运送速递要求快，质量要求高，并要求使用特殊车辆。为此，在全国外贸与铁路等部门协作下，先后开辟有“751”、“753”和“755”三趟快运货物列车，分别由湖北江岸站、上海新龙华站和郑州北站发车，沿途列车不停直达深圳，从而加快了运送速度，保证了商品质量，并有利于对香港市场的均衡供应。

（三）铁路运输单据

1. 国际铁路联运单据

国际铁路联运运单（包括运单正本和副本）是国际铁路联运的主要运输单据，它是参加联运的发送国铁路部门与发货人间订立的运送合同。它具体规定了参加联运的各国铁路和收、发货人的权利和义务，对收、发货人和铁路具有法律效力。当发货人向始发站提交全部货物，并付清应由发货人支付的一切费用，经始发站在运单正本和运单副本上加盖始发站承运日期戳记，证明货物已被接妥承运后，即认为运输合同已经生效。

国际铁路货物联运的运单一式五联，其中，运单正本随货同行，在到达站连同货物到达通知单及货物一并交给收货人，作为交接货物和结算费用的依据；运单副本交给发货人，作为向收货人证明货物已经发运并凭以结算货款的依据。

2. 承运货物收据

承运货物收据（cargo receipt），是指在特定运输方式下所使用的一种运输单据，它既是承运人出具的货物收据，也是承运人与托运人签订的运输契约。我国内地通过铁路运往港、澳的出口货物，一般多委托中国对外贸易运输公司承办。当出口货物装车发运后，对外贸易公司即签发一份承运货物收据给托运人，以作为对外办理结汇的凭证。它还是收货人提货的凭证。

二、公路运输

公路运输（road transport），是一种现代化的运输方式，与铁路运输一起构成陆上运输系统。

公路运输机动灵活，适应性强，能实现门到门服务；在短途运输中具有经济、快速、便利的优点；而且，公路运输也是连接铁路、水路、空中运输起端和末端不可缺少的运载工具，是沟通城乡、工农、生产与消费的桥梁和纽带。在现代经济中，没有公路运输，铁路、水路、航空运输就无法进行。因此，它在国际贸易运输中体现了“时差效益”、“运距差效益”和“质量差效益”。

目前，我国的公路建设成绩斐然，直接与边疆、港口、重点城市相连接，我国进出口货物可以直接通过铁路运输送达周边相邻的国家，来往于港澳地区之间，方便快捷的公路运输加强了我国与邻国之间的经济合作，促进了国与国之间的经贸往来。

三、航空运输

航空运输是一种现代化的的运输方式。它与海洋运输、铁路运输相比较，具有交货迅速，包装简化，减少保险和储存费用，保证运输质量且不受地面条件限制等优点。在国际贸易中，航空运输特别适用于易腐商品、鲜活商品和季节性强的商品运输。

（一）国际空运货物的运输方式

国际航空运输有班机运输、包机运输、集中托运和航空急件传送等方式。

1. 班机运输（airliner transport）

班机是指定期开航的定航机、有固定始发站、到达站和途经站的飞机。一般航空公司都使用客货混合型飞机。一些较大的航空公司也在某些航线上开辟有全货机航班运输。

2. 包机运输（chartered carrier transport）

包机运输可分为整架包机和部分包机两种形式。整架包机是指航空公司按照事先约定的条件和费率，将整架飞机租给租机人，从一个或几个航空站装运货物至指定目的站的运输方式。它适合于运输大宗货物。部分包机是指几家航空货运代理公司或发货人联合包租整架包机，或者由包机公司把整架飞机的舱位分租给几家航空货运代理公司。部分包机适于一吨以上不足整机的货物运输，运费率较班机要低，但运送时间较班机要长。

3. 集中托运方式（consolidation transport）

航空集中托运是指航空货运代理公司把若干批单独发运的货物组成一批向航空公司办理托运，填写一份总运单将货物发运到同一目的站，由航空货运代理公司在目的站的代理人负责收货、报关，并将货物分批拨予各收货人的一种运输方式。这种托运方式，可争取较低的运价，在航空运输中使用较为普遍。

4. 航空急件传送方式（air express service）

航空急件传送是目前国际航空运输中最快捷的运输方式。它不同于航空邮寄和航空货运，而是由一个专门经营此项业务的机构与航空公司密切合作，设专人用最快的速度在货主、机场、收件人之间传送急件，特别适用于急需的药品、医疗器械、贵重物品、图纸资料、货样及单证的传送，被称为“桌到桌运输”（desk to desk service）。

（二）航空运输的承运人

1. 航空运输公司

航空运输公司是航空货物运输业务中的实际承运人，负责办理从启运机场至到达机场的运输，并对全程运输负责。

2. 航空货运代理公司

航空货运代理公司可以是货主的代理，负责办理航空货物运输的订舱，在始发机场和到达机场的交、接货与进出口报关等事宜，也可以是航空公司的代理，办理接货并以航空承运人的身份签发航空运单，对运输全程负责，亦可两者兼而有之。

（三）航空运单

航空运单（air waybill）是航空运输货物的主要单据，它是航空承运人与托运人之间缔结的运输合同，也是承运人或其代理人签发的接受货物的收据，但它不是货物所有权的凭证，不得转让，是一种不可议付的单据。货物运到目的地后，收货人凭承运人的到货通知单提取货物。

航空运单依签发人的不同可分为主运单（master air waybill）和分运单

(house air waybill)。前者是航空公司签发的，后者是航空货运代理公司签发的，两者在内容上基本相同，法律效力也无不同。

航空运单共有正本一式三份：第一份正本注明“original-for the shipper”应交托运人；第二份正本注明“original-for the issuing carrier”由航空公司留存；第三份正本注明“original-for the consignee”由航空公司随机带交收货人；其余副本分别注明“for airport of destination”、“delivery receipt”、“for second carrier”、“extra copy”等，由航空公司按规定和需要进行分发，作为报关、结算、国外代理中转分拨等用途分别使用。

(四) 航空运价

航空运价是承运人为货物航空运输所收取的报酬，也只是从始发机场至到达机场的运价，不包括提货、报关、仓储等其他费用，航空运价仅适用于单一方向。

航空运价一般是按货物的实际重量（公斤）和体积重量（以 6000 立方厘米或 366 立方英寸体积折合一公斤）两者中较高者为准。针对航空运输货物的不同性质和种类，航空公司规定有特种货物运价、货物的等级运价、一般货物运价和集装设备运价等不同的计收方法。

第三节 集装箱运输及国际货物多式联运

随着国际贸易和运输技术的发展，传统的海洋运输、陆地运输、航空运输等互不连贯的单一运输方式已不能适应运输形势飞速发展的要求，集装箱运输与国际货物多式联运随之而生。

一、集装箱运输

集装箱运输（container transport）是以集装箱作为运输单位进行货物运输的一种现代化运输方式，是目前成组运输中的一种高级运输形态，已普遍被国际采用。它适用于海洋运输、铁路运输、公路运输、内河运输、国际多式联运和航空运输等。

(一) 集装箱的定义与规定

集装箱（container）又称“货箱”、“货柜”。按原文字面的含义，它是一种容器，但并非是一般的容器，而是具有一定强度，专供周转使用，并便于机械操作的大型货物容器。从 20 世纪 70 年代以来，国际海上集装箱运输由产生到发展尤为迅速，迄今已形成了一个世界性的集装箱运输体系。目前，集装箱海运已经成为国际主要班轮航线上占有支配地位的运输方式。在我国，集装箱运输尤其是海运中已经成为普遍采用的一种重要的运输方式。

1977 年 9 月 6 日生效的《国际集装箱安全公约》(CSC) 在第二条中对集装箱作了比较详细的规定：集装箱是一种运输设备，其结构和固定器具能够在承受通常压力下，不断地进行运输，不会产生永久变形。作为运载工具，集装箱在国际上营运，必须取得有关检验机构签发的货运证书。集装箱实际上是一种流动的货舱，属于一种现代化的运输工具。

国际标准化组织 (ISO) 根据国际集装箱的各种技术参数和规格，制定了通用集装箱从 A 到 C 型共 3 个系列 13 种标准规格的集装箱。如 IA 型 8×8×40；IC 型 8×8×20；IAA 型 8.6×8×40。目前，在国际航运上使用的集装箱多为 20 英尺和 40 英尺的集装箱。

在集装箱化发展过程中，因所装货物的性质和运输条件不同，集装箱除一般的干货集装箱外，还有通风集装箱、保温集装箱、冷藏集装箱、散货集装箱、开顶集装箱、框架集装箱、罐式集装箱和特种集装箱等。

为了便于统计计算货运数量，目前国际上都以 20 英尺集装箱作为计算衡量单位，以 TEU (twenty-foot equivalent unit) 表示，意即"相等于 20 英尺单位"。在统计型号不同的集装箱时，按集装箱的长度一律换算成 20 英尺单位 (TEU) 加以计算。

(二) 集装箱运输的优点

集装箱是一种现代化的运输方式，它与传统的货物运输方式相比，具有极大的优越性，这主要体现在：

(1) 有利于提高装卸效率，加速船舶周转。

(2) 有利于提高运输质量，减少货损货差。

(3) 有利于节省各项费用，降低货运成本。

(4) 有利于简化货运手续，便利货物运输。

(5) 把传统的单一运输串联为连贯性的成组运输，有利于促进国际多式联运的发展。

正是由于集装箱运输具有以上这些优越性，集装箱运输才被各国广泛地采用，才获得巨大的发展。

(三) 集装箱运输货物的交换

1. 集装箱货物装箱方式

集装箱运输是以集装箱为运输单位，根据托运货物数量多少分为整箱货和拼箱货两种装箱方式。

（1）整箱货（full container load，FCL）。整箱货是指货主在工厂或仓库自行将货物装满箱，然后以整箱为单位向承运人进行货物托运的一种装箱方式。这是货主在拥有足以装满一个或几个整箱的货源的情况下所采取的装箱方式。货物装箱后直接运交集装箱堆场（container yard，CY）等待发运，货到目的地（港）后，收货人可直接从目的地（港）集装箱堆场提走。

（2）拼箱货（less than container load，LCL）。拼箱货是指承运人（或其代理人）接收货量不足一整箱的货物，需在集装箱货运站（container freight station，CFS）根据货类性质和目的地进行分类整装，把去同一目的地的货物，集中到一定数量后拼装入箱。货到目的地（港）后，由承运人拆箱分拨给各收货人。

2. 集装箱货物交接方式

由于集装箱货物分为整箱装和拼箱装两种，因此，在交接方式上也有所不同，目前国际上的做法有以下几种：

（1）整箱交，整箱接（FCL/FCL），即货主在工厂或仓库把装满货物的整箱交给承运人，收货人在目的地以同样的整箱接货。在这种情况下，承运人以整箱为单位负责交货，货物的装箱和拆箱均由货主负责。这种“门到门”运输方式的特征是，在整个运输过程中，完全是集装箱运输，因而最适宜整箱交、整箱接。

（2）整箱交，拆箱接（FCL/LCL），即货主在工厂或仓库把装满货物的整箱交给承运人，在目的地的集装箱货运站或内陆转运站由承运人负责拆箱后，各收货人凭单接货。这种“门到场站”运输方式的特点是，由门到场站为集装箱运输，由场站到门是货物运输，因而适宜于整箱交，拆箱接。

（3）拼箱交，拆箱接（LCL/LCL），即货主将不足整箱的小票托运货物在集装箱货运站或内陆转运站交给承运人，由承运人负责拼箱和装箱。运到目的地货运站或内陆转运站后，由承运人负责拆箱，收货人凭单接货。由此可见，货物的装箱和拆箱均由承运人负责。

（4）拼箱交，整箱接（LCL/ FCL），即货主将不足整箱的小票托运货物在集装箱货运站或内陆转运站交给承运人，由承运人负责分类整理，把同一收货人的货物集中拼装成整箱，运到目的地后，承运人以整箱交，收货人以整箱接。

（四）集装箱运输的主要单证

集装箱运输的主要单证有：装箱单、场站收据和集装箱提单。

1. 装箱单

装箱单（container load plan）是以箱为单位，内容涉及船名、航次、装运港、卸货港、装箱地、交箱地；集装箱种类、规格、编号、自重、总重、铅封号；场站收据或提单号、收货人名称、地址、货物品名、重量、尺码、件数、包装、唛头等。如是危险品，要注明危险性质和等级；冷冻品要注明所需温度。最后，由装箱人签字，以明确责任。拼箱货由货运站填制装箱单。

2. 场站收据

场站收据（dock receipt，D/R）是指向场站办理交货时，由承运人或其代理人在收到整箱货或拼箱货时签发给发货人的收据。一般由发货人填制，相当于传统运输中的装货单。

3. 集装箱提单

集装箱提单（container B/L）由承运人或联运经营人凭场站收据签发，通常在场站收据上由承运人加注船名和装船日期并签署即可。集装箱提单与传统提单基本相似，但也有以下不同的地方：

（1）集装箱内装有何物，必须在提单中加以说明。

（2）集装箱运输下的提单，其承运人的责任期限为从收到货物开始至交付货物时止。

（3）在集装箱提单上不会出现“甲板”提单字样。

（4）集装箱提单没有“装船”字样，它们都是收讫待运提单，但提单上却没有“收讫待运”字样。

（五）集装箱运输的费用

集装箱运输的费用构成和计算方法与传统的运输方式不同。它包括内陆或装运港市内运输费、拼箱服务费、堆场服务费、海运运费、集装箱及其设备使用费等。

1. 内陆运输费（inland transport charge）或装运港市内运输费

内陆运输费或装运港市内运输费是指区域运费，无效托运费、变更装箱地点费用等。按照买卖合同规定，这些费用可以由承运人负责，也可以由货主负责。若在出口地发生的费用由发货人负责，在进口地发生的费用由收货人负责。

2. 拼箱服务费（LCL service charge）

拼箱服务费是指拼箱货在货运站至堆场之间空箱或重箱地运输，理货、货运站内的搬运、分票、堆存、装拆箱以及签发场站收据、装箱单制作等各项费用。

3. 堆场服务费（terminal handling charge）

堆场服务费也称码头服务费，是指在装运港堆场接收来自货主或集装箱货运站的整箱货和堆存、搬运至装运桥下的运费，以及在卸货港从装卸桥下接收进口箱，将箱子搬运到堆场和在堆场的堆存费用。堆场服务费还包括在装运港的有关单证费用。

4. 集装箱及其他设备使用费（fee for use container and other equipments）

集装箱及其他设备使用费是指当货主使用由承运人提供的集装箱及底盘车等设备时发生的费用。它还包括集装箱从底盘车上吊上吊下的费用。

5. 集装箱海运运费

集装箱海运运费是指由船舶运费和一些有关的杂费所组成。目前有下列两种计算方法：

（1）杂货基本费率加附加费。这是根据传统的按件杂货计算方法，以每运费吨为计算单位，再加收一定的附加费。

（2）包箱费率。这是以每个集装箱为计费单位。包箱费率视船公司和航线等不同因素而有所不同。

二、国际多式联运

根据《联合国国际货物多式联运公约》的规定："国际多式联运（international multimodal transport）系指由多式联运经营人按照多式联运合同，以至少两种不同的运输方式，将货物从一国境内接受货物的地点运至另一国的境内指定地点交货的运输方式。"本着采取一次托运、一张单据、一次付费和一次保险的简单手续原则，方便货主，使一张货运单据适用于不同的运输方式，而且在转换工具时，不必经过重新分类、核对、检查、开箱和装箱等。因此，根据此项定义，构成国际多式联运必须具备以下条件：第一，必须有一份多式联运合同；第二，必须是国际间两种或两种以上运输方式的连贯运输；第三，必须使用一份包括全程的多式运输单据；第四，必须是国际间的货物运输；第五，必须由一个多式联运经营人对全程运输负总责；第六，必须是全程单一的运费费率。

多式联运合同（multimodal transport contract）是多式联运经营人（承运人）与发货人（托运人）共同订立的，凭以规定双方权利、义务、责任、豁免的合同关系和多式联运的性质。多式联运经营人根据合同规定，负责完成或组织完成货物的全程运输并一次收取全程费用。

《国际多式联运公约》对多式联运经营人（multimodal transport operator）的规定为："多式联运经营人是指其本人或通过其代表与托运人订立多式联运合同的任何人，他是事主，而不是发货人的代理人或代表，也不是参加多式联运的承运人的代理人或代表，负有履行合同的责任"。不仅是订立多式联运合同的当事人，也是多式联运单证的签发人。在业务中，多式联运经营人作为总承运人对发货人负有履行合同的义务，并承担自接管货物起到交付货物时止的全程运输责任。由此，多式联运经营人是一个独立的法律实体。

由于多式联运是在国际间以多种运输方式来完成的，不可能由一个经营人自己承担全部运输任务。他往往是在接受货主的委托后，自己办理一部分运输，而将其余的运输再委托给其他承运人。但它与单一的运输方式不同，这些接受多式联运经营人委托的承运人，只是按运输合同关系对多式联运经营人负责，而不与货主发生任何直接关系。因此，多式联运经营人，对货主来说，它是货物的承运人，同货主签订多式联运合同；对其委托的承运人来说，它又是货物的托运人，自己以托运人的身份与其他承运人签订运输合同，所以他具有双重身份。

全程单一运费费率（single factor rate）是指包括运费成本（全程各段运费的总和）、经营管理费用（通讯、制单及劳务手续费等）以及合理利润在内的统一运费率。它由多式联运经营人制订，并一次向货主收取。

全程多式联运单证（multimodal transport document）是指证明多式联运合同以及证明多式联运经营人已经接管货物并负责按照合同条款交付货物所签发的一种证据。多式联运提单是指多式联运合同的证明，多式联运经营人收到货物的收据和凭以交付货物的凭证。它是一种物权证书和有价证券。采用多式联运方式，货物在内地只要装上第一程运输工具，发货人即可取得多式联运经营人或其代理人出具的包括全程运输的多式联运单据，凭以向银行办理收汇手续。根据发货人的要求，多式联运单据可以作成可转让的，也可以作成不可以转让的。多式联运单据如签发一套一份以上的正本单据，应注明份数，其中一份完成交货后，其余各份正本即失效，副本单据没有法律效力。

国际多式联运较之个别单一的运输方式或一般的联运方式，有简化手续、加快货运速度、方便运输费用计算、缩短发货人收回货款时间的优点，20 世纪 60 年代末在美国试办取得显著经济效果，受到贸易界的欢迎。其后，世界各地很快仿效。实践表明，多式联运是符合运输经济发展规律的，是实现门到门运输的有效方式。

目前，我国已开通国际多式联运，并开辟了多条多式联运路线，直通欧、美、亚、非等国的港口或内地城市，形式多种多样，其货物交接方式有门到门、门到港站的，也有港站到港站、港站到门的等。过去仅限于沿海地带和重点城市办理此项业务，现在已发展到全国大部分地区都能开展多式联运，为我国国际贸易的顺利发展提供了良好的运输服务。

第四节　其他运输方式

在国际贸易中，除了使用以上介绍的海洋运输、铁路运输、航空运输等方式外，还广泛采用内河运输、邮政运输、管道运输、大陆桥运输等方式运输货物。

一、内河运输

内河运输（inland waterway transportation），是指活跃在内河、湖泊、港汊

的水上运输。我国内河纵横，湖泊众多，是天然连接内陆腹地与沿海地区的纽带，为我国进出口货物的运输和集散作出了重要贡献。

内河运输具有运量大、成本低、投资少等优点，而且很多河流与沿海地区对外开放港口和邻国相通，这就为我国充分利用内河运输发展对外贸易提供了十分有利的条件。

二、邮政运输

邮政运输（parcel post transport），是指利用邮件传递来运送货物。这种运输方式必须具备一个条件，即各国邮政部门之间必须订有协定和公约，通过这些协定和公约，各国的邮件和包裹才可以互相传递，从而形成国际邮包运输网。

国际邮政运输过程一般需要经过两个或两个以上国家的邮政局和两种或两种以上不同的运输方式的联合作业才能完成。但手续较简便，邮政托运人只要按照邮政局章程办理一次托运，一次付清足额邮资并取得一张邮政包裹收据，交货手续即告完成。邮件运抵目的地后，收件人凭邮政局到件通知和收据向邮政局提取邮件。所以，国际邮政运输具有国际多式联运和"门到门"运输的性质。

（一）邮政收据

邮政收据（parcel post receipt），是邮政运输的主要单据，它既是邮局收到寄件人的邮包后所签发的凭证，也是收件人凭以提取邮件的凭证，当邮包发生损坏时，它还可以作为索赔和理赔的依据，但邮包收据不是物权凭证。

邮寄证明（certificate of posting），是指邮政局出具的证实所寄发的单据或邮包确已寄出和作为邮寄日期的证明。有的信用证规定，出口商在寄送有关单据、样品或包裹后，除要出具邮政收据外，还要提供邮寄证明，作为结汇的一种单据。

专递收据（courier receipt），是指特快专递机构收到寄件人的邮件后签发的凭证。

根据《跟单信用证统一惯例》规定，如信用证要求邮政收据或邮寄证明，银行将接受的邮政收据或邮寄证明表面上有信用证规定的寄发地盖戳并加注日期，该日期即为装运或发运日期；如信用证要求专递或快递机构出具的单据，银行将接受快递单据的表面注明专递或快递机构的名称并盖戳、签字并经证实，表明取件或收件日期，此日期即为装运日期或发运日期。除非信用证特别规定由指定的专递或快递机构出具的单据，银行将接受由任何专递或快递机构开立的单据。

邮政运输手续简便，费用不高，非常适用于重量轻、体积小的商品传递，所以被国际贸易普遍采用。为了发展国际邮政运输，我国不仅与很多国家签订有邮政包裹协议和邮电协议，而且我们还参加了万国邮政联盟（Universal Postal Union），简称“邮联”。其宗旨是，组成一个国家间邮政领域，以便相互交换邮件；组织和改善国际邮政业务，以利于国际合作的发展；推广先进经验，给予会员国邮政技术援助。

（二）邮政运输发展的新业务

近年来，特快专递业务迅速发展，主要有：

（1）国际特快专递（international express mail service），简称“EMS”，是我国邮政部门为了适应对外贸易运输而办理的特快专递业务。

（2）DHL信使传递（DHL courier service），这是由Dalsey、Hilbolom、Lind三个老板组建的敦豪国际有限公司信使专递和民航快递服务（AIR Express Service，简称AE）。DHL是国际信使专递行业中具有代表性的专递公司，总部设在美国纽约，在世界上140多个国家和地区设有分支公司和代理机构，传递范围遍及世界各地。

三、管道运输

国际管道运输（international pipeline transportation），是指货物从一国在管道内借助于高压气泵输往他国目的地的一种运输方式。普通货物运输是货物随着运输工具的移动，把货物运到目的地，而管道运输的运输工具本身就是管道，是固定不动的，只是货物本身在管道内移动，所以它是一种特殊的运输方式，主要适用于运输液体和气体的货物。

管道运输不受地面气候影响，运输的货物不需包装，货物在管道内移动，具有减少货损货差、费用省、成本低的优点，20世纪初大量在石油运输中使用，美国、欧洲以及石油输出国组织（OPEC）广泛采用这种运输方式。我国的管道运输起步较晚，但发展较快。我国不少油田已有输油管道直通海港，我国早已通过输油管道向朝鲜出口石油。当前管道运输的发展趋势是：管道的口径不断增大，运输能力大幅度提高；管道的运距迅速增加；运输物资由石油、天然气、化工产品等流体逐渐扩展到煤炭、矿石等非流体。

管道运输费用的计算比较简单，按油类不同品种规格规定不同费率，其计算标准多数规定以桶（barrel）为单位，有的以吨为单位。此外，一般均规定每批最低托运量，因为从经营和技术上考虑，必须达到此运量才够成本开支。

四、大陆桥运输

大陆桥运输（land-bridge transport）是指以集装箱为媒介，大陆上的铁路或公路运输系统为中间桥梁，把大陆两端的海洋运输连接起来，构成海-陆-海的连贯运输。它具有集装箱运输和国际多式联运的优点，并且大陆桥运输更能体现利用成熟的海、陆运输条件，形成合理的运输路线，大大缩短了营运时间，降低了营运成本。

（一）北美大陆桥

北美大陆桥（north American landbridge）是指利用北美的大铁路从远东到欧洲的“海陆海”联运。该陆桥运输包括美国大陆桥运输和加拿大大陆桥运输。美国大陆桥有两条运输线路：一条是从西部太平洋沿岸至东部大西洋沿岸的铁路和公路运输线；另一条是从西部太平洋沿岸至东南部墨西哥湾沿岸的铁路和公路运输线。美国大陆桥于1971年底由经营远东——欧洲航线的船公司和铁路承运人联合开办“海陆海”多式联运线，后来美国几家班轮公司也投入营运。目前，主要有四个集团经营远东经美国大陆桥至欧洲的国际多式联运业务。这些集团均以经营人的身份，签发多式联运单证，对全程运输负责。加拿大大陆桥与美国大陆桥相似，由船公司把货物海运至温哥华，经铁路运到蒙特利尔或哈利法克斯，再与大西洋海运相接。

北美大陆桥是世界上历史最悠久、影响最大、服务范围最广的陆桥运输线。据统计，从远东到北美东海岸的货物有大约50%以上是采用双层列车进行运输的，因为采用这种陆桥运输方式比采用全程水运方式通常要快1～2周。例如，集装箱货从日本东京到欧洲鹿特丹港，采用全程水运（经巴拿马运河或苏伊士运河）通常约需5～6周时间，而采用北美陆桥运输仅需3周左右的时间。

随着美国和加拿大大陆桥运输的成功营运，北美其他地区也开展了大陆桥运输。墨西哥大陆桥（Mexican land bridge）就是其中之一。该大陆桥横跨特万特佩克地峡，连接太平洋沿岸的萨利纳克鲁斯港和墨西哥湾沿岸的夸察夸尔科斯港，陆上距离337公里。墨西哥大陆桥于1982年开始营运，目前其服务范围还很有限，对其他港口和大陆桥运输的影响还很小。

（二）西伯利亚大陆桥

西伯利亚大陆桥（Siberian land bridge，SLB）是指使用国际标准集装箱，将货物由远东海运到俄罗斯东部港口，再经跨越欧亚大陆的西伯利亚铁路运至波罗的海沿岸如爱沙尼亚的塔林或拉脱维亚的里加等港口，然后再采用铁路、公路或海运运到欧洲各地的国际多式联运的运输线路。西伯利亚大陆桥于1971年由原全苏对外贸易运输公司正式确立。现在全年货运量高达10万标准箱（TEU），最多时达15万标准箱。使用这条陆桥运输线的经营者主要是日本、中国和欧洲各国的货运代理公司。其中，日本出口欧洲杂货的1/3，欧洲出口亚洲杂货的1/5是经这条陆桥运输的。由此可见，它在沟通欧亚大陆，促进国际贸易中所处的重要地位，被称为第一条欧亚大陆桥。

西伯利亚大陆桥运输包括“海铁铁”、“海铁海”、“海铁公”和“海公空”等四种运输方式。由俄罗斯的过境运输总公司担当总经营人，它拥有签发货物过境许可证的权利，并签发统一的全程联运提单，承担全程运输责任。至于参加联运的各运输区段，则采用“互为托、承运”的接力方式完成全程联运任务。可以说，西伯利亚大陆桥是较为典型的一条过境多式联运线路。西伯利亚大陆桥是目前世界上最长的一条陆桥运输线。它大大缩短了从日本、远东、东南亚及大洋洲到欧洲的运输距离，并因此而节省了运输时间。从远东经俄罗斯太平洋沿岸港口去欧洲的陆桥运输线全长 13 000 公里。而相应的全程水路运输距离（经苏伊士运河）约为 20 000 公里。从日本横滨到欧洲鹿特丹，采用陆桥运输不仅可使运距缩短 1/3，运输时间也可节省 1/2。此外，在一般情况下，运输费用还可节省 20%～30%左右，因而对货主有很大的吸引力。

由于西伯利亚大陆桥所具有的优势，因而随着它的声望与日俱增，也吸引了不少远东、东南亚以及大洋洲地区到欧洲的运输，使西伯利亚大陆桥有了迅速发展。但是，西伯利亚大陆桥运输在经营和管理上存在的问题，如港口装卸能力不足、铁路集装箱车辆的不足以及严寒气候的影响等在一定程度上阻碍了它的发展。尤其是随着我国兰新铁路与中哈边境的土西铁路的接轨，一条新的“欧亚大陆桥”形成，为远东至欧洲的国际集装箱多式联运提供了又一条便捷路线，使西伯利亚大陆桥面临严峻的竞争形势。

（三）新欧亚大陆桥

1992 年 9 月 12 日，随着中国兰新铁路与哈萨克斯坦土西铁路接轨，连接欧亚的第二座大陆桥正式贯通。新欧亚大陆桥（Eurasia bridge）东起中国连云港，西至荷兰鹿特丹，途经哈萨克斯坦、乌兹别克斯坦、吉尔吉斯斯坦、塔吉克斯坦、俄罗斯、白俄罗斯、波兰、德国和荷兰等国，全长 10 800 公里。该陆桥为欧亚开展国际多式联运提供了一条便捷的国际通道。远东至西欧，经新欧亚大陆桥比经苏伊士运河的全程海运航线，缩短运距 8000 公里；比通过巴拿马运河缩短运距 11 000 公里。远东至中亚，经新欧亚大陆桥比经西伯利亚大陆桥，缩短运距 2700～3300 公里。该陆桥运输线的开通将有助于缓解西伯利亚大陆桥运力紧张的状况。新欧亚大陆桥在中国境内经过陇海、兰新两大铁路干线，全长 4131 公里。它在徐州、郑州、洛阳、宝鸡、兰州分别与我国京沪、京广、焦柳、宝成、包兰等重要铁路干线相连，具有广阔的腹地。新欧亚大陆桥于 1993 年正式运营。至此，亚太地区运往欧洲、中近东地区的货物可经海运至中国连云港上桥，出中国西部边境站阿拉山口后，进入哈萨克斯坦国境内边境站德鲁巴换装，经独联体铁路运至其边境站、港，再通过铁路、公路、海运继运至西欧、东欧、北欧和中近东各国。而欧洲、中近东各国运往亚太地区的货物，则可经独联体铁路进入中国西部边境站阿拉山口换装，经中国铁路运至连云港后，再转船继运至日本、韩国、中国香港、中国台湾和菲律宾、新加坡、泰国、马来西亚等国和地区。

➢重要概念

班轮；程租船；期租船；提单；集装箱运输；国际多式联运

➢思考题

1. 国际运输方式有哪些？在选用运输方式时应考虑哪些因素？
2. 何谓班轮运输？班轮运输的特点是什么？
3. 租船运输有哪几种方式？如何计算费用？
4. 提单的性质和作用如何？国际上有关提单的国际公约有哪些？
5. 国际铁路货物联运单和运单副本的性质和作用如何？
6. 提单分为哪些种类，其各自含义如何？

➢案例分析

1. 信用证规定某货物计 100 公吨，不许分批装运。我方公司于 9 月 8 日在大连港装“红旗”轮 50 吨，又于 9 月 15 日在秦皇岛港装同一航次的“红旗”轮 50 公吨，分别出具上述不同日期、不同装运港和不同出具地点的两套提单，问是否可以议付？

2. 我方公司与法国公司订立一份出口 300 公吨冻品合同，规定 2007 年 4 月至 9 月，每月平均交货 50 公吨，即期信用证支付，来证规定货物装运前由出口口岸商品检验局出具船边测温证书作为议付的不可缺少的单证之一。4 月至 6 月交货正常，并顺利结汇，7 月份因船期延误，拖延至 8 月 5 日才实际装运出口，海运提单倒签为 7 月 31 日，但送银行议付的商检证中填写船边测温日期为 8 月 5 日。8 月 7 日出口人在同船又装运 50 公吨，开证行收到单据后，来电表示对这两批货拒付货款。试分析开证行拒付是否有道理？我方有何失误？

3. 国外开来的一份信用证，证内规定：“全套、清洁、已装船的海洋提单，仅由纽约芝加哥第一银行收”。问：提单上的收货人应如何填写？提单上的收货人能否将提单再背书转让？这种提单叫什么提单？

第五章

国际货物运输保险

第一节　保险概述

一、保险的概念及分类

关于保险的定义，学术界一直有不同的界定。美国佐治亚大学的两位学者在他们的《风险与保险》(*Risk and Insurance*) 一书中写道："Insurance is a method of dealing with risk"，即保险是应付风险的一种方法。① 《中华人民共和国保险法》将保险的概念界定为："保险是指投保人根据合同约定，向保险人支付保险费，保险人对于合同约定的可能发生的事故因其发生所造成的财产损失赔偿保险金责任，或者当被保险人死亡、伤残、疾病或者达到合同约定的年龄、期限时承担给予保险金责任的商业保险行为。"②

按照保险标的的不同，保险可分为财产保险 (property insurance)、责任保险 (liability insurance)、保证保险 (guarantee insurance)、人身保险 (personal insurance) 四大类。本章将主要介绍在国际货物买卖中十分重要的国际货物运输保险，是以对外贸易货物运输中的各种货物作为保险标的的保险，是财产保险的一种。

二、保险的基本原则

保险的基本原则是在保险的发展过程中逐步形成的，并为国际保险行业所公

---

① 逯宇铎、张建东．2004．国际贸易实务．北京：机械工业出版社．147 页。

② 《中华人民共和国保险法》第 2 条。

认的准则，是投保人（被保险人）和保险人（保险公司）签订保险合同、履行各自义务以及办理索赔、理赔工作所必须遵守的基本原则。这些原则贯穿于保险业务的始终，保障双方的共同利益。其中，与国际货物运输密切相关的主要有可保利益原则、最大诚信原则、补偿原则、近因原则。

1. 可保利益原则

可保利益（insurable interest），又称为保险利益，指投保人或者被保险人对保险标的所具有的合法的经济利益。投保人对保险标的应当具有可保利益，投保人对保险标的不具有可保利益的，则保险合同无效，这就是可保利益原则。

可保利益体现在货物运输中即货物本身的价值，同时包括与货物本身相关联的运费、保险费、关税及预期利润等。当保险标的安全到达时，被保险人就受益；当保险标的遭受损毁或者灭失时，被保险人会受到损害或者负有经济责任。

可保利益的构成条件是：

（1）可保利益具有合法性；

（2）可保利益具有可确定性；

（3）可保利益具有价值性。

可保利益原则是各国保险法以及国际保险实践普遍遵循的一条基本原则。可保利益可以随同保险单的转让而转让。保险法和保险实践一般要求投保人或者被保险人在投保时对保险标的具有可保利益。但是在国际货物运输保险实践中，只要求在保险标的物发生损失时，投保人对保险标的物具有保险利益即可。这种特殊的规定是由国际贸易的特点决定的。在国际货物买卖中，如果以 FCA、FOB、CFR、CPT 条件成交，则货物风险的转移以货物在装运港装上船或者交付承运人为界。货物在装上船或者交付承运人之前，卖方具有可保利益，而买方没有可保利益；转移之后，买方具有保险利益而卖方没有保险利益。如果强制性要求被保险人在投保时具有可保利益，那么按照以上几种条件达成的合同，买方就无法在货物装船或者交付承运人之前对货物办理保险。在国际货物运输业务中，买方可被视为具有预期的可保利益。在货物遭受损失进行索赔时，要求被保险人对保险标的必须具有保险利益。

2. 最大诚信原则

最大诚信（utmost good faith）原则也称为最高诚信原则，是指投保人和保险人双方在签订保险合同时，以及在合同的有效期内，必须对对方保持最大限度的诚意，互相恪守信用，不得相互欺骗和隐瞒。

《中华人民共和国保险法》以及其他国际保险法律法规都对该原则进行了规定。它要求保险合同双方当事人在订立合同时，对于投保人来讲，必须诚实地履行告知义务，并进行正确的陈述，以便保险人能在真实的基础上考虑是否接受承保和确定保险费率。同时，保险人应当向投保人如实说明保险合同的具体内容，特别是免责条款，并可以对保险标的进行询问，投保人不应隐瞒，应如实告知。对于投保人来讲，最大诚信原则主要有三个方面的要求：

1）重要事实申报（material facts disclosure）

投保人在投保时应当将自己知道的或者在通常业务中应当知道的关于保险标的的重要事实如实告知保险人，以便保险人决定是否同意承保或者决定承保的条件如何。根据我国《海商法》规定，若被保险人故意未将重要情况告知保险人，则保险人有权解除合同，不退保险费。且合同解除前发生保险事故造成损失的，保险人不负赔偿责任。如果被保险人未将重要事实告知保险人，但并非被保险人的故意行为，则保险人有权解除合同或者要求增加保险费。

2）陈述（representation）

陈述是指被保险人在对保险合同进行磋商、在保险合同订立之前，就其所知道的保险标的的情况，向保险人所作的说明。陈述要求全面、详细、真实，其方式可以是口头的，也可以是书面的。陈述可以在保险合同订立之前撤回或者更正。

3）保证（warranty）

保证是指被保险人在保险合同中所作的保证要做或者不做某种事情，保证某种情况的存在或者不存在，或者保证履行某一条件。例如，保证货物不用15年以上船龄的旧船装运，载货船舶不驶入某些海域等等。保证又分为明示保证和默示保证。前者是指经保险双方同意写进保险单中的条款；后者指保险单中没有写明，但是按照法律和惯例，被保险人应当保证对某种事情行为或者不行为。

3. 补偿原则（principle of indemnity）

所谓补偿原则，又称为损害赔偿原则，指当保险标的发生了保险责任范围内的损失时，保险人应当依照保险合同的约定履行赔偿义务，以补偿被保险人的损失。从理论上讲，除寿险之外，各种保险合同都是补偿性合同。所有的补偿性合同，都是根据补偿原则来履行保险补偿损失的职能的。保险人在履行补偿义务时，赔偿金额不得超过保险单上的保险金额或者被保险人所遭受的实际损失。

在索赔和理赔时，必须考虑以下问题：第一，该被保险人必须对保险标的具有保险利益；第二，赔偿金额既不能超过保险金额，也不能超过实际损失。[①] 第三，保险赔偿不应该使被保险人获得额外利益。即保险的赔偿是在被保险人遭受损失之后，通过补偿使其恢复到受损前的经济状态，但不能使其获得额外的收益。

4. 近因原则（principle of proximate cause）

所谓近因（proximate cause），是指引起保险标的损失的最直接的、起决定

① 实际损失是根据损失时的市价来确定的。

性作用的原因，该原因不一定是指时间上或者空间上最接近损失的原因。所谓近因原则，是指保险人仅对承保风险与保险标的的损失之间有直接因果关系的损失负赔偿责任，而对保险责任范围以外的风险造成的保险标的的损失，不承担赔偿责任。该原则对于保险理赔工作中的判定责任、履行义务和减少争议都有重要的意义。

根据损失是否属于保险人承保范围，以及造成损失的原因是一个还是多个，近因原则可以分为以下几种情况：

（1）如果造成损失的原因只有一个，而这个原因又属于保险人的承保范围，那么，这一原因就是损失的近因，保险人负赔偿责任；反之则不负赔偿责任。

（2）若造成损失的原因是两个或者两个以上，又可以分以下几种情况：

第一，造成保险标的损失的原因有多个，且这些原因都是保险责任范围内的，那么这些原因都属于近因，近因造成的损失，保险人应负赔偿责任。相反，如果这些原因都不属于保险责任范围，则保险人不负赔偿责任。

第二，造成保险标的损失的原因有多个，有前后之分，前面的原因属于保险责任范围，后面的原因不属于保险责任范围，但是后面的原因是前面的原因导致的必然后果，则前面的原因是近因，保险人应承担赔偿责任。

第三，造成保险标的损失的原因有多个，有前后之分，前面的原因不属于保险责任范围，后面的原因属于保险责任范围，后面的原因是前面的原因导致的必然后果，则近因不属于保险范围之内，保险人不负赔偿责任。

5. 代位追偿原则（the right of subrogation）

所谓代位追偿原则，是指当保险标的发生保险责任范围内的由第三者责任方造成的损失，保险人向被保险人履行损失赔偿责任后，有权在其已经赔付金额的限度内取得被保险人在该项损失中向第三人责任方要求赔偿的权利。代位追偿原则是从保险的补偿原则派生出来的。根据保险的补偿原则，保险是对被保险人遭受的实际损失进行补偿。如果造成保险标的损失的事故是由保险人和被保险人以外的第三者责任方造成的，那么，被保险人从保险人处得到全部损失的赔偿后，必须将其对第三方进行追偿的权利转让给保险人，以防止被保险人在取得保险赔偿后，又重复从第三者责任方取得赔偿，获得额外利益。代位追偿原则的目的就是限制被保险人获得双重赔偿。

保险标的的损失要构成代位追偿，必须具备以下两个条件：

（1）标的物的损失必须是由第三者的责任造成的，而且第三者对于标的物的损失，根据法律的规定或者双方在合同中的约定负有赔偿责任。

（2）第三者造成的损害必须属于保险合同的承保范围。如果第三者造成的损害不属于保险合同的承保责任范围，则不构成代位追偿的条件。

第二节　海上货物运输的风险与损失

在各种国际货物运输方式中，海洋运输方式以其独特的优势受到国际贸易进出口商的青睐。然而，由于海洋运输方式面临着一些特殊的风险，如台风、海啸、触礁、搁浅等自然灾害或意外事故，因此这种运输方式也使海上货物不可避免会遭受一些损失。海洋货物运输保险所针对的就是海上货物运输中的风险和损失。

一、海上货物运输的风险

海洋运输中的风险主要有两种：海上风险及外来风险。

1. 海上风险（perils of the sea）

海上风险又称海难，是指船舶或者货物在海上运输过程中发生的或者随附海上运输所发生的自然灾害及意外事故。[①] 在现代海上保险业务中，保险人所承担的海上风险是有特定范围的，一方面它并不包括一切在海上发生的风险，另一方面它又不仅仅局限于在航海中所发生的风险。海上风险的种类主要有自然灾害及意外事故。

1）自然灾害（natural calamity）

自然灾害是指由自然界产生的、人力不可抗拒的自然力量所造成的灾害，它不包括所有的自然灾害。按照我国现行的《海洋运输货物保险条款》的规定，自然灾害仅指恶劣气候、雷电、海啸、地震、洪水、火山爆发、浪击落海等人力不可抗拒的灾害。

2）意外事故（fortuitous accidents）

意外事故是指装载货物的船舶在海上遭遇到的，由于外来的、偶然的、难以预料的原因所造成的事故。例如，船舶或者驳船的搁浅、触礁、碰撞、倾覆、火灾、爆炸、与流冰或者其他物体发生碰撞的事故等。

2. 外来风险（extraneous risks）

外来风险是指由于海上风险之外的其他外来原因所造成的风险。这种风险通常是不包括在普通保险单的责任范围之中的。外来风险又可以分为一般外来风险和特殊外来风险。

（1）一般外来风险（usual extraneous risks），指偷窃、提货不着、短量、渗漏、淡水雨淋、碰损、破碎、钩损、锈损、玷污、串味、受热受潮等一般外来

---

① 按照国际保险市场的一般解释，海上风险并非局限于海上发生的灾害及意外事故，那些与海上航行有关的发生在陆地上或者海陆、海河或与驳船相连接之处的灾害和事故，如地震、洪水、火灾、爆炸、海轮与驳船或者码头碰撞等，也属于海上风险。

原因造成的风险。

（2）特殊外来风险（special extraneous risks），主要是指由于政治、军事、国际政策法令等特殊外来原因引起的风险，如战争、罢工、交货不到、拒收、没收等。

二、海上货物运输的损失

海上货物运输的损失又称为海损（average），是指海运货物在运输途中，由于遭遇海上风险而造成的损失。海损也包括与海运相连的陆运和内河运输过程中的货物损失。

按照损失的程度不同，海损可以分为全部损失及部分损失。

1. 全部损失（total loss）

全部损失简称全损，是指整批或者是不可分割的一批货物在运输途中遭受全部灭失或可视同全部灭失的损失。按照损失情况的不同，全损又可以分为实际全损和推定全损。

1）实际全损（actual total loss）

根据我国《海商法》第245条对实际全损概念的界定：实际全损是指保险标的发生保险事故后灭失，或者受到严重损坏完全失去原有形体、效用，或者不能再被保险人所拥有，如载货船舶失踪，经过一定时间（如两个月）后仍没有获知其消息的，视为实际全损。[①]

判断是否为实际全损，关键看其构成条件：①保险标的发生保险事故后灭失；②保险标的发生保险事故后受到严重损坏完全失去原有形体、效用；③保险标的发生保险事故后不能再归被保险人所拥有；④船舶在合理时间内未从被获知最后消息的地点抵达目的地，除合同另有约定外，满两个月后仍没有获知其消息的，为船舶失踪。根据我国《海商法》第45条和英国《1906年海上保险法》第58条的规定，船舶失踪视为全部损失。

2）推定全损（constructive total loss）

推定全损是指被保险货物在运输途中受损后，实际全损已不可避免；或为避免实际全损所需支付的费用与继续将货物运抵目的地的费用之和超过保险价值。

通常以下情况可视为推定全损：由于实际全损似乎无法避免，或为避免实际全损所支付的费用将超过被保险财产的价值；当被保险人因承保的危险（peril insured against）丧失对被保险财产的占有，而无法恢复占有或意图恢复占有的费用太高时；或当对被保险财产的修复费用太高时，可视为推定全损。[②] 在我

---

① 胡丹婷、杭言勇、傅纯恒．2007．国际贸易实务．北京：机械工业出版社．88页。

② 英国《1906年海上保险法》（Marine Insurance Act，1906）第60条。

国，船舶发生保险事故后，认为实际全损已经不可避免，或者为避免发生实际全损所需支付的费用超过保险价值的，为推定全损；货物发生保险事故后，认为实际全损已经不可避免，或者为避免发生实际全损所需支付的费用与继续将货物运抵目的地的费用之和超过保险价值的，为推定全损。[①]

当发生推定全损时，被保险人既可以要求保险人赔偿部分损失，也可以要求赔偿全部损失。如果要求按照全部损失赔偿，则被保险人需通过委付的方式，向保险人发出委付通知（notice of abandonment）。所谓委付，就是在推定全损的情况下，被保险人将保险标的的一切权利包括所有权在内都转让给保险人，同时要求保险人按照全部损失赔偿的一种行为。委付必须经保险人同意后方可生效。委付一经保险人同意则不得撤回。

2. 部分损失（partial loss）

部分损失简称“分损”，是指保险标的物的损失没有达到全部损失的程度的一种损失。按照我国《海商法》的定义，不属于实际全损和推定全损的损失称为部分损失。因此，任何损失，不是全损，便是分损。部分损失按其性质可以分为单独海损和共同海损。

1）单独海损（particular average，PA）

单独海损是指仅涉及船舶及货物所有人单方面利益的损失。构成单独海损的条件有两个：第一，必须是意外的、偶然的或其他承保危险所直接导致的损失；第二，必须是船方、货方或其他利益方单方面所遭受的损失。

2）共同海损（general average，GA）

在海洋运输途中，船舶、货物或其他财产遭遇共同危险，为了解除共同危险，有意采取合理的救难措施所直接造成的特殊牺牲和支付的特殊费用，称为共同海损。在船舶发生共同海损后，凡属共同海损范围内的牺牲和费用，均可通过共同海损清算，由有关获救受益方（即船方、货方和运费收入方）根据获救价值按比例分摊，然后再向各自的保险人索赔。这种分摊叫做共同海损分摊（general average contribution）。共同海损分摊涉及的因素比较复杂，一般均由专门的海损理算机构进行理算（adjustment）。

构成共同海损必须满足以下 4 个条件：

第一，危险必须是真实存在的而非臆测的，或者是不可避免的。

第二，船方所采取的措施，必须是为了解除船、货共同的危险，有意识采取的合理行动。为了解除船、货的共同危险，船方必须有意识地采取合理措施以排除危险。但是，在危险尚未危及船、货各方的共同安全的情况下，即使船方有意做出了合理的牺牲并支付了额外的费用，也并非共同海损。

---

① 中国《海商法》第 246 条。

第三，所做的牺牲和支出的费用必须是特殊的、额外的，即这种费用不是由于海上风险直接造成的损失，而是由于采取必要的措施造成的牺牲，支付的费用并非船舶经营所需的正常支出。

第四，做出的牺牲和支出的费用必须是有效的。即采取措施补救之后，船舶与货物的全部或者至少一部分最后安全抵达航程的目的港，从而避免了船、货同归于尽的结果。

3）共同海损及单独海损的区别

共同海损与单独海损是有区别的，其主要区别如下：

第一，造成海损的原因是不同的。单独海损是承保风险所直接导致的船舶和货物的损失；共同海损不是承保风险所直接导致的损失，而是船方为了解除船舶和货物面临的共同危险有意采取合理措施而造成的损失。

第二，损失的承担责任是不同的。单独海损由受损方自行承担；而共同海损则由受益方按照受益大小的比例共同分摊。

3. 费用

海上货运保险的费用是指为了营救被保险货物所支付的费用，包括施救费用和救助费用。

（1）施救费用（sue and labor expenses）。施救费用是指保险标的在遭遇保险责任范围内的灾害事故时，被保险人或者其代理人、雇佣人员或者保险单受让人对保险标的所采取的各种抢救、防止或者减少货损的措施而支出的合理费用。这种施救费用保险人给予赔偿。

（2）救助费用（salvage charges）。救助费用是指保险标的在遭遇保险责任范围内的灾害事故时，由保险人以及被保险人之外的第三者采取救助行为并获得成功而向其支付的报酬。救助费用由保险人负责赔偿。

第三节　中国海上货物运输保险

各国保险公司都制定了符合本国国情的海上货物运输保险条款，所确定的保险范围略有不同。中国人民保险公司根据我国保险业务的实际需要并参照国际保险市场的习惯做法，分别制定了各种不同运输方式下的货物运输保险条款以及适用于不同运输方式的附加险条款，总称《中国保险条款》（*China Insurance Clauses*，CIC）。

根据中国人民保险公司制定的《中国保险条款》，海洋运输货物保险的险别包括基本险及附加险。其中，基本险又分为平安险、水渍险、一切险；附加险主要包括一般附加险及特殊附加险。基本险可以单独投保，附加险不能单独投保，必须在投保某种基本险的基础上加保。如果被保险货物发生承保范围内的风险损失或者费用，CIC 中规定的索赔期限为从被保险货物在最后完全卸离海轮后算起，最多不超过两年。

一、基本险别

（一）平安险

平安险（free from particular average，FPA），其英文原意是“单独海损不赔”，即保险人只对全部损失及共同海损负责。但是在长期的实践中，平安险的责任范围已经超过了这一规定。保险人对于某些特定原因造成的部分损失也负赔偿责任，但是，由自然灾害引起的单独海损仍不属于平安险责任范围。概括来讲，其责任范围包括：

（1）保险货物在运输过程中，由于自然灾害，如恶劣气候、雷电、海啸、洪水等造成的被保险货物的实际全损或者推定全损。

（2）由于运输工具遭遇搁浅、触礁、沉没、互撞、与流冰或者其他物体碰撞以及失火、爆炸等意外事故造成的货物的全部或者部分损失。

（3）运输工具发生搁浅、触礁、沉没等意外事故，无论意外事故发生之前或者之后，货物在海上遭遇了恶劣气候、雷电、海啸等自然灾害造成的部分损失。

（4）在装卸或者转船过程中，由于被保险货物一件或者数件落海所造成的全部损失或者部分损失。

（5）运输工具遭自然灾害或意外事故，在避难港卸货所引起被保险货物的全部损失或部分损失。

（6）运输工具遭受自然灾害或意外事故，需要在中途的港口或者在避难港口停靠，因而引起的卸货、装货、存仓以及运送货物所产生的特别费用。

（7）发生共同海损所引起的牺牲、公摊费和救助费用。

（8）发生了保险责任范围内的危险，被保险人对货物采取抢救、防止或减少损失的各种措施，因而产生合理费用。但是保险公司承担费用的限额不能超过这批被救货物的保险金额。施救费用可以在赔款金额以外的一个保险金额限度内承担。

（二）水渍险

水渍险（with particular average，WPA），其英文意思是“对单独海损负责赔偿”。该险别对于平安险不负责任的自然灾害造成的部分损失也负赔偿责任。水渍险的责任范围是在平安险的基础上，再加上被保险货物由于恶劣气候、雷电、地震、洪水、海啸等自然灾害所造成的部分损失。

（三）一切险

一切险（all risks），一切险的责任范围除包括上述“平安险”和“水渍险”的所有责任外，还包括货物在运输过程中，因各种外来原因所造成保险货物的损失。不论全损或部分损失，除对某些运输途中的货物，经保险公司与被保险人双方约定在保险单上载明的免赔除外，保险公司都给予赔偿。

一切险责任中所指的“外来原因”，仅以一般附加险中的11种风险为限，不包括特殊附加险及特别附加险。简言之，一切险的保险范围就是平安险、水渍险以及一般附加险的总和。

上述三种基本险别中，被保险人可以从中选择一种进行投保。其中，平安险的承保责任最小，水渍险的承保责任大于平安险小于一切险，一切险的承保范围最大。

另外，平安险、水渍险以及一切险的保险条款中，明确规定了除外责任（exclusion），即保险公司明确规定不予承保的损失或者费用。按照CIC的规定，对于以上三种基本险别，保险公司有以下除外责任：

（1）被保险人的故意行为、过失所造成的损失。

（2）属于发货人的责任所引起的损失。

（3）在保险责任开始承担之前，被保险货物已经存在品质不良或者数量短少所造成的损失。

（4）被保险货物的自然损耗、本质缺陷、特性、市价跌落、运输延迟所引起的损失或费用。

（5）战争险条款和罢工险条款所规定的责任以及除外责任。

二、附加险别

附加险别是对基本险别的补充。附加险只能在投保某种基本险别的基础上才可以加保。CIC中规定的附加险有一般附加险及特殊附加险之分。

（一）一般附加险

一般附加险（general additional risk）所承保的是由于一般外来风险造成的全部或者部分损失。具体包括以下11种险别：

（1）偷窃提货不着险（theft，pilferage and non-delivery，T. P. N. D.）。在保险有效期内，保险货物被偷走或窃走，以及货物运抵目的地以后，整件未交的损失，由保险公司负责赔偿。

（2）淡水雨淋险（fresh water rain damage，F. W. R. D.）。货物在运输中，由于淡水、雨水以至雪溶所造成的损失，保险公司都应负责赔偿。淡水包括船上淡水舱、水管漏水以及汗水等。

(3) 短量险 (risk of shortage)。负责保险货物数量短少和重量的损失。通常包装货物的短少，保险公司必须要查清外包装是否发生异常现象，如破口、破袋、扯缝等，如属散装货物，往往将装船和卸货重量之间的差额作为计算短量的依据。

(4) 混杂、玷污险 (risk of intermixture & contamination)。保险货物在运输过程中，混进了杂质所造成的损坏。如矿石等混进了泥土、草屑等因而使质量受到影响。此外保险货物因为和其他物质接触而被玷污，如布匹、纸第、食物、服装等被油类或带色的物质污染因而引起的经济损失。

(5) 渗漏险 (risk of leakage)。流质、半流质的液体物质和油类物质，在运输过程中因为容器损坏而引起的渗漏损坏。如以液体装存的湿肠衣，因为液体渗漏而使肠发生腐烂、变质等损失，均由保险公司负责赔偿。

(6) 碰损、破碎险 (risk of clash & breakage)。碰损主要是对金属、木质等货物来说的，破碎则主要是对易碎性物质来说的。前者是指在运输途中，因为受到震动、颠簸、挤压而造成货物本身的损失；后者是在运输途中由于装卸野蛮、粗鲁、运输工具的颠震造成货物本身的破裂、断碎的损失。

(7) 串味险 (risk of odor)。例如，茶叶、香料、药材等在运输途中受到一起堆储的皮第、樟脑等异味的影响使品质受到损失。

(8) 受热、受潮险 (damage caused by heating & sweating)。例如，船舶在航行途中，由于气温骤变，或者因为船上通风设备失灵等使舱内水汽凝结、发潮、发热引起货物的损失。

(9) 钩损险 (hook damage)。保险货物在装卸过程中因为使用手钩、吊钩等工具所造成的损失，例如，粮食包装袋因吊钩钩坏而造成粮食外漏所造成的损失，保险公司应给予赔偿，同时对包装进行修补或者调换所支付的费用也应该负赔偿责任。

(10) 包装破裂险 (loss for damage by breakage of packing)。因为包装破裂造成物资的短少、玷污等损失。此外，对于因保险货物运输过程中续运安全需要而产生的候补包装、调换包装所支付的费用，保险公司也应负责。

(11) 锈损险 (risk of rust)。保险公司负责保险货物在运输过程中因为生锈造成的损失。不过这种生锈必须在保险期内发生，如原装时就已生锈，保险公司不负责任。

上述 11 种附加险，不能独立承保，它必须附属于主要险别下。也就是说，只有在投保了主要险别以后，投保人才允许投保附加险。投保“一切险”后，上述险别均包括在内。

（二）特殊附加险

特殊附加险（special additional risk）承保的是由于特殊外来风险造成的全部或者部分损失，其不属于一切险的承保范围之内。特殊附加险主要有战争险、罢工险、舱面险、拒收险、交货不到险、黄曲霉素险、进口关税险以及货物出口到港澳地区的存仓火险责任扩展条款等8种。已投保战争险后另加保罢工险不另收费，两者一般同时投保。

（1）战争险（war risks）。根据中国人民保险公司《海洋运输货物战争险条款》，海运战争险负责赔偿由于战争、类似战争行为和敌对行为、武装冲突或者海盗行为所直接导致的损失；由此而引起的捕获、拘留、扣留、禁止、扣押所造成的损失；各种常规武器，包括水雷、鱼雷、炸弹所致的损失；上述行为引起的共同海损的牺牲、分摊和救助费用。但是，对于使用原子或者热核武器所造成的损失和费用不负赔偿责任。战争险的保险责任起讫是以水上危险为限，即自被保险货物装上保险单所载的起运港的海轮或者驳船时开始，到卸离保险单所载明的目的港的海轮或者驳船时为止。如果被保险货物不卸离海轮或者驳船，本保险责任最长期限以海轮到达目的港的当日午夜起，算满15天后，保险责任自行终止。

（2）罢工险（strike risks）。指对被保险货物由于罢工、工人被迫停工、或者工潮、暴动等原因造成的直接损失，以及由于上述行为所引起的共同海损的牺牲、分摊及救助费用的损失给予赔偿。

（3）舱面险（on deck）。对被保险货物存放舱面时，除了按照保险单所载条款负责外，还包括被抛弃或者被风浪冲击落水的损失。

（4）进口关税险（import duty）。进口关税险负责赔偿的范围是：当货物遭受保险责任范围以内的损失，而被保险人仍需按照完好货物价值完税时，保险公司对损失部分货物的进口关税负责赔偿。

（5）拒收险（rejection）。当被保险货物在进口港被进口国政府或者有关当局拒绝进口或者没收，保险公司按照货物的保险价值负责赔偿。

（6）交货不到险（failure to deliver）。交货不到险的承保责任是：自被保险货物装上船时开始，如果在预定抵达日期起算满6个月仍不能运到原定的目的地交货，则不论何种原因，保险公司均按照全部损失赔付。

（7）黄曲霉素险（risk of aflatoxin）。黄曲霉素是一种致癌的毒素，发霉的花生、油籽、大米等商品中一般都含有这种毒素。各国的卫生标准都对这种毒素的含量有着严格的限制。如果进口商品中黄曲霉素的含量超过了该国的限制标准，就会被拒绝进口、没收或者被强制改变用途。该险别对被保险货物因所含黄曲霉素超过进口国的限制标准，而被拒绝进口、没收或者强制改变用途而遭受的损失负责赔偿。

(8) 出口货物到中国香港（包括九龙）或者中国澳门存仓火险责任扩展条款（Fire Risk Extension Clause，F. R. E. C. ——for storage of cargo at destination Hong Kong，including Kowloon，or Macao）。若被保险货物运抵目的地香港（包括九龙）或者澳门，在卸离运输工具之后，如果直接存放于报单载明的过户银行所制定的仓库，则延长存仓期的火险责任。该险的保险责任期间是从被保险货物运入过户银行所指定的仓库开始，到银行收回押款，解除货物权益或者运输责任终止时起计算满 30 天为止。

（三）一般附加险同特殊附加险的异同

一般附加险与特殊附加险的共同之处在于两者都不能单独投保，必须附属于主险项下。

它们的区别在于：

(1) 两者承保的风险不同。一般附加险承保一般外来风险，如偷窃、雨淋、短量、破碎、串味受潮等；而特殊附加险承保特殊外来风险，如战争、罢工、拒收、交货不到等。

(2) 一般附加险都包括在一切险中，投保一切险，就不必加保各项一般附加险；而特殊附加险不包括在一切险的范围内，投保人即使投保了一切险亦仍须与保险人保持特别约定，方可将特殊附加险的责任包括在承保范围内。

第四节　英国伦敦保险协会海运货物保险条款

《英国伦敦协会海运货物保险条款》，一般简称为《协会货物条款》（*Institute Cargo Clause*，I. C. C.），是由英国伦敦保险业协会制定的、当今国际保险市场上各国普遍采用的一种海运货物保险条款。我国企业按 CIF 或 CIP 条件出口时，一般按《中国保险条款》投保，但如果国外客户要求按《协会货物条款》投保，一般可予接受。

《协会货物条款》有两个版本。伦敦保险协会在英国 S. G. 保险单[①]的结构基础上于 1963 年制定了《伦敦保险协会货物保险条款》（简称 I. C. C. 旧条款）。在基本险别中规定了平安险、水渍险和一切险三个险别，增加了投保人进行投保选择的余地。

随着国际贸易、航运、法律等方面的变化和发展，原条款已不适应形势发展的需要。现行的《货物协会条款》于 2009 年 1 月 1 日生效。新版的《货物协会

---

① S. G. 保险单是一种船舶保险和运输货物保险共同使用的保险单。其产生和使用已经有很长的时间，其格式和条款在国际海上货物运输保险中具有广泛的影响。

条款》扩展了保险责任起讫期限，对保险公司引用免责条款作出了一些条件限制，对条款中容易产生争议的用词作出更为明确的规定，同时条款中的文字结构也更为简洁、严密。2009 年版的伦敦保险业协会的海运货物保险条款主要险别仍为六种，它们是：(1) 协会货物 (A) 险条款，简称 ICC (A)。(2) 协会货物 (B) 险条款，简称 ICC (B)。(3) 协会货物 (C) 险条款，简称 ICC (C)。(4) 协会货物战争险条款，简称 IWCC。(5) 协会罢工险条款（货物），简称 ISCC。(6) 恶意损害险条款（Malicious Damage Clauses）。

上述六种险别条款中，除恶意损害险外，其余五种险别均按条文的性质统一划分为八个部分：承保范围、除外责任、保险期限、索赔、保险利益、减少损失、防止延迟和法律惯例。各个险别条款的结构统一，体系完整。因此，除 (A)、(B)、(C) 三个险别可以单独投保外，战争险和罢工险在需要时也可作为独立的险别进行投保。

在新的保险条款当中，除恶意损害险之外，其余 5 种险别均按照条文的性质分 8 项，即：①承保范围（risks covered），内分 3 条；②除外责任（exclusions），内分 4 条；③保险期限（duration）；④索赔（claims），内分 4 条；⑤保险利益（benefit of insurance），内分 3 条；⑥减少损失（minimizing losses），内分 2 条；⑦防止延迟（avoidance of delay）；⑧法律惯例（law and practice）。共 8 项 19 条。

一、I. C. C. (A) 险的承保范围和除外责任

(一) 承保范围

该保险条款大致相当于中国人民保险公司所规定的一切险，在所有的条款中，本条款的承保范围是最广的，它采用一切风险减去“除外责任”的方式规定其承保范围：

(1) 承保“除外责任”各条款规定以外的一切风险所造成的保险标的损失。

(2) 承保共同海损和救助费用。

(3) 根据运输契约订有“船舶互撞”条款应由货方偿还船方的损失。

(二) 除外责任

I. C. C. (A) 的除外责任有以下四类：

(1) 一般除外责任。如归因于被保险人故意的不法行为造成的损失或费用；自然损耗、自然渗漏、自然磨损、包装不足或不当所造成的损失或费用；直接由于延迟所引起的损失或费用；由于船舶所有人、租船人经营破产或不履行债务所造成的损失或费用；由于使用任何原子弹或其他核武器所造成的损失或费用。

(2) 不适航、不适货除外责任。这是指被保险人在保险标的装船时已经知道

船舶不适航或船舶、装运工具、集装箱等不适货，由此而导致的损失，保险人不负责赔偿责任。

（3）战争除外责任。这主要是指如由于战争、内战、敌对行为等造成的损失或费用；由于捕获、拘留、扣留等（海盗除外）所造成的损失或费用；由于漂流水雷、鱼雷等造成的损失或费用。

（4）罢工除外责任。这主要是指罢工者、被迫停工工人造成的损失或费用以及由于罢工、被迫停工所造成的损失或费用等。

二、I. C. C. （B）险的责任范围和除外责任

（一）I. C. C. （B）险的责任范围

I. C. C. （B）险大概相当于中国人民保险公司所规定的水渍险，对承保风险的规定采用列明风险的方法，即在条款的首部把保险人所承保的风险一一列出。保险标的物的灭失或损坏可合理地归因于下列任何之一者，保险人予以赔偿：①火灾或爆炸；②船舶或驳船搁浅、触礁、沉没或颠覆；③陆上运输工具的倾覆或出轨；④船舶、驳船或运输工具同除水以外的任何外界物体碰撞；⑤在避难港卸货；⑥地震、火山爆发、雷电；⑦共同海损牺牲；⑧抛货或浪击落海；⑨海水、湖水或河水进入船舶、驳船、运输工具、集装箱、大型海运箱或贮存住所；⑩货物在装卸时落海或摔落造成整件的全损。

（二）I. C. C. （B）的除外责任

该条款的除外责任与 I. C. C. （A）险的除外责任基本相同，但有两点区别：

（1）I. C. C. （A）险只对被保险人的故意不法行为造成的损失、费用不负赔偿责任，但对于被保险人之外的任何个人或数人故意损害和破坏标的物或其他任何部分的损害要负赔偿责任。但在 I. C. C. （B）险下，保险人对此也不负赔偿责任。

（2）I. C. C. （A）险把海盗行为列入保险范围，而 I. C. C. （B）险对海盗行为不负保险责任。

三、I. C. C. （C）险的责任范围和除外责任

（一）I. C. C. （C）险的责任范围

I. C. C. （C）险的承保责任范围比 I. C. C. （B）险还要小一些，它只承保“重大意外事故”的风险，而不承保 I. C. C. （B）中的自然灾害（如地震、雷电、火山爆发等）和非重大意外事故（如装卸过程中的整件灭失等）的风险。对承保风险的规定也采用列明风险的方法，其具体承保的风险有：①火灾、爆炸；②船舶或驳船触礁、搁浅、沉没或倾覆；③陆上运输工具倾覆或出轨；④船舶、驳船

或运输工具同除水以外的任何外界物体碰撞；⑤在避难港卸货；⑥共同海损牺牲；⑦抛货。

（二）I.C.C.（C）险的除外责任

I.C.C.（C）险的除外责任与I.C.C.（B）险完全相同。

四、协会战争险的承保风险和除外责任

协会战争险主要承保由于下列原因造成的标的物的损失：

（1）战争、内战、革命、叛乱、造反或者由此引起的内乱或者其他敌对行为对货物造成的损害。

（2）捕获、拘留、扣留、禁制或者扣押等行为造成的后果。

（3）遗弃的水雷、鱼雷、炸弹或者其他遗弃的战争武器。

战争险的除外责任与I.C.C.（A）险的“一般除外责任”以及“不适航、不适货除外责任”大致相同。

五、协会罢工险的承保风险与除外责任

该条款的承保范围包括：

（1）罢工者、被迫停工工人或者参与工潮、暴动或者骚乱的人员造成的损失。

（2）罢工、被迫停工、工潮、暴动或者骚乱造成的损失或者费用。

（3）任何恐怖分子或者出于政治目的采取行动的人造成的损失。

但是，由于罢工而使航程受挫所造成的额外费用（如存仓费、重装费等）不予负责。罢工险的除外责任也与I.C.C.（A）险中的“一般除外责任”及“不适航、不适货除外责任”大致相同。

六、恶意损害险条款

该条款承保由于被保险人以外的其他人（如船长、船员等）的故意破坏行为导致的货物的灭失或者损害。但破坏人如果处于政治动机的除外。

由上可见，I.C.C.（A）险承保的风险类似我国的一切险，I.C.C.（B）险类似我国的水渍险，I.C.C.（C）险则类似我国的平安险，但比平安险的责任范围要小。

至于战争险、罢工险和恶意损坏险，其使用不同于中国保险条款的规定，即不一定要在投保了三种基本险别的基础上才能加保，而是可以作为独立险别投保。恶意损坏险是新增加的附加险别，它所承保的是被保险人以外的其他人（如船长、船员等）的故意破坏行为所致被保险货物的灭失和损害。它属于（A）险

的责任范围，但在（B），（C）险中，则被列为“除外责任”。

伦敦保险业协会所制定的《协会货物条款》的保险期限，与我国海运货物保险条款的相应规定大体相同，也是“仓至仓条款”。具体来讲，从货物运离保险单所载明的起运地仓库或者储存处所开始运输时起，包括正常运输过程，直到以下三种情况中的任何一种情况发生，保险责任均终止：

（1）货物已交保险单所载明的目的地收货人或者其他最后仓库或者储存处所。

（2）货物在运至保险单所载明的目的地之前，或者运至非目的地的任何其他仓库或者储存处所时，被保险人在正常的运输过程之外将其储存或者处理。

（3）规定被保险货物在最后卸载港全部卸离海轮后满 60 天为止。

第五节 其他运输方式下的货物保险

中国人民保险公司对于除海运以外的其他形式下的货物运输保险也分别规定了保险条款，主要包括陆运货物保险、航空运输货物保险与邮包运输保险，它们都是在海运货物保险的基础上发展起来的。由于陆运、空运与邮运有其自身的特点，因此其货运保险也与海运货物保险有着很大的不同。本节将对这三种保险做详细的介绍。

一、陆运货物保险（overland transportation cargo insurance）

陆运货物保险是指以火车、汽车等陆上运输工具为载体而进行的货物运输的保险。陆上运输保险是货物运输保险的一种。根据中国人民保险公司 1981 年 1 月 1 日修订的《陆上运输货物保险条款》（*Overland Transportation Cargo Insurance Clauses*）的规定，陆上运输货物保险的基本险别有陆运险和陆运一切险，此外，还有陆上运输冷藏货物险，其性质也属于基本险。另外还有陆上运输货物战争险等附加险别。

货物在陆运途中，可能遭受的常见风险有三类：第一类是自然灾害，如雷电、洪水、地震、火山爆发、暴风雨以及霜雪冰雹等；第二类是意外事故，如车辆碰撞、倾覆、出轨、道路损坏、火灾、爆炸等；第三类是外来原因，如战争、罢工、短少、渗漏、偷窃等。这些风险造成的货物损失都可以通过投保相应的陆运货物保险获得赔偿。

（一）陆运险及陆运一切险

1. 陆运险

陆运险（overland transportation risks）的承保责任范围与海洋运输货物保

险条款中的“水渍险”相似。保险公司承保的范围包括：被保险货物在运输途中遭受暴风、雷电、地震、洪水等自然灾害，或者由于运输工具（主要指火车、汽车）遭受碰撞、倾覆、出轨，或者在驳运过程中因驳运工具遭受搁浅、触礁、沉没、碰撞，或者由于遭受隧道坍塌、崖崩或者火灾、爆炸等意外事故造成的全部或者部分损失。同时，被保险人对遭受承保范围内危险的货物采取抢救、防止或者减少货损的措施而支付的合理费用，保险公司同样负有赔偿责任，但不能超过该批被救货物的保险金额。

2. 陆运一切险

陆运一切险（overland transportation all risks）的承保责任范围与海上运输货物保险条款中的“一切险”相似。陆运一切险的承保范围除了上述陆运险的承保范围之外，对于被保险货物在运输途中由于外来原因造成的短少、短量、偷窃、渗漏、碰损、破碎、钩损、雨淋、生锈、玷污、串味、受潮、霉变等全部或者部分损失也负有赔偿责任。

3. 陆上运输货物保险的除外责任

陆上运输货物保险的除外责任包括以下情况：

（1）被保险人的故意行为或者过失造成的损失。

（2）属于发货人所负责任或者被保险货物的自然消耗所引起的损失。

（3）由于战争、工人罢工或者运输延迟所造成的损失。

4. 陆上运输货物保险的责任期限

以上责任范围均适用于火车及汽车运输，并以此为限。

陆上运输货物险的责任起讫原则上采用“仓至仓”责任条款。即保险人负责自被保险货物远离保险单所载明的起运地仓库或者储存处所开始，到该项货物运达保险单所载明的目的地收货人的最后仓库或储存处所，或者被保险人用作分配、分派的其他储存处所为止。如未运抵上述仓库或者储存处所，则以被保险货物运抵最后卸载的车站满 60 天为止。

陆上运输货物险的索赔时效为：从被保险货物在最后目的地车站全部卸离车辆后起算，最多不超过 2 年。

（二）陆上运输冷藏货物险

陆上运输冷藏货物险（overland transportation insurance-frozen products）是陆上运输货物保险中的一种专门保险。其主要责任范围除了负责陆运险所列举的由于自然灾害及意外事故所造成的全部或者部分损失外，还负责赔偿由于冷藏机器或者隔温设备在运输途中损坏所造成的被保险货物解冻融化而腐败的损失。但由于战争、罢工或者运输延迟而造成的被保险冷藏货物腐败的损失，以及被保险冷藏货物在保险责任开始时未能保持良好状态，包括整理加工及包扎不妥或冷冻不合规格所造成的损失除外。一般的除外责任条款也同样适用于本险别。

陆上运输冷藏货物险的责任自被保险货物远离保险单所载明的起运地点的仓库装入运输工具开始运输时生效，直至货物到达目的地收货人仓库为止。当被保险货物到达目的地车站 10 天以后，保险责任即告终止。

（三）陆上运输货物战争险

陆上运输货物战争险（overland transportation cargo war risks-by train）是针对火车运输的一种陆上运输货物保险的特殊附加险。只有在投保了陆运险或者陆运一切险的基础上，经投保人与保险公司协商方可投保。

陆上运输货物战争险的责任范围是：负责赔偿直接由于战争、类似战争行为及敌对行为、武装冲突所导致的损失，以及由于各种常规武器包括地雷、炸弹所致的损失。

陆上运输货物战争险的除外责任包括：使用原子弹或者核武器所致的损失及费用。根据当权者、执政者或者其他武装集团的扣押、拘留引起的承保运程的丧失和挫折而造成的损失。

陆上运输货物战争险的责任起讫与海运战争险相似，自被保险货物装上保险单所载明的起运地的火车开始，到卸离保险单所载明的目的地的火车时为止。如果被保险货物不卸离火车，则以火车到达目的地的当日午夜起计算，满 48 小时为止。如货物在运输途中转车，不论货物在当地卸载与否，保险责任以火车到达该中途站的当日午夜起算满十天为止。如被保险货物在上述期限内重新装车续运，本保险恢复有效。

二、航空运输货物保险（air transportation cargo insurance）

航空运输货物保险是以飞机为运输工具的货物运输保险。根据中国人民保险公司 1981 年 1 月 1 日修订的《航空运输货物保险条款》（*Air Transportation Cargo Insurance Clauses*）规定，航空运输货物保险的基本险别分为航空运输险及一切险。附加险有航空运输货物战争险。

（一）航空运输险及航空运输一切险

航空运输险（air transportation risks）的承保责任范围与海洋运输货物保险中“水渍险”大致相同。其承保责任范围包括：被保险货物在运输途中遭受雷电、火灾、爆炸或者飞机遭遇恶劣气候、其他危难事故而被抛弃，或者由于飞机遭受碰撞、倾覆、坠落或者失踪等意外事故所造成的全部或者部分损失。另外，被保险人对遭受承保范围内危险的货物采取抢救、防止或者减少货损的措施而支付的合理费用，保险公司也给予赔偿，但不能超过该批被救货物的保险金额。

航空运输一切险（air transportation all risks）的承保责任范围除包括上述航空运输险的全部责任之外，保险公司还负责赔偿被保险货物由于一般外来原因所造成的全部或者部分损失。

二者的除外责任与海洋运输货物险的除外责任基本相同。其责任的起讫期限从保险货物运离保险单所载明的起运地仓库或者储存处所开始运输生效，至该货物运至保险单所载明的目的地收货人仓库或者储存处所为止。如货物运达保险单载明的目的地而未运达收货人的仓库，则以被保险货物最后卸离飞机后满 30 天保险责任即告终止。

（二）航空运输货物战争险

航空运输货物战争险（air transportation cargo war risks）是航空运输货物险的一种附加险，只有在投保了航空运输险或者航空运输一切险的基础上，由投保人同保险公司协商，方可加保。航空运输货物战争险的承保责任范围是：

（1）直接由于战争、类似战争行为和敌对行为、武装冲突所致的损失。

（2）由于上述 1 款引起的捕获、拘留、扣留、禁制、扣押所造成的损失。

（3）各种常规武器，包括炸弹所致的损失。

其除外责任包括：

（1）由于敌对行为使用原子或热核制造的武器所致的损失和费用。

（2）根据执政者、当权者或其他武装集团的扣押、拘留引起的承保航程的丧失和挫折而提出的任何索赔。

航空运输货物战争险的责任起讫：本保险责任自被保险货物装上保险单所载起运地飞机时开始，到卸离保险单所载目的地的飞机为止。如果被保险货物不卸离飞机，本保险责任最长期限以飞机到达目的地的当日午夜起算满十五天为止。如被保险货物在中途港转运，保险责任以飞机到达转运地的当日午夜起算满十五天为止，待装上续运的飞机时再恢复有效。

三、邮包运输货物保险

邮包运输通常须经海、陆、空辗转运关，实际上是属于“门到门”运输，在长途运送过程中遭受自然灾害、意外事故以及各种外来风险的可能性较大。寄件人为了转嫁邮包在运送当中的风险损失，须办理邮包运输保险，以便在发生损失时能从保险公司得到承保范围内的经济补偿。

根据中国人民保险公司 1981 年 1 月 1 日修订的《邮包保险条款》（*Parcel Post Insurance Clauses*）规定，邮包保险的基本险别分为邮包险及邮包一切险两种。另外还有邮包战争险。

(一) 邮包险和邮包一切险

1. 邮包险 (parcel post risks)

本保险负责赔偿:

(1) 保险邮包在运输途中由于恶劣气候、雷电、海啸、地震、洪水等自然灾害或由于运输工具遭受搁浅、触礁、沉没、碰撞、倾覆、出轨、坠落、失踪,或由于失火、爆炸等意外事故所造成的全部或部分损失。

(2) 保险人对遭受承保责任内危险的货物采取抢救,防止或减少货损的措施而支付的合理费用,但以不超过该批被救货物的保险金额为限。

2. 邮包一切险 (parcel post all risks)

除包括上述邮包险的各项责任外,本保险还负责被保险邮包在运输途中由于外来原因所致的全部或部分损失。

3. 除外责任

本保险对下列损失,不负赔偿责任:

(1) 被保险人的故意行为或过失所造成的损失。

(2) 属于发货人责任所引起的损失。

(3) 在保险责任开始前,被保险邮包已存在的品质不良或数量短差所造成的损失。

(4) 被保险邮包的自然损耗、本质缺陷、特性以及市价跌落、运输延迟引起的损失或费用。

(5) 本公司邮包战争险条款和货物运输罢工险条款规定的责任范围和除外责任。

4. 责任起讫

本保险责任,自被保险邮包离开保险单所载起运地点寄件人的处所运往邮局时开始生效,直至该项邮包运达本保险单所载目的地邮局,自邮局签发到货通知书当日午夜起算满十五天终止,但在此期限内邮包一经递交至收件人的处所时,保险责任即行终止。

(二) 邮包战争险

邮包战争险 (parcel post war risks) 是邮政包裹保险的一种附加险,只有在投保了邮包险和邮包一切险的基础上方可加保。加保邮包战争险须另增加支付保险费。加保邮包战争险后,保险公司负责赔偿在邮包运输过程中由于战争、敌对行为或武装冲突以及各种常规武器包括水雷、鱼雷、爆炸所造成的损失。此外,保险公司还负责被保险人对遭受以上承保责任内危险的物品采取抢救、防止或减少损失的措施而支付的合理费用。但保险公司不承担因使用原子或热核制造的武器所造成的损失的赔偿。邮包战争险的保险责任是自被保险邮包经邮政机构收讫后自储存处所开始运送时生效，直至该项邮包运达本保险单所载目的地邮局送交收件人为止。

需要说明的是，在附加险方面，除了战争附加险之外，海洋运输货物保险中的一般附加险和特殊附加险的险别和条款均可适用于陆运、空运、邮运。

第六节 买卖合同中的保险条款和国际货物运输保险实务

一、买卖合同中的保险条款

保险条款是国际货物买卖合同的重要组成部分之一，它涉及买卖双方的利益，必须做到明确、合理。一般来说，为了确定有关事项，保险条款所涉及的内容有保险金额、投保险别、保险费、保险单证和保险适用条款等。

（一）合同中保险条款的主要内容及订立方法

明确买卖双方的投保责任。关于投保责任的规定旨在说明由谁负责办理货运保险，这取决于合同采用的术语。根据国际商会《2000 年国际贸易术语解释通则》，不同贸易术语下办理货运保险的主体是不同的，订立的保险条款的主要内容及订立方法也有所区别。

（1）对于国际商会《2000 年国际贸易术语解释通则》中 E 组、F 组及 C 组中的 CFR、CPT 贸易条件下订立的买卖合同，由买方负责办理保险手续，并支付保险费。在这种情况下，合同中的保险条款较简单，只需明确保险责任即可，仅在买方委托卖方代办保险时，才需写明保险金额、保险险别、所依据的保险条款和保险费由买方负担及保险费的支付时间和方法。同时，卖方为了避免工厂、仓库至码头的运输风险，可以加保“仓至船”险（before loading risk）。

（2）对于国际商会《2000 年国际贸易术语解释通则》中 D 组及 C 组中的 CIF、CIP 贸易条件下订立的买卖合同，应由卖方负责办理货运保险并缴纳保险费。由于保险涉及买卖双方的利益，买卖合同中的保险条款应该明确具体，一般包括投保责任、投保金额、投保险别及适用的条款等多方面内容。

（二）订立保险条款时应该注意的事项

订立买卖合同的保险条款时，应注意以下事项：

（1）保险条款中必须明确依据何种条款做出投保，是按照 CIC 条款投保，还是按照 I. C. C. 条款投保；并对选择的保险公司作出规定，保险公司不同，其资信是有差别的。

（2）保险条款中必须明确投保险别。根据货物的性质和特点选择平安险、水渍险或者一切险。如果需要另加某一种或者某几种附加险，应在条款中明确规定。

（3）必须对投保加成率进行规定，一般情况下，投保加成率是10%。如果投保加成率超过10%，要说明由此产生的超额保险费应由买方负担。

（4）应明确保险单据的形式。合同条款中应当明确注明投保人应当提交的保险单据的名称，如保险单或者保险凭证等，以免在货物遭受风险需要索赔时发生争议。

（5）为了保障被保险货物在遭受意外风险时能够获得补偿，投保人应当在风险可能出现之前办理投保。根据进出口货物运输的"仓至仓条款"，以CIF条件成交的货物应该在运离装运地仓库进入码头准备装船之前办理投保；CFR或者FOB条件下的货物由买方办理保险，但是货物在装运之前的保险需要卖方自行安排。保险单的签订日期不能迟于装运日期，若货物在装运之后保险合同才得以签订，则货物从装运到保险合同签订的一段时间内没有被保险。

（6）对于进口货物的投保，我国各进出口单位一般都与中国人民保险公司签订预约保险合同，对于以FOB或者CFR条件进口的货物，中国人民保险公司将自动承保进口合同项下的货运保险。

（7）保险单所采用的币种通常和发票的币种一致。

二、国际货物运输保险实务

（一）考虑投保条件

保险所要保障的对象是保险标的物，它可以是任何财产或者是与之相关联的利益，或者是因为事故的发生而丧失的权利或者法律赔偿责任。保险的基本原则之一是投保人必须拥有对保险标的物的保险利益。保险利益又称为可保利益，指投保人或者被保险人对保险标的所具有的合法的经济利益。在货运保险中，保险标的物是被投保的货物，其保险利益主要是指货物本身的价值，还包括与该货物相关联的运费、保险费、关税、预期利润等利益。

国际货运保险要求投保人拥有对保险标的物的保险利益。但是与其他保险不同的是，国际货运保险只要求在保险标的物发生损失要求赔偿时，投保人必须拥有其保险利益，而不要求投保人在订立合同时就实际拥有保险利益，即保险人一般在投保人拥有预期保险利益的情况下给予承保。在办理国际货物运输保险时，当事人应当将投保条件考虑在内。

（二）选择投保险别

投保险别是保险单据必不可少的内容之一，保险人承担的保险责任，是以保险险别为基础的。投保的险别不同，保险人的责任范围就不同，投保人可以获得的保证和需要承担的义务就不同。为了获得有效的保障，并选择在必要的范围内承担义务，节省保费开支，投保人在保险前必须选择适当的保险险别。一般而言，选择投保险别时主要应考虑以下因素：

1. 货物的性质和特点及残损规律

货物的性质及特点是选择投保险别时首先要考虑的因素。不同种类的货物在运输途中遭遇意外事故或者自然灾害时，其损坏和灭失程度是不同的。对特定的货物在以往的运输中产生的残损情况进行分析、研究，找出其残损规律，掌握其在运输途中最容易遭遇的风险和损失。在选择保险险别之前，应当细致分析各种风险对货物的损害程度，从而确定恰当的投保险别。例如，对价值较低的货物可以考虑投保平安险，对价值较高的货物可以考虑投保一切险。有些货物，如粮食、茶叶、烟草、化学药品等，容易受潮、受热、发霉，故应投保一切险，或者在水渍险的基础上加保受潮受热险及短量险。

2. 运输路线、方式及港口情况

国际货物运输中运输路线、方式及港口情况，对货物损失的影响程度有很大的不同。货物运输的工具不同，保险险别随之而异。同时，同一种运输方式，运输路线不同，对货物的影响也是不同的。如某些航线经过热带气候区，则货物容易受潮、受热，如载货船舶通风不良就会增加货损。世界各地的港口在设备、装卸能力以及安全等方面也有很大的差异。

3. 货物的包装

货物的大包装，也就是运输包装的种类对于货物的保护程度是不同的。其中集装箱对于货物的保护程度要好于其他的运输包装形式。根据不同的运输包装形式，应选择不同的险别。

4. 国际政治局势及经济形势的变化

国际政治局势及经济形势的变化会直接影响货物的运输安全。在选择保险险别时，这方面的考虑也是十分必要的。如果货物运往或者途经动乱、战争及附近区域，则货物很可能遭受由于动乱、战争带来的意外损失。因此，加保战争险或者罢工险有时是十分必要的。

（三）确定保险金额

保险金额（insured amount）是被保险人对保险标的的实际投保的金额，是保险人依据保险合同承担赔偿时支付的最高金额，也是计算保险费的基础。根据我国《海商法》第220条规定："保险金额由保险人与被保险人约定。保险金额不得超过保险价值；超过保险价值的，超过部分无效。"因此，保险金额一般由投保人根据保险利益的大小自行决定后向保险人申报得以约定，且保险金额不得超过保险价值。

国际货物运输保险的保险金额，一般以发票价值为基础进行确定。为了使被保险人的已经支付的经营费用和本来可以获得的预期利润都可以得到赔偿，各国的保险法及国际惯例一般都规定，进出口货物运输保险的保险金额可在 CIF 货价的基础上加上一定的百分比来计算，这个百分比称为保险加成率。一般的做法是，在 CIF 或者 CIP 合同条件下，如果合同中没有对保险金额做特殊的规定，则以 CIF 或者 CIP 总值加成 10%作为保险金额。这部分增加的保险金额就是买方进行这笔交易已经支付的费用及预期利润。若买方欲增加加成，则因此而增加的保险费由买方承担。

保险金额的一般计算公式为：

保险金额＝CIF（或者 CIP）货值×(1＋投保加成率)

以 CIF 发票金额为基础计算保险金额，说明参加投保的不仅包括货物本身的价值，还包括运费和保险费，在发生损失时都应该获得赔偿。

对于进口货物的保险，外贸单位一般与中国人民保险公司采取预约保险的形式，保险金额以进口货物的 CIF 价值为准，一般不再加成。当货物是以 FOB 或者 CFR 贸易术语进口时，则按照预约保险合同规定的平均保险费率计算保险金额，其计算公式如下：

保险金额＝CFR 价×(1＋平均保险费率)

或者

保险金额＝FOB（或 FCA）价×(1＋平均运费率＋平均保险费率)

(四) 填写投保单、交付保险费

我国出口货物的投保，一般需要被保险人逐笔填写保险单，交付保险费。投保单经保险公司接受后，保险即开始生效。

1. 填写投保单

投保单是投保人向保险人提交的书面申请，其主要内容包括：①投保人的名称；②被保险货物的名称、标记、包装、数量；③保险金额；④投保险别；⑤运输工具的名称；⑥运输日期；⑦起讫地点；⑧提单或者运单号码；⑨航程或者路程；⑩赔付地点；⑪投保日期及签章等。

投保人在投保时应该注意以下事项：

(1) 投保人申报的事项必须属实；

(2) 投保单的内容必须与买卖合同及信用证的规定一致；

(3) 在 CIF 条件下，出口货物应在运离装运地仓库进入码头准备装船前办理保险；

(4) 在 CFR 或者 FOB 条件下，货物在装运港装船前的保险仍需卖方自行安排；

(5) 尽可能投保到内陆目的地。

2. 交付保险费

保险费是保险人经营保险业务的基本收入，也是保险人保险基金[1]的主要来源。投保人缴纳保险费，是保险合同生效的前提。

保险费率是保险人计算保险费的依据，是由保险人根据保险标的危险性大小、损失率高低、经营费用多少等因素，并按照不同的商品、不同的目的地以及不同的投保险别加以确定的。我国出口货物保险费率分为“一般货物费率”和“指明货物附加费费率”，前者适用于所有货物，后者仅用于特别列明的货物在一般费率基础上另行加收的费率，如某些易损货物的加收的费率。

保险费＝保险金额×保险费率

如果货物是按照CIF价或者CIP价加成投保的，则该公式可以转化为：

保险费＝CIF（或CIP）价×(1＋投保加成率)×保险费率

进口货物的保险费率有特约费率和进口货物保险费率。前者是优惠费率，适用于预约保险合同下的进口货物，或者又包括一般货物费率和指明货物加费费率。

（五）取得保险单据

保险单据是保险公司与投保人之间订立保险合同的证明文件，反映了保险人和投保人之间的权力、义务关系，是保险公司对承保人出具的承保证明，是保险索赔和理赔的主要依据。

在国际贸易实践中，常见的保险单据主要有以下几种形式。

1. 保险单

保险单（insurance policy）又称大保单或正式保险单，是使用最广的一种保险单据，用于承保指定航程内某一批货物的运输保险，具有法律效力。中国人民保险公司的保险单有正面条款和背面条款。正面条款的内容包括：保险人和被保险人的名称和地址；保险标的的名称、数量、重量、包装、唛头；证明双方当事人建立保险关系的文字；保险金额、保险费率；承保险别、保险赔付地点；保险人签章以及出立保险单的日期等。背面的内容包括三种基本险别的承保范围、除外责任、责任起讫、被保险人的义务、索赔期限等，这些是确定保险人和被保险人之间权利、义务关系的依据。

---

① 所谓的保险基金，就是各投保人投保的货物在遭受损失时，从保险人那里得到的赔偿的基金。投保人缴纳的保险费用，是保险基金的主要来源。

2. 保险凭证

保险凭证（insurance certificate）又称小保单，它是保险人签发给被保险人，证明货物已经投保或者保险合同已经生效的文件，是正式保险单的简化形式。这种凭证的背面没有保险人与被保险人双方的权利和义务等条款，正面内容与保险单相同。保险凭证与保险单具有同等的法律效力。但是，如果信用证规定需提交保险单，则不可以使用保险凭证代替保险单。

3. 预约保单

预约保单（open policy）又称预约保险合同。它是保险公司对于投保人将要装运的属于约定范围内的一切货物自动承保的总合同。订立这种合同的目的是为了简化保险手续，使得货物一经装运就可以取得保障。合同中规定了承保货物的范围、险别、费率、责任、赔款处理等条款，凡属于合同约定的货物，在合同有效期内自动承保。在我国，预约保单适用于我国自国外进口的货物。凡属于预约保单规定范围内的进口货物，一经起运，中国人民保险公司即自动按照预约保单所订立的条件承保。被保险人在获悉每批货物起运时，必须及时将装运通知书送交保险公司。

4. 批单

保险单签发之后，若投保人需要对保险单的内容进行变更或者修改，可以根据保险公司的规定，以书面形式向保险公司提出申请，经保险公司同意之后，出具另外一种凭证，注明更改或者补充的内容，这种凭证称为批单（endorsement）。保险公司将按照批单上更改的内容承担赔偿责任。批单是保险单不可分割的一部分。

同海运提单一样，货运保险单以及保险凭证是可以通过背书转让的。保险单据的转让无需征得保险人的同意，也无需通知保险人。即使是在保险标的遭受损失之后，保险单据仍然可以转让。

（六）货物运输保险的索赔

保险索赔是指保险标的物在保险责任有效期内发生属于保险责任范围内的损失，被保险人可以向保险公司提出赔偿要求。被保险人向保险人索赔的范围，限于被保险货物因保险人承保的风险的发生而遭受的损失，赔偿的最高额度一般不超过保险金额。

被保险人或其代理人向保险人索赔时，应做好以下工作：

（1）损失通知及货损检验。当被保险人获悉或者发现被保险货物已经遭受保险责任范围内的损失，应当立即通知保险公司，并及时向保险单指明的保险公司、检验机构或者理赔代理人申请检验，并要求其出具检验报告。检验报告是被保险人向保险公司申请索赔时的重要证件。

（2）向保险公司提出索赔的同时，应保留向第三者责任方的索赔权。这里的第三者责任方包括承运人、海关、港务局等。如果货损涉及第三方的责任，相当于向其索取有关证明资料，并向其提出索赔或者声明保留索赔权。在保留对第三者责任方的索赔权的条件下，可向保险公司索赔。被保险人在获得保险公司的赔偿时，须将受损货物的相关权益转让给保险公司，以便保险公司取代被保险人向第三者责任方进行追偿。保险人获得的这种代被保险人向第三者责任方要求赔偿的权利称为代位追偿权。

（3）采取合理的施救、整理措施。被保险货物受损后，保险人及被保险人都有责任采取措施避免损失的扩大。因为抢救、整理而产生的费用，保险公司负责赔偿，但以不超过该批被救货物的保险金额为限。若被保险人能够施救而不履行施救义务的，保险人对于扩大的损失甚至全部损失有权拒赔。

（4）备妥索赔单证。在索赔时，通常要求被保险人提供以下证据：①保险单或者保险凭证正本；②货物检验报告或者其他证明货损货差的文件；③运输单据（如海运提单、铁路运单、航空运单、邮包收据等）；④商业发票、重量单、装箱单；⑤向承运人等第三者责任方请求赔偿的函电或者其他证明文件；⑥必要时须提供海事报告；⑦索赔清单。

（5）注意索赔期限。索赔期限是被保险货物发生保险责任范围内的风险与损失时，被保险人向保险人提出索赔的有效期限。中国人民保险公司保险条款规定的索赔期限是两年，自被保险货物在目的地全部卸离运输工具之日起计算。对于超过保险索赔期限的索赔申请，保险公司有权拒绝受理。

（七）货物运输保险的理赔

保险的理赔是保险公司受理投保人提出的索赔要求，并对保险索赔案进行处理的过程。

保险人在接到被保险人的索赔要求后，首先要对货损等方面进行审定及调查，方可决定是否赔偿以及赔偿的额度。审定的范围包括：

（1）提出索赔的被保险人对于保险标的是否具有可保利益。保险的可保利益原则要求投保人对保险标的具有可保利益，如果被保险人对被保险货物不具有可保利益，则保险合同无效。只有对货物具有可保利益的投保人，才具有在货物遭遇风险后向保险公司提出索赔的权利。

（2）损失是否是由保险人承保范围内的风险引起的。损失的原因对于保险公司核定责任来讲至关重要。保险公司要对引起保险标的物受损的原因进行核查及总结，对于属于保险公司保险范围内的风险引起的损失，应该给予赔偿，否则，不予赔偿。

（3）审定货损情况。货损的检验应当交由保险单上注明的检验机构或者检验代理人。如果是通过没有经保险公司同意的其他检验机构检验的，保险人有权拒绝赔偿。保险公司应严格对检验报告进行审查，并会同其他有关单证，最终确定损失情况。

（4）明确责任。在明确了货损原因及货损情况之后，保险公司需要审定发生的货损是否属于其赔偿责任范围。这要结合投保人投保的险别进行判定，如果货损及损失原因属于投保险别的范围，保险公司应予以赔偿；反之，保险公司可以拒绝赔偿。另外，保险公司仅对属于保险有效期内的货物损失给予赔偿，如果损失已经超过了保险的有效期，则不予赔偿。

（5）计算赔款。如果货损属于保险公司的赔偿责任范围，则应当分全部损失、部分损失等情况对赔款金额进行计算。在计算的过程中，对于易碎或者易短量的货物，保险公司应当结合免赔率的规定进行处理。

（6）代位追偿权。在保险业务中，为了防止投保人双重获益，保险人在履行全部或者部分损失赔偿时，要求被保险人将受损货物的有关权益转让给保险人，以便保险人向造成损失的第三者责任方进行追偿，这种权利叫做代位追偿权，或者称代位权。由投保人签订一份权益转让书，作为保险人取得代位权的证明，保险人便可凭此向第三者责任方进行追偿。

➢重要概念

海上风险；外来风险；实际全损；推定全损；单独海损；共同海损；施救费用；救助费用；平安险；水渍险；一切险；一般附加险；特殊附加险；陆运险；陆运一切险；航空运输险；航空运输一切险；保险金额；保险费；保险单；保险凭证；代位追偿权

➢思考题

1. 列举国际货物运输保险的基本原则。
2. 在海运货物保险中，保险公司承担哪些风险、损失和费用？
3. 实际全损与推定全损各自的判定方法是什么？
4. 共同海损和单独海损有什么区别？
5. 中国的海运保险有哪几种基本险别和附加险别？各险别的区别是什么？
6. 什么是“仓至仓条款”？
7. 现行的伦敦协会货物保险条款有哪些险别？其与我国的保险条款主要有哪些异同？
8. 除了海运保险之外，还有哪些主要的货运保险险别？
9. 国际货物买卖合同中的保险条款主要包括哪些内容？订立保险条款时应注意哪些问题？

10. 在操作国际货物运输保险实务时，主要有哪些程序及注意事项？

➢案例分析

1. 一批货物共6000箱从上海港运往美国某港口。在航行途中，货船遭遇海上飓风，海水灌入货舱，其中100箱货物被海水浸泡而受损。后来货船又与流水相撞，部分货物计200箱因受挤压而破碎，此时船舶也发生侧翻，船长下令将部分货物抛入水中以保持船舶平衡，抛弃货物共计50箱，船舶得以解除风险，正常航行至目的地。问在最经济的情况下，投保人投保中国海洋运输货物保险条款的哪种险别时，货主的全部损失都可以获得赔偿？

2. 某进口商A以FOB价格进口一批货物，并为货物投保水渍险。随后，A将尚在海上运输途中的货物转卖给国内公司B，保险单也同时转让给B。后来得知，事实上，在保险单转让给B之前货物已经在海上遭遇雷击部分被火烧毁。B公司在货物到达后向保险公司索赔，但是遭到拒绝。保险公司是否应当向B公司赔偿？为什么？

3. 一批货物已经按照发票总值的110%投保了平安险。货轮在航行途中于6月1日遭遇风雨袭击，部分货物遭到水渍，损失货值2000美元；该轮在继续航行中又于6月6日触礁，货物再次发生部分损失，损失额为2500美元。问在这种情况下，保险公司应赔偿多少钱？为什么？

4. 某两国商人达成一份FOB合同，由买方向保险公司投保“仓至仓条款一切险”。但是货物在由卖方仓库运往码头的途中，因为意外而使10%的货物受损。事后，卖方以保险单中含有“仓至仓”条款为由，要求保险公司赔偿，但是遭到保险公司的拒绝。后来卖方又请求以买方的名义凭保险单向保险公司索赔，但同样遭到保险公司拒绝。在上述情况下，保险公司有无拒赔的权利？为什么？

5. 2007年10月16日，某保险公司（以下称“保险公司”）承保自鹿特丹运往上海的29卷装饰纸。投保人为某木业公司（以下简称“木业公司”），收货人是某装饰耐火板公司（以下称“收货人”），保险条款为一切险附加战争险。该批货物于2007年10月6日装船，某外运公司（以下简称“外运公司”）的德国代理人签发了以外运公司为承运人的已装船清洁提单，承运船舶为某船公司的“HANJINSAVANNAH”轮。该轮于2007年11月6日抵达上海，11月16日收货人开箱后发现货物有水湿现象，于是由理货公司出具了发现货物水湿的报告。11月23日，保险公司委托某公估行对受损货物进行检验并出具了检验报告，认定货损原因系运输过程中淡水进入集装箱所致，货物实际损失为 23 521.96 美元。保险公司依据保险条款向收货人赔偿后，取得代位追偿权益转让书，并据此向外运公司和承运人某船公司（依据“HANJINSAVANNAH”轮名称，猜测其船东为韩进公司）提起诉讼，请求判处两被告赔偿损失。

试分析：

(1) 保险公司与木业公司的海上货物运输保险合同是否有效？

(2) 保险公司能够取得代位追偿权吗？

(3) 原告仅凭承运船舶名称“HANJINSAVANNAH”轮猜测该轮船属于韩进公司，是否恰当？

(4) 该货物的损失应该由谁来承担？试说明理由。

6. 2006 年 1 月 16 日，原告（中国轻工业品进出口总公司）与被告（中国平安保险公司）签订了货物运输保险合同。原告外购 92PMK-777925HK 合同项下货物磷酸二氨，数量 21 150 吨，保险金额按照标的 CIF 价格加一成为 4 233 892.56美元，承保条件是中国人民保险公司海洋货物运输保险条款（1981 年 1 月 1 日）一切险（包括“仓至仓”条款），附加超过装运总量 0.5%的短重险。原告于签订保险合同当日，已经将保险费全部支付给被告。货物于 2006 年 8 月 11 日运至天津新港，船上所载包括原告以及其他收货人的 35 400 吨散装磷酸二氨（商检公估数为 35 195 吨，短卸 205 吨，短卸率为 0.58%），全部卸入天津港第二港公司 203，204，207 号仓库内。原告作为 TPA-3 号提单项下的收货人，在货物到港前委托中国对外贸易运输总公司天津塘沽公司和中国农垦物资公司代办提货。到 2006 年 9 月 1 日止，原告共提取磷酸二氨 8499.9 吨，并分派到河北、吉林等地。9 月 1 日，因遇特大海潮灾害，原告所属的 12 401.1 吨货物遭海水浸泡造成损失。经鉴定，货损共折合 5398.32 吨，因对货物进行施救，原告支付费用 50 522.59 元。此后，原告向被告索赔，同年 10 月 17 日，被告明确表示对该批货物的损失拒赔，被告认为，保险人的责任，从货到卸货港，收货人提货后运至其仓库终止。同时认为原告于 2006 年 4 月 20 日，已将投保货物全部卖给案外人中国农垦物资公司，并且在该批货物在运至天津新港前已将提单转让，原告因此失去了诉讼权和可保利益。

问：对于此案，法院应该如何判决？其依据是什么？

第六章

国际货物买卖的价格

商品价格是商品交易的核心问题，其高低直接影响买卖双方的利益。商品价格是所有交易条件中最重要的一项交易条件，它的高低，会影响其他各项交易条件的规定，其他交易条件的规定，也必然会反应到价格上来。

商品价格一般是指商品的单价。在国际贸易中，商品的单价须由四部分组成，即计量单位、单位价格金额、货币名称和贸易术语，如“每公吨 2000 美元 FOB 上海”。可见贸易术语与商品价格有密切的关系。有时按总值达成交易，通常也在总值后面注明贸易术语。

商品价格的确定不仅需要国际贸易实务知识，而且还需要国际金融、会计、国际市场行情、商务谈判等多方面的知识。本章先介绍有关国际贸易中定价的知识，然后介绍货物买卖合同中的价格条款。

商品价格是最重要的交易条件。价格的确定一般需经三个步骤：第一，确定基础价格；第二，根据交易条件或其他具体情况对基本价格进行调整；第三，通过商务谈判确定最终价格并在合同中订明。

第一节　进出口价格的核算及进出口经济效益

基础价格的确定方法有多种，相关的内容可参考国际营销学的教材。最常用的是成本加成定价法。该法是将单位商品的出口总成本加上预期利润后算出出口商品单价，或将全部出口产品的出口总成本加上预期利润得出出口商品的总价。

相应的，报价核算有总价核算和单价核算两种方法：总价法比较精确，但要将核算结果折算成单价后才能对外报价；单价法可以直接求出报价，但计算过程需保留多位小数，以保证报价准确。

为了介绍的方便，本节介绍基础价格的核算，第二节介绍价格的调整和换算，其中包括佣金和折扣的计算。需要注意的是：在一个完整的进出口价格的核算中，应包括佣金和折扣在内。

一、出口价格的核算

（一）出口总成本的核算

出口总成本通常是指减去出口退税收入后的出口总成本，其计算公式为

出口总成本（退税后）＝商品本身的成本＋国内总费用－出口退税收入

上式中的各项说明如下：

1. 商品本身的成本

货物本身的成本包括生产成本、加工成本和采购成本三种类型。

生产成本：制造商生产某一产品所需的投入。

加工成本：加工商对成品或半成品进行加工所需的成本。

采购成本：贸易商向供应商采购的价格，亦称进货成本。

2. 国内总费用

国内总费用是指货物出口时所发生的除货物购进价（或生产成本）和国外费用（国际货物运费及其保险费等）之外的所有费用。

国内总费用通常包括：

1）货物附加费用

如包装费用（未包括在货价中的）；预计损耗（耗损、短损、漏损、破损、变质等）；加工整理费用等。

2）国内储运费用

国内运输费用（卡车运输费、内河运输费、路桥费、过境费及装卸费、港区杂费）；保管费等。

3）办证费

出口商办理出口许可、配额、产地证明及其他证明和手续所支付的费用，如商检费、公证费、领事签证费、产地证费、许可证费、报关单费、核销费用等。

4）税金

国家对出口商品征收、代收的有关税费，通常有出口关税、增值税等。注意：有些教材往往将税金从国内费用中提出来，单独作为出口总成本中的一项来计算，即

出口总成本（退税后）＝商品本身的成本＋国内费用＋税金－出口退税收入

由于我国目前仅对一小部分关系到国计民生的资源性商品征收出口税，而增值税通常包含在货物本身的成本中，税金这一项往往没有，所有将税金放在国内费用中计算是许多企业的做法。

5）利息和银行费用

垫款利息：出口商向国内供应商购进货物至从国外买方收到货款期间由于资金的占用而造成的利息损失，按照进货成本计算。

远期收款利息：出口商给予买方延期付款的利息损失。按照成交价格计算。

银行费用：出口商委托银行向国外客户收取货款、进行资信调查等所支出的费用，通常根据出口发票金额的一定百分比收取。

6）业务费用

出口商在经营中发生的有关费用，如通讯费、交通费、交际费、广告费等等，又称为经营管理费。

国内费用的计算方法有两种：一是按实际费用逐笔相加；二是按定额费用估算国内费用，即定额费用＝出口商品购进价×费用定额率。费用定额率一般为5%～10%，由出口企业按不同出口商品实际经营情况自行核定。

3. 出口退税收入＝［出口商品购进价（含增值税）÷(1＋增值税率)］×退税率

注意，有的出口企业按下述公式计算出口总成本：

出口总成本＝出口商品进价＋税金＋国内费用

按这种方法计算出口总成本，则出口退税收入应包括在预期利润中。

（二）出口价格的计算

按上述方法计算出来的出口总成本加上预期利润则为FOB条件下的基本价格；即

FOB价＝出口总成本＋预期利润

上述FOB价加上运费后可得出CFR价，再加上保险费后可得出CIF价。

在按实际费用计算国内费用的方法中，国内费用的计算依赖于出口价格的计算，因而须列出一个方程式。

下面以实际业务中一个计算CIF价格的例子来说明出口价格的计算方法：

CIF报价＝采购成本＋国内费用＋银行费用＋海运费＋保险费－出口退税收入＋预期利润

式中，

采购成本＝购进价×报价数量；

国内费用包括：内陆运费、报检费、报关费、核销费、公司综合业务费、快递费，这些费用可通过公司收集的资料查到；

银行费用＝报价金额×银行费率（由于银行费用的计算公式特殊，此处将银行费用放在国内费用之外单独计算）；

海运费的计算单位须与价格的计算单位一致，按当天的汇率换算成人民币；

保险费＝保险金额×保险费率；

出口退税收入＝［购进价/(1＋增值税率)］×退税率；

设利润率为X%，则

CIF报价＝采购成本＋国内费用＋银行费用＋海运费＋保险费
　　－出口退税收入＋预期利润
　＝采购成本＋国内费用＋CIF报价×银行费率＋海运费＋CIF报价
　　×110%×保险费率－出口退税收入＋CIF报价×X%

将有关数字代入后可计算出CIF报价。

出口报价核算出来之后，可以采用逆算方法验算，即报价产生以后，用收入减去支出等于成本的原理来核算对外报价是否正确。

下面为一家外贸公司出口报价核算的例子：

相关的资料：

商品名称：三色戴帽熊

商品资料：每箱装60只，每箱体积0.164立方米。

供货价格：每只6元。

税　率：供货单价中均包括17%的增值税，出口毛绒玩具的退税率为15%。

国内费用：内陆运费（每立方米）100元；报检费120元；报关费150元；核销费100元；公司综合费用3000元。

银行费用：报价的1%（L/C银行手续费1%）。

海运费：从上海至加拿大蒙特利尔港口一个20英尺集装箱的费用为1350美元。

货运保险：CIF成交金额的基础上加10%投保中国人民保险公司海运货物保险条款中的一切险（费率0.8%）和战争险（费率0.08%）。

报价利润：报价的10%。

报价汇率：7.05元人民币兑换1美元。

报价核算操作：

1）出口总成本

采购成本（包括增值税）＝6元/只

退税收入＝6÷(1＋17%)×15%＝0.7692元/只

实际成本（采购成本减出口退税收入）＝6－0.7692＝5.2308元/只

20英尺集装箱包装件数＝25÷0.164＝152箱

（注：在国际货物运输中，经常使用的是20英尺和40英尺集装箱，20英尺集装箱的有效容积为25立方米，40英尺集装箱的有效容积为55立方米。出口商在做报价核算时，建议按照集装箱可容纳的最大包装数量来计算报价数量，以节省海运费。）

报价数量＝152×60＝9120 只

2）费用

国内费用＝(9120÷60×0.164×100＋120＋150＋100＋3000)÷9120

＝0.6429 元/只

银行费用＝报价×1%

海运费＝1350×8.25÷9120＝1.2212 元/只

保险费＝CIF 报价×110%×0.88%

3）利润：报价×10%

FOB 报价＝实际成本＋国内费用＋银行手续费＋利润

＝5.2308＋0.6429＋报价×1%＋报价×10%

FOB 报价＝（5.2308＋0.6429）÷(1－1%－10%)

＝5.8737÷0.89

＝6.5997（元/只）÷7.05

＝0.9361（美元/只）

CFR 报价＝实际成本＋国内费用＋海运费＋银行手续费＋利润

＝5.2308＋0.6429＋1.2212＋报价×1%＋报价×10%

CFR 报价＝（5.2308＋0.6429＋1.2212）÷(1－1%－10%)

＝7.0949÷0.89

＝7.9718（元/只）÷7.05

＝1.1308（美元/只）

CIF 报价＝实际成本＋国内费用＋海运费＋保险费＋银行手续费＋利润

＝5.2308＋0.6429＋1.2212＋报价×110%×0.88%＋报价×1%＋报价×10%

CIF 报价＝（5.2308＋0.6429＋1.2212）÷(1－110%×0.88%－1%－10%)

＝7.0949÷0.88032

＝8.0595（元/只）÷7.05

＝1.1432（美元/只）

出口 9120 只三色戴帽熊的报价如下（计算时保留 4 位小数，最后报价取小数点后 2 位）：

USD0.94 PER CARTON FOB SHANGHAI

USD1.13 PER CARTON CFR MONTREAL

USD1.14 PER CARTON CIF MONTREAL

二、进口价格的核算

（一）进口总成本的核算

进口总成本＝进口货物 CIF 价（折算为人民币）＋进口国内费用＋进口税费

若进口是通过中间商（如代理商等）进行的，还要加上佣金。

1. 进口货物CIF价

按FOB价、CFR价或CIF价进口，进口企业所付的费用都包括国际货物运费和货物运输保险费，只不过按CIF价格成交时，运费和保险费包含在货价中，按FOB价和CFR价成交时，运费和（或）保险费由进口企业另外支付。如果进口价格是FOB价和CFR价，则应将其换算为CIF价。由于进口企业往往与保险公司订立了预约保险合同，按双方签订的预约保险合同，保险金额按进口货物的CIF货值计算，不另加成，因此，进口货物若采用CFR价格成交，则

CIF价＝CFR价÷（1－保险费率）

进口货物若采用FOB价格成交，则

CIF价＝(FOB价 ＋ 运费)÷(1－保险费率)

如按FCA、CPT或CIP价格进口，则换算为CIP价后，用CIP价代替进口总成本核算公式中的CIF价。换算公式为

CIP价＝CPT价÷(1－保险费率)

CIP价＝(FCA价 ＋ 运费)÷(1－保险费率)。

注意：进口价格有时是卖方的报价，有时也是进口方争取以此为基础进行交易的价格。在合同成立后，就是合同中的货物价格。

2. 进口国内费用

进口国内费用包括的内容有：

（1）卸货费用和提货费用，如卸货费、驳船费、码头建设费、码头仓租费、换单提货费等。

（2）商品检验费和商检代理费。

（3）银行费用。

（4）报关费和报关代理费。

（5）国内运费、仓租费。

（6）从付款至收回货款之间所发生的利息支出。

（7）其他费用。

其核算方法与出口中的国内费用核算相同。也分为按费用定额率估算和按实际费用逐笔相加两种方法。

3. 进口税费

按照《海关法》等有关法律法规的规定，海关对准许进出口的货物、物品征收关税，代征进口环节税（包括增值税和消费税），另外，海关还对部分进口减税、免税和保税货物征收海关监管手续费。

1）进口关税

进口关税额＝完税价格×关税税率

进口货物完税价格由海关以进口货物的成交价格为基础审核确定，通常以CIF价为基础。

2）消费税的计算

从国外进口烟、酒、化妆品等应税消费品，海关要征收消费税。按照现行消费税法的基本规定，消费税应纳税额的计算分为实行从价定率和从量定额两种方法。

从价定率消费税征收：

应纳消费税税额＝消费税组成计税价格×消费税税率

消费税组成计税价格＝(关税完税价格＋关税税额)÷(1－消费税税率)[①]

从量定额征收应税消费税：

应纳消费税额＝应税消费品进口征税数量×单位税额

3）应纳增值税计算

应纳增值税额＝组成增值税计税价格×增值税税率

组成增值税计税价格＝关税完税价格＋关税税额＋消费税税额

若进口货物非应税消费品，则不征消费税。

例 6-1 我国A公司进口雪茄烟100箱，每箱价格折算为人民币1500元FOB伦敦，设每箱运费为人民币100元，保险费率为1%，查海关税则，雪茄烟进口关税率为65%，消费税率40%，增值税率17%，国内总费用采用定额费率的方法确定为是合同价格的3%。请计算进口总成本。

解

CIF总价＝ CIF单价×数量＝[(FOB价＋运费)÷(1－保险费率)]×数量

＝[(1500 ＋ 100)÷(1－1%)]×100＝1616.1616×100

＝161616.16(元)

进口货物国内总费用＝1500×100×3%＝4500(元)

进口税费：

① 进口关税：

完税价格＝CIF价＝161616.16（元）

关税额＝完税价格×关税税率

＝161616.16 × 65%＝105050.51（元）

---

① 该公式推导如下：

组成计税价格＝关税完税价格＋关税＋组成计税价格×适用消费税税率

组成计税价格－组成计税价格×消费税税率＝关税完税价格＋关税

组成计税价格×(1－消费税税率)＝关税完税价格＋关税

消费税组成计税价格＝(关税完税价格＋关税税额)÷(1－消费税税率)

② 应纳消费税额：

组成消费税计税价格＝(关税完税价格＋关税额)÷(1－适用消费税税率)

＝(161616.16＋105050.51)÷(1－40%)

＝444444.44（元）

应纳消费税额＝组成消费税计税价格×适用消费税率

＝444444.44×40%

＝177777.78（元）

③ 应纳增值税额：

组成增值税计税价格＝关税完税价格＋关税＋消费税

＝161616.16 ＋ 105050.51 ＋ 177777.78

＝444444.45

应纳增值税额＝组成增值税计税价格×适用税率

＝444444.45×17%

＝75555.56（元）

进口总成本

进口总成本＝进口货物 CIF 价＋进口货物国内总费用＋关税＋消费税＋增值税

进口货物总成本＝161616.16＋4500＋105050.51＋177777.78＋75555.56

＝524500.01（元）

（二）进口价格的核算

进口价格的确定涉及两种情况：

一种是进口货物国内销售价的核算，此种价格的核算方法与出口价格的核算方法基本相同，也是采用成本加成定价法，其计算公式为

进口货物国内销售价＝进口总成本＋预期利润

另一种为对卖方所报的出口价格的分析。由于进口商进口货物后往往要在其国内市场销售货物，故要将核算后的进口总成本或进口货物国内销售价与国内市场价格进行比较，才能最后确定是否接受卖方的报价或如何进行还价。

三、进出口经济效益的核算

进出口方在确定商品价格时，须考虑自身的经济效益。常用的核算进出口经济效益的方法有下述几种。

（一）进出口商品盈亏额和盈亏率

进出口商品盈亏额是指用人民币表示的销售收入与用人民币表示的商品总成

本的差额，如销售收入大于总成本，则为盈利，反之则亏损。而进出口商品盈亏率则是进出口商品盈亏额与商品总成本的比率。具体的计算公式为

1. 出口方面

出口盈亏额＝出口销售人民币净收入－出口总成本

出口销售人民币净收入＝出口外汇净收入（FOB净价）×银行外汇买入价

出口总成本的计算在本节的前一部分已作了介绍。

计算结果如为正数，则为盈利；如为负数，则为亏损。

$$出口盈亏率 = \frac{出口盈利(或亏损)额}{出口总成本} \times 100\%$$

2. 进口方面

进口盈亏额＝进口销售收入－进口人民币总成本

进口成本＝进价成本＋国内流通费用

＝进价外汇支出×人民币汇价卖出价＋国内流通费用

计算结果如为正数，则为盈利；如为负数，则为亏损。

$$进口盈亏率 = \frac{进口盈利(或亏损)额}{进口总成本} \times 100\%$$

（二）换汇成本

换汇成本又称换汇率，也是核算出口商品的经济效益的指标之一，它是指某种出口商品获得一单位外汇收入所需的人民币成本，净收入为一美元时所需的人民币总成本或者说，用多少人民币换回一单位外汇收入。我国通常计算一美元的换汇成本。其计算公式为

$$换汇成本 = \frac{出口总成本}{出口销售外汇净收入(折成美元)}$$

（三）外汇增值率

外汇增值率又称创汇率，是指成品出口后的外汇净收入与原料外汇成本之间的比率。其计算公式为

$$外汇增值率 = \frac{成品出口外汇净收入 - 原料外汇成本}{原料外汇成本} \times 100\%$$

计算时，进口原材料不论按何种贸易术语成交，一律折合成CIF价；成品出口时，一律折算为FOB价格计算成品出口外汇净收入；如果原材料全系国产的或出口成品中部分原材料是国产的，其外汇成本均应比照出口该原材料的FOB价格计算。

第二节　价格的调整和换算

一、价格的调整

（一）价格调整的影响因素及原则

在确定基本价格之后，还应根据国别地区政策、企业的购销意图、市场行情的变化、竞争者的价格以及合同中的其他交易条件对价格进行调整。许多交易条件如商品的品质、数量、包装、商标、运输方式、交货期、交货方式、支付方式等对商品的价格产生直接的影响。一般来说，优质优价，成交数量大时价格可优惠，支付方式对卖方有利时价格可相应降低。洽商价格时，如价格本身不易调整，也可通过改变其他交易条件的方法来达到调整价格的目的。

1. 商品的质量和档次

在国际市场上，一般都贯彻按质论价的原则。品质的优劣、档次的高低、包装装潢的好坏、式样的新旧、商标和品牌的知名度等，都会影响商品的价格。

2. 运输距离

国际货物买卖，一般都要通过长途运输。运输距离的远近，影响运费和保险费的开支，从而影响商品的价格。因此，确定商品价格时，必须核算运输成本，做好比价工作，以体现地区差价。

3. 交货地点和交货条件

在国际贸易中，由于交货地点和交货条件不同，买卖双方承担的责任、费用和风险有别，在确定进出口商品价格时，必须考虑这些因素。例如，同一运输距离内成交的同一商品，按 CIF 条件成交同按 EXW 条件成交，其价格肯定不同。

4. 季节性需要的变化

在国际市场上，某些节令性商品，如赶在节令前到货，即能卖出好价，过了节令，往往售价很低，甚至以低于成本的价格出售。因此，应充分利用季节性需求的变化，掌握好季节性差价，争取按对我方有利的价格成交。

5. 成交数量

按国际贸易的习惯做法，成交量大小影响价格。成交量大时，在价格上可以根据经营意图、商品特点和市场情况，考虑给予适当优惠，或者采用数量折扣的办法；反之，如成交量小，甚至低于起订量，可适当提高价格。无论成交量多少，其价格不变的做法是不足取的，在外贸实务中应当掌握好数量方面的差价。

6. 支付条件和汇率变动的风险

支付条件是否有利和汇率变动风险的大小，都影响商品的价格。例如，某一商品在其他交易条件相同的情况下，采取预付货款或凭信用证付款方式，其价格应当有所区别。同时，确定商品价格时，一般应争取以对自身有利的货币成交，如以不利的货币成交时，应把汇率变动的风险考虑到货价中去，即适当提高出售价格或低价购买价格。

7. 国际市场价格的走势

国际市场价格从根本上要受到国际市场供求关系的影响。某种商品在国际市场上供大于求时，国际市场价格呈跌的趋势。在确定成交价格时，要注意搜集国际市场信息，对国际市场供求状况要进行分析和预测，对国际市场价格的走势做出判断，从而争取按有利的价格成交。

此外，交货期的远近、市场销售习惯和消费者的爱好等因素，对价格调整也有不同程度的影响，必须通盘考虑和正确掌握。

（二）折扣与佣金

通过折扣和佣金对价格进行调整是调整价格的常用的方法。

1. 折扣与佣金的含义及其区别

折扣（discount）是卖方按原价给予买方的价格减让。在国际贸易中，对价格的调整有时是通过折扣来实现的。根据不同的情况，卖方可给予买方一定的折扣，如现金折扣、质量折扣、数量折扣、季节折扣、中间商折扣和促销折扣等。佣金（commission）是中间商为买卖双方介绍或代办交易而取得的报酬。

佣金与折扣不同，佣金的受益者是中间商，而折扣的受益者是买方；佣金一般由卖方收到货款后再另行付给中间商，而折扣通常由买方在付款时预先扣除。

2. 折扣与佣金的表示

1）折扣的表示

国际贸易中折扣的表示如下例所示：

USD35 per dozen CIF New York deducting 5% discount.

注意，这种表示方法与国内某些人习惯使用的九五折的表示方法是不同的。

2）佣金的表示

佣金有明佣和暗佣之分。暗佣是买卖双方另行约定而不在合同中表示出来的佣金。明佣是在合同中用文字说明的佣金。明佣的表示方法一般是在贸易术语后加上“C”及佣金率，如“每 500 公吨美元 CIFC5%纽约”，也可单独表示，如“USD500 per metric ton CIF New York including 5% commission.（每 500 公吨美元 CIF 纽约包括 5%佣金）”。

3. 佣金的计算

1）计佣贸易术语的选择

计佣贸易术语一般为合同所采用的贸易术语。如果采用 FOB 作为计佣贸易术语，似为合理，因为运输、保险中间商并未参与办理，不应按 CIF 或 CFR 贸易术语所表示的价格计算佣金。但卖方通常按合同中采用的贸易术语所表示的价格计算佣金，然后通过佣金率来进行调整。

2）佣金的计算

包含佣金的价格称为含佣价。通常

佣金＝含佣价×佣金率

含佣价＝净价＋佣金

如果已知净价，求含佣价，其计算公式通常为

含佣价＝净价/(1－佣金率)。

例如，卖方要求按 CIF 价实收 100 美元（即净价为 100 美元），当佣金率为 5％时，含佣价＝100/(1－5％)＝105.26 美元。

在极少的情况下，有人用净价乘佣金率来计算佣金，计算佣金时要注意这一情况。

二、价格的换算

在进出口业务的经济核算中，在与外商洽商交易等情况下，常常遇到不同价格之间的换算问题。

（一）同一货币的净价之间的换算

对常用的 6 种贸易术语来说，最基本的是下述 3 个公式：

CFR(或 CPT)＝FOB(或 FCA)＋F

CIF(或 CIP)＝CFR(或 CPT)＋I

CIF(或 CIP)＝FOB(或 FCA)＋F＋I

其中 F 表示运费，I 表示保险费。

（二）同一贸易术语所表示的净价与含佣价之间的换算

这种换算已在佣金的计算中说明了，即含佣价＝净价/(1－佣金率)。

（三）不同贸易术语所表示的净价或含佣价之间的换算

此类换算涉及多种情况，可灵活运用前述公式，根据具体情况进行换算。

（四）不同货币的价格的换算

1. 人民币底价改报外币价

我国人民币对外币的汇率的表示方法为直接标价法，即用一单位外币折合若干单位的人民币来表示。例如，某日人民币市场汇价是每一美元人民币买入价为 7.1723 元，人民币卖出价为 7.1760 元。这里实际上银行是把美元作为商品，人

民币作为货币，低价买进，高价卖出。当将人民币底价改报为外币价时，应将人民币底价除以该外币对人民币的市场汇价中的买入价。如出口商品底价为“每件100元人民币CIF纽约”，按上述汇价改报美元价时，则为：100/7.1723＝13.94美元。

2. 外币底价改报为人民币价

由外币底价改报人民币价时，应将外币底价乘上外币对人民币市场汇价中的卖出价。

3. 某一外币底价改报为另一种外币价

这要根据国际市场的汇价（如纽约外汇市场汇价）来换算。由于国际市场上外币之间的汇价一般是用中间价（买入价和卖出价的平均值）来表示的，所以两种外币价之间的换算采用中间价计算。例如，某种出口商品底价为每公吨1000英镑CIF伦敦，国外客户要求改用美元报价，查当日纽约外汇市场汇价为1英镑＝1.6528美元，则美元价＝1000×1.6528＝1652.8美元。

第三节　合同中的价格条款

一、固定作价和非固定作价

国际货物买卖的作价方法，一般采用固定作价方法。但在极少数情况下，也采用非固定作价的方法。

（一）固定作价

固定作价即在订立合同时把价格确定下来，事后不论发生什么情况均按确定的价格，结算应付货款。

买卖合同中的价格一般由单价和总值两部分组成。单价（unit price），如“每公吨500美元FOB上海（USD500 per M/T FOB Shanghai）”，由四部分组成，即计量单位、单位价格金额、货币名称和贸易术语。总值（total value）一般是单价和数量的乘积。有时在合同中不表明单价，而直接标明总值，其后一般写上贸易术语。

固定价格的规定方法是国际上较常见的做法，在我国进出口业务中也较多采用这种做法。但在实际业务中，采用固定作价的合同有两个明显的缺陷：一是合同缺乏稳定性。行市发生剧烈变化时，某些不守信用的商人会寻找各种借口撕毁合同，致使我方遭受不应有的损失；二是在价格不稳定的情况下，若采用规定价格成交，国外商人会观望不前，怕承担价格波动给他带来的风险。为了使交易顺利达成，提高履约率，减少风险，在采用固定价格成交时，要注意以下几点：

（1）必须对影响商品供求的各种因素进行细致的研究，并在此基础上，对价格的走势作出判断，以此作为决定合同价格的依据。

（2）要通过各种途径了解客户的资信情况，慎重选择订约对象。

（二）非固定作价

某些商品由于其交货期较远，如采用固定价格，对双方来说都要承担较大的价格风险。为了减少风险，防止毁约，可采用下述非固定作价的方法。

1. 不固定价格，但规定作价方法

对于价格变动频繁、涨跌幅度较大的商品，可在合同中不规定固定的价格，而规定作价的方法。如“以××交易所该商品三个月期的收盘价为基础，按装船月份月平均价加××英镑计算”。

2. 暂定价格

暂定价格即先在合同中规定一个暂定价格，待日后交货期前的一定时间，再由双方按照当时市价商定最后价格。这种做法具有不确定性，仅以关系密切、信用可靠的客户为限。

3. 滑动价格

对于成套设备、大型机械、大型运输工具等货物的交易，从合同订立到合同履行完毕需时较长，这期间原材料、工资等的变化可能较大，从而使货物的生产成本及价格变动较大。为公平起见，常采用滑动价格的方法。该方法是指先在合同中规定一个基础价格（Basic Price），同时在合同中规定对基础价格进行调整的方法。例如：

The above basic price will be adjusted according to the following formula based on the wage and price indexes published by the … (organization) as of … (month) … (year).

Adjustment Formula:

$$P_1 = P_0(a + b \times \frac{M_1}{M_0} + c \times \frac{W_1}{W_0})$$

式中：P_1 为调整后的价格；P_0 为订约时的基础价格；a 为基础价格中的固定部分；b 为原材料在基础价格中所占的比例；M_1 为交货时原材料批发价指数；M_0 为订约时原材料批发价指数；c 为工资占基础价格的比重；W_1 为交货时的工资指数；W_0 为订约时的工资指数。

例 6-2 在一份成套机械设备的进出口合同中，买卖双方商定整套设备的初步价格为 200 万美元。双方同意按双方认可的某机构公布的工资指数和物价指数在交货时对基础价格进行调整，买方按调整后的价格支付货款。双方在合同中约定：原材料在价格中的比重为 50%，工资在价格中的比重为 30%，管理费和利润在价格中的比重为20%。签订合同时约定的基期物价及工资指数均为100，交货时物价指数上升到110，工资指数上升到112。试问：该笔交易调整后的价格应为多少？

解 根据题中给定条件得

$P_0=200$ 万美元　　$M_0=W_0=100$　　$M=110$　　$W=112$

$a=20\%$　　$b=50\%$　　$c=30\%$

代入公式：$P=P_0(a+b\times M/M_0+c\times W/W_0)$

$=200\ (20\%+50\%\times 110/100+30\%\times 112/100)$

$=217.2$（万美元）

所以，该笔交易调整后的价格为217.2万美元，比签约时所定价格增加了17.2万美元。

非固定价格是一种变通做法，在行情变动剧烈或双方未能就价格取得一致意见时，采用这种做法有一定的好处。

(1) 有助于暂时解决双方在价格方面的分歧，双方可先就其他条款达成协议，早日签约，待日后再确定成交价格。

(2) 解除客户对价格风险的顾虑，使之敢于签订交货期长的合同。数量、交货期的早日确定，不但有利于巩固和扩大出口市场，也有利于生产、收购和出口计划的完成。

(3) 采用非固定价格，虽不能完全排除交易双方的价格风险，但有利于出口方不失时机地做成生意，也有利于进口方保证一定的转售利润。

但应该看到，这种非固定价格的做法，通常是先订约后作价，这就不可避免地给交易带来较大的不稳定性，特别是采取待定价格的做法时，万一双方在作价时不能取得一致意见，合同就无法执行；如果作价条款规定不当，合同还有失去法律效力的危险。

二、货币的表示和选择

(一) 货币的表示

合同中货币名称的书写应准确，应标明货币的国别。目前国际上书写货币名称时有两种方法，一种是简写，另一种是采用国际标准化组织制定的国际电码。常用的货币可写为（前面为国际电码，后面为简写）：美元——USD，US$；英镑——GBP，£Stg 或 £ 或 STG；德国马克——DEM，DM；法国法郎——FRF，F. Fr；日元——JPY，JP¥；港元——HKD，HK$；人民币——CNY，RMB¥。

从2002年1月1日起，欧盟成员国中的12个国家，德国、法国、意大利、比利时、荷兰、卢森堡、爱尔兰、葡萄牙、西班牙、奥地利、希腊、芬兰使用统一货币欧元（EURO；EUR），所有经济业务均需以欧元来进行。自 2002 年 3 月 1 日起，欧元 12 国各自的货币终止流通，完全由欧元取代。

（二）货币的选择

通常，合同中的计价货币和支付货币为同一货币。为了避免汇率变动而造成的风险，我方出口时应争取采用“硬币”（汇率趋涨的货币）计价支付，进口时争取采用“软币”（汇率趋跌的货币）计价支付。如用人民币计价支付，对我方来说，不存在汇率风险损失。如果磋商时确定的货币对我方不利，则可通过调整价格来维护我方的利益。

有时，为了更有效地避免汇率变动的风险，除了支付货币外，还采用计价货币进行保值。

如“硬币”计价，“软币”支付，则两种货币之间的换算汇率采用支付日的汇率对卖方较为有利，而采用签约日的汇率对买方较为有利。

如“软币”计价，“硬币”支付，则两种货币之间的换算汇率采用签约日的汇率对卖方较为有利，而采用支付日的汇率对买方较为有利。

实际上“软币”、“硬币”在订立合同时是很难知道的，即使预先能够预测货币变动的趋势，买卖双方也很难达成一致。通常比较稳妥而买卖双方又容易达成一致的做法是：用双方约定的货币支付，而用某些一揽子货币计价，订约时按订约日的汇率将支付货币的金额换算为计价货币的金额，在支付时，按支付日的汇率将计价货币的金额换算为支付货币的金额。

一揽子货币有特别提款权（Special Drawing Rights；SDR），也有由任选的若干种货币组成的货币，前述的欧元也可看作是一种一揽子货币。特别提款权的汇率目前是根据美元、欧元、日元、英镑的汇率加权平均计算出来的，其汇率比较稳定。特别提款权尽管不能作为支付货币，但作为计价货币用在合同中防范汇率变动的风险是非常合适的。

有时，合同中可规定，根据合同货币对某一货币的变化对合同货币的价格进行调整，或在这种变化超过一定的范围后进行调整。

除了上述通过买卖合同的条款防范汇率风险的方法之外，买卖双方各自可通过货币交易来防范汇率变动的风险，相关内容可参考国际金融的教材。

三、贸易术语的选用

（一）贸易术语的表示

表示贸易术语时，通常按《通则 2010》的规定用相应的英文字母表示，并约定以《通则2000》为准。要正确规定术语后的地点，凡在世界上有重名的港口，应加注港口的国名。

(二) 贸易术语的选择

进出口贸易中，应根据所使用的运输方式、办理运输的难易和运费的高低、运输中货物的风险、有关国家对办理保险的法律规定等实际情况，考虑采用什么贸易术语。贸易术语要与合同中的其他条款一致。

下面以出口贸易中对FOB和CIF的选择为例分析说明对FOB、CFR、CIF、FCA、CPT和CIP这六种主要贸易术语的选择。

1. 外贸出口中采用FOB术语的利弊分析

依照INCOTERMS2010的解释，FOB术语项下由买方安排货物的运输和保险并支付运费和保险费，货物在指定装运港装上船后的一切风险均由买方承担。所以很多出口企业和外贸人士都认为，订立FOB出口合同是既省事又省心的，因为我方只需在指定装运港船上交货以及履行其他一些卖方的责任和义务，而不必去承担租船订舱和办理保险的责任和风险。但采用FOB术语出口存在着很多的弊端。

1）船货衔接问题

由于在FOB条件下是由卖方将货物运送到指定装运港口的仓库或码头，由买方负责租船订舱，这样买卖双方需要密切配合，给予对方确切、及时的通知，才能确保船货衔接。如果其中任何一方、任一环节出现问题，就会造成损失，产生纠纷，比如买方未能及时派船而此时卖方货已备齐并运至装运港就会造成船货衔接不当。此外，在买方负责运输的情况下，卖方通常处于被动地位，容易受制于人，比如出现船舶不适货的情况时就会对正常交货造成困难。

2）物权控制问题

在FOB术语下，由买方指定承运人或货代办理运输，则我方在指定装运港船上交付货物后对货物的有效控制权就将面临丧失的风险。由于买方指定的通常是其熟识的境外船公司或货运代理，那么买方就有可能利用他们之间的货运关系，通过提单的正本复印件或银行保函，采取无单提货等方式提取货物，如果买方不付货款就将造成我出口方货、款两空的损失。还有些情况是国外的买方与其指定的货代之间相互勾结，串通一气进行无单放货，甚至特意设置货代或无船承运人对国内企业进行骗货。一旦发生上述情况，追索起来也十分困难。我国的出口商只能依据海上货物运输合同起诉境外契约承运人，或依据货运代理合同起诉货运代理人，但由于这些运输契约的当事人身处国外，追索起来非常困难；对于涉案货物在国外目的港已被无单放行这一关键事实也难于举证；即使胜诉也可能因为这些运输契约当事人名存实亡而无法获得真正的赔偿。

3）运输风险与损失的实际承担问题

根据INCOTERMS2010，在FOB贸易合同中，出口商没有办理运输保险的责任，货物自装运港装上船后一切风险由进口商承担。假定货物在海运途中发生风险，造成了损失，如果是因为卖方通知不及时造成买方漏办保险，那么卖方将被要求承担损失；如果买方未办理保险，就不能向保险公司进行索赔。即便买方参加了保险，在其拒收货物或拒付货款但把保险单转让给出口商的情况下，由于出口商从货物装上船后不具有可保权益，也不能从保险公司获得赔偿。另外，若货物在运输途中发生的风险是由承运人的责任造成的，在买方拒绝付款的情况下，出口商就只能向船公司进行索赔。由于船公司身处国外，索赔起来就比较困难。

2. 外贸出口中应用CIF术语的利弊分析

采用CIF术语和FOB术语出口时对买卖双方之间的风险划分是一样的，即风险都是从货物在装运港装上船开始转移，只是在CIF术语下需要由卖方承担办理运输和保险的责任。在我国改革开放之前和之初，由于运力紧张，会由于出口方不能及时办理运输而带来一定的风险，但是正是因为由我方自己办理运输和保险，从而拥有更大的自主权和控制权，所以和FOB贸易术语相对比，在出口中采用CIF贸易术语具有下述优势：

1）船货衔接方便

采用CIF术语有效地解决了FOB术语下的船货衔接问题，因为卖方可以根据自己的备货进度安排装运。这一点明显是于卖方有利的。而且卖方通过对装船、通关等作业流程了解和控制，可以避免不必要的出运事故的发生。同时，由于可供选择的运输公司比较多，当一家船公司无法安排舱位出运时，可以立即找到另外的船公司运输。

2）掌握货物的实际控制权

选择CIF术语出口时，由于是我方自己办理货物运输，对我国的船运公司和货代的资信比较了解，可以有效地规避运输中的道德风险，从而无单放货的可能性也比较小。另外，对于因承运人或货运代理的责任造成的风险追索起来也比较方便。

3）提高贸易的灵活性

当货价起伏较大时，谁控制了运输便对谁较为有利。当货价大涨时，CIF条件下的卖方为了避免在价格高峰从厂商购进货物，可以尽量拖延装货交单的时间；相反遇到货价跌落，CIF条件下的卖方则可以用较低的价格由供货商那里购进货物，赶紧租船付运。其次，卖方一旦买进或准备好货物就可以及时安排装运，以免占用资金。

4）更好地防范运输风险

在CIF术语下，由于是卖方自己负责办理保险，一方面可以根据自己的装运进度统筹安排备货、装运，及时为货物投保，保证作业流程上的相互衔接；另一方面，当运输过程中出现货物运输风险时，由于卖方在买方付款之前掌握着保险单据从而方便向承运人或者保险公司索赔。

上述分析是从出口企业角度进行的分析。从宏观的角度分析，采用 CIF 术语出口有利于促进我国运输、保险事业的发展，增加我国运费、保险费的收入。随着我国外贸运输体系的发展和完善，按 FOB 术语出口的有利之处日益减少，而按 CIF 术语出口的有利之处日益显现，因此我国企业原则上出口时应争取采用 CIF 贸易术语。

由于采用 FOB 术语与 FCA 贸易术语下皆由买方办理运输，CIF、CIP 或 CFR、CPT 贸易术语下皆由卖方办理运输，根据上述分析，出口合同中应争取采用 CIF、CIP 或 CFR、CPT 贸易术语，进口合同中应争取采用 FOB 或 FCA 贸易术语。

➢重要概念

出口总成本；进口总成本；出口国内总费用；进口国内费用；出口盈亏额；换汇成本；外汇增值率；佣金；折扣；固定作价；非规定作价；滑动价格

➢思考题

1. 出口报价如何核算？

2. 出口总成本中为什么要减去出口退税收入？

3. 出口国内总费用包括哪几个方面的内容？如何计算？

4. 进口总成本是如何计算的？为什么要计算进口总成本？

5. 进口税费包括哪些？

6. 核算进出口经济效益时，有哪些指标？如何计算？

7. 折扣和佣金有何不同？它们分别是如何表示的？

8. 出口方在选择货币时，如何防范汇率变动的风险？

9. 企业出口时，在 FOB、CFR、CIF 三种术语中，你认为采用哪一术语较好，说明理由。

10. 非固定作价有哪些做法？

11. 某出口公司的某一出口商品确定的人民币价格为每公吨 3850 元，现国外客户要求报美元价，已知当日中国银行美元的牌价为 727.13—727.48 人民币，问我应报多少？

12. 某公司向香港客户报水果罐头 200 箱，每箱 132.6 港元 CIF 香港，客户要求改报 CFR 香港含 5%佣金价。假定保险费相当于 CIF 价的 2%，在保持原报价格不变的情况下，试求：①CFRC 5%香港价应报每箱多少港币？②出口 200

箱应付给客户多少港币佣金？③某公司出口200箱可收回多少港币外汇？

13. 我某公司对外出口某商品，每件100美元CFRC3%纽约，每件保险费2美元。如国外买方要求我方改报CIFC5%的价格，我方应如何报价？

14. 某商品出口总成本为人民币6200元，出口后的FOB收入为1000美元，人民币市场汇价为1美元=7.2739—7.2758。求该商品的出口商品盈亏率和出口商品换汇成本。

15. 我某外贸公司出售一批货物至日本，出口总价为10万美元CIFC5%横滨，其中从中国口岸至横滨的运费和保险费占12%。这批货物的国内购进价为人民币692 000元（含增值税17%），该外贸公司的费用定额率为5%，退税率为9%。结汇时银行外汇买入价为1美元折合人民币7.27元。试计算这笔出口的换汇成本和盈亏额。

16. 以每箱450元人民币购进1000箱货物，设国内费用率为15%，退税总额为25 000元人民币，以FOB上海价出口，客户要求2%佣金，若换汇成本要求控制在7.09元人民币/美元以内，最低应报价多少美元？（1美元=7.09元人民币）

17. 甲公司向乙公司购买一批非彩色投影机，进口合同总价为30万美元，价格条款为CIF上海。丙外贸公司的进口代理费为1%，海关关税税率为20%，增值税税率为17%，港口港杂费为500元人民币，内陆运费需要1000元人民币，当日外汇汇率为8.28。请计算该批货物的进口总成本。

➢案例分析

1. 1981年1月，中国某造船厂与德国一家航运公司签署了一项合同，规定由中方出口一批货轮。并约定于1982年开始交货。在报价时，对方要求以马克报价，中方在以人民币估价以后，先换算成美元，然后再以当时美元与马克的汇价折算成马克。在付款时，由于马克下浮，中方仅汇率损失即高达1千万美元。请分析中方的教训在哪里，应如何防止类似损失的发生。

2. 我国某外贸公司以FOB中国港口条件与新加坡某商达成一笔出口交易，新商开来信用证的金额和单价均按FOB中国港口计，要求货运日本横滨港，并在提单上表明“运费已付”（freight prepaid）字样，试分析新商为什么要这样做？我方应如何处理？

3. 20世纪70年代，美国西屋公司为了推销其生产的核反应堆，向客户保证：1975～1988年，以每磅8～10美元的价格提供60 000公吨以上铀（核反应堆燃料）。西屋公司有6000～7000公吨存货，签订了14 000公吨的远期合同。

1975 年 1 月铀的市场价上升为每磅 30 美元，要履行合同，西屋公司要承担近 20 亿美元的损失，会导致公司破产。西屋公司拒绝履行合同，其客户向法院起诉。后该案经双方协商获庭外解决。

试问：从上述案例中，可以总结出哪些经验教训？

第七章

国际货款结算

第一节　国际结算中的常用票据

国际贸易货款结算使用的支付工具主要是货币和票据。由于世界各国对本国货币的使用一般都实行管制，加上输送等问题的诸多不便，直接以现金货币支付货款的方式极少采用。现代国际贸易中，主要采用票据作为结算工具进行结算。票据包括汇票、支票和本票，其中以汇票为主。汇票是历史最久远的流通票据形式，在国际经济活动中使用得最频繁，大大超过了本票和支票的使用。各国票据立法中关于汇票的规定也是最为详尽的，这些法律全部或部分地适用于本票和支票。

一、票据概述

（一）票据的定义

票据（bill）有广义和狭义之分。广义的票据包括物权票据和资金票据。凡赋予票据持有人一定权利的各种凭证，如货物提单、银行存单、保险单等都属于票据。狭义的票据仅指资金票据，是以支付一定金额为目的、用于债权债务关系清偿和结算的凭证。我们通常所说的“票据”是指狭义的流通票据。在我国，“票据”一词一直是指汇票、本票和支票。票据的完整定义是指具有一定格式，由持票人签发的、无条件约定自己或要求他人在某一日期支付一定金额，并可以经过交付和背书交付而转让的书面支付凭证。

（二）票据的功能

票据在现代市场经济生活中发挥着重要的功能，具体来说体现在以下几种：

1. 流通功能

流通功能是票据的基本功能。票据是可以转让流通的信用工具。票据在经过背书后可以多次转让，背书的次数越多，收款的安全性越强。票据的流通功能使得经济生活中现金的使用大大减少，从而降低了流通费用，方便了债权的自由转让。

2. 结算功能

结算功能是票据的主要功能。这一功能可以使债权人、债务人之间的债权债务相互抵消，是经济活动中广泛使用的功能。在面临较大支付金额时，使用现金往往既不方便也不安全，使用票据则可以避免这些不便和风险。现代国际贸易结算一般都使用非现金结算方式，所以需要借助票据这类结算工具来实现非现金的资金转移。在世界各地各种票据交换所、票据交换中心进行的票据清算是票据结算功能的直接表现。

3. 融资功能

融资功能是票据的新功能。票据作为信用工具融通资金，可以简化借贷手续，扩大资金来源。所以，许多企业通过票据贴现来融通资金，一些国家的政府甚至通过票据贴现市场来调节市场上货币的流通量。

（三）票据的性质

1. 流通转让性

一般说来，除非票据上写明类似“禁止转让”的字样，所有票据无论采用何种形式支付票款，持票人都有权将它流通转让给其他人。这就是票据的“流通转让性”。

广义的票据转让有三种类型：

（1）过户转让（assignment）。过户转让必须经过转让人、被转让人的签字才能成立，如股票的转让。过户转让的受让人获得的权利要受到转让人权利缺陷的影响。

（2）交付转让（transfer）。交付转让是只需将票据交付他人而不用通知债务人的转让，如货物提单的转让。交付转让时受让人获得的权利也要受到转让人权利缺陷的影响。

（3）流通转让（negotiation）。流通转让是通过交付或背书交付进行的转让，受让人获得票据的全部法律权利，受让人的权利不受转让人权利缺陷的影响。

流通转让与过户转让、交付转让的主要区别就在于受让人的权利不受转让人的影响。它保证票据能被广泛接受，广为流通。狭义票据的转让就属于这种类型。流通转让方式在手续上的简化性与权利让渡上的完整性，使得受让人可以获得充分、完整的票据权利。受让人的权益得到了比过户转让和交付转让更大的保护，因而有利于票据的顺利转让。

2. 无因性

票据是出票人签发给收款人保证由自己或由第三人付款的凭证，由此产生了债权债务关系。这种关系的产生是有原因的，其原因可能是由于货物买卖关系，也可能是由于其他经济关系。如果票据的有效性取决于产生票据的原因，那么当受让人对前手之间关系及票据产生原因不了解的时候，其票据权利就会受到票据原因有效性的制约，从而不利于流通性的真正实现。所以，对于票据受让人来说，他应该无须调查前手债权债务关系以及票据产生的原因，只要持有的票据表面合格，他就能取得票据上文义载明的权利，票据的这种特性就称为“无因性”。票据本身是否成立不受产生票据原因的影响，票据当事人的权利与义务也不会由于产生票据原因的影响而改变。这种无因性可以使票据的使用变得简单化，避免受到其他因素的影响，从而便于票据的流通。

3. 要式性

由于票据的无因性使得判断票据成立不能以当事人之间的基本关系为依据，所以证明票据的成立需要有其他强有力的依据。以票据的外在形式、票据上记载的内容（要件）、处理票据的行为是否符合法律规定来判断票据是否成立，可以在使用过程中把关于票据的纠纷减少到最低限度，从而保障票据的顺利流通。这就是所谓的“要式性”，要式性使得票据的使用有章可循，提高了处理票据的效率。

以上三种性质是票据性质中最为重要的三种性质。

二、汇票

（一）汇票的定义

汇票（bill of exchange or draft）是最重要、最常用的一种支付工具。关于汇票的定义，各国的法律规定并不统一。大陆法系国家一般在法律中不规定汇票的定义，而英美法系国家则大多在法律中对汇票做出定义。我国《票据法》对汇票作了如下的定义：“汇票是出票人签发的，委托付款人在见票时或者在指定的日期无条件支付确定的金额给收款人或者持票人的票据。”

这一定义体现了汇票的两个重要特点。

1. 汇票是出票人的书面命令

汇票的基本当事人有三个，即出票人（drawer）、付款人（drawee）和收款人（payee）。汇票就是出票人签发的，命令付款人向收款人付款的书面指示。

“书面命令”的含义有两层，首先，汇票的形式必须是书面的（in writing），而不是口头的（oral）的，否则当事人将无法签字；其次，汇票的内容是命令（order），而不是请求、商量或者征求意见（如“Would you please……”）等。

2. 汇票的付款命令是无条件的

“无条件”意味着付款时不能有任何限制或附带的条件，即没有任何先决条件。如果汇票的付款命令附加了条件，这张汇票在法律上讲就是一张无效的汇票，不具备法律效力。如“Pay to the order of the sum of US Dollars eighty thousand only provided that the goods are up to the standard”（货物与标准相符即付款 8 万美元）。

这是有条件的支付命令，因为如果货物与合同要求不相符就无法付款。有条件的支付命令使汇票无法执行支付功能，所以，付款命令必须是无条件的。

(二) 汇票的内容

汇票是要式证券，在汇票上依法记载的各种事项是汇票有效成立的要件。这些要件构成汇票的主要内容。

票据上的记载事项依照记载后的效力可以分为：绝对应记载事项、相对应记载事项、不发生法律效力事项。“绝对应记载事项”，是指《票据法》明确规定票据上必须记载，如不记载，票据即告无效的事项。“相对应记载事项”，是指票据上应记载，但当事人如不记载，则法律上的规定对该事项起到补充作用，从而不使票据无效的事项。“不发生法律效力的事项”，是指法律上不要求记载、没有进行规定的事项。

根据我国《票据法》的规定，汇票应该包括“汇票”字样、无条件的支付命令、确定的金额、付款人名称、收款人名称、出票日期、出票人签章等内容。其他国家的《票据法》规定也都大同小异。因此，一张完整、合格的汇票应具备如下内容：

1. 标明“汇票”字样

这样做的主要目的是表明票据的性质和种类，与其他票据区别开来。“汇票”一词在英文中有不同的表示方法，如“bill of exchange”、“exchange”、“draft”等，均可用来表示汇票。汇票字样应当写在汇票上而不得写在汇票的粘单上。我国和大陆法系国家所用的汇票把“汇票”作为标题，印在汇票上方。英美法系国家法律没有这种规定。

2. 无条件的支付命令（unconditional order to pay）

为了维护票据权利人的利益，无论是大陆法系还是英美法系，都规定汇票付款必须是无条件的支付命令，否则票据无效。在我国，无条件的支付命令，通常用“凭票付”或“请于到期日无条件支付”等文句来表示。英文中一般使用祈使句，如“Pay to the order of……”。

3. 确定的汇票金额（certain in money）

汇票是资金票据，所以汇票上必须明确记载支付款项的金额，不能用货物数量或其他需要换算的方式表示，不能模棱两可，如“About two hundred US Dollars”（大约200美元左右）。

这种汇票是不能产生票据法律效力的。

另外，为了防止涂改，汇票上不仅要记载确定的金额，而且文字的大写数字和小写数字必须同时记载，大小写不一致时，国外法律规定以大写为准，我国《票据法》规定视为无效票据。

4. 付款人姓名、商号及地址（drawee）

付款人就是接受出票人的命令支付汇票金额的人，一般为出票人以外的当事人。付款人的姓名、商号及地址通常写在汇票的左下方。

5. 收款人姓名、商号及地址（payee）

收款人是汇票最初的权利人，也是主债权人，必须明确记载，一般写在汇票的中间。

收款人又称“汇票抬头”，通常有三种写法。

1）限制性抬头

表示汇票仅限于支付款项给收款人，不得转让。例如：

“Pay to XXX Co.，Ltd. only”

“Pay to XXX Co.，Ltd. Not Transferable”

2）指示性抬头

汇票标明特定人或其指定人为收款人。汇票经抬头人背书后，可以转让。如：

“Pay to the order of XXX Co.，Ltd.”

3）持票人抬头

汇票上不规定汇票的收款人，任何持票人均可作为收款人，付款人只认汇票不认人。持票人抬头的汇票无须经过背书即可进行转让。如“Pay to the bearer”。

6. 出票日期（date of issue）

出票日期是指汇票签发的日期。出票日期有这样一些作用：

（1）可以判断出票人出票时的行为能力。如果出票人是法人，凭出票日期可以判断该法人在出票时是否已经成立或者业已倒闭，从而判断其是否有民事法律行为能力。如果出票人是自然人，凭出票日期可以判断其是否为具有民事行为能力的自然人。

（2）可以决定付款日期。有的汇票注明付款期限为出票后的一段时间，因此需要用出票日推算汇票的到期日，如“At 20 days after the date pay to……”（出票后 20 天)。

(3) 可以决定汇票的有效期限。按照《日内瓦票据统一法》的规定，即期汇票的有效期是出票日起的 1 年时间内。我国《票据法》规定见票即付的汇票有效期为自出票日起的 2 年时间。出票人如果不在规定的有效期内要求票据权利，有效期满后票据权利自动消失。

7. 出票人签章（signature of drawer)

签章是出票人承担出票责任的表示，出票人一旦在汇票上签了字，就确定了自己主债务人的地位。没有出票人签章的汇票是无效的。

依照《票据法》的规定，汇票上的签章为签名、盖章或签名加盖章。出票人签章，可以是一人签章，也可以是两人以上的签章。凡两人以上共同签章时，任何签章人都对汇票上的债务负有连带责任。

以上七项为汇票的绝对应记载事项。下面三项是相对应记载事项：

8. 付款期限（tenor)

付款期限是汇票上记载的应当付款的日期，也称为“到期日”。它是债权人行使权利和债务人履行义务的日期。如果汇票上没有记载付款期限，则会被视为“见票即付”的即期汇票。在这一点上，很多国家的票据法律都有相同的规定。汇票的付款期限一般有四种。

1) 见票即付（bill payable at sight)

见票即付是以收款人提示汇票的当天为到期日。这种汇票无须承兑。在汇票上表示即期付款的文字一般是：

“On presentation pay to……”,

“On demand pay to……”,

“At sight pay to……”。

2) 出票后定期付款（at a fixed period after the date)

出票后定期付款又称“出票远期付款”，是指从出票日起算一定时间后付款。如“At 30 days after the date pay to……”。

3) 见票后定期付款（at a fixed period after sight)

见票后定期付款又称“见票远期付款”，是指从持票人第一次提示汇票起算一定时间后付款。这种汇票的持票人事先要向付款人提示以确定付款日期。如“At ten days after sight pay to……”

4) 确定日期付款（at a fixed date)

确定日期付款是指在汇票上注明一个确定的日期为付款日。由于付款日期无须推算，所以这种汇票又称为“板期付款汇票”，简称“板票”。如“On 6th May，1999 fixed pay to……”。

9. 付款地点（place of payment）

付款地点是汇票上记载的支付汇票金额的地点。汇票上没有记载付款地点的，付款人的营业场所、住所或经常居住地就被视为付款地点。付款地点通常记载为最小的行政区域。

明确的汇票支付地点可以避免持票人随地请求付款，减少不必要的纠纷。另外，根据国际司法的“行为地原则”，在付款地发生的“承兑”、“付款”等行为都要适用付款地的法律。

10. 出票地点（place of issue）

出票地点是汇票上记载的汇票的签发地点。出票地点不一定是真实的签发汇票的地方，即使汇票上记载的出票地点与真实出票地点不相符，也不影响汇票的效力。

按照国际惯例，票据是否成立是以出票地法律来衡量的。如果汇票上未记载出票地，则推定出票人的营业场所、住所或经常居住地为出票地。出票地点通常记载为最小的行政区域。

以上是《票据法》规定应记载的事项，除此之外，汇票上还有一些不影响汇票法律效力的事项，如表示正本汇票的“付一不付二”条款；表示出票依据的信用证号码、发票号码等，这些内容是为了便于单证的查阅和引用，不具备法律效力。汇票的格式如图 7.1 所示。

Bill of Exchange

No.________ （汇票号码）

Drawn under （出票依据） __________________ L/C No.________________ Dated ___________

Payable with interest @____________% _________________ （付款利息）

Exchange for USD1397.00 （汇票金额） Beijing, China 06/10/ 2008（出票时间地点）

At（见票）________Sight of this FIRST of Exchange （Second of Exchange being unpaid ） 付一不付二）

Pay to the order of ___________________________________ （收款人） the sum of（金额）

US DOLLARS ONE THOUSAND THREE HUNDRED NINTY SEVEN ONLY

To（致付款人） ________________________

________________________（出票人）

（Signature）（签字）

图 7.1　汇票式样

（三）汇票的使用

汇票的使用是通过一系列的票据行为来完成的，汇票流通过程中的每一种行为都必须符合《票据法》的相应规定。汇票的行为主要包括出票、提示、承兑、付款、背书、拒付、追索等主要行为。

1. 出票（issue）

出票是指出票人签发汇票并将其交付给收款人的票据行为，是基本票据行为，是其他一切票据行为的基础。

完整的出票行为应包括两个内容：一是出票人制作汇票并签字。出票人的签字使汇票生效，否则汇票是无效票据；二是出票人将汇票交付给他人，如收款人。交付的目的在于使汇票不可撤销，使其作为独立的债权凭证发挥作用。同时，严格的出票行为是签发和交付一张要式齐全的合格汇票。

2. 提示（presentation）

提示是指持票人（holder）将汇票提交付款人，要求承兑和付款的行为。汇票作为流通票据，持票人只有出示汇票才能证明自己拥有的票据权利，要求付款人做出承兑或者支付。为了明确当事人的责任，汇票的提示应当在合理的时间内做出，持票人逾期没有提示汇票，则出票人和背书人解除对持票人的票据责任。

付款人见到汇票称为“见票”（sight），提示和见票是同一票据行为的两个方面。如果提交的是即期汇票，付款人见票后应该立即付款；如果提交的是远期汇票，付款人见票后应该办理承兑汇票的手续，等汇票到期时再进行付款。

3. 承兑（acceptance）

承兑是指付款人对远期汇票表示承担到期付款责任的行为。承兑手续是由付款人在汇票正面写上“承兑”（accepted）字样，并注明承兑日期，由承兑人签字后交还持票人，到期付款时承兑人才收回汇票。

汇票经过承兑后，承兑人就代替出票人成为汇票的主债务人。如果承兑人在承兑时用明确的措词改变了汇票的无条件支付命令的性质，使持票人的票据权利受到约束，持票人可以视为被拒绝承兑，转而向前手追索。

4. 付款（payment）

付款是汇票的承兑人或付款人向汇票的持票人支付汇票上所载金额款项的行为，也是结束债权债务关系的行为，汇票一经付款，票据关系即告解除，汇票也随之退出流通领域。

汇票到期后，由付款人或承兑人向持票人支付票款，并要求持票人在汇票背面签名作为收款凭证，在汇票上注明“付讫”字样收回汇票，还可以要求持票人另外开立收据。

5. 背书（endorsement）

背书是指汇票的持票人（背书人，endorser）将收款的权利转让给他人的行为，汇票的受让人称为“被背书人”（endorsee）。背书是转让汇票权利的一种手段。汇票的持票人在汇票背面或者粘单上签上自己的名字，有的还写明被背书人的名字，然后把汇票交给被背书人。完成背书手续以后，汇票的收款权利就由背书人转移给被背书人。

汇票可以多次背书转让，被背书人取得汇票权利后，还可以继续背书转让下去。对于汇票的受让人来说，在他以前的背书人以及原出票人都是他的“前手”。对于汇票的出让人来说，所有在他出让汇票以后的受让人都是他的“后手”。根据《票据法》的规定，前手对后手都要承担汇票的付款责任。

持票人如果需要在汇票到期前取得票款，可以经过背书将汇票转让给银行或其他金融机构，银行在按票面金额扣除一定利息和手续费后将剩余的票款支付给持票人，这叫做“贴现”（discount）。银行贴现汇票后就成为汇票的正当持票人，可以继续在金融市场上转让该汇票，直到汇票到期为止。

6. 拒付（dishonor）

拒付又称“退票”。拒付行为可以是实际的，也可以是推定的。实际退票包括两种情况：一是持票人要求承兑时，遭到付款人拒绝承兑；二是持票人要求付款时，遭到付款人拒绝付款。推定退票是由一些确定的事实断定，付款人不会进行承兑或付款，如付款人拒不见面、付款人死亡或已宣告破产等情况。汇票一经被拒付，持票人随之产生追索权（right to recourse）即有权向背书人和出票人等前手请求偿还汇票所载金额款项及费用。

7. 追索（recourse）

追索是指一张合格的汇票经过转让后，在到期时遭到拒付，最后的持票人可以要求前手履行汇票债务的行为。持票人追索时需要由付款地的法定证人做出拒付证书（protest），凭以作为向前手进行追索的法律依据。有时汇票的出票人或背书人为了避免承担被追索的责任，在汇票上加注了“不受追索”（without recourse）的字样，有了这种加注，汇票就很难在市场上进行流通转让了。

（四）汇票的种类

汇票从不同角度可分为以下几种：

1. 汇票按出票人的不同，分为银行汇票和商业汇票

1）银行汇票（banker's bill）

银行汇票是由银行签发的汇票，出票人和付款人都是银行。银行签发汇票后，由汇款人携带或邮寄交付收款人，收款人持汇票向付款行请求付款，付款行对汇票审核无误后即对收款人付款。银行汇票的信用基础是银行信用。

2）商业汇票（commercial bill）

商业汇票是由工商企业签发的汇票，付款人可以是工商企业，也可以是银行。商业汇票的信用基础是商业信用，因此当事人承担的风险较大。

2. 汇票按付款期限的不同，分为即期汇票和远期汇票

1）即期汇票（sight bill or demand draft）

汇票上规定见票后立即付款的汇票称为“即期汇票”。

2）远期汇票（time bill or usance bill）

汇票上规定付款人于某个指定的日期或者将来某个可以确定的日期进行付款的汇票称为“远期汇票”。

3. 汇票按流通时是否附带有货运单据，分为光票和跟单汇票

1）光票（clean bill）

光票是指不附带货运单据的汇票。光票的流通没有物权凭证作为保证，完全依靠当事人的信用，即依靠出票人、付款人或背书人的资信状况来保证收款的安全。信用较好的汇票才容易在市场上进行流通，所以光票多为银行汇票。

2）跟单汇票（documentary bill）

跟单汇票是指附带提单等货运单据的汇票。国际贸易中的货款结算，绝大多数是使用跟单汇票。跟单汇票的流通转让和资金融通除与当事人的信用有关外，还和附属单据所代表的货物价值有关。

4. 汇票按远期汇票承兑人的身份不同，分为商业承兑汇票和银行承兑汇票

1）商业承兑汇票（trader's acceptance bill）

商业承兑汇票是指由企业或个人承兑的远期汇票，商业承兑汇票是建立在商业信用基础上的。商业承兑并不能改变汇票的信用基础。

2）银行承兑汇票（banker's acceptance bill）

银行承兑汇票是指由银行承兑的远期汇票，银行承兑汇票是建立在银行信用基础上的。银行对商业汇票的承兑可以改变汇票的信用基础，使商业信用转化为银行信用，从而增强了汇票的可接受性和流通性。

三、本票

本票在国际贸易结算中的使用不如汇票广泛，在国内贸易结算中的使用也比不上支票，这是因为支付手段不是本票的主要作用，本票最主要的作用是作为信用工具在金融市场上进行资金的筹集，所以它比汇票和支票更具有投资工具的特性。由于本票兼具投资工具的特性，所以它在贸易与融资相结合的进出口交易中，常常是一种主要的结算工具，并且可以在资本市场上进行交易，发挥融资工具的作用。

（一）本票的定义

本票（promissory note）是一个人向另一个人签发的，保证在可以确定的将来时间，对其支付一定金额款项的无条件的书面承诺。由于出票人无条件地承担

了到期支付票款的义务，因而本票就成了出票人的债务凭证，而受票人则成了相应的债权人。

（二）本票的特点

（1）本票的基本当事人只有两个，即出票人和收款人。本票的付款人就是出票人自己，本票是出票人承诺和保证自己付款的凭证。在任何时候，本票的出票人都是绝对的主债务人。

（2）本票是无条件的支付承诺。为了强调本票是出票人的付款承诺，在英文名称上，本票被称为“note”（付款承诺），而不是“bill”（债权凭证），后者是票据的统称。

（3）远期本票不必办理承兑。本票的出票人就是付款人自己，因此持票人无须向付款人提示，要求进行承兑以便到期后付款。但是见票后定期付款的本票应该向出票人进行提示以确定本票的到期日。

（三）本票的内容

本票成为一张独立的、可流通转让的债务凭证，其有效性同样取决于它的形式要件是否符合有关《票据法》的规定。《日内瓦票据统一法》规定，本票的内容有下列 9 项：

（1）写明“本票”字样；

（2）无条件支付承诺；

（3）收款人名称及地址；

（4）出票人签字；

（5）签发日期；

（6）金额；

（7）付款期限；

（8）签发地点；

（9）付款地点。

上述 9 项内容是对本票要件的规定，同时该法规定，除第（7）、（8）、（9）项外，其余均为绝对要件，若有欠缺，则本票无效。作为相对要件，如果签发地点欠缺，可以用出票人名称旁的地址作为出票地；如果该地址欠缺，可以用出票人的住所或营业场所作为出票地点。如果付款地点欠缺，则视为与出票地点相同。如果付款期限欠缺，则视为见票即付。

我国《票据法》关于本票的绝对要件与相对要件的规定与《日内瓦票据统一法》只有一处区别，就是我国的《票据法》规定，本票的付款期限只有见票即付一种，不允许开立远期本票。本票的格式如图 7.2 所示。

PROMISSORY NOTE

$10000 New York, 6th May,2008（出票日期地点）

On the 10th June, 2008 fixed by the Promissory Note We promise to pay

（收款人）____________________ the sum of（金额）

US DOLLARS TEN THOUSAND ONLY

________________（出票人）

（Signature）（签字）

图 7.2　本票式样

（四）本票的种类

本票的分类方法一般按出票人的身份不同分为三种。

1. 商业本票（commercial promissory note）

商业本票又称“一般本票”，是指由企业、公司或个人签发的本票。在普通的国际贸易结算中，本票很少使用。因为它是以出票人的商业信用为基础的，收款人的利益缺乏保障，所以使用范围很小。中小企业一般不签发商业本票而都使用跟单汇票，只有在大型企业的资本货物进出口交易中，由于买方签发的本票可以得到出口信贷银行的担保，信用程度大大提高，收款的安全性得到了加强，因而能为出口商所接受，成为这类交易中常见的支付工具，从这一点我们也可以看出，商业本票主要是用于融资领域而不是贸易结算领域。

2. 银行本票（banker's promissory note）

银行本票由银行签发的本票，以银行信用为基础，信用等级普遍优于商业本票。在国际贸易结算中使用的本票，大多是银行本票。

银行本票与货币的关系非常密切。现代社会中通用的信用纸币的前身就是银行券，是早期银行收进客户存放的金属货币时签发的取款凭证，它的作用与银行本票很相似。今天，银行券的发行权集中到了中央银行的手中，这种银行券就成了法定纸币。商业银行（特别是信誉一流的银行）签发的银行即期本票，在一定程度上发挥着货币的作用。

我国《票据法》中规定的本票只有银行本票一种，使用上有较严格的限制。客户在申请签发银行本票时必须缴存足额的票款，付款期限也只有见票即付一种，提示期限为自出票日起 2 个月。

3. 政府本票（government promissory note）

政府本票主要是指各级政府发行的公债、市政债券等债务凭证。由于出票人

（即政府）承诺到期无条件还本付息，因此就其性质而言这些债券属于本票。政府本票以政府信用为基础，以政府财政税收的收入作为支付的保障，其可靠性与安全性更胜银行本票一筹，因而在融资市场上极其具有吸引力。

四、支票

支票在国内经济交易及国际非贸易结算中的使用十分普遍，但在国际贸易结算中主要是用来支付一些小额的零星费用，因此使用范围不如汇票广。商业银行的发展和银行网络的普及使支票成为国内经济活动中高效、便利的结算工具，在非现金结算领域中发挥着重要的作用。

（一）支票的定义

支票（check or cheque）是银行存款户签发的，要求银行见票时立即从其账户中无条件地支付一定金额给指定收款人或持票人的书面支付命令。支票可以被看做是以银行为付款人的即期汇票。

（二）支票的内容

根据《日内瓦票据统一法》的规定，支票的内容必须包括以下事项：

（1）写明“支票”字样；

（2）无条件的支付命令；

（3）付款银行名称、地址；

（4）出票人签字；

（5）出票日期和地点；

（6）付款地点；

（7）金额；

（8）收款人或其指定人。

上述8项内容是对支票要件的规定，同时该法规定，除第（5）、（6）项外，其余6项均为绝对要件，若有欠缺，支票无效。作为相对要件，如果出票地点欠缺，可以使用出票人名称旁的地址作为出票地；如果该地址欠缺，则可以用出票人的住所或营业场所作为出票地点。如果付款地点欠缺，则视为与出票地点相同。支票的格式如图7.3所示。

（三）支票的特点

1. 支票的出票人必须具备一定的条件

支票的出票人首先必须是银行的存款户，在银行要开立有存款账户，在银行没有存款账户的人不能成为支票的出票人。其次，出票人与存款银行之间有使用

THE BANK OF SAIBAN（账户行） 13652（支票号码）

Saiban, May 3th.2005（出票时间地点）

Pay against this check to the order of（收款人）________________ the sum of（金额）

US DOLLARS FIVE THOUSAND ONLY $5 000.00

____________（出票人）

（Signature）（签字）

图 7.3 支票式样

支票的协定，存款银行同意存款人使用支票。最后，支票的出票人必须使用存款银行统一印制的支票。支票不像汇票和本票那样可以由出票人自己制作。

2. 支票是见票即付的票据

支票是即期付款，付款银行必须见票即付。因此，支票没有到期日，也没有承兑、保证等票据行为。如果出票人想将支票用于远期支付，可以在出票时将支票的出票日期往后推迟。

3. 支票的付款人仅限于银行

支票必须由银行而不是由其他人来付款，银行根据客户的要求从客户的银行账户余额中划出款项用以支付支票的金额。

（四）支票的种类

支票根据特征的不同可以进行以下几种分类。

1. 根据支票收款人的抬头不同，可分为记名支票和不记名支票两种

1）记名支票（check to the order）

记名支票要在支票的收款人一栏中写明收款人的名称，取款时必须由收款人签名后才能支取，记名支票可以背书转让。

2）不记名支票（check to the bearer）

不记名支票又称“空白支票或来人支票”，指在支票上不写明收款人的姓名，任何人只要持有这种支票，都可以向银行要求付款，取款时也无须在支票背面签名盖章。银行对持票人获得支票途径是否合法不予过问。

2. 根据支票对付款有无特殊限制，可分为普通支票和划线支票两种

1）普通支票（open check or uncrossed check）

普通支票又称“公开支票或未划线支票”，是对付款无特殊限制的一般支票。普通支票的持票人可以持票向付款银行提取现款，也可以通过其往来银行转账收取款项。普通支票的使用非常方便，但存在较大的风险，因为一旦支票遗失或者

被盗就有可能被他人冒领票款。

2）划线支票（crossed check）

划线支票是指由出票人或持票人在普通支票上划上两条平行线的支票。划线支票的持票人只能委托银行转账收款，不能直接提取现金。划线支票可以防止遗失后被人冒领款项，起到保障收款人利益的作用。划线支票又可以分为一般划线支票和特别划线支票两种：

一般划线支票（generally crossed check）指不注明收款银行的划线支票，可以收款人委托任何银行收取票款。

特别划线支票（specially crossed check）指在所划平行线内写明具体收款银行的划线支票，收款人只能委托票面注明的银行收款。

3. 根据支票的信用保证，可分为保付支票和空头支票两种

1）保付支票（certified pay check）

保付支票是指由付款银行加注“保付”（certified to pay）字样的支票，这种支票在向银行进行提示时，银行会无条件地保证付款。为防止出票人开立空头支票，提高收款的安全性，收款人或持票人可以要求银行对支票进行保付。支票一经保付，其付款责任就由银行来承担。即使出票人在银行的账户余额不足以支付票款，付款行也要支付保付支票的款项。保付支票使持票人在任何情况下都能保证获得支付，信用等级高于其他类型的支票。

2）空头支票

空头支票是指出票人签发的支票金额，因为超过其在银行账户中的实际余额，会遭到银行拒绝支付的支票。我国的《票据法》禁止签发空头支票，对开立空头支票的客户，银行有权征收罚款，对反复、恶意开出空头支票的行为，可以移送司法机构以欺诈罪论处。

五、汇票、本票与支票的比较

汇票、本票和支票之所以能成为不同的票据，是因为它们都有各自不同的特点，彼此间存在一些差异。具体来讲，主要表现在以下几个方面：

（一）基本性质不同

汇票与支票都是无条件的支付命令，是由出票人命令另一个人支付款项，是委付证券，所不同的是汇票的付款人可以是银行、企业或个人，而支票的付款人一定是银行；本票是一种无条件的支付承诺，出票人承诺由其本人支付款项，是已付证券。

(二) 基本当事人不同

汇票和支票的当事人都是三个，即出票人、付款人和收款人；而本票的当事人只有两个，即出票人和收款人，因为出票人本身承担着付款责任，与付款人是同一人。

(三) 出票人承担的责任不同

即期汇票与本票、支票的出票人，自始至终都承担主债务人的责任；而远期汇票在承兑后就由承兑人承担主债务人的责任，出票人退居为从债务人。

(四) 付款期限不同

支票是即期付款的票据，见票即付，没有远期支票。汇票和本票都有即期付款和远期付款之分，有到期日的记载；但是汇票有承兑、保证等票据行为而本票没有，因为本票的出票人与付款人是同一人，无须进行承兑。

(五) 当事人的资金关系不同

汇票的出票人和付款人之间，不必事先有资金关系；本票是无条件的支付承诺，出票人就是付款人，无所谓双方间的资金关系；而支票的出票人与付款人之间则必须先有资金关系，才能进行签发。

(六) 出票份数不同

汇票有一式两张或数张，在实务中可以成套签发。这种做法主要是为了防止因一次性寄单发生延误、遗失或损毁的意外事件，避免影响交货和收款的顺利进行；而本票和支票都只有一张正本。

第二节 商业信用结算方式——汇款和托收

一、汇款方式

(一) 汇款的定义

汇款（remittance）又称“汇付”，是付款人主动通过银行把款项支付给收款人。

汇款是资金转移的基本方式，不仅运用于贸易结算，也广泛地运用于非贸易领域的资金转移。银行之间的资金划拨也是通过汇款方式最终完成的，所以它不仅仅是一种独立的结算方式，也是其他各类结算方式的构成要素之一。

汇款是付款人主动将资金送交银行支付给国外的收款人，因而是典型的顺汇方式。

（二）汇款方式的当事人

在汇款业务中有四个基本当事人：

1. 汇款人（remitter）

汇款人是向银行缴款付费，委托银行将款项汇交给国外债权人或收款人的人。在进出口贸易中，通常是进口商、被索赔的出口商或者其他需要移交款项的人。

2. 汇出行（remitting bank）

汇出行是接受汇款人的委托，转托国外分行或代理行支付一定金额给指定收款人的银行。通常是汇款人所在地的银行。

3. 汇入行（paying bank）

汇入行是接受海外分行或代理行的委托，按其指示或支付命令，解付一定金额给收款人的银行。通常是收款人所在地的银行。

4. 收款人（payee）

收款人是汇款人指定的、收取款项的人，通常是出口商。

（三）汇款方式的业务流程

汇款方式的业务流程如图 7.4 所示。

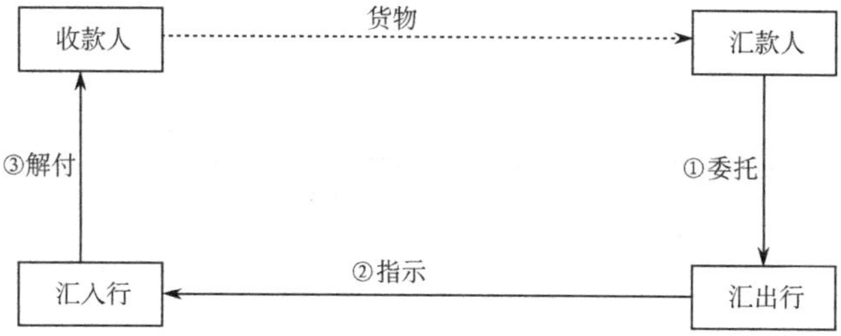

图 7.4　汇款业务流程

① 汇款人填写汇款申请书交汇出行并交款付费。

② 汇出行按汇款人的要求，向汇入行发出指示，委托汇入行将款项支付给收款人。

③ 汇入行核对指令无误后将款项解付给收款人。

(四) 汇款方式的种类

汇款的种类根据银行发送支付指令方式的不同可以分为电汇、信汇和票汇三种：

1. 电汇（telegraphic transfer，T/T）

电汇是汇款人向当地外汇银行申请并支付本币，由汇出行通过加押电报、电传或 SWIFT 网络（society for worldwide interbank financial telecommunication，环球银行金融电讯协会）通知汇入行，指示其向指定收款人解付一定金额的汇款方式。

电汇是银行之间的直接通讯，发生错误和遗失的可能性很小。银行通常会在当天处理汇款，由于不能占用资金，所以银行收取的费用很高。由于安全、高速的特点，电汇已成为目前汇款中使用最普遍的方式。电汇汇率可以作为外汇市场的基本汇率，其他汇率以电汇汇率作为计算的基础。

2. 信汇（mail transfer，M/T）

信汇是汇款人向当地银行交付本币，银行开具付款委托书，用航空邮件寄交国外汇入行，指示其办理资金转移的汇款方式。

信汇的特点是费用低、时间长。由于资金在途时间长，汇出行可以占用一定邮程的资金，所以银行收取的手续费相对较低。在邮递过程中因为中转环节多，容易发生遗失或延误等意外事件，所以信汇只能用来进行金额不大、收款不急的汇款，不能满足大额、急需的资金转移要求。随着电讯事业的发展，信汇方式的使用已日趋减少了。

3. 票汇（demand draft，D/D）

票汇是汇出行应汇款人的申请，开立以汇入行为付款人的即期银行汇票，交给汇款人自行寄送给收款人或亲自携带出国，凭票取款的一种汇款方式。票汇多用于小额汇款以及国际贸易中从属费用的结算。票汇除使用汇票以外，也使用其他票据如银行本票和支票等。例如，在非贸易结算方式中经常使用的旅行支票，就是银行或旅行社为旅游者备付旅途费用所开出的定额支票，也是银行汇款的一种凭证，属于票汇方式。

与信汇、电汇方式相比，票汇方式有很大的灵活性，只要汇票抬头允许，取款人可以是汇款人自己，也可以是国外的债权人。信汇与电汇方式的收款人要接到汇入行的汇款通知后才能收款，而票汇方式的收款人可以主动持汇票收款。另外，信汇与电汇方式凭汇款通知取款，汇款通知是不能在市场上进行转让的，而票汇方式使用的是银行汇票，可以进行背书转让或向国外银行进行贴现，可以灵活地发挥支付功能。

（五）汇款方式的使用

汇款方式的主要功能是转移资金，因此大量地被用于非贸易的国际资金调拨业务中，如信贷、外汇交易、捐赠、私人汇款等。汇款方式也可以用于国际贸易结算，主要是订金、尾款以及佣金等小额费用的支付，国际贸易中一些大宗交易使用分期付款或延期付款时也可以采用汇款方式。

因此，实务中汇款方式通常有预付货款（payment in advance）、随定单付款（cash with order）、交货后付款（cash on delivery）、记账赊销（open account trade）等几种主要方式。其中预付货款和随定单付款对卖方有利，因为可以先得到货款再发货，收汇安全有保证；交货后付款和记账赊销对买方有利，因为可以在收到货物后再付款，占用了对方的资金。下面主要介绍预付货款和货到付款两种典型的汇款方式的使用。

1. 预付货款

预付货款是指进口商先将部分或全部的货款支付给出口商，然后由出口商按照销售合同的规定，备货发运的结算方式。在预先支付货款时，进口商多采用汇款的方式。目前国际贸易活动中预付全部货款的情况非常少见，一般是预付合同金额的一小部分，如10%，作为买方支付全部货款的担保，称为“订金”（down payment）。

预付货款方式对卖方最为有利，因为卖方既掌握着物权又可以收到货款；该方式对买方显然不利，因为他先支付货款而后收到货物，在交易中失去了主动权。一般预付货款的结算方式主要用于紧俏商品和行情看涨商品的进口交易和卖方市场的货物。

2. 货到付款

货到付款又称“赊账贸易”、“延期付款”，与预付货款的做法正好相反，是出口商先发运货物，进口商在收货后或收货后的一段时间才以汇款方式结清货款。这种做法有利于买方而对卖方十分不利，因为出口商发货后不能立即得到货款，占压了资金，而且还要承担收不回货款的风险。货到付款通常用于出口产品供货商竞争较为激烈的买方市场的货物。货到付款一般有两种做法：

（1）售定（be sold out）。这是最常见的做法，买卖双方签订正式销售合同，确定货价与支付时间，卖方先发货，买方收货后按合同规定将货款汇交卖方。这种赊账做法常用于有长期贸易关系且资信良好的交易伙伴之间，例如，我国内地向香港地区提供水电，出口蔬菜、家禽及花卉等鲜活商品就是使用售定的方式进行结算。

（2）寄售（consignment）。寄售是指出口商先出运货物，委托国外的经销商，按照双方事先商定的条件在当地市场上代为销售，待货物售出后，国外商人再将扣除佣金和费用的货款汇交出口商。这种做法只有寄售协议，没有明确的订单和销售合同。由于双方是委托而不是买卖关系，出口商除了有资金积压的不便外，同时还要承担海外代理不尽职的风险，所以该方法只用于一些特殊的情况，如新产品的试销、滞销产品的促销以及在国外参加展览会后展品的处理等等。

（六）汇款方式的特点

1. 手续简便，费用少

汇款结算方式的手续是最简单的，收款人不需要准备货运单据，银行也只负责转移资金，不垫款、不承担风险，因此手续费很低。在资信状况良好、合作关系密切的当事人之间，跨国公司的不同子公司之间，用汇款结算方式是最理想的。

2. 资金负担不平衡

汇款结算方式对于预付货款的买方和赊账贸易的卖方来说，资金负担较重，他们需要提供几乎整个交易过程的资金，

3. 风险较大

由于汇款交易凭双方的商业信用，一旦付了款或发了货就会失去制约对方的手段，能否及时安全地收货或收款，完全依赖于对方的信用，如果对方信用不好，就很可能钱货两空。因此，在国际贸易中汇款结算方式只能在一些特殊的情况下使用。

二、托收方式

（一）托收的定义

托收（collection）是债权人（出口商）开立汇票连同相关的货运单据交给所在地银行，委托其通过国外的分支机构或代理行向债务人（进口商）收取款项的一种结算方式。

（二）托收方式的当事人

在托收业务中有四个基本当事人：

1. 委托人（principal）

委托人是开立汇票连同货运单据委托银行向国外进口商（买方）收取款项的人，是债权人，一般是出口商（卖方）。

2. 托收行（remitting bank）

托收行又称“委托行”，是接受债权人的委托向国外的债务人收取款项的银行。一般为出口地的银行。

3. 代收行（collecting bank）

代收行是接受托收行的委托向债务人收取款项的进口地银行。代收行大都是托收行的国外分支机构或代理行。

4. 付款人（payer）

付款人是向代收行支付款项的人，是债务人，一般为进口商（买方）。

5. 需要时代理（customer's representation in case of need）

需要时代理是委托人为防止因为付款人拒付而发生无人照料货物情形在付款地事先指定的代理人，通常被授权当发生拒付时代为料理货物的存仓、转售、运回等事宜。

（三）托收方式的业务流程

托收方式的业务流程如图 7.5 所示。

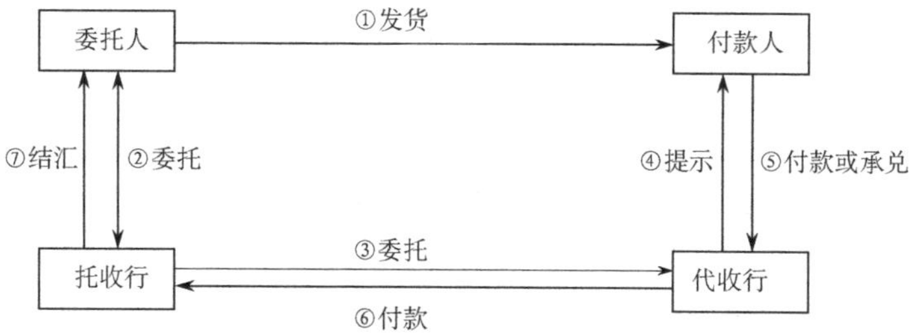

图 7.5　托收业务流程

① 出口商（委托人）根据买卖合同向进口商（付款人）发货。
② 委托人填写托收委托书，开立汇票，连同全套货运单据送交托收行代收货款。
③ 托收行将汇票连同货运单据，寄交进口地代理银行，委托其代收货款。
④ 代收行收到汇票及货运单据，即向付款人提示要求付款或承兑。
⑤ 付款人付款赎单、到期后付款赎单或承兑取单，到期付款。
⑥ 代收行通知托收行，款已收妥转账。
⑦ 托收行将收妥货款交给委托人。

（四）托收方式的种类

一般在托收业务中银行处理的单据包括两类，一类是金融单据（financial documents），如汇票、本票、支票以及其他类似的付款凭证；另一类是商业单据（commercial documents），包括发票、运输单据、保险单据以及其他不属于金融单据的凭证。托收结算方式根据涉及的单据性质分为光票托收和跟票托收两种。

1. 光票托收（clean bill for collection）

光票托收是对金融单据的托收，卖方仅凭开立汇票而不附带任何货运单据，委托银行收取款项。光票托收，一般金额都不会太大，通常用于收取货款尾数、佣金、代垫费用、进口小额赔款和样品费等从属费用，大多是即期付款，远期付款的比较少。

2. 跟单托收（documentary bill for collection）

跟单托收是对商业单据的托收，可以附带金融单据，也可以不附带金融单据。由卖方开立汇票连同整套货运单据一起交给国内托收行，委托其代收货款。欧洲一些国家的出口商为了避免因签发汇票而支付印花税（stamp duty），一般都仅凭商业票据托收。

商业票据中的货运单据代表了货物的所有权，它的转移代表了货物的交付，因此交单条件是出口商控制收款的重要环节。

根据交单条件的不同，跟单托收又可分为付款交单托收和承兑交单托收。

1）付款交单托收（documents against payment，D/P）

付款交单托收是指代收行以进口商付款为条件向其交付货运单据的托收方式。根据付款时间的不同付款交单托收又可分为即期付款交单和远期付款交单两种。但不论是即期还是远期，进口商都必须在付清货款后方能取得货运单据，即所谓的“付款赎单”。

（1）即期付款交单（D/P at sight）。指出口商发运货物后，开立即期汇票连同全套货运单据交银行托收。当代收行向进口商提示汇票和单据时，进口商应立即付款，代收行在收到货款后将单据交付进口商。采用这种托收方式，原则上进口商在相关单据第一次提示的时候就应该付款。按照国际惯例，银行一般给进口商付款赎单的时间为 24 小时，以便进口商能在单据第一次提示后的下一个工作日内办理付款手续。实际业务活动中，有些进口商为了减少风险，往往会坚持在货物到达后再付款赎单。

（2）远期付款交单（D/P at... days after sight or after the date of draft）。指出口商发运货物后，开具远期汇票连同全套货运单据交银行托收，代收行收到单据后，立即向进口商提示远期汇票和单据，进口商予以签字承兑，代收行收回汇票及单据，待汇票到期时再次向进口商提示要求付款，在收到货款后将单据交付进口商。这种方式与即期付款交单方式的主要区别是进口商在银行第一次提示的时候应承兑汇票，然后去筹集资金，在承兑汇票到期后再付款才能取得全套货运单据。

在国际市场竞争日益激烈的情况下，远期付款交单方式往往作为出口商进行出口竞争的一种手段，能够使进口商有足够的时间去筹集货款，有的远期付款交单期限可以长达半年之久，这种情形势必会造成汇票的到期日超过载货船舶航程时间，往往是货物已经到港，而凭以提货的提单还存放在银行里。所以，在这种情况下，进口商为了及时取得货物通常会采取两种做法：一是在汇票到期日之前提前付款赎单。银行会扣除提前付款日至应该付款日之间的利息，作为对买方提前付款的折扣；二是进口商可以在承兑汇票到期日之前向银行先“借单提货”。银行允许资信较好的进口商凭信托收据，从银行借出货运单据先行提货，待承兑汇票到期后再向银行支付货款。

所谓信托收据（trust receipt，T/R），是指进口商承认以信托的方式向代收行借出全套商业单据时出具的证明。信托收据确定了银行和进口商的信托关系，代收行是信托人，代表出口商掌握物权；进口商是被信托人，代表信托人处理货物。进口商借得单据提货，处理货物并回笼资金，在承兑汇票到期时支付足额货款，收回汇票，赎回信托收据。这实际上是代收行对进口商的资金融通。

2）承兑交单托收（documents against acceptance，D/A）

承兑交单托收是指出口商发运货物后，开立远期汇票连同全套货运单据交银行托收，当代收行向进口商提示汇票和单据时，进口商对远期汇票进行合格承兑，代收行将全套货运单据交付进口商，待承兑汇票到期时银行再向进口商提示要求付款的托收方式。

承兑交单中货运单据一经进口商承兑汇票后就交付给进口商，是出口商对进口商的资金融通。进口商无需付款即可得到物权，汇票到期时，如果进口商违约拒付，或者发生破产、倒闭等事件而无力偿付货款，出口商就会陷于既得不到货款又收不回货物的境地，因此承兑交单的方式风险很大，在我国对外贸易实务中很少使用。

（五）托收的特点

1. 结算手续相对简单，费用较低

托收方式同汇款方式相比，结算手续较为复杂，银行手续费也高一些，但是回收货款比汇款方式有保障；与另一种重要的结算方式信用证方式相比，托收的程序则要简便得多，结算费用也相应较低，另外，托收方式还可以提供融资的便利，如押汇、信托收据、保付代理等。因此在比较熟悉和可靠的贸易伙伴之间，托收是一种较好的结算方式。

2. 资金负担不够平衡

这主要是指出口商的负担较重。除了出口商预收订金的情况以外，出口商必须动用自有资金来备货、组织出运，而结汇又必须等到进口商付款之后，因此资金占用多、回收慢。相反，进口商只需在代收行交付货运单据时才付款，甚至只需要承兑远期汇票就可以获得单据，有较长的时间处理货物，及时回笼货款，因此占用资金少、时间短。

3. 风险较大

对于出口商来说，托收方式风险较大。因为如果进口商商业信用差，违约拒付，或因破产、倒闭而无力支付货款，出口商就既得不到货款也收不回货物，损失会很大；另外，进口商故意刁难，不愿意付款赎单借以趁机压价的情况也是很常见的。

对于进口商来说，同样也承受着来自出口商的信用风险。大多数情况下，进口商付款时只能得到货运单据，因为货物尚未运到，所以无从实地了解货物的真实状况，只能相信出口商遵守合同，发运合格的货物。如果出口商交货时以次充好、滥竽充数，进口商是无法回避这种风险的。此外，进口商如果承兑了远期汇票，还要承担票据风险。

从总体上看，进口商比出口商更有主动性，出口商承担的风险比进口商更多、更大，因此托收方式是一种倾向于对进口商有利的结算方式。

第三节　银行信用结算方式——信用证

汇款和托收结算方式都属于商业信用，这种由单方面承担风险，建立在商业信用基础上的支付方式不能适应国际贸易的迅速发展，实践中需要信用等级更高的银行信用能够积极地参与进来，为交易双方提供资金融通和信用担保。信用证制度就是能够满足这种需要的新型贸易结算方式。虽然近些年来，信用证方式受到了其他更为灵活方便结算方式的冲击，但是它仍以其丰富的实践、严密的机制成为进出口商们首选的国际贸易结算方式，尤其是在买卖双方缺乏信任和了解的情况下，信用证方式起到了推动交易达成的作用。与商业信用的结算方式相比，信用证方式属于银行信用，既能为当事人提供融资，又能很好地解除风险，因此成为国际贸易结算中最为重要的结算方式。

一、信用证的定义

信用证（letter of credit；L/C）是银行（开证行）根据客户（开证申请人）的要求和指示，开立给第三者（受益人）的、不可撤销的保证文件，保证当受益人在信用证规定的时间内交来符合信用证要求的全套单据时，由开证行或其指定的银行对受益人支付信用证规定的金额款项，或对受益人签发的符合信用证要求的汇票进行承兑及付款。简而言之，信用证是银行对受益人做出的有条件的付款约定或承诺。

二、信用证方式的基本当事人

在信用证方式中有六个基本当事人：

（一）开证申请人（applicant）

开证申请人又称“开证人”（opener），是指向银行申请开立信用证的人，一般为进口商。

（二）开证行（opening bank or issuing bank）

开证行是指接受开证申请人委托开立信用证的银行，一般为进口地的银行。

（三）受益人（beneficiary）

受益人是指信用证中所指定的有权使用信用证、提供符合信用证要求的单据、向开证行或付款行要求支付货款的人，一般为出口商。

（四）通知行（advising bank or notifying bank）

通知行是指受开证行委托，将信用证的内容转达给受益人的银行。通常是出口地的银行，通知行只证明信用证的真实性，不承担其他义务。

（五）付款行（paying bank or drawee bank）

付款行是指信用证上规定的付款人，大多数情况下付款行就是开证行。付款行也可以是接受开证行委托代为付款的另一家银行。

（六）议付行（negotiating bank）

议付行是指买入受益人按信用证规定提交的单据、贴现汇票的银行。在信用证业务中，议付行通常以汇票持票人的身份出现，因此，当付款人拒付时，议付行对汇票出票人（出口商）享有追索权。议付行一般是出口商所在地的银行。

除以上基本当事人以外，根据实际需要，信用证业务还可能涉及的当事人有保兑行、偿付行、承兑行和转让行等。

三、信用证方式的业务流程

信用证方式的业务流程如图 7.6 所示。

四、信用证的内容

银行开立的信用证是在一份印有固定格式的空白信用证上填写有关内容，虽然各国银行开证的格式不尽相同，但基本的项目是一样的。根据国际商会草拟的“开立跟单信用证标准格式”，信用证的内容主要有以下几项。

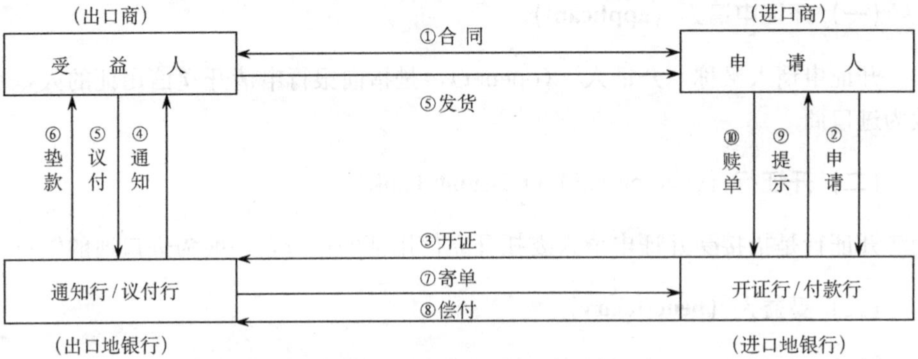

图 7.6　信用证方式业务流程

① 进出口商订立进出口买卖合同。
② 进口商根据合同规定，填写开证申请书，向开证行申请开立信用证。
③ 开证行接受进口商的开证申请，在收取开证押金后，依据开证申请书的内容开出信用证，发给出口商所在地的通知行。
④ 通知行鉴定信用证表面真实性后将内容通知给受益人（出口商）。
⑤ 出口商审核信用证，在信用证与合同相符的前提下，按信用证规定装运货物，开立汇票，连同信用证要求的各种单据，在信用证规定的交单期和有效期内送交当地银行（议付行）进行议付。
⑥ 议付行按信用证条款审核单据无误后，扣除议付费用，将余额垫付给出口商。
⑦ 议付行将汇票和货运单据寄往开证行或付款行索偿。
⑧ 开证行或付款行核对单据无误后，付款给议付行。
⑨ 开证行通知进口商付款赎单。
⑩ 进口商付款赎单。

（一）关于信用证本身的内容

1. 信用证的号码及开证日期、地点（L/C No. and issuing date and issuing place）

信用证的号码由开证行自行编制，开证地点就是开证行的地址。

2. 受益人名称及地址（beneficiary's name and address）

3. 申请人名称及地址（applicant's name and address）

4. 信用证的金额（L/C amount）

信用证金额是开证行承担付款责任的最高限额，如果超过了这个限额开证行就会拒付。有些信用证在规定金额时带有表示估计的词语，如"approximately"（近似）、"about"（大约）、"circa"（大致）等，按照 UCP600 第 30 条 a 款的规定，"凡'约'、'近似'、'大约'或类似词语用于信用证金额或信用证所列的数量或单价时，应解释为允许对有关金额或数量或单价有不超过 10%的增减幅度。"这表明信用证的实际支用额在这种情况下可以在规定金额上下的 10%的范围内浮动。

5. 信用证的到期日与交单地点（expiry date and place）

大多数信用证都会明确规定信用证的到期日，有的信用证只规定了信用证有效期的长短，需要用开证日期进行推算。如果信用证的到期日适逢银行休假，则到期日可以顺延至下一个营业日，接受单据的银行必须声明该单据是在顺延期内提交的。

信用证有效期的长度应该适当，能够使受益人合理地安排货物出运。如果有效期太短，会导致装运期紧张，容易造成单据不完全符合信用证的规定而遭到拒付。有些进口商通常采用这种办法设下陷阱，以迫使出口商在某些合同条件上进行让步。

信用证的到期地点一般是在受益人所在地到期，受益人只要在到期日当天或之前将合格单据交当地银行进行议付，即可满足信用证的要求。另外，还有在开证行柜面到期以及在第三国指定银行到期的规定方法。这两种情况对受益人不利，因为受益人必须提前寄出单据，并且还要承担单据延误和遗失的风险。

信用证项下的交单，除了不能突破信用证的有效期外，还不能超过交单期。交单截止期限可以规定为某一个确定的日期，也可以规定为装运期后的若干天，但不得超过信用证的有效期。如果信用证对此未作规定，则以装运日期后第21天与信用证到期日这两个日期中先到者为最迟交单日。

6. 信用证的适用（available by）

按照UPC600第6条b款的规定，“所有信用证必须规定其是以即期付款、延期付款、承兑还是议付的方式兑用。”除非信用证规定仅由开证行办理，所有信用证都必须指定一家银行授权其进行付款、承担延期付款、承兑汇票或议付。如果是自由议付信用证，则任何银行都可以是被指定银行。

（二）关于汇票的内容

信用证的付款方式有四种：即期付款、延期付款、承兑与议付。除承兑方式一定需要有汇票外，其余的三种方式可以使用汇票，也可以不使用。如果信用证要求受益人提供汇票，需要在信用证中注明汇票的付款期限（如见票后若干天）、金额（如100％发票金额）、付款人（如开证行）等要件。

（三）关于单据的内容

信用证要求提供的单据须逐一列明，对单据名称、内容、份数的要求要写清楚。一般跟单信用证所需随附的单据有两类：一类是基本商业单据，如商业发票、运输单据，以及在CIF条件下卖方应提供的保险单据。这是受益人在一般进出口交易中都需提交的单据，是商业单据的核心。另一类是除基本商业单据以外的其他商业单据。

1. 商业发票（commercial invoice）

对商业发票的要求，主要是注明所列商品的名称、规格、数量、价格条件等，说明发票的份数，是否需要受益人签字，对发票抬头人有何特殊要求等。

2. 运输单据（transport document）

对运输单据的要求，根据运输方式而定。常见的运输单据有海运提单、空运单、公路货运收据、铁路运单、邮包收据以及快邮收据等，其中最常用和最重要的是海运提单。对海运提单的要求通常是：全套正本、清洁提单、货物已装船、运费支付情况、对收货人抬头与背书的要求等。其他运输单据因为不是物权证书，要求一般比较简单。

3. 保险单据（insurance document）

对保险单据的要求，主要是说明应提交的是保险单还是保险凭证，或者两者均可；说明承保险别、承保金额等事项。

以上三项是基本商业单据。

4. 其他单据（other documents）

其他商业单据的种类、名目、内容及要求非常繁杂，没有定式。这些单据可能是由于进口商为了了解货物或交易的某些细节而要求出口商提供的，也有可能是进口商为了满足进口国政府或海关的特定要求，或为享受某些特定优惠而要求出口商提供的凭证。常见的其他单据有：装箱单（packing list）、商检证书（inspection certificate）、产地证（certificate of origin）、海关发票（customs invoice）、领事签证发票（consular invoice）等。按照信用证惯例，此类单据的内容如有特定要求者，应在信用证中列明并在单据中得到准确体现；若无特定要求，则各类单据之间内容不能互相矛盾。

（四）关于商品的内容

关于商品的描述（description of goods），一般应该包括商品的品名、规格、数量、单价、价格条件、包装和唛头等（name、specification、quantity、unit price、trade term、packing、shipping marks）。商品的描述应该简洁明确，避免过于繁琐，要完整无误地出现在商业发票上，其他单据对商品的描述不能与商业发票相冲突。

另外，如果在商品数量的规定之前出现了“about”、“circa”、“approximately”等表示近似估计的字样，可以理解为允许有上下不超过10%的增减。即使对货物数量有明确的要求，只要该货物不是按包装单位或个数计数的，并且总金额不会超过信用证金额的，货物数量总是允许有上下不超过5%的增减。这条规定主要适用于散装货（bulk cargo），因为这类货物在运输和装卸的过程中会出现自然散失与损耗，因此允许在实际出运量上有一定的自动浮动。

（五）关于运输的内容（以海洋运输方式为例）

1. 有关港口的名称

信用证应规定装货港（port of loading）与卸货港（port of discharge）的名称。有些信用证为了方便受益人在组织货源后就近发运，一般不限定具体的装货港，而只是宽泛地规定在受益人所在国家的港口，这种情况不会给合同的履行造成困难；但是卸货港则必须明确，否则会使交货环节发生实际困难。另外，有些信用证根据需要还可能规定一些其他港口或地点，如转运港（port of transshipment）、接受监管地（place of taking in charge）、最终目的地等（final destination）。

2. 最迟装运日（latest date of shipment）

最迟装运日是指装运完毕的截止日期，而非开始装运的日期，通常以运输单据的出立日期作为装运日，有些情况下还应以运输单据中批注的装运日期为准。

根据惯例，最迟装运日不得因适逢银行休假而顺延到下一个营业日。如果信用证没有规定最迟装运日而是以信用证的到期日为最迟装运日的，如果适逢银行休假，则信用证的到期日可以顺延，但是最迟装运日不能顺延。

3. 可否分批装运的规定（partial shipment allowed or not allowed）

信用证应明确规定是否允许分批装运。如果信用证未作规定，应理解为允许分批装运。

4. 可否转运的规定（transshipment allowed or not allowed）

信用证应明确规定是否允许转运（transshipment）。如果不作规定，则表明货物可以转运。即使信用证规定禁止转运，根据 UCP600 第 20 条 c 款的规定“银行仍可以接受表明货物将发生转运的运输单据，只要在提单上证实有关的货物是由集装箱、托盘、子母船等成组化方式运输，并以同一运输单据包括全程运输。”

（六）其他事项

1. 开证行对议付行的指示条款（instructions to negotiating bank）

（1）关于背批的指示：要求指定银行将付款、承兑或议付的金额在正本信用证背面作必要的记录，以防止超额支用和重复支用；

（2）关于寄单的指示：指示应一次寄单还是分批寄单，若分批寄单，每批单据的种类及份数；

（3）关于索偿的指示：指示应该向哪家银行进行索偿、采用航索还是电索方式。

2. 开证行、保兑行负责条款（engagement or undertaking clause）

每份信用证必须有开证行的负责条款，说明开证行对付款责任的书面承诺。如果信用证获得了保兑，则保兑行也必须注明其保兑并负责支付的承诺。

3. 开证行名称及有权签字人签字（issuing bank's name and authorized signature）

4. 其他特别条款（other special terms and conditions）

5. 遵守UCP600的声明（subject to UCP600）

五、信用证的种类

信用证可以依据不同的标准进行分类。由于很多信用证可以符合多重标准，具有多面性，所以信用证的分类比汇款和托收方式明显要复杂得多。

（一）根据信用证附带的附属单据，可分为跟单信用证和光票信用证

1. 跟单信用证（documentary L/C）

跟单信用证是指开证行凭跟单汇票或仅凭单据付款的信用证。在国际贸易中所使用的信用证绝大部分是跟单信用证。

2. 光票信用证（clean L/C）

光票信用证是指受益人根据信用证的要求，在收取货款时只需开具汇票，开证行仅凭不附带单据的汇票付款的信用证。历史上最早使用的信用证就是光票信用证。

（二）根据信用证是否得到保兑，可分为保兑信用证和不保兑信用证

1. 保兑信用证（confirmed L/C）

保兑信用证是指除了开证行负有付款保证外，应开证行或受益人的要求，有其他银行参与对信用证的付款担保。开证行和保兑行对受益人负有连带付款的责任，受益人有了双重付款保障，增强了收款的安全性。

2. 不保兑信用证（unconfirmed L/C）

不保兑信用证是指未经其他银行担保，仅由开证行对付款进行保证的信用证，其可靠性完全取决于开证行的资信。

（三）根据信用证的付款方式，可分为付款信用证、承兑信用证和议付信用证

1. 付款信用证（payment L/C）

付款信用证是指只要受益人提交合格单据，开证行或指定的付款行就必须付款的信用证。这种信用证不要求收益人出具汇票，仅凭收益人提交的单据付款。一般分为两种：

（1）即期付款信用证（sight payment L/C）。指信用证上规定适用于即期付

款，银行收到合格单据后即行付款。

（2）延期付款信用证（deferred payment L/C）。指信用证上规定适用于延期付款，银行在收到合格单据若干天后付款。由于没有汇票进行承兑，付款行一般会提供一份延期付款承诺书（deferred payment undertaking）以保证到期向受益人付款。

2. 承兑信用证（acceptance L/C）

承兑信用证与延期付款信用证都属于远期信用证（usance L/C），都是由银行在将来的时间付款。

承兑信用证是指信用证的受益人必须开具远期汇票，提交全套合格单据后，由开证行或指定的付款行承兑汇票，待汇票到期后再付款，受益人也可以将承兑后的汇票进行贴现，扣除相关利息和费用后，提前支取款项。承兑信用证一般可以根据贴现融资提供的方式不同分为两种：

（1）卖方远期信用证（seller's usance L/C）。又称“真远期信用证”。指受益人（出口商）进行贴现时由自己承担贴现利息和费用。

（2）买方远期信用证（buyer's usance L/C）。又称“假远期信用证”。指由申请人（进口商）承担受益人贴现时的利息和费用，银行在承兑汇票后立即按票面金额向受益人支付款项。这是一种即期支付的远期信用证，所以称为“假”远期。

使用假远期信用证通常是买方为了在即期支付的贸易合同中获得融资而采用的办法。合同中如果规定了即期付款条件，进口商可以要求银行开立假远期信用证，对卖方进行即期支付，以符合合同规定；进口商在支付承兑及贴现费用后即可得到单据，待汇票到期后再支付足额票款，以享受开证行提供的融资便利。

3. 议付信用证（negotiation L/C）

议付信用证是指被授权进行议付的银行购买受益人提交的汇票或单据的信用证。一般根据议付行是否需要开证行的指定可以分为两种：

（1）限制议付信用证（restricted negotiable L/C）。指信用证的议付行是由开证行明确指定的银行。

（2）公开议付信用证（free negotiable L/C）。指开证行授权任何一家银行都可以对信用证进行议付，受益人可以根据议付条件的优惠自由选择议付行。

（四）根据信用证的权利能否转让，可分为不可转让信用证和可转让信用证

1. 不可转让信用证（non-transferable L/C）

不可转让信用证是指受益人不能将信用证的权利转让给他人的信用证。

2. 可转让信用证（transferable L/C）

可转让信用证是指受益人可以将信用证的权利转让给他人的信用证。根据

UCP600 第 38 条 b 款的规定，“可转让信用证是指受益人（第一受益人）可以要求授权付款、承担延期付款责任、承兑或议付的银行（转让银行）或在自由议付信用证的情况下，在信用证中特别授权转让的银行将该信用证全部或部分转让给一个或数个受益人（第二受益人）使用。”

只有当开证行在信用证中明确注明“可转让的”字样的时候，信用证才能被转让，其他诸如“可分割”、“可分开”、“可过户”和“可转移”等术语不会发生使信用证转让的效力。

可转让信用证的使用与国际贸易中的中间商有密切关系。一般中间商利用其国际交往关系向国外进口商出售商品，但自己手中没有现货，等成交后再从实际供货人那里购进，由实际的供货人负责装运出口，该中间商人只是从买卖差价中赚取利润。在这种情况下，中间商可以要求国外进口商开立可转让信用证，以便转让给实际供货人安排装货发运。

可转让信用证的第一受益人一般是与进口商签订合同的中间商，第二受益人往往是实际供货人。可转让信用证只能转让一次，第二受益人不得再将信用证进行第二次转让，除非是再转让给第一受益人。信用证的转让是由第一受益人安排的，转让费用包括佣金、手续费、成本及其他开支，均由第一受益人支付。一般办理转让的银行（转让行）都会重新制作一份新的信用证，第二受益人就是新证上的受益人。

（五）根据信用证是否可以多次使用，可分为循环信用证和非循环信用证

1. 循环信用证（revolving L/C）

循环信用证是指当信用证项下的金额经过一定期间或者全部、部分被使用后，重新恢复到原金额再度被使用，直至到达规定的时间、次数或总金额为止的信用证。

这种信用证适用于进行分期分批交货的情况，可以使进口商免去逐次交付押金和支付开证费用的麻烦。通常有三种方式：

（1）自动循环（automatic revolving）。信用证金额被使用后，无须开证行的通知，可以自动恢复至原金额继续使用。

（2）半自动循环（semi-automatic revolving）。信用证金额被使用后，开证行在规定的期限内未发出不能恢复原金额的通知，即可自动恢复原金额继续使用。

（3）非自动循环（non-automatic revolving）。信用证金额被使用后，必须经过开证行的通知，才能恢复原金额继续使用。

2. 非循环信用证（non-revolving L/C）

非循环信用证是指只能使用一次的信用证。

（六）根据信用证的关联性，可分为对开信用证和对背信用证

1. 对开信用证（counter L/C）

对开信用证是指交易的双方各自以对方为受益人开出的信用证。其特点是第一张信用证的受益人是第二张信用证的开证申请人；第一张信用证的开证申请人是第二张信用证的受益人。使用对开信用证的目的主要是为了平衡贸易关系和防止单向交易，一般用在来料加工、补偿贸易和易货贸易等进口与出口密切相关的对等贸易交易方式中。

2. 对背信用证（back to back L/C）

对背信用证又称“背对背信用证”，是指信用证的受益人以开证申请人的身份要求通知行或其他银行以原证为基础、向另一受益人开立的第二份新的信用证。

要求开立对背信用证的申请人（原证受益人）一般都是中间商，因为他不希望供货的第三方与进口商（原证申请人）直接接触，所以他以第一张信用证的内容为基础，更改当事人、单价、交货期、交单期等内容，开出一份新的信用证。新证开出后，原证仍然有效，原证作为新证的担保凭证，由开立新证的开证行保管。新证的开证行对受益人付款后，便立即要求原证的受益人提供符合原证条款的单据，替换新证受益人的单据，寄交原证开证行收取货款。

对背信用证与可转让信用证有很多相似的地方，它们的主要区别在于可转让信用证方式中只有一份信用证，开证行同时对第一和第二受益人承担付款责任，转让行开给第二受益人的信用证其基本条款与原信用证有不同的地方，但不是第二张独立的信用证，其内容受到原信用证的约束；而背对背信用证方式中有两张信用证，为了保守商业秘密，开给第二受益人的信用证条款与第一张信用证也有一些不同，特别是不能出现第一开证申请人的名称，第二张信用证只是以第一张信用证作为开证依据，并独立于第一张信用证不受其约束。

六、信用证方式的特点

（一）信用证是一种银行信用，开证行负第一性付款责任

信用证是开证行对受益人做出的有条件的付款保证，在任何情况下，银行一旦开出信用证，就表明他以自己的银行信用作了付款保证，并因此处于第一性付款人的地位。在规定的单据被提交给指定的银行或开证行并符合信用证条款的条件下，信用证便构成开证行的一项确定的付款承诺。只要受益人提交的单据与信用证的条款相符，银行（开证行）就必须承担首先付款的责任，然后再与开证申请人清算。即使开证申请人已经破产，开证行也不能要求受益人退还已支付的款

项。这一特点使得信用证成为一种比较安全的结算方式。

（二）信用证是一种独立自足的文件，它不依附于贸易合同

信用证的开立是以贸易合同为基础的，但一经开出后，信用证便成为独立于贸易合同以外的独立契约，不受贸易合同的约束，不是贸易合同的附属合同。贸易合同的修改、变更、失效都不影响信用证的效力，除 UCP600 外，信用证无须参照其他文件、合同就可以自行运作。根据 UCP600 第 4 条的规定，“信用证按其性质与凭以开立信用证的销售合同或其他合同，均属不同的业务。即使信用证中援引这些合同，银行也与之毫无关系并不受其约束。”由此可见信用证是自足文件，银行只对信用证负责，对贸易合同没有审查和监督执行的义务。

（三）信用证业务只处理单据，不涉及具体的商品或劳务

银行承担的信用证项下付款责任的唯一的先决条件是受益人提供符合信用证要求的全套合格单据。虽然这一条件的目的是为了督促出口商合格地交货并取得相应的合格单据，但银行对于出口商的实际交货状况是无法控制的，而且银行也不愿意卷入进出口双方关于贸易合同的争议或纠纷中，因此银行绝不过问商品或劳务的实际情况，包括质量、数量、包装、价值等，甚至对商品或劳务是否存在也不过问。根据 UCP600 第 5 条的规定，“在信用证业务中，有关各方所处理的是单据，而不是与单据有关的货物、服务及其他行为。”因而银行的唯一责任，就是根据信用证条款，按照所收单据的表面状况进行审查，只要“单证一致、单单一致”，银行就承担付款责任。这一特点也造成信用证结算方式风险的主要原因。

第四节　不同结算方式的选择使用

汇款、托收、信用证等主要国际结算方式有各自不同的特点，汇款方式和托收方式属于商业信用，信用证方式属于银行信用。信用证结算虽然有利于出口商降低收款风险和提供贸易融资方便，但对于进口商而言，由于增加了进口成本和风险，却处于不利的地位；托收和汇款结算方式虽然较为简单、快捷，但出口商收款的风险较大，且贸易融资不便利。因此，在进出口业务中应该根据实际情况和不同结算方式的特点加以灵活选择和运用，一方面做到安全收汇和妥善付汇；另一方面能够加速资金周转和扩大贸易规模。这需要我们认真了解和掌握国际市场上各种惯用的支付方式和一些新的支付方式，全面考虑各种相关因素，选择和使用适当的结算方式，促进和加快我国对外贸易的发展。

一、影响支付方式选择的因素

支付方式是国际贸易实务中重要的环节，受诸多不同因素的影响。不同支付方式的选择使用需要结合进出口业务中货物、资金、价格、资信、时间等条件进行综合考虑，这样才能保证交易的安全、贸易活动的顺利进行。选择支付方式需要分析的因素主要有以下几种：

（一）信用因素

国际贸易中，由于买卖双方分处不同的国家和地区，交易能否顺利地进行，这与交易对手的商业信用有很大关系。由于涉及买卖双方的资金安全，所以信用因素是结算方式中的核心问题。进口商希望做到安全收货，出口商希望做到安全收款，这都需要事前很好地调查和了解对方的资信状况，如对出口商来讲，应该考虑买方的资金是否雄厚、信用是否良好、经营是否稳健、处事是否踏实，然后决定是使用商业信用还是银行信用结算方式。在对方资信状况不佳或者不了解对方的情况下，应该选择风险较小的支付方式，如选择信用证的方式；如果对方信用状况较好，交易风险小，则可以选择手续简单、费用少的支付方式，如汇款、托收的方式。在各种情况下，信用因素是交易双方为了保障交易安全所需要首先考虑的因素。

（二）时间因素

时间因素所指的时间是指货款在什么时候进行转移。它涉及买卖双方资金周转的快慢和所得利润的多寡。货款的交付一般有两种情况：一是在卖方发运货物之前，买方先行付款，这种方式对卖方有利，但是占压了买方的资金；二是卖方先发货，在一定时间后向买方收款，这反过来对卖方不利。货款交付的早晚和融资期限的长短，对买卖双方的经济利益有很大的影响。所以，选择支付方式应该考虑当时自己的资金状况，如果资金紧张，宜采用能够占用对方资金或者银行能够提供融资的方式，如出口商选用汇款方式的预付货款、托收方式的即期付款和信用证方式。

（三）货币因素

货币因素是指使用什么货币来进行结算。由于对外贸易一般涉及两个国家和两种货币，以什么货币来进行结算，就会涉及由哪一方来承担汇兑风险的问题，而且与资金占用时间的长短有密切关系。从国际贸易习惯看，国际贸易结算中关于货币的使用一般分三种情况：使用出口国货币、使用进口国货币和使用第三国货币。具体采用什么货币一般根据商务谈判的情况而定。此外，根据各国货币汇率的波动趋势，还有硬货币和软货币之分。出口方通常希望接受硬货币，而进口方更愿意支付软货币。

一般说来，软货币和硬货币的选择同进、出口双方的谈判能力，买卖中所处的地位和供求关系等，也存在一定的影响。

（四）货物因素

货物因素的作用一般是体现在货物的市场行市方面。假如一种货物十分畅销，出口商不仅可以提高售价，还可以选择对自己有利的支付方式。如可以采取预付货款的方式；对进口商来讲，这时就只好在支付方式上做出让步。相反，在市场十分疲软的时候，出口商需要争取和吸引进口商，因此会实行一些优惠的销售办法，比如采用一些向进口商提供资金融通的结算方式，诸如托收方式的承兑交单、货到付款等。

（五）贸易术语因素

买卖合同中使用不同的贸易术语，它表明的交货方式与适用的运输方式是不同的。而在实际业务中，也不是每一种交货方式和运输方式都能适用于任何一种结算方式。例如，在使用 CIF、CFR、CIP 和 CPT 等属于象征性交货或推定交货术语的交易中，采用的是凭单交货、凭单付款的方式，卖方交货与买方收货不在同时发生，转移货物所有权是以单据为媒介，就可选择跟单信用证方式。在买方信用较好时，也可采用跟单托收，例如付款交单（D/P）方式收取货款。

但在使用 EXW、EXS 等属于实际交货方式术语的交易中，由于是卖方或通过承运人向买方直接交货，卖方无法通过单据控制所有权，因此一般不使用托收。因为如果通过银行向进口方收款，其实质是一笔货到付款，即属于赊销交易的性质，卖方承担的风险极大。即使是以 FOB、FCA 条件达成的买卖合同，虽然在实际业务中也可凭运输单据，例如凭提单和多式联合运输单据交货与付款，但这种合同的运输由买方安排，由卖方将货物装上买方指定的运输工具，或交给买方指定的承运人，卖方或接受委托的银行很难控制货物，所以也不宜使用托收的方式。

总之，价格术语中所隐含的买卖双方应承担的义务、责任和风险，是选择结算方式时应该把握的重要因素。

（六）单据因素

在采用海洋运输方式时，出口商得到的海运提单是物权凭证，采用托收方式收款是比较有保障的。如果货物通过航空、铁路或邮政方式进行运输，则卖方得到的运输单据为航空运单、铁路运单或邮包收据，这些都不是货物所有权的凭证，收货人提取货物时也不需要这些单据，只需证明自己是收货人的身份即可，因此在采用这些方式运输货物时，卖方无法通过单据制约买方，不宜采用托收方式收款。

从理论上讲，在选择不同的结算方式时需要考虑上述诸多因素，但是在实务中的情况往往复杂而多变，有时为了达成交易，可能无法面面俱到，因此，当不能完全满足相关因素要求时，应注意安全至上，交易风险太大时应考虑放弃交易。

二、汇款、托收、信用证三种支付方式的比较

不同的结算方式各有其不同的长处和短处，就不同的当事人而言，它们体现的优缺点也是不同的。选择和使用各种不同的支付方式，一般要考虑交易安全、资金占用时间长短、具体操作手续繁简以及银行费用等因素，在这些方面我们可以对三种主要的支付方式进行简单的综合比较，以便选择时进行适当的参考（表7.1）。

表7.1 主要结算方式的比较

结算方式		手续	银行收费	资金负担	买方风险	卖方风险
汇款	预付货款	简单	最少	不平衡	最大	最小
	货到付款				最小	最大
托收	付款交单	稍多	稍多	不平衡	较小	较大
	承兑交单				极小	极大
信用证		复杂	最多	较平衡	较大	较小

这三种主要支付方式，就复杂程度而言是依次提高，结算的安全性也依次加强。在这三种支付方式中，银行发挥的作用也各不相同。在汇款方式中，银行只负责转移资金，与贸易细节、单据情况完全无关；在托收方式中，银行既转移资金也传递单据，在一定程度上代表卖方控制货物的所有权，并有可能为进出口双方提供融资服务；在信用证方式中，银行为贸易双方提供信用融资，并且要以信用证为依据仔细审核货物单据，从而对贸易细节有了充分的了解，较深地介入了贸易活动。

对出口商来说，按从最为有利到最为不利的顺序，可以将支付方式依次作一个顺序排列：预付货款——跟单信用证——托收付款交单——货到付款——托收承兑交单，反过来，对进口商而言，这正是从最为不利到最为有利的排列。

在我国对外贸易的出口业务中，结算方式大多是采用即期信用证方式，以有利于安全及时地收汇。如果采用远期信用证方式，应该将利息因素考虑在售价

中。对资信好的客户也可适当采用付款交单的托收方式。由于托收方式的承兑交单风险太大，一般不主张采用，如果急需处理库存积压商品时，在成交金额不大、客户资信又较可靠的情况下，可以适当采用。在我国对外贸易的进口业务中，信用证、托收、汇款等结算方式均可采用，但对成交金额大的交易应争取采用托收方式。

三、不同支付方式的风险及需要注意的问题

（一）汇款方式

汇款方式的优点是手续简便，费用最少。但是使用这种结算方式的买卖双方能否如期付款和交货，全凭其商业信用的好坏，因而风险较大。目前国际上的伪造票据进行诈骗案件有发展上升的趋势，所以在使用汇款方式时必须谨慎从事，避免造成严重损失。

1. 汇款方式的风险

（1）预付货款的风险。对于进口商而言，预付货款要过早地垫付资金，同时还要承担出口商收到货款后迟交或不交货的风险。

（2）货到付款的风险。对于出口商而言，在发货后失去了制约进口商的手段，能否收到货款完全取决于进口商的资信，甚至有可能产生钱货两空的风险。

（3）汇款方式中诈骗行为的风险。汇款主要是通过电汇、信汇和票汇三种方式进行，国际犯罪分子的一些欺诈行为往往会针对传递信息手段的特点着手行骗，使得汇款方式的当事人面临各种风险。例如，在电汇业务中，欺诈者利用电传机向银行发电要求汇款或付现，并在假付款委托书上加列“使用‘某某银行’密押”条款，然后从电传机上以“某某银行”名义向解付行发来一份证实密押相符的电传，促使解付行付款；在信汇业务中，欺诈者模仿客户签字，伪造授权信，骗取银行汇出款项。在这些情况下，如果银行的工作人员没有谨慎从事，就很容易上当受骗，使银行蒙受损失。在票汇业务中，欺诈者往往伪造汇票骗取货物，出口商在未收妥票款前贸然发货，最后票据无法兑现，致使钱货两空。

2. 采用汇款方式的注意事项

（1）慎重选择交易对象。在业务活动中与资信可靠的客户来往，注意随时审查合作方的资信情况，选择贸易伙伴所在的国家必须政治稳定，经济情况良好，避免发生冻结货款、扣留货物的情形。

（2）提高风险防范意识。对客户提交的各种票据的真实性、完整性进行认真的核对、辨认，防止票据诈骗的发生。

（3）注意掌握货权，降低风险。做到未收妥货款前，不轻易发货。预付货款交易时应特别警惕空运交货，防止对方迅速取得货物，失去物权控制。

（4）提高信用等级。在商业风险过大时应考虑放弃汇款方式，改用信用等级更高的结算方式，如信用证方式。

（二）托收方式

托收方式是建立在商业信用基础上的，托收行和代收行没有检验单据的义务，也不承担进口商必须按期付款的责任。货物装运后，出口商是否能收到货款，主要取决于进口商的信用；进口商在付款后是否可以得到符合合同要求的货物，无法从单据上判断，也主要取决于出口商的信用。因而托收方式在使用时应十分注意风险的防范。

1. 托收方式的风险

（1）承兑交单下的卖方风险。由于进口商在承兑汇票后，无须付款就可以获取代表物权的单据，提取货物，出口商则可能会由于进口商的欺诈行为而遭受钱、货两空的损失。因此，承兑交单方式对于卖方而言比付款交单方式的风险更大，卖方应倍加注意。

（2）付款交单下的买方风险。由于进口商只有付了货款，才能获得代表物权的单据，代收行在提交这些单据时，并不负责核实单据的真伪。如果出口商制造了一系列假单据去骗取货款，进口商付款后才会发现上当受骗，所以买方需要加强对票据欺诈的防范。

2. 采用托收方式的注意事项

托收方式从整体上来讲是倾向于买方的结算方式，所以为了确保收汇的安全、免遭损失，出口商在采用托收方式时应该注意的要点有：

（1）严格审查进口商的资信情况。在签订贸易合同前出口商要对进口商的资信情况、支付能力、经营作风和商业信誉进行全面的调查，根据实际情况掌握好交易规模和交货进度。一般只使用“付款交单”（最好是“即期付款交单”）的托收方式。当进口商提出按“承兑交单”条件托收货款时要格外谨慎，原则上不予接受。

（2）正确选择托收行和代收行。托收行一般都为出口商的账户行，代收行通常是由托收行选定国外的分支机构或海外代理行。如果进口商要求指定代收行，出口商一般应先征求托收行的意见后再作决定，不要盲目接受。这样做主要是为了防止进口商指定的代收行不可靠、或者无法与自己的托收行正常沟通而产生不必要麻烦。

（3）正确选择价格条件。托收业务在货款未收妥前的一切风险均属于出口商，因此，原则上应该选用 CIF 的价格条件，由出口商办理保险，这样，万一货物在运输途中出险，出口商仍然可以得到赔偿。如果进口国法律规定必须由进口商办理保险时，就只能按 CFR 或 FOB 价格条件成交。这时出口商为了保障自己的利益，可以投“卖方利益险”（seller's interest risk），该险种是中国人民保险公司于1978年设立的、专门适用于FOB、CFR价格条件下托收方式的一种特殊险别，以保证货物出险时卖方的权益。一旦货物在途中受损，进口商拒绝承兑或付款赎单，卖方可从保险公司得到补偿。另外，还可以投保“短期出口信用风险”，该险种承保短期托收方式中卖方遇到的商业及政治风险，如买方无力支付或不支付货款、违约拒收货物、进口国发生战争或骚乱情况给出口商造成的损失，保险公司都将予以赔偿。

（4）正确缮制提单抬头人。在海运方式下采用托收时，为了掌握货物的所有权，提单的收货人应做成按发货人指示或空白指示抬头，由发货人（出口商）背书，不要做成进口商指示或记名式提单，以防止万一遭到拒付时，货物所有权已经转移。

（5）了解和掌握进口国的商业习惯。在没有事先约定的情况下，有些国家的商业习惯对当事人具有一定的约束力。如欧洲大陆国家为了减少印花税费用的开销，在即期托收方式项下的付款可以不使用汇票，出口托收时只需提交货运单据即可；一些拉美国家的银行，习惯将“远期付款交单”方式按照“承兑交单”方式来处理并自行更改；对托收方式项下的汇票，无论即期汇票还是远期汇票，付款人均可以在货物抵达目的港后才办理付款或承兑手续；还有的国家按其习惯可以仅凭在“到货通知书”上进行背书即可提货。因此，必须事先了解和掌握这些特殊的商业习惯后，在工作中做好应对的措施，防止发生不利于自己的情况。

（三）信用证方式

虽然信用证制度被广泛看做是安全的结算方式，但是“金无足赤”，信用证方式也存在许多风险。造成风险的原因，主观上一般是由于当事人的经验不足、过分轻信对方、受骗上当造成的，客观上是由于信用证方式“只问单据、不管货物”的特点。所以，在处理信用证方式支付时同样也需要加强风险防范的意识。

1. 信用证方式的风险

（1）进口商面临的风险。进口商在信用证业务中面临的风险主要来自于出口商。信用证方式是纯粹的单据买卖，只要单证相符，开证行就要对外付款，进口商也要付款赎单。因而是一种有利于出口商而不利于进口商的结算方式。出口商通常使用伪造提单、提供虚假的清洁提单、倒签或预借提单、短装或冒装货物等方式，勾结不法承运人合谋进行欺诈，提供表面完全符合信用证要求的单据来骗取开证行的付款，进口商在付款赎单后才发现受骗上当。这种风险是使用信用证方式所无法避免的，所以事前一定要注意考察对方的商业信用。

（2）出口商面临的风险。出口商在信用证业务中面临的风险主要来自于进口商。进口商的各种违约及欺诈行为导致出口商会承受各种风险。如利用假冒信用证骗取货物、利用“软条款”信用证解除责任等。所谓“软条款”是信用证中变相单方面解除开证行保证付款责任的条款，如“信用证暂不生效”、“装船日期另行通知”等。进口商的故意刁难常常会造成出口商无法满足信用证要求而被拒付，有时甚至是遭到无理拒付。因此选择良好的贸易伙伴在国际贸易中极为重要。

（3）开证行面临的风险。开证行在信用证业务中面临的风险主要来自进口商。如果开证申请人无理拒付合格单据或因破产而无清偿能力，开证行需自行处理货物，因而可能遭受损失。但实务中最多见的通常是进出口商串通合谋，通过伪造单据等手段从银行骗取货款。

2. 采用信用证方式的注意事项

（1）慎重选择客户。调查合作方的经营和资信状况，对资信欠佳的老客户和资信不详的新客户，不要进行交易。在大额交易中，应注意尽可能拉直交易路线，尽量不要通过中间商，以避免中间环节过多而造成风险增加、交易成本提高。

（2）认真签订贸易合同。合同对买卖双方都有法律约束力。合同条款的合理、明确和具体是顺利开展业务的保证。因此，买卖双方的责任一定要在合同中明确进行规定。进口合同尽可能地以 FOB 价格条件成交，出口合同尽可能地以 CIF 价格条件成交。

以上两点是进出口双方都应该注意的问题。

（3）出口商注意事项。

① 严格审验开来的信用证。信用证是以买卖合同为基础开出来的，出口商在接到来证后应对照合同及往来函电，对信用证条款、要求单据的种类、货物价格条件、运输方式、装船期以及付款方式进行严格审查，发现问题应及时申请修改信用证。

② 尽量按信用证支付方式付款，不接受改由其他方式如跟单托收或赊账等方式付款。

（4）进口商注意事项。

① 加强商品检验环节。要求独立、有声望的检验机构签发装船证书，实施装船预检和监装，以保证装运的货物符合合同要求，确已装船。对重要的进口商品或大型成套设备的进口，应指定由中国商检、中检公司或由中国商检委托的国外的商检公证部门对商品实施装船前的检验和监装。

② 监控货物运输环节。装船后，要求出口商传真所有单据，以核查提单真伪。因为提单是物权凭证，代表整船货物的价值，十分重要。如果提单是假的，其他的单据也必然都是假的。如果疑点较多，可以通过国际海事局查证货轮航程

情况，以防止提单诈骗。

四、各种支付方式的结合使用

在国际贸易中，一笔交易一般选用一种结算方式。但在实际业务中，在同一笔交易中使用两种甚至两种以上不同结算方式，并把它们结合起来的做法也不少见。因为把不同的结算方式结合起来使用，可以起到取长补短、相辅相成的作用，从而达到既能加快资金周转，又能确保安全收汇的目的。常用的结合方法有以下几种。

（一）汇款与托收方式相结合

汇款与托收方式相结合是以即期跟单托收为主、汇款为辅的支付方式，采用这种方法时，先是进口商以预付货款的方式支付少量的货款作为出口商出运货物的条件，其余大部分货款采用即期跟单托收的方式支付。这样，即使货物发运后，进口商不履行付款责任，出口商仍然拥有货物的所有权，所受损失可用预收的货款弥补一部分。

（二）汇款与信用证方式相结合

汇款与信用证方式相结合是指一部分的货款用信用证方式支付，其他部分的货款用汇款方式支付。这种办法一般用在成交金额、数量较大的初级商品或成套设备的交易中。在这些交易中，先由进口商以汇款方式支付定金；货物运抵目的地、经过检验后，再以汇款方式支付货款的余额，主要货款部分采用信用证方式支付。例如，在煤炭交易中，合同规定90%货款以信用证方式支付，其余10%在货物运抵目的港，经检验合格后，按实到数量确定余额以汇款方式支付。

（三）托收与信用证方式相结合

采用托收与信用证方式相结合的做法，指部分货款使用信用证方式支付，部分货款使用托收方式结算。通常作法是信用证上规定出口商开立两张汇票，属于信用证部分的货款凭光票付款，全套货运单据附在托收部分的汇票下，按即期或远期付款交单方式进行托收。为了保证托收货款的安全，可在信用证内注明“待付清全部发票金额后方可交单”的条款。全套单据附于托收项下，买方付清全部发票金额后交单。若买方不能付清全部发票金额，则货运单据仍由开证行掌握，凭卖方指示处理。这种做法主要是为了减轻进口商的资金周转压力，减少开证的押金；对出口商来讲，虽然托收部分有一定风险，但风险不大，因为部分货款有信用证的保证，同时货运单据跟随托收汇票，开证行等到余款付清后才会向进口商交单。

第五节　买卖合同中的支付条款

买卖合同中的支付条款是用于规定支付方式、时间、地点、信用、单据内容的条款。具体内容根据支付方式来确定，不同的支付方式，合同中规定支付条款的内容也不一样。在订立支付条款时，应当依据所采用支付方式的具体特点，清楚、全面地准确规定条款中的各项内容。

这部分条款一般按支付方式可分为汇款支付条款、托收支付条款和信用证支付条款。

一、汇款方式的支付条款

采用汇款方式时，应当在合同中明确规定汇款办法、汇款时间、汇款金额以及汇款途径等。如果买卖双方商定以预付货款的方式成交，应在合同中明确规定汇款日期和汇款方式。如果没有规定汇款日期，则无法约束买方在交货前付款，也影响卖方按时交货。汇款方式的限定是指在合同中规定是采用电汇、信汇还是票汇的方式。另外，还要规定汇款的金额，注明是货款的全部还是一部分。采用货到付款的方式同样也要规定这些内容。

例如，在合同中规定："买方应不迟于 2007 年 10 月 6 日前将 50%的货款以信汇方式预付给卖方（The buyer shall pay 50% of the sales proceeds in advance by mail transfer to reach the Seller not later than October 6th，2007.）。"

二、托收方式的支付条款

采用托收支付方式时，应当在合同中明确规定托收方式种类、交单条件、承兑或付款责任以及付款期限等。

1. 即期付款交单的规定办法

例如，在合同中规定："买方应凭卖方开立的即期汇票付款，付款后交单（Upon first presentation the Buyers shall pay against documentary draft drawn by the Sellers at sight. The shipping documents are to be delivered against payment only.）。"

2. 远期付款交单的规定办法

例如，在合同中规定："买方应凭卖方开具的跟单汇票，于提单日后 60 天付款，付款后交单（The buyers shall pay against the documentary draft drawn by the Sellers at 60 days after date of B/L. The shipping documents are to be delivered against payment only.）。"

3. 承兑交单的规定办法

例如，在合同中规定："买方对卖方开具的见票后60天付款跟单汇票，于提示当时即予承兑，并应于汇票到期日付款，承兑后交单（The buyers shall duly accept the documentary draft drawn by the sellers at 60 days sight upon first presentation and make payment on its maturity. The shipping documents are to be delivered against acceptance only.）。"

三、信用证支付条款

采用信用证支付方式时，应在合同中明确规定：信用证的种类、受益人、开证行、开证日期、信用证金额、有效期和到期地点、随附单据等内容。

例如，在合同中规定："凭一流银行开立的以卖方为受益人的不可撤销的、保兑的、含全部货款的90天远期信用证付款。信用证须于装运期前20天开到卖方，装运期后15天在中国议付有效，并提交下述单据：①全套清洁已装船提单；②商业发票；③海运货物保险单正本；……"

Payment with a prime bank by irrevocable and confirmed L/C in favor of and to reach the Sellers 20 days before the time of shipment, valid until the 15th day after the time of Shipment for negotiation in China by a 90 days sight draft for 100% of the invoice value and accompanied with the following documents: ①Full set of clean on-board Bills of Lading; ②Commercial Invoice; ③Original Marine Cargo Insurance Policy; …

在双方有过多次合作的情况下，信用证支付条款的某些内容可以省略。如：

"凭信用证即期付款（Payment by sight credit.）。"

"凭信用证见票后60天付款，信用证须于装运期前30天开到卖方（Payment by credit at 60 days sight to reach the seller 30 days before the time of shipment.）。"

四、在订立合同支付条款时应当注意以下问题

首先，为了避免争议，在买卖双方没有对合同支付条款的要点达成默契前，不宜随意省略条款要点。其次，在使用D/P、D/A之类的缩写词时，应该注意对方是否明确D/P、D/A所表述的"付款交单"和"承兑交单"的含义。因为它们可以分别解释为"付款交货"（Delivery against Payment）和"承兑交货"（Delivery against Acceptance）。最后，在信用证方式下，单据符合信用证规定是银行付款的前提。因此，除了注意所规定的单据是否齐全以外，还要避免规定我方不能提供的单据。此外，信用证的有效期应当规定为装运期后一段合理时间内，以便我方能有足够的时间制单结汇。

➢重要概念

汇票；支票；本票；出票人；持票人；背书；追索；提示；承兑；贴现；汇款；电汇；信汇；票汇；托收；信用证；预付货款；货到付款；付款交单；承兑交单；开证行；通知行；议付行；保兑行；议付

➢思考题

1. 汇票的种类有哪些？
2. 汇票的出票日期和出票地点有什么作用？
3. 本票的要件有哪些？
4. 支票能不能作为信用工具？为什么？
5. 汇票和本票、支票的主要区别有哪些？
6. 试比较汇款结算方式下三种方式的优缺点。
7. 在国际贸易中哪些情况适合采用汇款的方式？
8. 托收方式有哪些种类？
9. 简述托收方式的业务流程。
10. 简述信用证方式的业务流程。
11. 信用证的主要分类方法是什么？
12. 简述信用证的主要内容。
13. 选择结算方式时进出口商应主要考虑哪些因素？
14. 多种结算方式相结合有什么好处？
15. 综合比较汇款、托收、信用证三种结算方式。
16. 订立汇款支付条款时应注意什么问题？
17. 试述信用证方式的支付条款应该包括的主要内容。
18. 使用托收方式时应如何注意防范风险？
19. 我国对外贸易活动中的结算方式有何特点？
20. 买卖合同中支付条款的订立应注意哪些问题？

➢案例分析

1. 甲持有一张金额为1000元的银行即期汇票，被乙偷走了。乙将偷来的汇票作为礼物送给了丙。丙欠丁800元。丙冒充甲在汇票后签名背书，将汇票转让给丁，丁另外付给丙200元现金。丁在汇票有效期内持该汇票到付款银行要求付款。此时，警方已经调查出乙的偷盗行为，并向银行证实丁所持有的汇票系乙偷盗的那张。请问银行是否可以拒付丁所持有的汇票？为什么？

2. 甲从乙处购货，为支付货款向乙签发了一张支票，指示甲的开户行从甲的1000元支票账户存款中支付500元给乙。由于乙的疏忽，支票过期后乙才想到向银行提示要求付款，该银行正好在金融风暴中倒闭，乙无法得到款项。请分析：

(1) 乙是否可以要求甲另外付给自己500元货款？为什么？

(2) 甲会不会再次向乙支付货款？请解释理由。

3. 我出口企业与国外客户签订买卖合同，其中支付条款规定对方于装运月前10天采用汇款的支付方式。对方迟迟没有汇出款项，直到装运月中才传真汇款凭证一张。我方第二天发货并寄出货运提单。结果我方一直没有收到货款，经查证对方早已从银行撤回了汇款申请并提走了到港货物。在这个案例中我方应该吸取哪些教训？

4. 我某出口企业收到国外开来的不可撤销信用证一份，由设在我国境内的某外资银行通知并加具了保兑。我出口企业在货物装运后，正拟将有关单据交银行议付时，接到该外资银行的通知，声称开证银行已宣布破产，该外资银行不承担对该信用证的议付或付款的责任。但是可以接受我出口公司的委托，向国外买方直接收取货款。对此，你认为我方应该如何处理为好？简述理由。

5. 我国某外贸公司出口货物一批，数量为1000公吨，价格条件为每公吨USD65 CIF ROTTERDAM，国外买方通过开证行按时开来信用证，该信用证规定：信用证总金额不得超过USD 65 000，有效期为7月31日，外贸公司于7月4日将货物装船完毕，取得提单，签发日期为7月4日。试问：

（1）外贸公司最迟应该在什么时候将单据送交银行议付？为什么？

（2）本批货物最多、最少能交多少公吨？为什么？

6. 我某公司出口一批货物，付款方式为D/P见票后20天付款。汇票及货运单据通过托收银行寄交国外代收行后，买方进行了承兑。货到目的地后，行市上涨，付款人急于取得货物，于是出具信托收据（T/R）向代收行借得单证，提取货物并出售。后买方因自身经营不善而倒闭。代收行以付款人拒付为由通知托收行，并建议我方直接向买方索取货款。问我方应该如何处理？

7. 天津A进出口公司（以下简称A公司），向非洲某国B公司出口一批锌锭，由买方国内S银行开立不可撤销的信用证，金额为10万美元。信用证通过一家国际性银行F银行通知，同时由F银行对信用证加以保兑。货物于3月21号装船，A公司于3月25号向F银行提交了全套单据。收到单据之后，F银行审核了单据，认为有一个不符点，通知A公司不能付款。A公司要求F银行向开证行请求同意对此不符合单据付款。F银行通过电传与开证行进行联系，开证行同意接受信用证不符点，并授权F银行对所提交单据付款。正当F银行准备付款时，买方国内发生动乱，开证行银行业务处于停顿状态。此时F银行为了保全自身利益，通知A公司尽管已经收到开证行对所提交单据付款的授权，但其已经无法执行该授权。由于A公司所提交的单据不符合信用证的规定，因此F银行拒绝付款。A公司立即与F银行交涉，认为F银行的拒付是没有道理的，因为根据UCP600的规定，在这种情况下，未经受益人同意，信用证保兑行不能撤销其对信用证的保兑。F银行则声称他们的保兑只有在A公司提交的单据符合信用证的规定的情况下才是有效的。你认为F银行拒付的理由成立吗?

8. 瑞士SKG公司（卖方）和中国黄山贸易公司（买方）以CIF条件签订了一笔1万吨钢材的买卖合同，支付条件为信用证，交货期为2008年7月20日。我公司向对方及时开出了信用证，SKG公司也在7月20日之前按照合同规定的装运条件出运。此后不久，SKG公司以传真通知我公司："装运给贵公司的钢材是与另外发给厦门的2万吨钢材一起装在一条船上的。"我公司收到传真后，立即通知SKG公司，船应在黄埔港卸完我方货物后再驶往厦门。SKG公司复传真说，该船将先靠黄埔港。后来，该船实际并没有先靠黄埔港，而仍然先靠了厦门港，并且停留了一个月后，才驶往黄埔港。在此期间，人民币与美元的兑换比率有很大变动，结果使得我公司不但得不到预期利润8万美元，而且还要赔2万美元，共计损失10万美元。于是我公司在对方货物迟迟不到的情况下，以SKG公司单据与信用证不符为由通知银行拒付货款。货物抵达目的港黄埔港之后，我方认为对方违反其"先靠黄埔港"的承诺，拒收该批货物。SKG公司所派的船由于不能按时卸货，支付滞期费4万美元，并将货卖予另一买主。SKG公司认为CIF合同下，作为卖方，其已经在合同规定的期限内，在装运港把货物装上船，即他已经完成了交货义务。至于货物何时抵达目的港，并非SKG公司所能控制，系船方所为。因此，他们认为我方没有理由拒收货物，并要求我方赔偿其滞期费损失。我方以对方违约在先为由而拒赔。于是SKG公司将争议提交中国国际贸易委员会进行仲裁。你认为委员会如何进行裁决才是合理的？为什么?

9. 我方某公司从外国某商人处进口一批钢材，货物分两批装运，支付方式为不可撤销即期信用证，每批分别由中国银行开立一份信用证。第一批货物装运后，卖方在有效期内向银行交单议付，议付行审单后，即向该商人议付货款，随后中国银行对议付行作了偿付。我方在收到第一批货物后，发现货物品质与合同不符，于是要求开证行对第二份信用证项下的单据拒绝付款，遭到开证行的拒绝。你认为开证行是否有理由这样做？为什么?

10. 我方某公司进口马口铁皮一批，付款方式为D/P即期付款托收，对方通过银行将单据寄来我方银行进行托收，公司即向银行办妥付款赎单手续。事隔一月，货物未到，连续向对方发电征询情况，均未作答。最后通过有关方面了解，方知卖方提供之单据系利用一家刚倒闭的船公司之物，卖方在取得货款后也不知去向。对这一损失银行是否应该负责？为什么?

第八章

争议的预防与处理

第一节 货物的检验与检疫

一、货物的检验权

国际货物买卖中的商品检验（commodity inspection），简称商检，是指商品检验机构对卖方拟交付货物或已交付货物的品质、规格、数量、重量、包装、卫生、安全等项目所进行的检验、鉴定和管理工作。

商品检验是随着国际货物买卖的发展而产生和发展起来的，它在国际货物买卖中占有十分重要的地位。国际货物买卖中，由于交易双方身处异地，相距遥远，货物在长途运输过程中难免会发生残损、短少甚至灭失，尤其是在凭单证交接货物的象征性交货条件下，买卖双方对所交货物的品质、数量等问题更易产生争议。因此，为了便于查明货损原因，确定责任归属，以利货物的交接和交易的顺利进行，就需要一个公正的第三方，即商品检验机构，对货物进行检验或鉴定。由此可见，商品检验是国际货物买卖中不可缺少的一个重要环节。

由于商品检验直接关系到买卖双方在货物交接方面的权利与义务，特别是某些进出口商品的检验工作还直接关系到本国的国民经济能否顺利协调发展，生态环境能否保持平衡，人民的健康和动植物的生长能否得到保证，以及能否促进本国出口商品质量的提高和出口贸易的发展。因此，许多国家的法律和国际公约都对商品的检验问题作了明确规定。

例如，《中华人民共和国进出口商品检验法》规定："列入《商检机构实施检验的进出口商品种类表》的进出口商品和其他法律、行政法规规定须经商检机构检验的进出口商品，必须经过商检机构或者国家商检部门、商检机构指定的检验部门检验。”[1] 该条款同时规定，凡是列入《商检机构实施检验的进出口商品种类表》的进出口商品，除非经国家商检部门审查批准免予检验的，进口商品未经检验或经检验不合格的，不准销售、使用；出口商品未经检验合格的，不准出口。

又如，英国《1893年货物买卖法》（1979年修订）规定：“除非双方另有约定，当卖方向买方交付货物时，买方有权要求有合理的机会检验货物，以确定它们是否与合同规定的相符。”[2] 买方在未有合理机会检验货物之前，不能认为他已经接受了货物。

此外，《公约》也对货物的检验问题做出了明确规定：“买方必须在按实际情况可行的最短时间内检验货物或由他人检验货物。如果合同涉及货物运输，检验可推迟到货物到达目的地后进行。”[3]

上述各种有关商品检验的规定都体现了一个共同的原则，即除非买卖双方另有约定，买方在接受货物之前应享有对所购买的货物进行检验的权利。但需要注意的是，买方对货物的检验权并不是强制性的，它不是买方接受货物的前提条件。也就是说，如果买方没有利用合理的机会检验货物，那么他就自动放弃了检验货物的权利。另外，如果合同中的检验条款规定，以卖方的检验为准，此时就排除了买方对货物的检验权。

综上所述，有关商品检验权的规定是直接关系到买卖双方权利与义务的重要问题。因此，交易双方应在买卖合同中对与商品检验有关的问题做出明确具体的规定，这就是合同中的检验条款。国际货物买卖合同中的检验条款，其内容因商品种类和特性的不同而有所差异，但通常都包括检验时间和地点、检验机构、检验证书，以及货物与合同规定不符时买方索赔的时限等内容。下面仅就一般货物的检验条款作简要介绍。

二、货物检验的时间和地点

检验时间和地点是指在何时、何地行使对货物的检验权。所谓检验权，是指买方或卖方有权对所交易的货物进行检验，其检验结果即作为交付与接受货物的依据。确定检验的时间和地点，实际上就是确定买卖双方中的哪一方行使对货物的检验权，也就是确定检验结果以哪一方提供的检验证书为准。谁享有对货物的检验权，谁就享有了对货物的品质、数量、包装等项内容进行最后评定的权利。由此可见，如何规定检验时间和地点是直接关系到买卖双方切身利益的重要问

① 参见《中华人民共和国进出口商品检验法》第5条。
② 参见英国《1893年货物买卖法》（1979年修订）第34条。
③ 参见《联合国国际货物销售合同公约》第38条。

题，因而是交易双方商定检验条款时的核心所在。

检验时间就是检验的有效期限。对进口商品而言，检验时间与索赔期限密切联系，超过合同规定的检验期限，一般就认为买方已丧失了检验和索赔的权利，除非另有约定或卖方同意延长索赔权。而出口商品的检验时间就是出口装运的期限，卖方要确保货物在装运前检验货物和取得检验证书。在买卖合同中一般规定检验和/或复检时间。复检期限与规定索赔期限密切相关，买方只能在规定的复检期限内检验货物并据此提出索赔，超过规定时间，卖方就有权拒赔。根据我国《进出口商品检验法》第10条规定“商检机构应当在对外贸易合同约定的索赔期限内检验完毕，并出具证明”。复检期限的规定应主要根据商品的特性、运输条件和检验所需时间长短不同而异。如农产品、鲜活产品复检时间可短些；机电仪器和成套设备的复检时间要长一些。

复检地点的选择与时间有着密切的关系。地点选择不当，实际检验时间就得不到保障。例如，我进口商品复检地点一般以“货到目的港卸货后或货物运抵目的地收货人的最后仓库之日起××天内向卖方提出索赔”，而不订成“从进口之日起计算”或“到岸三日起计算”，更不订成“从发运日期计算”。因为在后者情况下，货到目的口岸，因港口拥挤或其他许多原因卸不了货，就可能耽误检验时间。

在国际货物买卖合同中，根据国际贸易习惯做法和我国的业务实践，有关检验地点的规定办法可归纳为以下四种。

（一）在出口国检验

此种方法又包括产地（工厂）检验和装运港（地）检验两种。

1. 产地（工厂）检验

产地（工厂）检验是指货物在产地出运或工厂出厂前，由产地或工厂的检验部门或买方的验收人员进行检验和验收，并由买卖合同中规定的检验机构出具检验证书，作为卖方所交货物的品质、数量等项内容的最后依据。卖方只承担货物离开产地或工厂前的责任，对于货物在运输途中所发生的一切变化，卖方概不负责。

2. 装运港（地）检验

装运港（地）检验又称“离岸品质、离岸重量”（shipping quality and weight），是指货物在装运港或装运地交货前，由买卖合同中规定的检验机构对货物的品质、重量（数量）等内容进行检验鉴定，并以该机构出具的检验证书作为最后依据。卖方对交货后货物所发生的变化不承担责任。

采用上述两种规定办法时，即使买方在货物到达目的港或目的地后，自行委托检验机构对货物进行复验，也无权对商品的品质和重量向卖方提出异议。除非买方能证明，他所收到的与合同规定不符的货物是由于卖方的违约或货物的固有瑕疵所造成的。因此，这两种规定办法从根本上否定了买方的复验权，对买方极为不利。

（二）在进口国检验

此种方法又分为目的港（地）检验和买方营业处所（最终用户所在地）检验两种。

1. 目的港（地）检验

目的港（地）检验习称为“到岸品质、到岸重量”（landed quality and weight），是指货物运达目的港或目的地时，由合同规定的检验机构在规定的时间内，就地对商品进行检验，并以该机构出具的检验证书作为卖方所交货物品质、重量（数量）的最后依据。采用这种方法时，买方有权根据货物运抵目的港或目的地时的检验结果，对属于卖方责任的品质、重量（数量）不符点，向卖方索赔。

2. 买方营业处所（最终用户所在地）检验

对于一些因使用前不便拆开包装，或因不具备检验条件而不能在目的港或目的地检验的货物，如密封包装货物、精密仪器等，通常都是在买方营业处所或最终用户所在地，由合同规定的检验机构在规定的时间内进行检验。货物的品质和重量（数量）等项内容以该检验机构出具的检验证书为准。

采取上述两种做法时，卖方实际上须承担到货品质、重量（数量）的责任。如果货物在品质、数量等方面存在的不符点属于卖方责任所致，买方则有权凭货物在目的港、目的地或买方营业处所或最终用户所在地经检验机构检验后出具的检验证书，向卖方提出索赔，卖方不得拒绝。由此可见，这两种方法对卖方很不利。

（三）出口国检验、进口国复验

出口国检验、进口国复验是指卖方在出口国装运货物时，以合同规定的装运港或装运地检验机构出具的检验证书，作为卖方向银行收取货款的凭证之一，货物运抵目的港或目的地后，由双方约定的检验机构在规定的地点和期限内对货物进行复验。复验后，如果货物与合同规定不符，而且属于卖方责任所致，此时买方有权凭该检验机构出具的检验证书，在合同规定的期限内向卖方索赔。由于这种做法兼顾了买卖双方的利益，较为公平合理，因而它是国际货物买卖中最常见的一种规定检验时间和地点的方法，也是我国进出口业务中最常用的一种方法。

（四）装运港（地）检验重量、目的港（地）检验品质

在大宗商品交易的检验中，为了调和买卖双方在商品检验问题上存在的矛盾，常将商品的重量检验和品质检验分别进行，即以装运港或装运地验货后检验机构出具的重量检验证书，作为卖方所交货物重量的最后依据，以目的港或目的地检验机构出具的品质检验证书，作为商品品质的最后依据。货物到达目的港或目的地后，如果货物在品质方面与合同规定不符，而且该不符点是卖方责任所致，则买方可凭品质检验证书，对货物的品质向卖方提出索赔，但买方无权对货物的重量提出异议。这种规定检验时间和地点的方法就是装运港（地）检验重量、目的港（地）检验品质，习惯上称为“离岸重量、到岸品质”（shipping weight and landed quality）。

需要指出的是，由于实际业务中检验时间和地点的规定，常常与合同中所采用的贸易术语、商品的特性、检测手段、行业惯例以及进出口国的法律、法规密切相关，因此在规定商品的检验时间和地点时，应综合考虑上述因素，尤其要考虑合同中所使用的贸易术语。通常情况下，商品的检验工作应在货物交接时进行，即卖方向买方交付货物时，买方随即对货物进行检验。货物经检验合格后，买方即受领货物，卖方在货物风险转移之后，不再承担货物发生品质、数量等变化的责任。这一做法特别适用于以 E 组和 D 组实际交货的贸易术语达成的交易。但如果按装运港交货的 FOB、CFR 和 CIF 贸易术语成交时，情况则大不相同。由于在采用上述三种术语成交的情况下，卖方只要按合同规定在装运港将货物装上船舶，并提交符合合同规定的单据，就算完成交货义务，货物风险也自货物在装运港装上船后开始由卖方转移给买方。但此时买方却并没有实际收到货物，自然更无机会检验货物。因此，按装运港交货的贸易术语达成的买卖合同，在规定检验时间和地点时，采用“出口国检验、进口国复验”最为适宜。

三、货物检验检疫的机构

在国际货物买卖中，交易双方除了自行对货物进行必要的检验外，通常还会委托独立于买卖双方之外的第三方对货物进行检验。有时，虽然买卖双方未要求对所交易的商品进行检验，但根据有关法律或法规的规定，必须由某机构进行检验，经检验合格后方可出境或入境。这种根据客户的委托或有关法律、法规的规定对进出境商品进行检验、鉴定和管理的机构就是商品检验机构，简称检验机构或商检机构。

（一）国际上货物检验机构的类型

国际上的商品检验机构，种类繁多，名称各异，有的称作公证行（authentic

surveyor)、宣誓衡量人（sworn measurer），也有的称之为实验室（laboratory），检验机构的类型大体可归纳为官方检验机构、半官方检验机构和非官方检验机构三种。

1. 官方检验机构

官方检验机构是指由国家或地方政府投资，按照国家有关法律法令对出入境商品实施强制性检验、检疫和监督管理的机构，如美国食品药物管理局（FDA）、美国动植物检疫署、美国粮谷检验署、日本通商省检验所等。

2. 半官方检验机构

半官方检验机构是指一些有一定权威的、由国家政府授权、代表政府行使某项商品检验或某一方面检验管理工作的民间机构。例如，根据美国政府的规定，凡是进口与防盗信号、化学危险品以及与电器、供暖、防水等有关的产品，必须经美国保险商实验室（Underwriter's Laboratory）这一半官方检验机构检验认证合格，并贴上该实验室的英文缩写标志"UL"，方可进入美国市场。

3. 非官方检验机构

非官方检验机构主要是指由私人创办的、具有专业检验、鉴定技术能力的公证行或检验公司，如英国劳埃氏公证行（Lloyd's Surveyor）、瑞士日内瓦通用鉴定公司（Societe Generale de Surveillance S. A.，SGS）等。

（二）我国货物检验机构及其任务

在我国，主管全国出入境商品检验、检疫、鉴定和管理工作的机构是中华人民共和国国家出入境检验检疫局及其设在各地的分支机构，通常习惯上称为国家商检部门。为了改善我国社会主义市场经济下的质量管理体制，充分发挥质量监督和检验、检疫的作用，以适应我国加入 WTO 以及同国际接轨的需要，2001 年 4 月 10 日国务院宣布将国家质量技术监督局与国家出入境检验检疫局合并，成立了中华人民共和国国家质量监督检验检疫总局。

根据对外贸易发展的需要，对涉及社会公共利益的进出口商品，制定和公布了《商检机构实施检验的进出口商品种类表》（以下简称《种类表》），并根据实际情况随时予以调整。

根据《中华人民共和国进出口商品检验法》（以下简称《商检法》），和《中华人民共和国进出口商品检验法实施条例》（以下简称《商检法实施条例》）的规定，国家商检部门及其设在各地的检验机构的职责有下述三项。

1. 对进出口货物实施检验

商检机构实施进出口商品检验的内容，包括商品的质量、规格、数量、重量、包装以及是否符合安全、卫生要求。

商检机构实施进出口商品检验的范围可归纳为两方面，即法定检验和对法定检验以外的进出口商品的检验。

法定检验是指商检机构或者国家商检部门、商检机构指定的检验机构，根据国家的法律、行政法规，对规定的进出口商品和有关的检验事项实施强制性检验。凡属法定检验范围内的进出口商品，必须经过商检机构或者国家商检部门、商检机构指定的检验机构的检验，未经检验或经检验不合格的商品，一律不准进出口。

对于法定检验以外的进出口商品，商检机构可以抽查检验。此外，商检机构还对对外贸易合同约定或者进出口商品的收货人、发货人申请商检机构签发检验证书的进出口商品实施检验。

2. 对进出口货物的质量和检验工作实施监督管理

监督管理是指国家商检部门、商检机构对进出口商品的收货人、发货人及生产、经营、储运单位以及国家商检部门、商检机构指定或认可的检验机构和认可的检验人员的检验工作实施监督管理。例如，向列入《种类表》的出口商品的生产企业派出检验人员。参与监督出口商品出厂前的质量检验工作；进行进出口商品质量认证工作；对重要的进出口商品及其生产企业实行质量许可制度；通过考核，认可符合条件的国内外检验机构承担委托的进出口商品检验工作；对指定或认可的检验机构的进出口商品检验工作进行监督，抽查检验其已检验的商品。

3. 办理进出口货物鉴定

鉴定业务是指商检机构和国家商检部门、商检机构指定的检验机构以及经国家商检部门批准的其他检验机构接受对外贸易关系人（通常指出口商、进口商、承运人、保险人以及出口商品的生产、供货部门和进口商品的收货、用货部门、代理接运部门等）以及国内外有关单位的委托，办理规定范围内的进出口商品鉴定业务。进出口商品鉴定业务的范围主要包括：进出口商品的质量、数量、重量、包装、海损鉴定，集装箱及集装箱货物鉴定，进口商品的残损鉴定，出口商品的装运技术条件鉴定、货载衡量、产地证明、价值证明以及其他业务。

进出口商品鉴定业务不同于法定检验。鉴定业务最突出的特点是凭进出口商品经营者或有关关系人的申请和委托而进行进出口商品的检验和鉴定；法定检验则是根据国家有关法律、法规的规定，对进出口商品实施强制性检验。

此外，为了适应我国对外贸易发展的需要，20 世纪 80 年代初，经国务院批准我国成立了中国进出口商品检验总公司（以下简称商检公司）。商检公司作为一家独立的检验机构，以非官方身份和公证科学的态度，接受进出口业务中的当事人和外国检验机构的委托，处理进出口商品的检验鉴定业务，签发检验、鉴定证书并提供咨询服务。商检公司的成立既为进出口商品的顺利交接、结汇以及合理解决索赔争议提供了诸多便利条件，同时也促进了我国同世界各国进出口商品检验机构的联系与合作。

四、检验检疫的性质、标准和证书

（一）检验检疫的性质

按照商检的性质，可以分为法定检验和公定检验。

1. 法定检验

法定检验是指商品检验机构依据国家法律、行政法规的规定，对进出口商品行使强制性的检验或检疫。按规定属于法定检验的进出口商品，未经检验合格一律不准进出口。

法定检验的范围包括：

(1) 列入我国检验检疫机构实施检验的进出口商品《检验检疫商品目录》中规定的商品。

(2)《中华人民共和国食品卫生法》和《进出境动植物检疫法》规定的商品。

(3) 对出口危险货物的包装容器、危险货物运输设备和工具的安全技术的性能鉴定和使用鉴定。

(4) 对装运易腐烂食品、冷冻品的船舱和集装箱等运输工具应实施适载检验。

(5) 对贸易合同规定由检验检疫机构实施检验的进出口商品。

(6) 凡其他法律行政法规规定的须经检验检疫机构实施检验的进出口商品和检验项目。

2. 公证检验

公证鉴定是指检验检疫机构接受对外贸易商的申请、国外检验机构的委托或国内外有关单位的委托，对进出口商品进行鉴定，签发鉴定证书，供申请人作为办理进出商品的交接、结算、通关结税、计费核算、索赔、仲裁等的有效依据。公证鉴定不同于法定检验，它不具有强制性。

公证鉴定的范围主要包括各种进出口商品的质量、重量、数量、包装、标志、海损、商品残损、装载技术条件、货载衡量、产地证明，对船舶、车辆、飞机、集装箱运载工具的适载鉴定，抽去并签封各类样品，签发价值证书等。

（二）货物检验检疫标准

检验标准是指对进出口商品实施检验所依据的标准，如对商品品质、规格、包装等项目的具体规定和要求；抽样、制样或检验方法及对检验仪器的具体规定和要求等。在国际货物买卖合同中，即使是同一种商品，对其实施检验所依据的标准和方法不同，检验结果往往会大不一样。因此，交易双方在签订买卖合同时，除了规定检验时间和地点、检验机构及检验证书之外，往往还要明确检验标准。检验标准的具体内容，视商品的种类、特性及进出口国家有关法律或行政法规的规定而定。

1. 国际上对检验标准的分类

在国际货物买卖中，商品的检验标准可归纳为以下三类：

（1）对买卖双方具有法律约束力的标准。这是国际货物买卖中普遍采用的检验标准，其中最常见的是买卖合同和信用证。

（2）与贸易有关国家所制定的强制执行的法规标准，主要指商品生产国、出口国、进口国、消费国或过境国所制定的法规标准，如货物原产地标准、安全法规标准、卫生法规标准、环保法规标准、动植物检疫法规标准。

（3）国际权威性标准，主要是指在国际上具有权威性的检验标准，其中又包括国际标准、区域性标准化组织标准、国际商品行业协会标准和某国权威性标准四种。国际标准，是指国际专业化组织所制定的检验标准，如国际标准化组织、国际海事组织、国际电工委员会、联合国食品法典委员会等制定的标准。区域性标准化组织标准，是指区域性组织所制定的标准，如欧洲标准化委员会、欧洲电工标准委员会、泛美技术标准委员会等制定的标准。国际商品行业协会标准，是指国际羊毛局、国际橡胶协会等国际性商品行业协会所制定的标准。某国权威性标准，是指某些国家所制定的具有国际权威性的检验标准，如英国药典、美国公职分析化学家协会制定的标准等。

2. 我国商检机构的检验标准

根据《商检法实施条例》的有关规定，我国商检机构按下述标准对进出口商品实施检验。

（1）法律、行政法规规定有强制性标准或者其他必须执行的检验标准的，按照法律、行政法规规定的检验标准检验；

（2）法律、行政法规未规定有强制性检验标准或者其他必须执行的检验标准的，按照对外贸易合同规定的检验标准检验；凭样成交的，应当按照样品检验。

（3）法律、行政法规未规定有强制性检验标准或者其他必须执行的检验标准，低于对外贸易合同规定的检验标准检验的，按照对外贸易合同规定的检验标准检验；凭样成交的，应当按照样品检验。

（4）法律、行政法规未规定有强制性检验标准或者其他必须执行的检验标准；对外贸易合同又未约定检验标准或者约定检验标准不明确的，按照生产国标准、有关国际标准或者国家商检部门指定的标准检验。

国际标准化组织（The International Organization for Standardization，ISO）为了促进各国产品质量及企业质量管理水平的提高和保护消费者权益，在总结传统产品检验、测试及质量控制工作的基础上，于 1987 年制定了 ISO9000 质量管理与质量保证一系列国际标准。该标准自发布以来，得到世界许多国家的普遍重视，我国也在实践中大力推广ISO9000系列标准。根据《中华人民共和国标准化法》的规定，我国的商品检验标准分为四种，即国家标准、行业标准、地方标准和企业标准。国家标准由国务院标准化行政主管部门制定。对没有国家标准，但需要在国家某行业范围内统一技术要求的，可以制定行业标准。没有国家标准和行业标准的，可以制定地方标准或企业标准。对于既有我国标准又有国际标准或国外标准的商品，一般情况下应采用我国标准进行买卖。对于已被国际上广泛采用的标准，或有助于扩大产品在国际市场销路的标准，交易时应尽量采用该种标准。

国际货物买卖合同中的检验条款，除了包括上述内容外，有时还需明确买方对不符货物向卖方索赔的具体期限。

现举买卖合同中检验条款实例如下：

“以装运港（地）××（检验机构名称）签发的品质和重量检验证书作为信用证项下议付所提交单据的一部分。买方对于装运货物的任何索赔，须于货物到达目的港（地）后××天内提出，并须提供经卖方同意的公证机构出具的公证报告。”

（三）货物检验检疫的证书

商检证书（inspection certificate），是各种进出口商品检验证书、鉴定证书和其他证明书的统称，是对外贸易有关各方履行契约义务、处理索赔争议和仲裁、诉讼举证，具有法律依据的有效证件，也是海关验放、征收关税和优惠减免关税的必要证明。商检证书的种类和用途主要有以下11类。

（1）品质检验证书（inspection certificate of quality），是出口商品交货结汇和进口商品结算索赔的有效凭证；法定检验商品的证书，是进出口商品报关、输出输入的合法凭证。商检机构签发的放行单和在报关单上加盖的放行章有与商检证书同等通关效力；签发的检验情况通知单同为商检证书性质。

（2）重量或数量检验证书（inspection certificate of weight and quantity），是出口商品交货结汇、签发提单和进口商品结算索赔的有效凭证；出口商品的重量证书，也是国外报关征税和计算运费、装卸费用的证件。

（3）兽医检验证书（veterinary inspection certificate），是证明出口动物产品或食品经过检疫合格的证件，适用于冻畜肉、冻禽、禽畜罐头、冻兔、皮张、毛类、绒类、猪鬃、肠衣等出口商品，是对外交货、银行结汇和进口国通关输入的重要证件。

（4）卫生/健康证书（sanitary inspection certificate），是证明可供人类食用的出口动物产品、食品等经过卫生检验或检疫合格的证件。适用于肠衣、罐头、冻鱼、冻虾、食品、蛋品、乳制品、蜂蜜等，是对外交货、银行结汇和通关验放的有效证件。

（5）消毒检验证书（disinfection inspection certificate），是证明出口动物产品经过消毒处理，保证安全卫生的证件。适用于猪鬃、马尾、皮张、山羊毛、羽毛、人发等商品，是对外交货、银行结汇和国外通关验放的有效凭证。

（6）熏蒸证书（inspection certificate of fumigation），是用于证明出口粮谷、油籽、豆类、皮张等商品，以及包装用木材与植物性填充物等，已经经过熏蒸灭虫处理的证书。

（7）残损检验证书（inspection certificate on damaged cargo），是证明进口商品残损情况的证件。适用于进口商品发生残、短、渍、毁等情况，可作为收货人向发货人或承运人或保险人等有关责任方索赔的有效证件。

（8）积载鉴定证书（inspection certificate on cargo weight and measurement），是证明船方和集装箱装货部门正确配载积载货物，作为证明履行运输契约义务的证件。可供货物交接或发生货损时处理争议之用。

（9）船舱检验证书（inspection certificate on tank/hold），证明承运出口商品的船舱清洁、密固、冷藏效能及其他技术条件是否符合保护承载商品的质量和数量完整与安全的要求。可作为承运人履行租船契约适载义务，对外贸易关系方进行货物交接和处理货损事故的依据。

（10）原产地证明书（certificate of origin），是出口商品在进口国通关输入和享受减免关税优惠待遇和证明商品产地的凭证。

（11）价值证明书（certificate of value），作为进口国管理外汇和征收关税的凭证。在发票上签盖商检机构的价值证明章与价值证明书具有同等效力。

五、订立货物检验检疫条款应注意的事项

（1）对商品检验权的约定应公平合理。

（2）约定商品检验的时间与地点应当考虑所使用的贸易术语、商品的特性检验条件和有关国家的法律或规章制度的规定。

（3）应根据择优选择的原则约定合法的检验机构。合理约定成交商品的检验技术标准。

（4）确定须出具的检验证书的名称和份数，以满足不同部门的需要。

（5）确定买方对货物的品质、数量等进行复检的时间、地点和复检方法。复检地点一般为目的港，机器设备可在目的地。复检时间不宜过长，通常视商品的性质而言，一般是货到目的港后 30～180 天。

第二节 索赔

一、违约责任

国际货物买卖合同是确定买卖双方权利和义务的法律文件。任何一方当事人如不履行合同义务，或者履行合同义务不符合约定的，这就在法律上构成违约行为，违约一方应当承担继续履行、采取补救措施或者赔偿损失等违约责任。根据各国法律和国际条约的规定，不同性质的违约行为，其承担的责任是不同的。但各国法律对于违约行为的性质划分及据此可以采取的补救办法却很不一致：有的国家是以合同中交易条件的主次为依据进行划分；而有的国家却以违约的后果轻重程度为依据来进行划分。

例如，英国的法律规定，当事人一方违反合同中带实质性的主要约定条件，如卖方交货的质量和数量不符合合同的规定，或不按照合同期限交货，均作为“违反要件”（breach of condition），受损害的一方除可要求损害赔偿外，还有权解除合同。如违反的是合同中的次要条件，称为“违反担保”（breach of warranty）或“违反随附条件”，则受损害一方不能解除合同，仍须履行他所应承担的合同义务，但有权请求违约的一方给予损害赔偿。至于货物买卖合同中哪些条款属于“要件”，哪些条款属于“担保”或“随附条件”，英国的法律未作具体规定，要由法官在审理案件时根据合同的内容和推定双方当事人的意思做出决定，因此有较大的任意性。但在实际业务中，受损害的一方对于另一方的违反要件，可以放弃作为要件处理，即不要求解除合同，而只要求损害赔偿。英国的法律也允许当事人不把另一方的违反要件作为解除合同的理由。此外，如果买方在法律上已被视为接受了货物，并且因此而丧失了拒收货物的权利，买方就必须将对方的违反要件作为违反担保处理。值得注意的是，近年来，英国法院在司法实践中已承认了一种新的违约类型，称之为“违反中间性条约或无名条款”。所谓中间性条款或无名条款，是一种既不是要件也不是担保的合同条款。违反这类条款应承担的责任须视违约的性质及其后果是否严重而定。如果性质及其后果严重，受损害的一方有权解除合同，并可要求损害赔偿，否则就只能要求损害赔偿。

又如美国的法律规定，一方当事人违约，以致使另一方无法取得该交易的主要利益，则是“重大违约”（material breach）。在此情况下，受损害的一方有权解除合同，并要求损害赔偿。如果一方违约，情况较为轻微，并未影响对方在该交易中取得的主要利益，则为“轻微违约”（minor breach），受损害的一方只能要求损害赔偿。

我国《合同法》规定，另一方违反合同，以致严重影响订立合同所期望的经济利益，当事人一方有权通知另一方解除合同。该法还规定，合同的变更、解除或终止，不影响当事人要求赔偿损失的权利。

《公约》规定："一方当事人违反合同的结果，如使另一方当事人蒙受损失，以至于实际上剥夺了他根据合同规定有权期待得到的东西，即为根本违反合同。"[①] 受损害的一方有权向违约方要求损害赔偿并有权宣告合同无效。但如违约的情况尚未达到根本违反合同的程度，则受损害方只能要求损害赔偿而不能宣告合同无效。

综上所述，由于各国法律和国际条约对于违约行为的区分有不同的方法，因此对于不同的违约行为承担的责任，以及另一方可以采取的补救方法都有不同的规定，但这种责任或救济（remedy）大体上可概括为三类，即实际履行（special performance）、解除合同（rescission）及损害赔偿（damages）。为维护我方的权益，根据我国法律和国际上有关的法律和惯例，订好国际货物买卖合同中的索赔条款，并在合同的履行中加以运用，是十分重要的。

二、索赔和理赔

在国际贸易交易过程中，买卖双方往往会由于彼此间的权利义务问题而引起争议。争议发生后，因一方违反合同规定，直接或间接给另一方造成损失，受损方向违约方在合同规定的期限内提出赔偿要求，以弥补其所受损失，就是索赔(claim)。

违约的一方，如果受理遭受损害方所提出的赔偿要求，赔付金额或实物，以及承担有关修理、加工整理等费用，或同意换货等就是理赔。如有足够的理由，解释清楚，不接受赔偿要求的就是拒赔。

索赔和理赔是一个问题的两个方面，属于卖方责任而引起买方索赔的主要有：卖方所交货物的品质、数量、包装与合同不符；卖方未按期交货；卖方其他违反合同或法定义务的行为。属于买方责任而引起卖方索赔的有：买方未按期付款；未及时办理运输手续；未及时开立信用证；买方其他违反合同或法定义务的行为。索赔和理赔中，索赔依据和索赔时间是两个最基本的条件。索赔的法律依据是合同和适用的法律、惯例。索赔的事实依据是违约事实的书面文件，指有资格的机构出具的书面证明，当事人的陈述和其他旁证。

索赔期限通常在合同中加以约定。超过约定的索赔期限，受损害的一方即丧失索赔权。如果在合同中未约定索赔期限，则依照法律规定索赔期限。法定索赔期限较长，《公约》规定为自买方实际收到货物之日起两年之内。营业地处于公

① 参见《联合国国际货物销售合同公约》第25条。

约缔约国的买卖双方，在合同中未约定索赔期限时，将以公约规定的两年为索赔期限。

对外贸易中的争议和索赔情况是经常发生的，直接关系到对外贸易有关各方的经济权益，所以各方都十分重视索赔和理赔，在合同中订立有关的条款，以维护自己的利益。从法律观点来说，违约的一方应该承担赔偿的责任，对方有权提出赔偿的要求直到解除合同。只有当履约中发生不可抗力事故，致使一方不能履约或如期履约时，才可根据合同规定或法律规定免除责任。

在我国的进出口贸易中，发生争议、索赔的事例是很多的，特别在市场情况发生变化，国外商人觉得履约对他们不利时，往往会寻找各种借口拒不履约或拖延履约，甚至弄虚作假或提出无理要求。此外，我方也由于各种原因，有时也有影响对外履约的事例。因此，如何正确处理对外索赔和理赔是一个十分重要的问题，它既关系到维护国家的权益和声誉，又涉及比较复杂的业务技术问题。所以索赔、理赔是一项政策性、技术性很强的涉外工作，必须严肃对待和认真处理。

出入境检验检疫机构通过对进出口商品的检验和鉴定，所签发的商品检验证书，是供有关方面处理索赔理赔的重要证明，必须真实正确，以维护对外贸易有关各方的合法权益。

三、买卖合同中的索赔条款

（一）异议与索赔条款

异议与索赔条款（discrepancy and claim clause）的内容，主要包括索赔的依据、索赔的期限、索赔的办法等。

1. 索赔的依据

在索赔条款中，一般都规定提出索赔应出具的证据和出证机构。比如双方约定：货到目的港卸货后，若发现品质、数量或重量与合同规定不符，除应由保险公司或船公司负责外，买方于货到目的港卸货后若干天内凭双方约定的某商检机构出具的检验证明向卖方提出索赔。

2. 索赔的期限

索赔期限是指受损害一方有权向违约方提出索赔的期限。按照法律和国际惯例，受损害一方只能在规定的索赔期限内提出索赔，否则即丧失索赔权。守约方向违约方提出索赔的时限，应在合同中订明，如超过约定时限索赔，违约方可不予受理。因此，索赔期限的长短应当规定合适。在规定索赔期限时，应考虑不同商品的特性和检验条件。对于有质量保证期限的商品，合同中还应订立保证期。此外，在规定索赔期限时，还应对索赔期限的起算时间一并做出具体规定，通常有下列几种起算方法：

(1) 货到目的港后××天起算；

(2) 货到目的港卸离海轮后××天起算；

(3) 货到买方营业处所或用户所在地后××天起算；

(4) 货物检验后××天起算。

3. 索赔的办法

异议索赔条款对合同双方当事人都有约束力，不论何方违约，受损害方都有权提出索赔。鉴于索赔是一项复杂而又重要的工作，故处理索赔时，应弄清事实，分清责任，并区别不同情况，有理有据地提出索赔。至于索赔金额因订约时难以预测，只能事后本着实事求是的原则酌情处理，故在合同中一般不作具体规定。

(二) 罚金或违约金条款

罚金条款 (penalty clause) 一般适用于卖方延期交货或买方延期接运货物、拖延开立信用证、拖欠货款等场合。在买卖合同中规定罚金或违约金条款，是促使合同当事人履行合同义务的重要措施，能起到避免和减少违约行为发生的预防性作用，在发生违约行为的情况下，能对违约方起到一定的惩罚作用，对守约方的损失能起到补偿性作用。可见，约定此项条款，采取违约责任原则，对合同当事人和全社会都是有益的。

罚金或违约金与赔偿损失虽有相似之处，但仍存在差异，其差别在于：前者不以造成损失为前提条件，即使违约的结果，并未发生任何实际损害，也不影响对违约方追究违约金责任。违约金数额与实际损失是否存在及损失的大小没有关系，法庭或仲裁庭也不要求请求人就损失举证，故其在追索程序上比后者简便得多。

违约金的数额一般由合同当事人商定，我国现行合同法也没有对违约金数额作出规定，而以约定为主。按违约金是否具有惩罚性，可分为惩罚性违约金和补偿性违约金，世界大多数国家都以违约金的补偿性为原则，以惩罚性作为例外。根据我国合同法的规定，在确定违约金数额时，双方当事人应预先估计因违约可能发生的损害赔偿确定一个合适的违约金比率。在此需要着重指出的是，在约定违约金的情况下，即使一方违约未给对方造成损失，违约方也应支付约定的违约金。为了体现公平合理原则，如一方违约给对方造成的损失大于约定的违约金，守约方可以请求法院或仲裁庭予以增加；反之，如约定的违约金过分高于实际造成的损失，当事人也可请求法院或仲裁庭予以适当减少。但如约定的违约金不是过分高于实际损失，则不能请求减少。这样做，既体现了违约金的补偿性，也在一定程度上体现了它的惩罚性。当违约方支付约定的违约金后，并不能免除其履行合同项下义务的责任。

四、定金罚则

(一) 定金的含义

定金与预付款不同，定金是指合同一方当事人根据合同的约定预先付给另一方当事人一定数额的金额，以保证合同的履行，它是作为债权的担保而存在的；预付款是合同当事人预先付给对方一定数额的价款，即对合同义务的预先履行，其本身就是预付的价款或价款的一部分，而不是对合同履行的担保。在买卖合同中，只要约定了定金条款，无论合同当事人哪一方违约，都要承担与定金数额相等的损失。也就是说，如支付定金的一方违约，即丧失定金的所有权，定金则由另一方当事人所有；如收取定金的一方违约，则除返还定金外，还需付给对方同定金数额相等的款额。这种规定和做法，就称为定金罚则。

(二) 约定定金条款的意义

在国际贸易中，由于种种原因，违约情况时有发生，为了促使合同双方当事人自觉地履行合同义务，以提高履约率，采取定金制度是行之有效的举措。为了贯彻"重合同、守信用"的原则，我国合同法对定金的有关问题作了具体规定："当事人可以按照《中华人民共和国担保法》约定一方向对方给付定金作为债权的担保。债务人履行债务后，定金应当抵作价款或者收回。给付定金的一方不履行约定债务的，无权要求返还定金；收受定金的一方不履行约定债务的，应当双倍返还定金。"① 实践表明，此项规定，对提高履约率、维护合同当事人的合法权益、减少贸易纠纷和解决争议都有重要的意义。

(三) 运用定金条款的注意事项

(1) 在合同中，如需要订立定金条款时，要注意定金条款内容与预付款条款内容的区别，二者不能混同使用。

(2) 定金条款的规定应明确具体。如定金的数额、支付定金的时间和方式，债务人履行债务后，定金是收回还是抵作价款等，都应在合同中具体订明。

(3) 在合同中同时约定违约金和定金的情况下，如出现一方违约，对方只能选择其中之一适用，不能同时并用。

---

① 参见《中华人民共和国合同法》第115条。

第三节　不可抗力与仲裁

一、不可抗力

（一）不可抗力的含义

不可抗力（force majeure）是指买卖合同签订后，不是由于合同当事人的过失或疏忽，而是由于发生了合同当事人无法预见、无法预防、无法避免和无法控制的事件，以致不能履行或不能如期履行合同，发生意外事件的一方可以免除履行合同的责任或推迟履行合同。因此。不可抗力是一项免责条款。

在国际贸易中，对不可抗力的含义及其叫法并不统一。在英美法中，有“合同落空”（frustration of contract）原则的规定，其意思是指合同签订后，不是由于合同当事人的过失，发生了当事人意想不到的事件，致使订约目的受到挫折，从而造成“合同落空”。发生事件的一方，可据此免除责任。

在大陆法系国家的法律中，有所谓“情势变迁”或“契约失效”原则的规定，其意思是指签订合同后，不是由于合同当事人的原因而发生了当事人预想不到的情况变化，致使合同不可能再履行或对原来的法律效力需作相应的变更。不过，法院对引用此项原则来免除履约责任的要求是很严格的。

根据《公约》规定，合同签订后，如发生了合同当事人订约时无法预见和事后不能控制的障碍，以致不能履行合同义务，则可免除责任。

上述各种解释表明，各国对不可抗力尽管有不同叫法与说明，但其精神原则大体相同。

（二）不可抗力的范围及认定

1. 不可抗力的范围

不可抗力事件有其特定的含义，并不是任何一种意外事件都可作为不可抗力事件。不可抗力事件的范围较广。通常分为下列两种情况：一种是由于自然力量引起的事件，如水灾、旱灾、冰灾、雪灾、雷电、火灾、暴风雨、地震、海啸等；另一种是政治或社会原因引起的，如政府颁布禁令、调整政策制度、罢工、暴动、骚乱、战争等。

2. 不可抗力的认定

在国际贸易中由于自然力量和社会力量所引起的任何意外事故，对于交易双方来说，是否算不可抗力要看是否具备以下条件：

(1) 时间性。事件必须是订立合同之后发生的。

(2) 不可抗拒性。事件的发生及其后果必须是当事人无法预见、无法控制、无法避免和不可克服的。

(3) 无过失性。事件的发生不是任何一方当事人的故意或过失造成的，而必须是偶然发生的和异常的事件。

(4) 可确定性。必须在合同中订立不可抗力条款。

(三) 不可抗力事件的处理

《公约》规定，一方当事人享受的免责权利只对履约障碍存在期间有效，如果合同未经双方同意宣告无效，则合同关系继续存在，一旦履约障碍消除，双方当事人仍需继续履行合同义务。所以不可抗力事件所引起的后果可能是解除合同也可能是变更合同，包括替代履行、减少履行或延迟履行合同，应由双方按公约规定结合具体情势商定。《公约》还规定在不可抗力事件发生后，违约方必须及时通知另一方，并提供必要的证明文件，而且在通知中应提出处理意见。如果因未及时通知而使另一方受到损害，则应负赔偿责任。我国合同法也规定，应及时通知另一方，以减轻可能给另一方造成的损失。不可抗力事件出具证明的机构，大多为当地商会。在我国，由中国国际贸易促进委员会（即中国国际商会）出具。另一方接到不可抗力事件的通知和证明文件后应根据事件性质，决定是否确认其为不可抗力事件，并把处理意见及时通知对方。

不可抗力事件的处理，关键是对不可抗力事件的认定。尽管在合同的不可抗力条款中作了一定的说明，但在具体问题上，双方会对不可抗力事件是否成立出现分歧。通常应注意下列事项：

(1) 区分商业风险和不可抗力事件。商业风险往往也是无法预见和不可避免的，但是它和不可抗力事件的根本区别在于一方当事人承担了风险损失后，有能力履行合同义务。典型情况是对“种类货”的处理，此类货物可从市场中购得，因而卖方通常不能免除其交货责任。

(2) 重视“特定标的物”的作用。对于包装后刷上唛头或通过运输单据等已将货物确定为某项合同的标的物，称为“特定标的物”。此类货物由于意外事件而灭失，卖方可以确认为不可抗力事件。如果货物并未特定化，则会造成免责的依据不足。比如三万米棉布在储存中由于不可抗力损失了一万米，若棉布分别售于两个货主，而未对棉布作特定化处理，则卖方对两个买主都无法引用不可抗力条款免责。

(四) 不可抗力的通知与证明

不可抗力发生以后，不能按规定履约的一方当事人要取得免责的权利，必须及时通知另一方，并提供必要的证明文件，而且在通知中应提出处理的意见。对此，《公约》明确规定："不履行义务的一方必须将障碍及其对他履行义务能力的影响通知另一方。如果该项通知在不履行义务的一方已知道或理应知道此障碍后一段合理时间内仍未为另一方收到，则他对由于另一方未收到通知而造成的损害应负赔偿责任。"① 我国法律也认为：当事人一方因不可抗力不能履行合同的，应及时通知另一方以减轻可能给另一方造成的损失，并且应在合理的时间内提供证明。

在实践中，为防止争议，通常在合同的不可抗力条款中明确规定具体的通知期限。出具不可抗力证明的机构，在我国一般为中国国际贸易促进委员会；如由对方提供时，则大多为当地的商会或登记注册的公正行。必要时，出证机构也可在合同中规定。

一方接到对方关于不可抗力的通知或证明文件后，无论同意与否都应及时答复，否则按有些国家的法律如《美国统一商法典》的规定，将被视作默认。

（五）买卖合同中的不可抗力条款

1. 不可抗力条款的主要内容

国际买卖合同中的不可抗力条款主要规定有如下内容：

（1）不可抗力事故的范围。对不可抗力事故范围的认定应明确具体，防止笼统含糊而形成解释上的分歧。

（2）不可抗力的后果。不可抗力所引起的后果处理有两种：一种是解除合同，另一种是延期履行合同。什么情况下解除合同，什么情况下延期履行合同，要看发生事故的原因、性质、规模及对履行合同所产生的影响程度而定，并应明确的规定在合同中。

（3）不可抗力发生后通知对方的期限和方式。

（4）提交不可抗力的证明文件。

2. 不可抗力条款的规定方法

不可抗力条款，通常有下列几种规定办法：

（1）概括规定。在合同中不具体规定哪些事件属于不可抗力事件，而只是笼统地规定："由于公认的不可抗力的原因，致使卖方不能交货或延期交货，卖方不负责任"或"由于不可抗力事件使合同不能履行。发生事件的一方可据此免除责任"。这类规定方法，过于笼统，含义模糊，解释伸缩性大，容易引起争议，建议不宜采用。

（2）具体规定。在合同中详列不可抗力事件。这种一一列举的办法，虽然明

---

① 参见《联合国国际货物销售合同公约》第79条。

确具体，但文字繁琐，且可能出现遗漏情况，因此，也不是最好的办法。

（3）综合规定。列明经常可能发生的不可抗力事件（如战争、洪水、地震、火灾等）的同时，再加上“以及双方同意的其他不可抗力事件”的文句。这种规定办法，既明确具体，又有一定的灵活性，是一种可取的办法。在我国进出口合同中，一般都采取这种规定办法。

3. UCP600对于不可抗力的规定

“A bank assumes no liability or responsibility for the consequences arising out of the interruption of its business by Acts of God, riots, civil commotions, insurrections, wars, acts of terrorism, or by any strikes or lockouts or any other causes beyond its control.”

银行对由于天灾、暴动、骚乱、叛乱、战争、恐怖主义行为或任何罢工、停工或其无法控制的任何其他原因导致的营业中断的后果，概不负责。

“A bank will not, upon resumption of its business, honor or negotiate under a credit that expired during such interruption of its business.”

银行恢复营业时，对于在营业中断期间已逾期的信用证，不再进行承付或议付。

二、仲裁

（一）争议及其处理方式

在国际贸易中，情况复杂多变，买卖双方签订合同后，由于种种原因，使合同没有履行，从而引起交易双方间的争议。解决争议的途径有下列几种：

1. 协商（negotiation）

争议双方通过友好协商，达成和解，这是解决争议的好办法。但这种办法有一定的局限性，很多时候无法解决争议。

2. 调解（conciliation）

在争议双方自愿的基础上，由第三者出面从中调解。实践表明，这也是解决争议的一种好办法。我国仲裁机构采取调解与仲裁相结合的办法，收到了良好的效果。其具体做法是：结合仲裁的优势和调解的长处，在仲裁程序开始之前或之后，仲裁庭可以在当事人自愿的基础上，对受理的争议进行调解解决，如调解失败，仲裁庭仍按照仲裁规则的规定继续进行仲裁，直到做出终局裁决。因此，这种方法也有一定的限度。

3. 仲裁（arbitration）

国际贸易中的争议，如友好协商、调解都未成功而又不愿意诉诸法院解决，则可采用仲裁办法。仲裁已成为解决这种争议被普遍采用的方式。仲裁的优势在于其程序简便、结案较快、费用开支较少，能独立、公正和迅速地解决争议，给予当事人以充分的自治权。它还具有灵活性、保密性、终局性和裁决易于得到执行等优点，从而为越来越多的当事人所选择并采用。

4. 诉讼（litigation）

诉讼具有下列特点：

（1）诉讼带有强制性，只要一方当事人向有管辖权的法院起诉，另一方就必须应诉，争议双方都无权选择法官。

（2）诉讼程序复杂，处理问题速度比仲裁慢。

（3）诉讼处理争议，双方当事人关系紧张，有伤和气，不利于今后贸易关系的继续发展。且诉讼费用较高。

上述前两种办法都有一定的限度，最后一种办法有一定的缺陷，所以仲裁就成为解决国际贸易争议广泛采用的一种行之有效的重要方式。

中国一向提倡并鼓励以仲裁的方式解决国际商事争议。早在1956年中国的涉外商事仲裁机构便已宣告成立。50多年来，该机构在审理案件中，坚持根据事实、依照法律和合同规定，参照国际惯例，公平合理地处理争议和做出裁决，其裁决的公正性得到国内外的一致公认，中国已成为当今世界上主要的国际商事仲裁中心之一。在中国进出口合同中一般都订有仲裁条款，以便在发生争议时，通过仲裁方式解决争端。

（二）仲裁的机构

仲裁机构是国际商事关系中的双方当事人自主选择出来用以解决其争议的民间性机构，其审理案件的管辖权限完全取决于当事人的选择和授权。国际商事仲裁机构可分为临时仲裁机构和常设仲裁机构。临时仲裁机构是指根据当事人的仲裁条款或仲裁协议，在争议发生后由双方当事人推荐的仲裁员临时组成的，负责裁断当事人的争议，并在裁决后即行解散的临时性仲裁机构。常设仲裁机构是指依据国际条约或国内法成立的具有固定组织和地点、固定的仲裁程序规则的永久性仲裁机构。

目前国际上影响较大的几个常设商事仲裁机构是：国际商会仲裁院，成立于1923年，总部设在巴黎；瑞典斯德哥尔摩商事仲裁院，成立于1917年；英国伦敦仲裁院，成立于1892年；美国仲裁协会，成立于1926年，总部设在纽约；瑞士苏黎世商会仲裁院，成立于1911年。我国常设的仲裁机构主要是中国国际经济贸易仲裁委员会和海事仲裁委员会。根据业务发展的需要，中国国际经济贸易仲裁委员会又分别在深圳和上海设立了分会。北京总会及其在深圳、上海的分会是一个统一的整体，总会和分会使用相同的仲裁规则和仲裁员名册，在整体上享有一个仲裁管辖权。此外，在中国一些省市还相继设立了一些地区性的仲裁机构。

鉴于国际上仲裁机构很多，甚至一个国家或地区内就有若干个仲裁机构，因此，当事人双方选用哪个国家或地区的仲裁机构审理争议案件，应在合同仲裁条款中具体说明。

中国各外贸公司在订立进出口合同中的仲裁条款时，如双方同意在中国仲裁，一般都订明在中国国际经济贸易仲裁委员会或海事仲裁委员会仲裁。

临时仲裁庭是专为审理指定的争议案件而由双方当事人指定的仲裁员组织起来的，案件处理完毕后即自动解散。因此，在采取临时仲裁庭解决争议时，双方当事人需要在仲裁条款中就双方指定仲裁员的办法、人数、组成仲裁庭的成员、是否需要首席仲裁员等问题做出明确规定。

（三）仲裁协议

仲裁协议是双方当事人表示愿意把他们之间的争议交付仲裁解决的一种书面协议，它是仲裁机构或仲裁员受理争议案件的依据。仲裁协议有两种形式：一是仲裁条款（arbitration clause），指双方当事人在签订有关条约或合同时，在该条约或合同中订立的约定将其可能发出的争议提交仲裁解决的条款。仲裁条款订立于争议发生之前，是一种最常见和最重要的仲裁协议；二是仲裁协议书（arbitration agreement），指由双方当事人在发生争议之后订立的，表示同意把已经发生的争议提交仲裁解决的协议，这是独立于主合同之外的一个单独的协议。这两种形式的仲裁协议，其法律效力是相同的。

仲裁协议应尽可能明确、具体、完整，一般来讲，仲裁协议应包括如下内容：①仲裁地点，这是一个关键内容，关系到仲裁程序与依据的选择；②仲裁机构；③仲裁程序规则，一般来讲，在哪个仲裁机构仲裁，就适用该机构的仲裁规则，但也有的国家允许当事人任意选择；④仲裁裁决的效力，指裁决是否具有终局性，对当事人有无约束力，能否向法院上诉等，这些都须在仲裁协议中明确。

按照我国和多数国家的仲裁法的规定，仲裁协议的作用主要表现在以下三个方面：一是表明双方当事人在发生争议时自愿提交仲裁。仲裁协议约束双方当事人，在和解、调解不成时只能以仲裁方式解决争议，不得向法院起诉。二是使仲裁机构取得对争议案件的管辖权。任何仲裁机构都无权受理没有仲裁协议的案件，这是仲裁的基本原则。三是可排除法院对于争议案件的管辖权。世界上绝大多数国家的法律都规定法院不受理争议双方订有仲裁协议的争议案件。上述三个方面的作用是互相联系，不可分割的。

（四）仲裁程序

仲裁程序（arbitration procedure）是指双方当事人将所发生的争议根据仲裁协议的规定提交仲裁时应办理的各项手续。

仲裁程序的主要内容大致如下：

1. 仲裁申请（arbitration application）

仲裁申请是仲裁程序开始的首要手续。各国法律对申请书的规定不一致。在我国，《中国国际经济贸易仲裁委员会仲裁规定》规定：当事人一方申请仲裁时，应向该委员会提交包括下列内容的签名申请书：

（1）申诉人和被诉人的名称、地址；

（2）申诉人所依据的仲裁协议；

（3）申诉人的要求及所据的事实和证据。

申诉人向仲裁委员会提交仲裁申请书时，应附本人要求所依据的事实的证明文件，指定一名仲裁员，预缴一定数额的仲裁费。如果委托代理人办理仲裁事项或参与仲裁的，应提交书面委托书。

2. 组织仲裁庭

根据我国仲裁规则规定，申诉人和被申诉人各自在仲裁委员会仲裁员名册中指定一名仲裁员，并由仲裁委员会主席指定一名仲裁员为首席仲裁员，共同组成仲裁庭审理案件；双方当事人亦可在仲裁委员名册共同指定或委托仲裁委员会主席指定一名仲裁员为独任仲裁员，成立仲裁庭，单独审理案件。

3. 审理案件

仲裁庭审理案件的形式有两种：一是不开庭审理，这种审理一般是经当事人申请，或由仲裁庭征得双方当事人同意，只依据书面文件进行审理并做出裁决；二是开庭审理，这种审理按照仲裁规则的规定，采取不公开审理，如果双方当事人要求公开进行审理时，由仲裁庭做出决定。

4. 仲裁裁决

裁决是仲裁程序的最后一个环节。裁决做出后，审理案件的程序即告终结，因而这种裁决被称为最终裁决。根据我国仲裁规则，除最终裁决外，仲裁庭认为有必要或接受当事人之提议，在仲裁过程中，可就案件的任何问题做出中间裁决或者部分裁决。中间裁决是指对审理清楚的争议所做的暂时性裁决，以利于对案件的进一步审理；部分裁决是指仲裁庭对整个争议中的一些问题已经审理清楚，而先行做出的部分终局性裁决。这种裁决是构成最终裁决的组成部分。仲裁裁决必须于案件审理终结之日起45天内以书面形式做出，仲裁裁决除由于调解达成和解而做出的裁决书外，应说明裁决所依据的理由，并写明裁决是终局的和做出裁决书的日期地点，以及仲裁员的署名等。

当事人对于仲裁裁决书，应依照其中所规定的时间自动履行，裁决书未规定期限的，应立即履行。一方当事人不履行的，另一方当事人可以根据中国法律的规定，向中国法院申请执行，或根据有关国际公约、或中国缔结或参加的其他国际条约的规定办理。

按照各国仲裁规则的一般规定，如果在无仲裁协议的情况下做出的、或以无效（或过期）的仲裁协议为据做出的裁决；仲裁员的行为不当或越权所做出的裁决；以伪造证据为依据所做出的裁决；或裁决的事项是属于仲裁地法律规定不得提交仲裁处理的裁决等，当事人可在法定期限内，请求仲裁地的管辖法院撤销仲裁裁决，并宣布其为无效。

（五）仲裁裁决的承认与执行

仲裁裁决对双方当事人都具有法律上的约束力，当事人必须执行。如双方当事人都在本国，如一方不执行裁决，另一方可请求法院强制执行。如一方当事人在国外，涉及一个国家的仲裁机构所做出的裁决要由另一个国家的当事人去执行的问题。在此情况下，如国外当事人拒不执行裁决，则只有到国外法院去申请执行，或通过外交途径要求对方国家有关主管部门或社会团体（如商会、同业公会）协助执行。为了解决在执行外国仲裁裁决问题上的困难，国际上除通过双边协定就相互承认与执行仲裁裁决问题作出规定外，还订立了多边国际公约。1958年6月10日联合国在纽约召开了国际商事仲裁会议，签订了《承认与执行外国仲裁裁决公约》（*Convention on the Recognition and Enforcement of Foreign Arbitral Award*，简称《1958年纽约公约》）。该公约强调了两点：一是承认双方当事人所签订的仲裁协议有效；二是根据仲裁协议所做出的仲裁裁决，缔约国应承认其效力并有义务执行。只有在特定的条件下，才根据被诉人的请求拒绝承认与执行仲裁裁决。例如，裁决涉及仲裁协议未提到的，或不包括在仲裁协议之内的一些争议；仲裁庭的组成或仲裁程序与当事人所签仲裁协议不符等。

1986年12月第六届全国人民代表大会常务委员会第18次会议决定中华人民共和国加入上述《1958年纽约公约》，并同时声明："中华人民共和国只在互惠的基础上对在另一缔约国领土内做出的仲裁裁决的承认和执行适用该公约；中华人民共和国法律认定为属于契约性和非契约性商事法律关系所引起的争议适用该公约。"我国政府对上述公约的加入和所作的声明，不仅为我国承认与执行外国仲裁裁决提供了法律依据，而且也有利于我国仲裁机构所做出的裁决在国外公约成员国内的执行。

（六）合同中仲裁条款的格式

在总结实践经验的基础上，买卖双方一般采用下列三种仲裁条款格式。

1. 在我国仲裁的条款格式

"凡因本合同引起的或与本合同有关的任何争议，双方应通过友好协商的办法解决；如果协商不能解决，均应提交中国国际经济贸易仲裁委员会，按照申请仲裁时该会现行有效的仲裁规定裁决，裁决是终局的，对双方都有约束力。"

2. 在被申请人所在国仲裁的条款格式

“凡因本合同引起的或与本合同有关的任何争议，双方应通过友好协商来解决；如果协商不能解决，应提交仲裁，仲裁在被申请人所在国进行。在中国，由中国国际经济贸易仲裁委员会根据申请仲裁时该仲裁规则进行仲裁。如在××国（被申请人所在国名称），由××国××地仲裁机构（被申请人所在国家的仲裁机构的名称）根据该组织的仲裁程序规则进行仲裁。现行有效的仲裁裁决是终局的，对双方都有约束力。”

3. 在第三国仲裁的条款格式

“凡因本合同引起的或与本合同有关的任何争议，双方应通过友好协商来解决；如果协商不能解决，应按××国××地××仲裁机构根据该仲裁机构现行有效的仲裁程序规则进行仲裁。仲裁裁决是终局的，对双方都有约束力。”

（七）买卖合同中的仲裁条款

仲裁又称公断，是指买卖双方在争议发生之前或发生之后，签订书面协议，自愿将争议提交双方所同意的第三者予以裁决（award），以解决争议的一种方式。由于仲裁是依照法律所允许的仲裁程序裁定争端，因而促使裁决具有法律约束力，当事人双方必须遵照执行。买卖合同中的仲裁条款，一般应包括：提交仲裁的事项，即提请仲裁的争议范围、仲裁地点、仲裁机构、仲裁规则、裁决的效力等内容。

目前，我国进出口合同中的仲裁条款的内容繁简不一，一般包括下列五个方面。

1. 仲裁地点的规定

在什么地方进行仲裁，是买卖双方在磋商仲裁时的一个重点。

这主要是因为，仲裁地点与仲裁所适用的程序法，以及合同适用的实体法关系至为密切。我国进出口贸易合同中的仲裁地点，视贸易对象和情况的不同，一般采用下述几种规定方法之一：①力争规定在我国仲裁；②可以规定在被告所在国仲裁；③规定在双方认同的第三者国仲裁。

2. 仲裁机构的选择

国际贸易中的仲裁，可由双方当事人在仲裁协议中规定在常设的仲裁机构进行，也可以由当事人以双方共同指定仲裁员组成临时仲裁庭进行仲裁。当事人双方选用哪个国家（地区）的仲裁机构审理争议，应在合同中做出具体说明。

3. 仲裁程序法的适用

在买卖合同的仲裁条款中，应订明由哪个国家（地区）和哪个仲裁机构的仲裁规则进行仲裁。

4. 仲裁裁决的效力

仲裁裁决的效力主要是指由仲裁法庭做出的裁决，对双方当事人是否具有约束力，是否为决定性的，能否向法院起诉要求变更裁决。

5. 仲裁费用的负担

通常在仲裁条款中明确规定出仲裁费用由谁负担。一般规定由败诉方承担，也有的规定为由仲裁庭酌情决定的。仲裁费用一般按争议价值的0.1%～1%收取。

➢重要概念

商品检验；法定检验；检验证书；检验权；索赔；罚金；理赔；违约；不可抗力；仲裁；协商；调解；仲裁协议

➢思考题

1. 在国际货物买卖合同中，对于货物检验的时间和地点规定的方法有哪几种？哪一种方法较容易为买卖双方都能接受？

2. 何谓法定检验，法定检验与鉴定业务的基本内容及其区别是什么？

3. 简述我国出入境检验检疫机构在进出口商品检验方面的基本任务？

4. 为什么在国际货物买卖合同中要订立商品检验条款？合同中的检验条款一般包括哪些内容？

5. 各国法律对于违约行为的区分方法有哪些区别？对于违约行为的违约责任又是如何规定的？

6. 在国际货物买卖中，确定损害赔偿金额的基本原则是什么？

7. 在国际货物买卖合同中规定违约金条款有何意义？该条款应包括哪些基本内容？规定该条款时应注意哪些事项？

8. 在理赔和索赔工作中应注意的问题有哪些？

9. 何谓不可抗力？不可抗力是如何认定的？发生不可抗力的处理原则是什么？

10. 何谓不可抗力条款？为什么要在进出口合同中规定不可抗力条款？

11. 在用不可抗力条款要求免责时，我方应注意哪些问题？

12. 国际货物买卖中产生争议的原因是什么？解决争议的办法有哪几种？

13. 何谓仲裁？为什么仲裁成为一种比较常用的解决争议的方法？

➢案例分析

1. 我向某国出口一批冷冻食品，到货后买方在合同规定的索赔有效期内向我提出品质索赔，索赔额数达20万人民币。买方附来的证件有：①法定商品检验证，注明该商品有变质现象，但未注明货物的详细批号，也未注明变质货物的数量或比例；②官方化验机构根据当地某食品零售商店送验食品而做出的变质证明书。我方未经详细研究就函复对方，但是未否认品质变质问题，只是含糊其辞地要求对方减少索赔金额，对方不应允，双方函件往来一年没有结果，对方遂派代表来京当面交涉，并称如得不到解决，将提交仲裁。对此索赔案我应不应受理？试问双方各有什么漏洞？我方应如何本着实事求是精神和公平合理原则来处理此案？

2. 我出口公司 A 向泰国公司 B 以 CIF 泰国条件出口一批土特产品，B 公司又将该批货物转卖给新西兰公司 C。货到泰国后，B 公司发现货物的质量有问题，但 B 公司仍将原货转销至新西兰。其后，B 公司在合同规定的索赔期限内凭新西兰商检机构签发的检验证书，向 A 公司提出退货要求。试问：A 公司应如何处理？为什么？

3. 我国 A 公司与国外 B 公司签订了合同。合同中规定，出口护栏灯共计 80 万美元，FOB 天津，30%货款通过 T/T 预付，发货后 B 公司将电汇其余 70%货款。产品交货期为合同生效后一个月内。另外规定了罚款条款，即 A 公司每延迟交货一天，B 公司扣除总货款的 5%作为罚金。由于该地区受到台风袭击，A 公司无法投入生产，只能等到电力设备修好后才能恢复生产。A 公司已将具体情况通知该客户，但是该客户一直没有做出任何回复。

台风过去之后，A 公司立刻恢复生产，结果还是推迟了 5 天即于 8 月 13 日才生产完毕。A 公司要赔偿客户 25%的货款。8 月 13 日晚，A 公司发传真给 B 公司，提出由于台风造成了生产过程中断，属于不可抗力，没有责任对延迟交货负责。而 B 公司 14 日回电称合同中没有规定不可抗力条款，所以坚持没有理由免除罚款并称在美国没有看到关于 A 公司生产地区台风袭击的相关报道，对 A 公司提出的遭到所谓的不可抗力的自然灾害是否真实表示怀疑。A 公司立即于收到 B 公司回复当天派人到生产企业当地外经贸委，咨询是否可以提供证实当地确实遭受了台风的袭击，并到气象部门开证明。结果 A 公司无法得到上述政府部门出具的证明，无法核实确实遭到了不可抗力事情。A 公司为了防止进一步延误发货期，就于 16 日电话联系 B 公司，提出愿意帮助 B 公司尽快使该批灯到达目的地。A 公司提出将海运方式改为空运方式且愿意承担相应的空运费用。但是遭到 B 公司断然拒绝，并坚决声称 A 的延迟交货已经影响其原定贸易。所以即使 A 支付空运费，罚款也不能减免。A 只得联系了最近的航线，取得了 18 日的海运提单。结果 B 公司错过了预先与国内另一工程签订的一笔单子，所以坚持要扣共计 50%的货款作为对 A 公司的罚款。而这将使得 A 公司遭受更大的经济损失。A公司几经周折，终于找到了与B公司熟识的C公司作为中间人从中斡旋。为了能够继续保持今后的双方互利合作，最终妥协放弃了相当于50%货款的罚款。结果本案以A公司由于影响了B公司的正常贸易而对此次产品价格减价10%，并且2年内除非市场价格有较大变动，以本合同原先商定价格的95%作为贸易价格，在此基础上适当根据市场价格波动进行调整。

请分析A公司这样做合理吗？在哪些地方处理不当？

4.2005年11月，我国某畜产品进出口公司（简称中方）与伊朗某公司（简称外方）达成协议，由外方供应中方一批盐干绵羊皮。中方与外方签订了9号、11号、14号3份盐干绵羊皮订购确认书，共订购盐干绵羊皮25万张，交货及价格条件为FOB伊朗霍姆拉沙赫尔港。确认书的主要内容如下：9号确认书项下为10万张盐干绵羊皮，单价为每张4.50美元，总价45万美元，交货时间为2005年12月；11号确认书项下为10万张盐干绵羊皮，单价为每张4.40美元，总价44万美元，交货日期为2006年1月；14号确认书项下为5万张盐干绵羊皮，单价为每张4.12美元，总价20.6万美元，交货日期为2006年2月。同时确认书还规定商品质量以天津或上海港商品检验局检验后出具的检验证书为依据。双方一致同意，如对合同履行有争议，应先行友好协商解决，协商不成则提交中国国际贸易仲裁委员会仲裁解决。

订购确认书签定后，中方及时开出了以外方为收益人的信用证。其中9号订购确认书正常履行，但是11号和14号订购确认书在履行中产生了质量争议。合同到期日，中方派其租赁的货轮抵达伊朗霍姆拉沙赫尔港接货。外方向货轮装了货并指明这是属于11号和14号两个订购确认书项下的货物（其间双方通过传真修改了11号和14号订购确认书的履行期限，因日期与本案要讨论的主题无关，故可忽略）。轮船抵达天津港后中方在接货时发现到货的盐干绵羊皮有明显的质量瑕疵，遂即电告外方保留索赔权。经天津商品检验局对货物进行检验，出具了检验证书，内容为：对该盐干绵羊皮抽取了样品进行检验，发现皮质无韧力；对11号订购确认书项下的绵羊皮任选4包计160张，经过试验，有51%以上无使用价值；对14号订购确认书项下的绵羊皮任选4包计160张，经过试验，有53%以上无使用价值。这些货物的皮质无韧力是发货前的原有情况。中方邀请外方代表到中方公司所在地，会同中方公司代表，分两批浸泡绵羊皮共430张进行试验，发现其中有320张皮板完全腐烂，无使用价值，其余的也都有不同程度的损伤。

中方向外方提出索赔要求，协商未果，中方按照合同约定的仲裁条款向中国国际贸易仲裁委员会申请仲裁，要求外方公司赔偿损失。中国国际贸易仲裁委员会按照仲裁程序组成仲裁庭进行了审理。外方公司辩称，因其在装船前经其国内商检证明表明该绵羊皮的质量没问题，现在该羊皮质量问题是在运输途中产生的，按照FOB贸易术语的规定，货物的风险自货物在装运港越过船舷时转移，所以责任不应该由其承担，而应由中方自行负担。

试分析本案例，仲裁机构应怎样裁决？

5. 2008年4月5日，中国A公司与新加坡某化学原料进出口B公司签了一份国际货物销售合同。约定B公司向A公司出口5000公吨印度尼西亚产的甲醛。合同的议价为CFR中国青岛港130美元/公吨。装运期为2008年5月。装运港为印度尼西亚的某港口，目的港为中国青岛港。支付方式为不可撤销的即期信用证。同年4月7日，双方当事人又签了一份中英文对照的合同。两份合同内容大致相同。只是第一份合同就不可抗力做出了详细规定。而第二份合同只是在个别条款中简单的提到了不可抗力的问题。

合同签订后，A公司于2008年4月8日以B公司为受益人向中国银行申请开立了信用证。但B公司未按合同约定履行自己的义务。2008年5月10日，B公司向A公司请求将装船期推迟至6月底。同年6月12日又发来传真，以甲醛的实际供货商遭遇不可抗力为由要求解除合同。B公司称由于其是向印度尼西亚装运港的唯一甲醛生产商订货，而同年4月份该生产商采购的原料中存在的氯化物严重污染了生产设备并发生爆炸，导致生产无法进行，此时已无法在该装运港另行组织货源，故要求以不可抗力为由免责。A公司在当日即以传真向B公司明确指出，以不可抗力为由要求解除合同必须出具相关的证明。次日，A公司向B公司指出甲醛实际供货商遭遇不可抗力不能作为合同解除的理由，而B公司对此未作答复。至6月底，B公司仍未履行约定的交货义务。后经A公司多次催告，B公司仍拒不履行。A公司为保证生产，减少损失，被迫寻求其他货源。由于此时甲醛的国际市场价格上涨，导致A公司由此遭受价差损失达数十万美元。因此，A公司向B公司提出要求其支付违约金并赔偿价差损失。对此双方发生争议，提交仲裁。请预测仲裁结果？

第九章 国际货物买卖合同的磋商与订立

在国际贸易中，达成交易要通过合同的磋商来实现，而达成交易的法律形式则是合同。合同的磋商是订立合同的前提。合同磋商的过程包括磋商前的准备工作、询盘、发盘、还盘、接受等环节。合同的磋商与订立是国际贸易实务中的重要内容。国际贸易能否顺利地进行，在很大程度上取决于国际贸易合同的订立状况。合同是用来约定当事人各方义务的，合同内容的严密性对于争议的防范和处理显得非常重要。

第一节 磋商前的准备工作

交易磋商（business negotiation）是指进出口双方就商品的各项交易条件进行谈判，以期达成交易的过程。在国际贸易中，交易磋商占有十分重要的地位。在交易磋商前，为了正确贯彻外贸政策，完成进出口任务，我国外贸公司必须认真做好交易磋商前的各项准备工作。如果准备工作做得充分细致，那么在商订合同的过程中就会比较顺利。

一、调查研究

（一）对国外市场的调查研究

1. 国外市场调研的内容

在交易磋商前，要加强对国外市场的调查研究。调查研究应通过各种途径广泛了解市场供销情况、价格动态、各国有关的贸易政策、法规、措施和习惯做法，以便从中选择适当的目标市场，并合理确定市场布局。对国外市场的调研主要包括三方面的内容，即国别调研、商品市场调研和价格调研。对于企业来说，应该以后两项内容为重点。商品市场调研是以具体出口商品为对象，了解哪些市场有销售这种商品的可能性；各有关市场对该种商品品种、规格、质量、包装等的需要和习惯爱好如何；各有关市场这类商品的容量、供求关系、价格和竞争商品情况等。在对市场充分调研的基础上，根据国家的外贸方针政策和扩大出口市场的需要和可能，适当选择和安排市场。原则上应全盘考虑，合理布局，市场既不宜过分集中，也不宜过分分散，同时还应不断开拓新市场，以做到贸易市场多元化。

2. 对国外市场调研的方法

通过多种渠道，广泛搜集资料。资料的来源有几个方面：各国的电讯、文章、书刊、杂志；各国银行、研究团体、商会以及国际组织发表的报告或资料；有偿邀请国内外咨询公司搜集和调查的有关材料；通过驻华的外国商务机构、银行等获得有关材料；委托我国驻外机构或派出推销调查小组深入国外市场实地调查；日常业务活动中的谈判记录、函电等。在搜集资料的过程中，应注意使材料系统化，从而便于分析和比较。

在搜集相关资料的基础上，分析预测国外市场变化动向。分析预测市场动向就是研究市场供求关系和价格变动趋势。在分析预测时，要全面分析影响市场变动的因素以及今后可能影响市场变动的因素，并且在实践中要对得出的结论不断进行验证。

（二）建立和发展客户关系

客户是我们的交易对象。在出口业务中，国外客户主要包括进口商、大百货公司（连锁商店、超级市场）、厂商和经纪商等各种类型的商人。在交易前，应对客户的资信情况进行全面调查，分类排队，选择出成交可能性最大的合适客户。另外，在选择客户时，既要注意巩固老客户，也要积极物色新客户，以便在广阔的国际市场上，形成一个广泛的有基础和活力的客户网。

1. 交易对象调研的内容

首先，需要调查客户的政治情况，包括了解客户的政治背景、与政界的关系、公司企业负责人参加的党派及对我国的政治态度。其次，调查客户的资信情况，包括客户拥有的资本和信誉两个方面。资本是指企业的注册资本、实有资本、公积金、其他的财产以及资产负债等情况。信誉是指企业的经营作风。此外，还须调查客户的经营业务范围与业务性质。客户的经营业务范围主要是指客户经营的商品品种，而客户的业务性质是指客户是中间商，还是专营商或兼营商等。最后，客户的经营能力也是调查的重要内容之一。经营能力指客户的业务活动能力、资金融通能力、贸易关系、经营方式和销售渠道等。

2. 对交易对象调研的方法

(1) 通过我国外贸公司驻外分支公司和商务参赞处、代表处在国外调查客户的资信、经营范围、经营能力等情况，他们可以对客户进行实际考察，所获得的材料，一般比较可靠，对开展业务有较大的参考价值。

(2) 委托中国银行及其驻国外分支机构对交易对象进行资信调查。中国银行与国外各地银行一般都有代理关系。一般国外商人与银行都有业务往来，银行对客户资信了解比较清楚。因此通过银行调查客户的资信所得到的材料一般是比较准确的。

(3) 委托国内外咨询公司对客户进行资信调查。目前，国内外各种咨询机构繁多，应利用这个有利的渠道对指定交易对象进行全面调查。咨询公司业务网络较广、速度较快、信息准确，但收费较高。

(4) 电函索取。我方可以查询专门介绍国外新技术、新产品的刊物。此类刊物大多收集了国外各种企业的资料，既有企业概况、规模、经营范围、产品介绍，也有通讯地址。在查找到合适的客户和产品后，即可按照通讯地址，发电子邮件或传真，索取客户与产品的详细资料。

(5) 通过出口代表团、推销小组对客户进行调查研究。

(6) 利用博览会、各种洽谈会等机会对客户进行调查研究。博览会是一种展销结合的国际市场形式，主要有样品国际博览会、综合性国际博览会、主要工业部门产品国际博览会和世界博览会等。博览会的专业化程度正在不断提高当中，反映时代发展的高、精、尖产品和设备的比重逐年加大。我国进出口企业应注意及时关注相应的动态，现场参观考察产品并向参展厂商索要有关资料。

二、制定商品的经营方案

(一) 制定出口商品的经营方案

为了更有效地做好交易前的准备工作，使对外洽商交易有所依据，一般都需要事先制定进出口商品经营方案。出口商品经营方案的内容因出口商品不同而不同，大致包括以下五方面：

(1) 货源情况。其中包括国内生产能力、可供出口的数量，以及出口商品的品质、规格及包装等情况，并且应适当考虑在国外进行有关的商标注册，维护好自身的经济利益。

(2) 国外市场情况。包括国外商品生产、消费、贸易的基本情况和主要进出口国家的交易情况以及今后可能发展变化的趋势。特别是对商品品质、花色品种、规格、款式和包装要求以及价格变化趋势，都应写明分析性意见。此外，一般还应对国外主要市场经营该商品的基本做法和销售渠道加以说明。

(3) 出口经营情况。包括出口成本、创汇率、盈亏率的情况，并提出经营的具体意见和安排，还应根据前一个时期的出口经营情况，就出口商品的情况进行综合分析，调整改进出口产品的供应结构。国际贸易中的价格主要由成本、费用和利润三部分构成。成本是整个价格的核心，是出口企业或外贸公司为出口商品进行生产、加工或采购所产生的生产成本、加工成本或采购成本。在对外报价时，都以实际采购成本来核算价格。出口成本核算是出口商品经营方案中的一个重要环节。费用主要包括国内费用和国外费用两部分。其中，国内费用主要包括包装费、仓储费、港口费、国内运费等，而国外费用主要包括出口运费、出口保险费等。利润是卖方的预期利润，即以成交额为基础，按一定的百分比计算出的卖方收益。因此，价格核算是出口业务的关键环节，将直接关系到卖方的利益。掌握价格核算，以便能保证对外报价的合理性。

(4) 推销计划和措施。包括分国别或地区，按品种、数量或金额列明推销的计划进度以及按推销计划采取的措施，如对贸易方式、收汇方式的运用，对佣金和折扣的掌握等。

(5) 办理商标注册。国际贸易中的大多数商品都是有牌子和商标的。按照许多国家有关的法律规定，商标和牌子必须在其国依法注册，才能得到该国法律的承认和保护。目前世界各国对商标所有权或专用权的管理，大致有四种制度：一种是使用在先原则，即谁先使用某商标，就拥有该商标的所有权。这种方法弊端较多，现已很少采用。第二种是注册在先原则，即谁先依法注册，就取得该商标在注册国家的所有权。第三种是混合原则，即原则上是以注册在先来确定商标所有权，但申请注册时须经公告一段时间，如无人提出异议，才给予承认和保护。第四种是双重原则，即如首先注册者和首先使用者分属两人时，商标所有权属于首先注册者，首先使用者自己仍可继续使用，但不得转让。

（二）制定进口商品的经营方案

进口商品经营方案是为了完成进口任务而确定的各项具体安排，是进口商对外采购商品的主要依据。凡涉及大宗或重要商品的进口，一般都要在交易前制定进口商品经营方案，对中小商品的进口，一般只需制定一个比较简单的价格方案。进口商品的经营方案要根据商品的特点、国内需求情况、国际市场价格走势及进口企业的资金情况来制定，同时还必须对经济效益进行核算。进口商品经营方案的内容大致包括下列七个方面：

(1) 进口商品的选择。各进口企业在经营进口业务时，必须严格遵守国家的有关规定。我国现行的货物进口管理制度是 2002 年 1 月 1 日起施行的《中华人民共和国货物进出口管理条例》。为了规范货物进口管理，维护货物进口秩序，

《条例》规定，国家对货物进口的管理分为四类，即禁止进口的货物、限制进口的货物、自由进口的货物和关税配额管理的货物。对属于禁止进口的货物，各进口企业应坚决拒绝进口；对于限制进口的货物，有数量限制的进口货物，实行配额管理；其他限制的进口货物，实行许可证管理。配额申请人应在每年 8 月 1 日至 8 月 31 日向进口配额管理部门提出下一年度进口配额的申请。经营许可证管理货物的进口企业应在向外订货前先向有关发证机构申领进口许可证。

(2) 交易对象的选择。应选择资信好、经营能力强并对我们友好的客户作为成交对象。为了减少中间环节和节约外汇，一般应向厂家直接订购。在直接采购有困难的情况下，可通过中间商代购。

(3) 进口成本核算。进口成本主要由供应商报价和各项进口费用构成。进口合同的价格在正式签约前是一种估价，是在供货商报价的基础上经过谈判可争取的价格。进口费用包括内容较多，以 FOB 为例，主要包括从装运港到卸货港的运输费用；运输途中货物的保险费用；卸货费、驳船费、码头建设费和码头仓租费等费用；进口税款；进口商品的检验费和其他公证费用；银行费用，如开证费和其他手续费；报关提货费；国内运输费；支付给中间商的佣金；其他费用等。在分析进口成本的基础上，还要进行进口经济效益的分析，即比较进口商品销售收入和进口成本。如果进口商品销售收入大于进口成本，意味着进口商品有利可图；反之，意味着进口交易有可能面临亏损。

(4) 数量的掌握。根据国内需要的轻重缓急和国外市场的具体情况，适当安排订货数量和进度，在保证满足国内需要的情况下，争取有利的时机成交。尤其需要注意地是，既要防止前松后紧，又要避免过分集中。

(5) 采购市场的安排。根据国别或地区政策和国外市场条件，合理安排进口国别或地区。在选择对我方有利的市场的同时，又要避免市场过分集中。

(6) 交易条件的掌握。交易条件应根据商品品种、特点、进口地区、成交对象和经营意图，在平等互利的基础上酌情确定和灵活掌握。

(7) 贸易方式的运用。在经营方案中，应根据采购的数量、品种、贸易习惯做法等因素，对贸易方式的采用提出原则性的意见。进口商可以通过招标方式采购，也可以按补偿贸易或易货贸易的方式进口，最常见的是按单边进口方式订购。

三、制定谈判方案

为保证交易磋商能够取得预期的效果，磋商前必须做好充分的准备工作，尤其是制定好谈判方案。

谈判方案首先应根据商品情况并且针对不同的市场情况和谈判对手来制定。在对国外市场和谈判对手进行充分调研的基础上，还要对今后一段时期内的价格趋势和供需变化作比较科学的预测，并以此拟定进入市场的时机和理想的价格水平。在收集到有关的详细资料的情况下，进行综合分析，制定出几套谈判方案，确立明确的目标。例如，结合自身的购销意图确定包括最高价和最低价在内的各项交易条件的谈判幅度。分出层次，磋商时就会有的放矢。谈判方案的内容一般来说除了谈判的方针、策略外，还应包括交易条件、价格幅度等。

（一）谈判方案的方针和策略

在方案中，应拟定所要达到的最高目标和最低目标，以及为到达目标所应采取的策略和步骤。比如，一种是必须达成的目标，一种是希望达成的目标，再一种是乐于达成的目标。

（二）谈判方案的交易条件

对需要谈判的交易条件或合同条款，应该从政策、法律、经济效益等各方面进行衡量和比较，以明确哪些应坚持，哪些应争取，哪些可以进一步磋商以便在磋商中加以贯彻。

（三）谈判方案的价格幅度

在方案中制定一个价格掌握幅度以及争取最佳结果的具体措施是非常重要的。在准备工作的筹备过程中，应尽可能搜集支持我方意见的各种资料，使自己在磋商过程中所提出的意见有充分的说服力和足够的依据，这样才有利于加强我方在谈判中的地位。

四、组织谈判团队

在与国外客户进行面对面谈判，尤其是涉及金额较大的交易磋商时，组织一个好的谈判团队是非常必要的。

谈判团队参加的人数和人员应视不同交易而定。参加谈判的人数为 2～6 人。而谈判的人员筛选需要从以下两方面开展。

（一）谈判人员的资格

谈判人员应具有法人资格，如谈判代表可由作为法人代表的厂长、经理直接担任，也可委托业务人员或律师代理。需要注意的是，一般商品的交易磋商，通常由主管业务人员担任；重大的交易应由企业经理或有关业务部门领导人员主谈。对于成套设备、大型机械等技术性较强、合同条款比较复杂的交易，除领导人员亲自主持外，一般应有业务、生产或用货部门的技术人员参加。必要时，还应有法律工作者和财务人员参加，组成谈判小组。谈判过程中，一般由业务人员负责商务方面的谈判；技术人员负责技术方面的谈判；法律工作者负责涉及法律和惯例方面的把关和咨询，参与条款的拟定和审定；财务人员负责经济效益核算和外汇、资金方面的调配和审查。谈判人员应有层次结构，内部分工明确具体。

（二）谈判人员的素质

从谈判人员的个体素质来讲，必须具备丰富的知识。在横的方面有广博的知识面，在纵的方面有较丰富的专业学问。就是说参加谈判的人员应当既熟悉我国对外贸易的方针政策、我国政府颁布和有关部门制定的涉外法律和行政法规；又熟悉各种有关的业务知识，如相关的商品知识、生产知识、市场知识、金融外汇知识；还要熟悉国际贸易的法律、惯例以及一些交易的习惯做法。此外，谈判人员还应具有良好的外语水平，以便用外语与谈判对手洽谈和阅读往来磋商函电以及制定合同。

综上所述，谈判团队应尽可能组织具有较高业务能力、政策水平、外语技能以及能够灵活运用谈判策略和技巧的人员参加谈判小组的工作，以保证取得谈判方案预期的要求和结果。

第二节　国际货物买卖合同的磋商

在国际贸易实务中，交易磋商可以分为四个环节：询盘（inquiry）、发盘（offer）、还盘（counter offer）和接受（acceptance）。这里所用的“盘”指的是一系列交易条件，是我国对外贸易实务中使用的术语。以下对这四个环节分别加以叙述。

一、询盘

（一）定义

询盘是指买方或卖方拟购买或销售某种商品而向对方提出有关交易条件的询问。询盘可以由买方发出，也可以由卖方发出。由买方发出的询盘习惯上称为“邀请发盘”（invitation to make an offer），由卖方发出的询盘习惯上称为“邀请递盘”（invitation to make a bid）。在实际业务中，一般多由买方发出询盘。

询盘的通常用语是：

请告……（Please advise...）；

请电告……（Please advise by the telex...）；

对××有兴趣，请……（Interested in... please...）；

请报价……（Please quote...）。

例如：

请报东北大豆最优惠价格最快交货期，请速电告。

Please cable offer Northeast bean most favorable price earliest delivery promptly.

例如：

可供中国松香，3 月装，如有兴趣请电告。

Can supply Chinese rosin, March shipment, cable if interested.

（二）特点

询盘的内容，除价格、品名外，有时还可以包括规格、数量或交货期等。如果发出询盘的一方，只是想探询价格，并希望对方开出估价单（estimate），则对方根据询价要求所开出的估价单只是参考价格，并不是正式报价，因而也不具备发盘的要件。

询盘对于询盘人和被询盘人均无法律上的约束力，买方询盘后没有必须购买的义务，卖方也没有必须出售的责任。但询盘往往是交易的起点，所以应慎重使用和对待。作为询盘人，应在周密考虑后有针对性、有目的性地向一处或向几处发出，但不宜过多，以便从对方答复中展开进一步磋商，从而选择条件最优者成交。作为被询盘的一方，应对接到的询盘予以重视，并做及时和适当的处理。

二、发盘

（一）发盘的定义和发盘的构成条件

《公约》对发盘作了如下定义：“向一个或一个以上特定的人提出的订立合同的建议，如果十分确定并且表明发盘人在得到接受时承受约束的意旨，即构成发盘。一个建议如果写明货物并且明示或暗示地规定数量和价格或规定如何确定数量和价格，即为十分确定。”[①]《公约》又规定：“发盘于送达被发盘人时生效。”[②]据此，构成一项法律上有效的发盘必须具备以下四个条件。

1. 表明订约意旨

一项发盘必须表明订约意旨（contractual intent）。[③]按照现行法律和《公约》，一方当事人是否向对方表明在发盘被接收时承受约束的意旨，是判别一项

① 参见《联合国国际货物销售合同公约》第 14 条（1）款。

② 参见《联合国国际货物销售合同公约》第 15 条（1）款。

③ 参见《中华人民共和国合同法》第 14 条（2）款。

发盘的基本标准。[①] 承受约束是指发盘人于得到接受时承担与受盘人按发盘条件订立合同的责任。

表明承受约束的意旨可以是明示的表示，也可以是暗示的表示。明示的表示，即在发盘中使用有关术语加以表明。如在发盘中采用“发盘”（offer）、“发实盘”（offer firm）、“递盘”（bid）等术语或明确规定发盘有效期等。暗示的表示，即在发盘中不使用上述术语或类似语句，而是通过其他方式，如当事人之间确立的习惯做法或当事人随后的行为来表示。

如果发盘中没有表明订约意旨，或表示了发盘人不受其发盘的约束，该项发盘就不是真正的发盘，而只能看做是发盘邀请。例如，“以我方确认为准”（subject to our confirmation）、“以货物未售出为准”（subject to prior sale）、“不受约束”（without engagement）等。

2. 向一个或一个以上特定的人提出

发盘必须向一个或一个以上特定的人（specific persons）作出。特定的人，是指在发盘中指明个人姓名或企业名称的受盘人。这项规定的目的是把发盘与发广告、商品目录、价目单等互相区别开来。后者只是发盘的邀请，因为商品目录和价目单是寄发给众多客户的，而广告则是面对广大公众的，这些对象都不属特定的人。出口商采用这些做法，是为了向社会公众而不是向特定的人兜售商品。但是，如果出口商在采用上述方式时，明确做出“在得到接受时承受约束”的表示，那么这种有明显意向的做法就应视为发盘。在实际业务中，谨慎的出口商往往在这些宣传品上注明：“所列价格仅供参考”（the prices stated are for reference only）、“价格需经确认为准”（the prices shall be subject to confirmation）等字句，以防止发生误解，引起不必要的争议。

3. 内容十分确定

《公约》规定：一项订立合同的建议“如果写明货物，并且明示或暗示地规定数量和价格或如何确定数量和价格，即为十分确定（sufficiently definite）”[②]。根据《公约》的规定，一项发盘只要包含了货物名称、数量和价格三项内容，就是有效的发盘，只要发盘人对该发盘表示接受，双方间的买卖合同即可达成。尽管如此，为了防止误解和可能发生的争议，外贸企业在对外发盘中应明示或暗示地规定六项交易条件，即货物的品质、数量、包装、价格、装运和支付条件。这有利于受盘人及时、准确地了解发盘人订立合同的条件，以便迅速决定是否接受发盘。并且，一旦受盘人表示接受，双方即可明白无误地了解双方协商一致的主

---

① John O. Honnold, *Uniform Law for International Sales under* 1980 *United Nations Convention*, Kluwer Law & Taxation Publishers, Deventer 1989。

② 参见《联合国国际货物销售合同公约》第 14 条（1）款。

要合同条款。

需要指出的是，在实际业务中，一项发盘往往不以上述主要交易条件的完整形式出现，表面上显得不完整，但实际上是完整的。之所以如此，是因为发盘中没有列出的主要交易条件可从其他方面得到确认，具体有以下三种情况：

第一，买卖双方事先已订有“一般交易条件”协议，即买卖双方就适用于每笔交易的一些共同的基本交易条件达成书面协议，在双方日后的交易中，作为发盘和接受的基本内容。这种协议中如果包括了某些主要交易条件，那么，发盘中就可以省略。

第二，援引有关磋商的函电及以前的合同。如果某些交易条件在过去双方的磋商函电或合同中已经提及，双方都很了解，则发盘人在发盘内往往不再重复这些交易条件，而只引述有关磋商的函电的日期和合同的号码。

第三，买卖双方在过去交易往来中已形成惯例。

可见，判断发盘的内容是否完整，不能孤立地以一函一电为依据，应综合以前的函电和合同、双方就某些交易条件已达成的“一般交易条件”协议以及双方之间已形成的习惯做法等来考虑，以免得出错误的结论。

4. 传达到受盘人

发盘传达到受盘人时生效，这是《公约》和各国法律普遍的要求。无论是口头的还是书面的，只有被传达到受盘人时才生效。如果发盘在传递途中遗失，或受盘人在收到发盘以前，受盘人通过其他途径了解到对方发盘的内容，没有收到发盘就主动作出接受的表示，在这种情况下，合同是不成立的。这只能被看做是双方的交叉发盘（cross offer）。

（二）发盘的有效期

发盘的有效期是发盘人受所发盘约束的期限，亦是受盘人对发盘做出接受的期限。作为一项发盘，都要有一个有效期。在发盘有效期内，发盘人受所发盘的约束，不得任意撤销发盘，超过有效期，发盘人将不再受发盘的约束。受盘人的接受也必须在发盘有效期内作出，超过有效期的接受无效，买卖双方之间的合同关系不能成立。

发盘人对发盘有效期可以做出明确规定，也可做不明确规定。如果发盘规定有效期，则有效期从发盘传达到受盘人开始，到规定的有效期届满为止；如果发盘没有规定有效期，则有效期在按法律规定的合理时间内有效。

在实际业务中，发盘人对发盘有效期的规定有三种方法。

1. 规定最迟接受的期限

发盘人在发盘中明确规定受盘人表示接受的最迟期限。

例如：

发盘限8日复（Offer subject reply 8th）；

发盘有效至8日（Offer valid till 8th）。

应当注意的是，各国法律对接受何时生效的解释不同。英美法的国家采用“投邮生效”原则。信件投邮或电报交发，接受即告生效，即使接受的函电在邮递途中延误或遗失，发盘人未能在有效期内收到，甚至根本没有收到，也不影响合同的成立。但如果发盘人在发盘中规定，接受必须于有效期内传达到发盘人，则接受的函电传达到发盘人时，接受才能生效。而大陆法的国家则采用“到达生效”原则。接受的函电只有在发盘有效期内到达发盘人时才生效，即传递延误或遗失的风险由受盘人承担。

为了明确发盘的截止期，在规定最迟接受期时，可以同时明确以哪方的时间为准。

例如：

发盘限15日复到我方为准（Offer subject reply fifteenth our time）。

2. 规定一段接受的期间

规定一段接受的期间即发盘人在发盘中规定发盘在一定时期内有效。

例如：

发盘5天内有效（Offer valid 5 days）；

发盘5天内复（Offer reply 5 days）。

根据《公约》第20条规定，发盘人在电报或信件中订立的一段接受期间，从电报交发时刻或信上载明的发信日期起算。发盘人以电话、电传或其他可立即传达到对方的方法订立的一段接受时间，从发盘到达受盘人时起算。在计算一段接受时间时，这段期间内的正式假日或非营业日应计算在内。但是，如果接受通知在接受期间的最后一天未能送达发盘人的地址，而那天在发盘人的营业所在地是正式假日或非营业日，则这段时间应顺延至下一个营业日。

3. 不作明确规定或作笼统规定

不作明确规定或作笼统规定即发盘人在发盘中不具体规定发盘的有效期限，而只做笼统规定。

例如：

发盘……电复（Offer... cable reply）；

发盘……速复（Offer... reply immediately）；

发盘……急复（Offer... reply urgently）。

在这种情况下，按照英美法国家的习惯，受盘人应在“合理时间”内接受有效；按照大陆法国家的规定，则应在“通常情况可期待得到承诺的时间”接受有效。但对何谓“合理时间”和“通常情况可期待得到承诺的时间”，各国法律并无统一明确的解释。《公约》对合理时间也没有一个确切的解释，但提出要考虑到交易的情况，包括发盘人所使用的通讯方法的迅速程度。但是，对口头发盘，一般要立即接受。因此，在实务中，还是以明确规定发盘有效期为妥。

（三）发盘的撤回与撤销

发盘的撤回（withdrawal）是指发盘人在其发盘送达受盘人以前，将该项发盘取消的行为。发盘的撤销（revocability）是指发盘人在其发盘已经送达受盘人之后，将该项发盘取消的行为。

发盘的撤回与撤销虽然只有一字之差，但性质却截然不同。发盘的撤回是针对尚未生效的发盘而言的，它发生在发盘尚未生效之前。发盘的撤销是针对已生效的发盘而言的，它发生在发盘生效之后。各国法律对发盘是否可以撤回和撤销都有相应的规定。

对于发盘的撤回，各国法律规定基本一致，国际上也有统一的解释。按照《公约》的规定，一项发盘，即使是不可撤销的，但在其到达受盘人之前，即生效之前，一律允许撤回。发盘人撤回发盘的条件是，撤回发盘的通知必须于该发盘到达受盘人之前或同时送达受盘人。根据这一规定，在实际业务中，并非所有的发盘都可以撤回，只有采用信件或电报对外发盘时，由于信件和电报发出后需要经过一段时间才能送达受盘人，在这段时间间隔内，如果发盘人发现发盘内容有误，才有可能采用更为迅速的通讯方式，在原发盘到达受盘人之前，即生效之前通知受盘人撤回该发盘。如果发盘是采用电传或传真发出，由于电传或传真可随发随到，故不存在撤回发盘的可能性。

对于发盘的撤销，各国的法律规定则存在较大的差异。英美法国家认为发盘在被接受前对发盘人没有约束力，发盘人可以在发盘生效后受盘人接受前的任何时候撤销其发盘，即使是不可撤销的发盘，发盘人也可以在发盘有效期内的任何时候撤销。而大陆法国家的法律认为，发盘生效后，发盘人不得撤销发盘，除非发盘人在发盘中注明不受约束。

《公约》第 16 条对大陆法和英美法在此问题上的分歧进行了协调，并作出了折中的规定：发盘可以撤销，如果撤销的通知于受盘人发出接受通知之前送达受盘人。但在下列情况下，发盘不得撤销：

（1）发盘中写明了发盘的有效期或以其他方式表明发盘是不可撤销的。

（2）受盘人有理由信赖该发盘是不可撤销的，而且受盘人已经本着对该发盘的信赖行事。

(四) 发盘的失效

1. 在有效期内未被接受而过期

在发盘明确规定的有效期内，发盘没有被接受。过了有效期，该发盘就终止了。如果发盘没有明确规定有效期，在合理的时间内发盘未被接受，发盘就被终止。对于口头发盘，受盘人当场未予接受，离开现场，发盘即失效。①

2. 受盘人表示拒绝或还盘

发盘一经受盘人拒绝或还盘，发盘立即终止有效。② 如果受盘人反悔又表示接受，即使在原先发盘的有效期之内，合同也不能成立，除非原发盘人对该接受予以确认。

3. 发盘人对发盘进行的有效撤销

发盘人在有些情况下是可以撤销已生效的发盘，撤销行为本身就是使发盘失去效力的行为。因此，只要发盘人的撤销行为是有效的，发盘即告失效。

4. 法律的实施

发盘还可因出现了某些特定情况，按有关法律的适用而终止。例如，当发盘人或受盘人丧失行为能力（如死亡、精神失常等），或标的物灭失时，发盘便告失效；又如，有些国家的政府颁布命令禁止发盘中的货物进口或出口，也会造成发盘的失效。

三、还盘

还盘（counter offer），又称还价，是指受盘人不同意接受发盘人在发盘中的某些交易条件，对这些交易条件提出修改的表示。

例如：

你10日电收悉，还盘每打70美元CIF纽约，26日复到。

Your cable 10th counter offer till 26th our time USD70.00 per dozen CIF New York.

例如：

你6日电可接受，但8月份装船，电复。

Your 6th acceptable but August shipment, cable reply.

还盘既是受盘人对发盘的拒绝，也是受盘人以发盘人的地位所提出的新发

① 参见《联合国国际货物销售合同公约》第18条（2）款和《中华人民共和国合同法》第20条（3）款。

② 参见《联合国国际货物销售合同公约》第17条、19条（1）款和《中华人民共和国合同法》第20条（1）、（4）款。

盘。一方的发盘经对方还盘以后即失去效力，除非得到原发盘人同意，受盘人不得在还盘后又反悔，再接收原发盘。

还盘不仅可以针对价格，也可以针对交易的其他条件提出不同的意见。在还盘中没有被提到的其他交易条件，则意味着还盘人提出的与这些相同，不再重复。

一笔交易有时不经过还盘即可达成，有时要经过多次相互还盘才能达成最终协议。

四、接受

（一）接受的定义和接受的构成条件

《公约》对接受作了如下定义："被发盘人声明或作出其他行为表示同意一项发盘。即是接受。缄默或不行动本身不等于接受。"[①] 根据《公约》的这一规定及第18条和第19条的其他规定，构成一项法律上有效的接受，必须具备以下四个条件。

1. 接受必须由特定受盘人作出

这一条件与构成发盘的第一项条件是相呼应的。发盘是由发盘人向特定的人发出的，它表示发盘人愿意按所发盘中的交易条件与受盘人订立合同，但并不代表他愿意按这些条件与任何人订立合同，因为对不同的客户，交易条件是不同的。因此，接受必须由特定的人向发盘人或其代理人做出，任何特定受盘人以外的第三人对发盘做出的接受，或受盘人向任何发盘人以外的第三者做出的接受，都不是有效接受，均不能导致合同的成立。

2. 接受必须表示出来

接受应由受盘人以某种方式表示出来。如果受盘人在主观上已愿意接受对方的发盘，但默不作声或不做任何表示，则不能构成接受。

按《公约》第18条（1）款的规定，受盘人表示接受的方式有两种：

（1）用"声明"（statement）作出表示。这是国际贸易中最常用的表示方法，通常采用的术语有："接受"（accept，accepted）或"确认"（confirm，confirmed）。至于接受声明是采用书面形式还是口头形式，则须根据适用法律对合同形式的要求确定。如果适用的法律要求合同采用书面形式，则接受声明也必须采用书面形式，如果适用的法律对合同的形式未做明确规定，则接受声明既可以是书面的也可以是口头的。《公约》对买卖合同没有提出任何特定形式的要求，无论采取书面形式还是口头形式均为有效，如果适用《公约》则接受声明采用书

① 参见《联合国国际货物销售合同公约》第18条（1）款。

面或口头形式均可。

（2）用“做出行为”（performing an act）来表示。即通过卖方发运货物或买方支付价款，或其他任何行为，如开始生产所买卖的货物、为发盘人采购有关货物等来表示。受盘人在以行为表示接受时，必须符合下述条件之一：第一，所做出的行为必须符合发盘的要求。例如，发盘中要求立即装运，受盘人在收到该发盘后就可立即装运货物，以此表示对发盘的接受。第二，所做的行为必须符合双方间已约定或确立的习惯做法。例如，根据双方的长期习惯，进口商以开立信用证表示接受。如果进口商作为受盘人履行了开立信用证的行为，接受即可成立。第三，所做出的行为必须在发盘明确规定的有效期内，或在合理时间内（如发盘未规定有效期）做出方为有效。

3. 接受内容必须与发盘内容一致

接受必须无条件或无保留地同意发盘的全部内容。因此，附有添加、限制或修改的接受，不能视为有效接受，而只是一种有条件的接受，构成一项还盘。[①]

根据英美法的“镜像原则”（mirror-image rule），接受必须像照镜子一样照出发盘。大陆法也要求接受必须“纯净”（pure）并与发盘“完全相符”（totally conform）。但是，这样严格的规定给贸易带来了一定的不便之处，从而不能适应国际贸易发展的需要。美国《统一商法典》考虑到这一点，规定在下列情况下允许受盘人对发盘进行修改，并不影响合同的成立：

（1）除非发盘人在发盘中明确规定不得作任何改动。

（2）除非接受所附加的条件是对发盘的内容作了重大修改。

（3）除非发盘人收到附加条件的接受后，已经在合理时间内表示拒绝。

《公约》也采纳了这些规定，把对发盘条件的添加或变更分为实质性和非实质性两种。根据《公约》的解释，实质性的添加或变更是指“有关货物的价格、付款、质量、数量、交货地点和时间、一方当事人对另一方当事人赔偿责任范围或解决争端等的添加或不同条件，均视为实质上变更发盘的条件”。除这些内容以外的添加或变更就属于非实质性的了。非实质性的添加或变更能否构成有效的接受，要取决于发盘人是否反对。如果发盘人用口头或书面形式表示反对，则接受无效，合同不成立；如果发盘人不表示反对，则接受有效，合同成立。

4. 接受必须在发盘的有效期内作出

接受应在发盘有效期内传达到发盘人。如果发盘中明确规定了有效期限，则应在此期限内表示接受。如果发盘中未明确规定有效期限，则应在合理时间内表示接受。超过发盘有效期的接受无效。

对于接受应于何时生效，各国法律解释不同。英美法的国家采用“投邮生

---

① 参见《联合国国际货物销售合同公约》第 19 条（1）款。

效”原则，即接受必须传达到发盘人才生效。而大陆法的国家则采用“到达生效”原则，即表示接受的函电必须在发盘有效期内到达发盘人，接受才生效。为了协调英美法和大陆法对接受生效时间的分歧，《公约》对此作了统一规定。依照《公约》，书面形式的接受只有在发盘的有效期内到达发盘人时才生效；口头形式的发盘必须立即接受，但情况有别者不在此限（指双方另有约定）；以行为表示接受的，接受于该项行为作出时生效，但该项行为必须在发盘规定的有效期内或合理时间内作出。

（二）逾期接受

逾期接受（late acceptance）是指接受通知到达发盘人的时间已超过了发盘规定的有效期或在发盘未规定有效期的情况下超过了合理时间。逾期接受在一般情况下无效，但为了有利于双方合同的成立，《公约》也对逾期接受采取了一些灵活的处理方法，使它在符合某些条件的情况下，仍然具有接受的效力。《公约》规定，如果发盘人收到逾期接受后，毫不迟延地用口头或书面形式将接受的意见通知受盘人，则该逾期接受仍然有接受的效力。[①]《公约》还规定，如果载有逾期接受的信件或其他书面文件表明，它在传递正常的情况下，本能及时送达发盘人，但由于出现传递不正常而造成了延误，则这种逾期接受仍然具有接受的效力，除非发盘人毫不迟延地用口头或书面形式通知受盘人，认为受盘人的发盘已失效。[②]

（三）接受的撤回

根据《公约》的规定，接受是可以撤回的，只要撤回的通知能在该项接受到达发盘人之前或与该项接受同时到达发盘人即可。接受只要尚未生效，便可撤回。英美法与大陆法在这个问题上存在着重大分歧。英美法认为，接受的通知是一旦投邮发出就立即生效，合同即告成立。因此，受盘人在发出接受后，就不可能将其撤回。但是，大陆法认为，接受是在到达发盘人时生效的。因此，在接受生效前可以撤回。

应注意的是，接受是不可撤销的，因为接受一旦到达发盘人，接受生效，合同即告成立。此时宣布撤销接受，实质上属于毁约行为，其后果是要承担法律责任的。

第三节　国际货物买卖合同的订立

经过交易磋商，一方发盘经另一方接受以后，交易即告成立，买卖双方就构

① 参见《联合国国际货物销售合同公约》第 21 条（1）款。

② 参见《联合国国际货物销售合同公约》第 21 条（2）款。

成了合同关系。但依据国际惯例，买卖双方还须签订一定格式的书面合同，以进一步明确双方的权利和义务，以便于执行。

一、合同成立的时间

合同即法律，依法成立的合同，具有法律约束力，合同自成立时生效。但在这里需要说明的是，合同成立与合同生效是两个不同的概念。合同成立的判断依据是接受是否生效；而合同生效是指合同是否具有法律上的效力。在通常情况下，合同成立之时，就是合同生效之日，二者在时间上是同步的。但有时，合同虽然成立，却不立即产生法律效力，而是需要其他条件成立时，合同才开始生效。

在国际贸易中，合同成立的时间是一个十分重要的问题。根据《公约》的规定，合同成立的时间为接受生效的时间，而接受生效的时间，又以接受通知到达发盘人或按交易习惯及发盘要求做出接受的行为为准。由此可见，合同成立的时间有两个判断标准：一是有效接受的通知到达发盘人时，合同成立；二是受盘人做出接受行为时，合同成立。此外，在实际业务中，有时双方当事人在洽商交易时约定，合同成立的时间以订约时合同上所写明的日期为准或以收到对方确认合同的日期为准。

在现实经济生活中，有些合同成立的时间有特殊规定。如我国《合同法》第32条规定："当事人采用合同书形式订立合同的，自双方当事人签字或者盖章时合同成立。"签字或盖章不在同一时间的，最后签字或者盖章时合同成立。

二、合同生效的条件

买卖双方就各项交易条件达成协议后，并不意味着此项合同一定有效。根据各国合同法的规定，一项合同，除买卖双方就交易条件通过发盘和接受达成协议后，还需具备以下条件，才是一项有效的合同，才能得到法律上的保护。

（一）合同当事人意思表示一致

合同当事人意思表示一致是通过要约和承诺达成的。这就是说，一方向另一方提出要约，另一方对该项要约表示承诺，双方的意思表示达成了一致，合同即告成立，对双方均产生法律约束力。如果有要约而没有承诺，合同就不成立。即便双方交叉发盘，意思表示恰好一致，合同也不成立。

要约和承诺在国际贸易实务中分别被称为发盘和接受。在有关国际贸易的法律中，对发盘和接受这两个行为的定义非常严格。判定国际贸易合同是否成立，不仅要看有无发盘和接受，还要看发盘和接受这两个行为是否成立。

（二）合同必须有对价或约因

对价（consideration）是英美法中有关合同成立所必须具备的一个要素。所谓“对价”，指当事人为了取得合同利益所付出的代价。例如，在买卖合同中，买方得到卖方提供的货物必须支付货款，而卖方取得买方支付的货款必须交货，买方支付和卖方交货就是买卖合同的“对价”。

而所谓约因（cause）是大陆法的概念，是大陆法中提出的合同成立的要素之一。大陆法中的“约因”与英美法中的“对价”相类似，是指当事人签订合同所追求的直接目的。例如，在货物买卖合同中，买卖双方签订合同都要有约因，买方的约因是获得货物，卖方的约因是获得货款。

在国际贸易合同中，合同在具有“对价”或“约因”的情况下，法律才承认其有效性。无“对价”或无“约因”的合同不能得到法律的保障。

（三）合同当事人必须具有签约能力

合同当事人必须具有签约能力是就签订合同双方的法律行为能力而言的。签订买卖合同的当事人主要为自然人或法人。

按照各国法律的一般规定，自然人签订合同的行为能力，是指精神正常的成年人才能订立合同；未成年人、精神病人订立合同必须受到限制。这是因为这些人或者由于年龄太小，或者由于神志不清，缺乏相应的判断力或经验，不能理解自身行为的后果，所以，法律上需要给予特别的保护。

关于法人签订合同的行为能力，我国《对外贸易法》中规定：“对外贸易经营者，是指依法办理工商登记或者其他执业手续，依照本法和其他有关法律、行政法规的规定从事对外贸易经营活动的法人、其他组织或者个人。”[①] 例如，实行国营贸易管理货物的进出口业务只能由经授权的企业经营，擅自进出口实行国营贸易管理的货物的，海关不予放行。但是，法人是由自然人组织起来的，它必须通过自然人才能进行活动。因此，除了法人本身须具有一定的行为能力外，代表法人的自然人也必须具备订立合同的能力。

除此之外，《对外贸易法》还规定：“对外贸易经营者可以接受他人的委托，在经营范围内代为办理对外贸易业务。”[②] 这说明法人或代理人必须在经营范围内签订合同，越权的合同不能产生法律效力。

---

① 参见《中华人民共和国对外贸易法》第二章第 8 条。

② 参见《中华人民共和国对外贸易法》第二章第 12 条。

(四) 合同的内容必须合法

几乎所有国家的法律都要求当事人所订立的合同必须合法，合法是合同的基本性质。从广义上解释，合同内容必须合法包括不得违反法律、不得违反公共秩序或公共政策，以及不得违反善良风俗或道德三个方面。

我国《合同法》规定："当事人订立、履行合同，应当遵守法律、行政法规，尊重社会公德，不得扰乱社会经济秩序，损害社会公共利益。"① 这里的公共利益是广义的，包括公众安全、优良习惯和道德规范。在国际贸易中，对违禁品，如毒品、走私物品、严重败坏社会道德风尚的物品等签订贸易合同是不合法的；与敌国或国家明令禁止的贸易对象国签订贸易合同，也是不合法的。

对于不合法的合同，当事人之间没有权利和义务关系。一旦双方当事人发生争议或纠纷，任何一方都不能起诉，法律对这种合同不予承认和保护。同时，如果法律认为必要时，还要追究当事人的刑事责任，没收买卖的货物。

(五) 合同当事人的意思表示必须自愿真实

合同是双方当事人意思表示一致的结果。我国《合同法》明确规定："合同当事人的法律地位平等，一方不得将自己的意志强加给另一方。"《合同法》还规定："当事人依法享有自愿订立合同的权利，任何单位和个人不得非法干预。"可见，贸易合同必须建立在当事人自愿和真实的基础上。

导致当事人的意思表示不是自愿和真实的原因主要有以下三种。

1. 胁迫

各国法律都认为，凡是在胁迫（duress）情况下订立的合同，受胁迫的一方可以主张合同无效，因为在受胁迫的情况下所作的意思表示，不是自愿表达的意思。《合同法》规定，因受胁迫而签订的合同是无效的。② 在英美法中，除普通法中有胁迫的法律原则外，在衡平法中还有"不正当影响"的原则。"不正当影响"主要适用于滥用特殊关系，以订立合同为手段从中牟取利益的情况。在大陆法中，除有胁迫的法律原则外，还有"绝对强制"的法律原则。前者是指施加心理上的压力；后者是指除施加心理压力外，还对其人身加以强制。在这两种情况下订立的合同也都是无效的。

2. 欺诈

各国法律一致认为，凡因受欺诈（fraud）而订立合同时，蒙受欺诈的一方

---

① 参见《中华人民共和国合同法》第一章第 7 条。

② 参见《中华人民共和国合同法》第三章第 52 条。

可以撤销合同。我国《合同法》规定，因采取欺诈手段而订立的合同无效。[①] 英美法把欺诈称作“欺骗性的不正确说明”，受欺骗的一方可以要求损害赔偿，并撤销合同。大陆法中也有类似的规定。例如，《法国民法典》中规定：“如果当事人一方不实行欺诈手段，他方当事人决不签订合同者，此种欺诈构成合同无效的原因。”

对于某种事实保持沉默是否构成欺诈的问题，一般认为，只有当一方负有对某种事实提出说明的义务时，不做这种说明才构成欺诈。至于当事人是否有此种义务，须视合同的具体情况而定。例如，在交易磋商的过程中，当事人是没有提供商品市场价格的义务的，因此，没有对此提供说明，不能判定为欺诈。但是，对于合同标的物的情况，因其与对方决定是否订约有关，故卖方必须披露。若明知一旦披露实情，买方就不会订约，因而采取沉默的办法隐瞒实情，就构成欺诈。

3. 错误

错误（mistake）是指当事人意思表示有错误。错误导致意思表示不真实，从而影响合同的有效性。各国法律一般都按照错误的不同性质和可能产生的后果，采取区别对待的原则。英美法规定，订约当事人一方的错误，原则上不能影响合同的有效性。只有当该项错误导致当事人之间根本没有达成真正的协议，或者虽已达成协议，但错误涉及合同标的物的性质、数量或有关交易的其他重大事项时，才可主张合同无效。大陆法也规定，错误只有在涉及合同标的物的性质，涉及与其订立合同的对方当事人的认定时，才构成无效的原因。

（六）合同必须符合法律规定的形式

世界上大多数国家，只对少数合同要求按法律规定的特定形式订立，而对大多数合同形式一般不从法律上规定。《公约》规定：“销售合同无须以书面订立或书面证明，在形式方面也不受任何其他条件的限制。销售合同可以用包括人证在内的任何方法证明。”[②] 可见，《公约》对国际货物买卖合同的形式不加以限制，无论采用书面或口头方式，均不影响合同的效力。该公约的这一规定既是兼顾西方国家的习惯做法，也是为了适应国际贸易发展的特点。因为许多国际贸易合同是以现代通讯方法订立的，不一定存在书面合同。但是，公约允许缔约国对该条规定提出声明予以保留。

我国《合同法》规定：“当事人订立合同，有书面形式、口头形式和其他形式。法律、行政法规规定采用书面形式的，应当采用书面形式。当事人约定采用

---

① 参见《中华人民共和国合同法》第三章第 52 条。

② 参见《联合国国际货物销售合同公约》第 11 条。

书面形式的，应当采用书面形式。”[①] 根据这项规定，我国对国际货物买卖合同的形式，原则上也不加以限制，但如果法律、行政法规规定及当事人约定采用书面形式时，应当采用书面形式。

在实际业务中，以函电成交时，任何一方当事人如果要以签订书面合同作为合同成立的依据，都必须在发出要约或在承诺通知中提出这一保留条件。在这种情况下，合同应于签订书面合同时成立，而不是在双方以函电达成协议时成立；双方当事人在签订书面合同前，均不受函电成交的约束。

如果任何一方当事人都没有提出签订书面合同作为合同成立的依据，则按照合同法的一般原则，合同应于双方以函电达成协议时成立，即当载有承诺内容的信件、电报或电传生效时，合同即告成立。在这种情况下，任何一方当事人均不得以未签订书面合同为由否定合同的成立。

三、合同的形式

在国际贸易中，对货物买卖合同的书面形式并无特定的限制。买卖双方可采用正式合同、确认书、协议，也可以采用备忘录、订单和委托订购单等形式。

（一）合同

合同是双方经过交易磋商，就某种商品的买卖所达成的对双方都有约束力的法律文件。合同包括销售合同（sales contract）和购货合同（purchase contract），前者是由卖方草拟的，后者是由买方草拟的。合同的内容比较全面，对双方的权利和义务以及发生争议后如何处理，均有比较详细的规定。大宗商品或成交额较大的交易，大多采用这种形式的合同。

（二）确认书

确认书（confirmation）是合同的简化形式，它只列明品名、质量、数量、包装、价格、交货期、装运港和目的港等主要内容，而省略了某些一般性条款。确认书包括销售确认书（sales confirmation）和购货确认书（purchase confirmation），前者是由卖方草拟的，后者是由买方草拟的。确认书适用于金额不大、批数较多的商品，或者已订有代理、包销等长期协议的交易。

合同和确认书虽然在形式和内容上有所不同，但作为合同主体的双方协议一致的交易条件，都是完整、明确的。经买卖双方签署的合同和确认书，都是法律上有效的文件，对买卖双方有同等的约束力。

在我国的出口业务中，销售合同或确认书一般均由我方根据双方同意的条件

① 参见《中华人民共和国合同法》第二章第10条。

制成一式两份的正式合同或确认书，我方先在上面签字，然后寄给对方。对方经审核无误签字后，保留一份，并将另一份寄还给我方。如果对方未按要求将其中的一份签字后寄回，一般并不影响双方已达成协议的效力。但如果对方在签回的合同或确认书上更改或添加条款，致使与原达成的协议内容相违背，我方应及时加以拒绝。

（三）协议

协议或协议书（agreement），是合同的另一种形式。根据使用情况的不同，协议主要分为以下两种。

1. 具有合同性质的协议

协议在法律上是合同的同义词，因为合同本身就是当事人为了设立、变更或终止民事关系而达成的协议。如果双方当事人签署的文件，其内容对买卖双方的权利和义务做了明确、具体和肯定的规定，已具备合同成立的要件，虽在文件上冠以“协议”的名称，但这个文件在法律上即为合同，对买卖双方都有约束力。此外，在主合同签订之后，往往还有些协议作为主合同中订明为合同不可分割的组成部分，这些协议作为主合同的附属文件，与合同具有同等的法律效力。

2. 不属合同性质的协议

在双方当事人有意签订正式合同的情况下，由于双方所洽谈的交易比较复杂，经过谈判后，商定了一部分条件，还有一部分条件有待进一步磋商，可先签订一份初步协议，但在这种协议中应明确规定：“本协议属初步协议，正式合同有待进一步洽商后签订。”

如果双方当事人对具体的交易条件难以达成共同的意见，双方对签订正式合同无明显意向，可先签订一份原则性协议，待将来条件成熟后，再做进一步商洽。这种协议也不具有法律效力，不属正式有效的合同，对此应在协议中予以明确。

（四）备忘录

备忘录（memorandum）也可作为书面合同的形式之一，其前提是买卖双方商定的交易条件，明确、具体、完整地写在备忘录中，并经双方签字。那么，这种备忘录的性质就与合同无异。但是，如果是“理解备忘录”（memorandum of understanding），即双方洽谈后，只是对某些事项达成一定程度的理解，并将这种理解用备忘录的形式记录下来，作为双方今后交易或合作的依据，或作为初步协议供将来进一步洽谈的参考，这种备忘录在法律上不具有约束力。

(五) 订单和委托订购单

订单（order）是指进口商或实际买主拟制的货物订购单。委托订购单（Indent）是指由代理商或佣金商拟制的代客购买货物的订购单。订单和委托订购单依据具体情况的不同，有的属于合同性质，有的属于发盘或发盘的邀请。例如，在出口业务中，尽管我方在交易达成后，都主动缮制销售合同或确认书正本一式两份，签署后寄送国外客户，要求其签署后退回一份，但是国外客户往往仍将他们拟制的订单或委托订购单寄来作为我方履行合同的依据。有的还寄来正本一式两份，要求我方签署后退回一份。在此情况下寄来的订单或委托订购单，实际上是国外客户的购货合同或购货确认书，具有合同的性质。我方在签署时应仔细审核其条款内容与双方达成的条件是否一致。如发现其中有些条款与双方协商一致的内容不符或另有添加，则应分情况予以处理：对不符情况轻微者，我方可以接受；对涉及实质性变更者，我方则不能接受，并应及时、明确地向对方提出异议，否则将会被对方认为我方已默认其订单或委托订购单中所列的条款。另一种情况是，事先并未与我方进行过磋商，国外客户径自寄来订单或委托订购单。这类订单或委托订购单按其具体内容不同可能是一项发盘，也可能是一项发盘的邀请。我方应认真研究其内容，以决定是否与之交易，并及时答复对方。

四、书面合同的内容

在实际业务中，交易达成后，通常都要签订有一定格式的书面合同（formal contract）。书面合同的内容一般包括三个部分：约首、本文和约尾。书面合同既体现了当事人之间的经济关系，也体现了当事人之间的法律关系。合同条款对买卖双方的权利和义务必须明确具体地列述，并符合法律规范。

此外，书面合同的内容必须符合政策，做到内容完备、条款明确、文字严密并且与交易磋商的内容相一致。书面合同一经签订即成为约束双方当事人的法律文件，我外贸业务人员在缮制和签订过程中，应认真对待，防止错漏。

(一) 约首

约首是合同的序言部分，主要包括以下内容：

（1）合同名称和序号。合同的名称应正确体现合同的内容。

（2）订约日期和地点。订约日期应为接受生效日期。我国《合同法》规定，接受通知到达发盘人时生效。如合同未另行规定生效条款，订约日期即合同生效日期。订约地点有时可决定合同适用的法律。我国《合同法》规定，接受生效的地点为合同成立的地点。

（3）当事人名称和地址。当事人的全名和详细地址应在合同中正确书写，在发生纠纷时，可作为决定诉讼管辖的重要依据。

（4）前文。前文措辞必须与合同名称相一致。合同书的形式应在前文中使用第三人称语气，而确认书的前文应使用第一人称语气。例如，“本合同由××与××订立”（This contract is made and entered into by and between... and...）和“兹确认从你方购买……”（We confirm the purchase from you）。

（二）本文

本文是合同的主体部分。这部分规定了双方的权利和义务，包括合同的各项条款，如商品的名称和质量、数量、价格、交货期、装运港和目的港、支付方式、保险条款、索赔条款、仲裁条款和不可抗力等。其中，后面三项一经双方谈妥，在以后的交易中则很少变动，往往在合同中以印好的形式固定下来。此外，根据不同货物和不同交易情况，有时会加列其他条款，如保值条款、溢短装条款、品质公差条款以及合同适用的法律等。在大宗或成交额较大或重要的成套机械设备买卖合同中，书面合同的内容比较全面、详细。对于成交额不大、批量较多的小土产、轻工业品以及交易双方已订有包销、代理等长期协议或一些内容比较简单的合同，通常不订索赔条款。

（1）商品的名称和质量。很多商品在不同国家有不同的名称，因此，应使用国际市场上一般习惯的名称，而避免使用某一国家或某一地方性的商品名称。商品质量条款是非常重要的条款。在国际贸易中，商品的品质首先应符合合同的要求，对于某些由国家制定了品质标准的商品，如某些食品、药物的进出口，其品质还必须符合有关国家的规定。合同中的商品规格、标准、牌号、型号、等级等应订得明确具体。

（2）数量条款。制定数量条款时应注意明确计量单位和度量衡制度。如重量要写明是公吨、长吨还是短吨，毛重还是净重，长度是米还是英尺等。合同中的商品特别是初级产品可以规定溢短装幅度。此外，合同中可以规定计算数量的时间和地点。例如，“2000 公吨，可溢装或短装 5%，由买方决定。”（2000 metric tons，5% more or less at Buyer's option.）

（3）包装条款。包装条款的主要内容有：包装方式、规格、包装材料和运输标志。制定包装条款要明确包装的材料、造型和规格。除传统商品其包装已为买卖双方所知晓外，不应使用“适合海运包装”、“标准出口包装”等含义不清的词句。当由买方提供包装或运输标志时，应在合同中注明买方提供的时间，以保证备货、及时出运及结汇等。要注意各国有关包装（包括唛头）的法律与禁忌，以及国际上对运输标志的惯常做法、要求及其变化。

（4）价格条款。价格条款包括货物的单价、总价、价格术语，另外，有时还包括佣金或折扣。在国际货物买卖合同中，计价货币与支付货币通常为同一种货币，该种货币可以是出口国货币或进口国货币，也可以是第三国的货币，由买卖双方协商确定。作为进口人，最好采用国际上的软货币，以避免硬货币升值而造成的损失。而出口人则相反，最好采用硬货币。在合同中定好价格条款还应注意正确表示计价货币的名称，如“元”要写明日元、美元、港元还是人民币元。国际贸易中使用的贸易术语很多，其中以 FOB、CIF 和 CFR 三种使用最多。我国的进口业务大多采用 FOB 贸易术语，因为一方面可以促进我国航运、保险事业的发展，另一方面也可以减少我方承担的风险。此外，国际货物买卖中，有的国家习惯上会给中间商一定佣金，作为卖方或买方付给中间商的报酬，如果不支取，货价也是相同的。所以，我国进口企业应该尽可能争取向国外供货商收取一定比率的佣金。

（5）装运条款。进出口合同中，应订明货物的装运时间、地点和通知等内容。合同中如定有选择港，则应订明增加的运费、附加费用应当由谁承担。为避免重名港口，应注明港口所在国家或地区。对于一次成交量大的合同，或装卸、运输条件差的港口，应在合同中订明“允许分批装运”或“允许转运”。买卖双方在货物交接过程中所承担的责任是根据所采用的贸易术语所决定的。国际贸易中常用的 FOB、CFR、CIF 都属于在装运港交货的贸易术语，只要卖方在装运港把货物装上了船，取得了货运单据并将其交给买方，也就认为已经履行了交货的责任；如果使用 FCA、CPT、CIP 等贸易术语，卖方只要将货物在发货地交给承运人监管，即为交货。关于装运通知，不同贸易术语下的通知义务由不同的当事人承担。例如，在 FOB 贸易术语下，卖方须承担货妥通知和装船后的通知，买方则须承担派船通知。而在 CFR 贸易术语下，由卖方负责装船通知是非常重要的一个环节。

（6）付款条款。付款条款包括付款工具、付款时间、地点及付款方式等。例如，一般采用的付款方式有汇付、托收、信用证等。其中，信用证方式是纯粹的凭单付款业务，银行只对信用证负责，而与凭以开立信用证的买卖合同毫无关系，并不受其约束。银行仅审查单据表面上是否符合信用证条款而不检验货物，只要出口人所提供的单据表面上完全符合信用证的条件，银行即可付款。付款时间不但涉及利息问题，而且对买卖双方尽快实现各自的利益有重大关系。通常按交货（交单）与付款先后，可分为预付款、即期付款与延期付款。预付款是在交货或交单前即支付部分或全部货款；即期付款是在交货或交单时付款；延期付款是在交货或交单后的规定时间内付款或分期付款。付款人或其指定银行所在地即为付款地点。

（7）商检条款。商检条款应订明进出口货物检验的时间、地点、方法和标准以及检验机构。声明商检机构签发的品质证明和数量证明是结算货款的重要依据，并在商检条款中写明以买方或卖方的商检证书为最后依据。订约时最好争取以我方的商检证书为准。

（8）争议处理条款。争议处理条款包括索赔、不可抗力、仲裁。如果当事人没有在合同中对某些事项作出具体的规定，则要援引该合同适用的法律来确定买卖双方的义务。如果买卖双方当事人的营业地都是《公约》的签约国，那么，该合同适用该公约的有关规定来确定买卖双方当事人的义务，除非合同中排除其适用性或作出不同的规定。其中，不可抗力条款可分为概括式、列举式和综合式（同时采取概括式和列举式）。目前，我国进出口合同的不可抗力条款大多采用最后一种方式。仲裁条款则应规定仲裁地点、机构、仲裁程序、裁决的效力以及仲裁费用等方面内容。

（三）约尾

约尾是合同的结尾部分，一般包括合同适用的法律和惯例、合同的有效期、合同的有效份数及保管办法、合同使用的文字及其效力（有时这一部分也在约首订明）、双方代表的签字等内容。有时，缔约地点、缔约时间也出现在约尾。必要时，可加上附件作为合同不可分割的一部分。

五、签订书面合同应注意的问题

签订书面合同是一项具体、复杂而又特别重要的工作，在操作过程中要特别注意以下五个问题。

（一）要注意合同各条款间的内在联系

合同是一个有机整体，各个条款之间应相互衔接，保持一致，不应出现相互矛盾的内容，且合同内容应从实际出发，体现公平合理的原则，对双方均应有约束性。例如，合同中规定采用术语，同时又规定出口方必须保证货物于×月×日前到达目的港，实际上已经否定术语的作用，增加了出口方的责任与风险。再比如，在数量条款规定溢短装时，支付方式为信用证，该证金额就应规定有增减幅度。

（二）合同条款要完善和明确

首先，合同条款一定要订得具体、完善，防止错列和漏列主要事项。其次，合同的文字要简练、严谨、明确，切忌使用模棱两可或含混不清的词句和文字。

（三）必须符合我国有关法律和法规的规定

我国对外签订的任何国际货物买卖合同，都必须遵守我国的法律规定。不符合我国法律规定的合同将视为无效，不能得到我国法律的承认和保护。

（四）必须贯彻我国的各项对外政策

目前，对外贸易已经成为各国对外关系的一个十分重要的方面，“政治问题贸易化”或“贸易问题政治化”的现象越来越普遍。我国奉行独立自主的对外政策，愿意在和平共处五项原则的基础上发展各国、各地区的经济和贸易关系。为此，对外签订贸易合同必须符合和贯彻我国对外政策与方针。

（五）必须遵守有关的国际公约与国际贸易惯例

国际贸易已经超出一国的国内行为，因此，必须接受有关国际公约的约束。目前，《公约》已经成为国际货物买卖方面影响最大的国际公约。我国是《公约》的签字国，理应遵守《公约》的各项规定，但除我国政府提出保留的意见外。此外，我国对外签订的各种贸易协定、支付协定，以及有关的国际贸易惯例也是对外签订贸易合同应该遵守的规则。

➢重要概念

交易磋商；谈判方案；合同；询盘；发盘；还盘；接受；撤回；撤销；发盘邀请；逾期接受；对价确认书；协议；备忘录；订单和委托订购单；约首；本文；约尾

➢思考题

1. 如何选择交易市场？
2. 对客户如何进行调研？
3. 如何制定出口商品和进口商品的经营方案？
4. 怎样制定谈判方案？
5. 试述组织谈判班子应注意的事项？
6. 交易磋商一般要经过哪些环节？哪些磋商环节是不可缺少的？为什么？
7. 何谓“一般交易条件”？它的作用何在？
8. 何谓发盘？构成发盘应具备哪些条件？
9. 如何区分发盘和发盘邀请？
10. 在发盘生效问题上国际上有哪些不同的规定？明确发盘生效的时间有何意义？
11. 发盘发出后，如发生意外情况或发现内容有误，发盘人能否撤回或撤销发盘？
12. 发盘在哪些情况下失效？
13. 什么是接受？构成一项有效接受应具备哪些条件？

14. 什么是逾期接受？逾期接受在何种情况下仍具有接受效力？

15. 接受通知到达发盘人后，可否撤销？为什么？接受在何种情况下可以被撤回？

16. 在法律上构成一项有效的合同，必须具备哪些条件？

17. 在国际贸易中，买卖双方经口头或书面磋商达成交易后，为什么还需签订一份具有一定格式的书面合同？

18. 在我国的对外贸易业务中，通常采用的书面合同有哪些形式？其基本内容是什么？

19. 简述签订书面合同应注意的问题。

➢案例分析

1. 澳大利亚H公司有一批羊毛待售，4月2日H公司销售部以信件的形式向中国某市A纺织厂发出要约，将羊毛的数量、质量、价格等主要条款作了规定，约定若发生争议将提交某仲裁委员会仲裁。并特别注明希望在15日内得到答复。但由于H公司工作人员疏忽，信件没有说明要约的起算日期，信件的落款也没有写日期。4月4日H公司人员将信件投出，4月17日A纺织厂收到信件。恰巧A纺织厂急需一批羊毛，第二天即拍发电报请其准备尽快发货。邮局于4月19日送达H公司。不料H公司却在4月18日由于未收到纺织厂的回信，已将羊毛卖给另一纺织厂。A纺织厂几次催货未果，向仲裁委员会提请仲裁，要求H公司赔偿其损失。

请根据《公约》规定对此案例进行分析。

2. 我方于周一上午10点以电传方式向英商发盘，公司原定价格为每单位2000英镑CIF伦敦，由于经办人员失误，错报为每单位2000美元CIF伦敦，如果当天下午2点发现问题，如何处理？第二天上午9点发现问题，而客户未接受，如何处理？

请按照《公约》的规定进行解释。(说明：发盘传至对方需10小时)

3. 我方A公司拟进口一批货物，请国外B公司发盘。5月1日，B公司发盘："5月31日前答复，报价为CFR价，每箱2美元，共200箱罐装沙丁鱼，7月份纽约港装运。"A公司则发出以下还盘："对你5月1日报价还盘为5月20日前答复，CFR价每箱1.8美元，共200箱罐装沙丁鱼，7月份纽约装运。"到5月20日，A公司尚未收到回电。鉴于该货价看涨，A公司于5月22日去电："你5月1日电……我们接受。"

问：在本例中，B公司的原报价是否继续约束B公司至5月31日？B公司能否因货价看涨而不理A公司？

4.8月18日，我方向美国A商发盘“可供一级红枣100公吨，每公吨500美元CIF纽约，适合海运包装。订约后即装船，即期信用证付款，请速复电。”A立即电复：“你18日电我方接受，用麻袋包装，内加一层塑料袋。”我方收到复电后着手备货，数日后，一级红枣的国际市场价格猛跌，A商来电称：“我方对包装条件做了变更，你方未确认合同并未成立。”而我公司坚持合同已成立。

请按照《公约》的规定对此案进行分析。

5. 我某对外承包公司于5月3日以电传请法国供应商发盘出售一批钢材。我方在电传中声明：要求这一发盘是为了计算一项承造一栋大楼的标价和确定是否参与投标之用，我方必须于5月15日向招标人送交投标书，而开标日为5月31日。法供应商于5月5日用电传就上述钢材向我方发盘。我方据以计算标价，并于5月15日向招标人递交投标书。5月20日，法供应商因钢材价格上涨，发来电传通知撤销他5月5日的发盘。我方当即复电不同意撤盘，于是双方发生争议。5月31日开标，我方中标。随即电传通知法商我方接受5月5日的发盘，但法商坚持该发盘已于5月20日撤销，合同不成立。

问：合同是否成立？为什么？

6. 我某进口企业与某外商磋商进口机械设备交易一宗，经往来电传磋商，已就合同的基本条款初步达成协议，但在我方最后所发表示接受的电传中列有“以签署确认书为准”的文字。事后，外商拟就合同书，要我方确认，但由于对某些条款的措辞尚待进一步商讨，同时，又发现该商品的市场价格趋疲，用货部门也有换购性能更好的他种设备的意图，因此，未及时给予答复。外商又连续来电催开信用证，我方回答拒绝开证。

试分析我方拒绝开征的理由是否正确？

第十章

进出口合同的履行

第一节　出口合同的履行

出口合同的履行，是指出口人按照合同的规定履行交货等一系列义务，直至收回货款的整个过程。合同履行也是合同当事人实现合同内容的行为。履行合同既是经济行为，又是法律行为，任何一方不按合同规定办事，都构成违约，必须承担相应的法律责任。“重合同，守信用”是履行合同应当遵循的基本原则。

由于贸易条件的不同，出口合同履行的程序和各个环节的内容也有所不同。我国绝大多数出口合同都采用 CIF 或 CFR 贸易术语，以信用证方式结算货款。履行出口合同的环节，概括起来可分成货（备货、报检）、证（催证、审证和改证）、运（托运、报关和保险）、款（信用证下的制单结汇）四个基本环节。这些环节有些是平行展开，有些是互相衔接，但都必须注意与其他环节工作的相互配合，协调一致。努力做到“货”、“证”、“运”的平衡衔接，防止“货”、“证”、“运”脱节和在货物装运后的“单、证不符”、“单、单不符”等现象发生，避免影响及时履行合同和安全结汇。

一、备货和报检

（一）备货

备货也叫排产，是指合同订立后，出口方为了保证按时、按质、按量履行合同的交货义务，根据合同规定的品质、包装、数量和交货时间等的要求，进行货物准备的工作。

1. 备货工作的主要内容

备货是履行出口合同的重要环节。《公约》明确规定：“卖方必须按照合同和本公约的规定，交付货物，移交一切与货物有关的单据并转移货物所有权。”[①]由此可见，交付货物是最基本的义务，因为交付货物是移交单据并转移货物所有权的前提。做好备货工作是履行交货义务的物质基础。备货工作的主要内容包括：落实相应的配套资金，按合同和信用证的要求进行生产、加工和仓储，组织货源或催交货物，合适货物的加工、整理、包装和刷唛情况，并对货物进行验收和清点。有的货物即使已经验收进仓，还需要根据出口合同的规定要求进行再次的整理、加工和包装，并在外包装上加刷运输标志和其他必要的标志。

2. 备货应注意的问题

在履行出口合同的过程中，不仅要求当事人应当完全做到符合合同的明文规定，而且还应做到符合合同中未作明文规定但按照法律和惯例当事人应尽的默示义务。因此，在备货过程中，对以下问题应该重视。

（1）货物的品质、规格必须符合出口合同规定和法律的要求。合同中表示品质的方法，有“凭文字说明”和“凭样品”两种类型。凡凭规格、等级、标准等文字说明达成的合同，交付货物的品质必须和合同规定的规格、等级、标准等文字说明相符；对于凭样品成交的合同，该样品应是买卖双方交接货物的依据，卖方交付货物的内在质量与外观形态都应和样品一致；如果既凭文字说明又凭样品来表示商品品质，则卖方所交货物既要和文字说明相符，又要和样品一致。同时，货物的品质还必须适用于同一规格货物通常使用的目的和在订立合同时买方通知卖方的特定目的。

（2）交货数量必须符合出口合同的规定。交货数量是合同的一个重要交易条件。如发现货物数量不符合合同需要时，应及时采取必要措施，并在规定期限内补足。为便于补足储存中的自然损耗和国内搬运过程中的货损，以及合同溢短装条款的溢装之用，备货数量一般以略多于出口合同规定的数量为宜。根据UCP600 第 30 条的规定：“约”或“大约”用于信用证金额或信用证规定的数量或单价时，应解释为允许有关金额或数量或单价有不超过 10%的增减幅度。同时该惯例还规定：在信用证未以包装单位件数或货物自身件数的方式规定货物数量时，只要总支取金额不超过信用证金额，货物数量允许有 5%的增减幅度。

（3）货物的包装必须符合合同规定和运输要求。合同中对包装的要求有繁有简，凡是合同中有明文规定的，卖方必须严格照办；对于合同没有明文规定的，应按照同类货物通用的方式进行包装。《公约》规定：“货物按照同类货物通用的方式装箱或包装，如果没有此种通用方式，则按照足以保全和保护货物的方式装箱或包装。”[②] 在备货过程中，对货物的内、外包装和装潢，均需认真核对和检

---

① 参见《联合国国际货物销售合同公约》第 30 条。

② 参见《联合国国际货物销售合同公约》第 35 条。

查，如发现包装不良或破损等情况，应及时进行修整或更换，以免在装运时取得不清洁的提单，造成收汇困难。在保证商品质量和不违反合同规定的前提下，可尽量压缩货物包装的体积或降低货物包装的重量，以节约运输费用。

（4）备货的时间应根据出口合同和信用证规定的装运期限，并结合船期进行安排。不要造成货物长时间等船或船长时间等货的局面，而且必须在落实信用证条款后，安排生产，以防止出现备好货物后，买方不开证、不要货物或其他问题，影响安全收汇。如果合同规定收到买方信用证后若干天内装运货物，为保证按时履约，出口方应督促买方按照合同规定的期限开来信用证。我方收到信用证还要必须毫不延迟地认真审核，尤其是当合同规定的标的物为特殊商品时，应在审核无误后安排生产和装运。延迟装运或提前装运均可导致对方拒收或索赔。

（5）货物必须是第三方不得提出任何权利或请求的。卖方应保证对所售货物享有合法完全的所有权。他应有权出售该项货物，并保证买方能安宁地占有和支配该货物而不受任何第三方的侵扰。《公约》规定："卖方所交付的货物，必须是第三方不能根据工业产权或其他知识产权主张任何权利和要求的货物，但以卖方在订立合同时已知道或不可能不知道的权利或要求为限。"①

（二）报检

国际贸易中，卖方所交货物的品质、数量、包装等必须符合合同规定，因而在买卖双方交接货物的过程中，对商品进行检验并出具检验证书，是一个不可缺少的环节。

1. 法定报检的分类和范围

根据现行的法律、行政法规或国际条约、协议的规定，有一部分进出口商品及其运输工具必须经过商检机构的检验。出口商品及其运载工具法定检验报检的范围为：

（1）列入《必须实施检验的进出口商品目录》的出口商品；

（2）出口食品的卫生检验；

（3）贸易性出口动物产品的检疫；

（4）出口危险物品和《必须实施检验的进出口商品目录》内商品包装容器的性能检验和使用鉴定；

（5）装运易腐烂变质食品出口的船舱和集装箱；

（6）有关国际条约、协议规定须经商检机构检验的出口商品；

（7）其他法行政法规规定须经商检机构检验的出口商品。

---

① 参见《联合国国际货物销售合同公约》第42条。

2. 报检时间和地点

属于法定检验范围内的出口商品，发货人应当于接到合同或信用证后备货出口前，在商检机构规定的地点和期限内向商检机构报检。

属于法定检验范围以外的出口商品，如果对外经济贸易合同约定由商检机构检验的，也应按上述要求办理，属于在产地检验后需要在口岸换证出口的商品，发货人应在商检机构所规定的期限内向口岸商检机构报请检查换证。

3. 办理申请出口商品检验的基本程序

（1）报检。具有该商品出口经营权的单位或受其委托的单位填写“出口商品检验申请单”，向当地商检机构申请报检。

（2）检验。报检的出口商品，原则上由商检机构进行检验，或由国家商检部门指定的检验机构进行检验。检验的内容包括商品的质量、规格、数量、重量、包装以及是否符合安全、卫生要求。

（3）出证。出口商品经检验合格的，由商检机构签发检验证书，或在出口货物报关单上加盖检验印章。办理申请进出口商品免验放行程序。

4. 报检所需的单证

出口商品在报检时，一般应提供外贸合同（或售货确认书及函电）、信用证复印件或副本，必要时提供原本。合同如果有补充协议的要提供补充的协议书；合同、信用证有更改，要提供合同、信用证的修改书或更改的函电。对订有长期贸易合同而采取记账方式结算的，各外贸进出口公司每年一次将合同副本送交商检机构。申请检验时，只在申请品质、规格、数量、重量、安全、卫生检验时，必须提交商检机构签发的出口商品包装性能检验合格单证，商检机构凭此受理上述各种报检手续。

5. 商检单据

（1）出境报验单。出境报验单是指出口方向我国商检机构申请报检出口商品时所填写的一种申请书。

（2）放行章（单）。列入种类表内的出口商品，经商检机构检验合格，按规定缴纳检验费后，在报关单上加盖商检机构放行章或出具商品放行章，海关凭此验收。

（3）商品检验证书。检验证书是出口商品的质和量经过公证机构或生产部门检验后所出具的文件。检验证书包括两类：第一类是我国商品检验证书，是我国商检局对进出口商品出具的检验证明，具体分为品质检验证书、重量检验证书、数量检验证书、兽医检验证书、卫生检验证书、消毒检验证书、产地检验证书、价值检验证书、验残检验证书及验仓、货载衡量等证书；第二类是我国商检局检验证书以外的其他检验证书，包括生产厂或出口公司的检验证书、进口商驻出口地点代表或代理人在货物装运前的检验证书、棉花出口植物检疫证书、SGS 检验证书。

二、落实信用证

在采用信用证支付方式下，信用证是卖方结算货款的重要文件，是开证行对受益人的付款承诺。买方必须按合同规定及时办理开立信用证的手续，而且所开信用证的内容应与合同相符或者虽有不符，但其不符内容能为卖方接受。因此，对于规定以信用证方式付款的合同，催证、审证、改证就成为履行这类出口合同的重要环节。

（一）催证

催证是通过信件、电报、电传或其他方式，催促对方及时办理开证手续并将信用证送达卖方，以便卖方及时备货或装运货物出口。但在实际业务中，有时国外进口商在市场发生变化或资金发生短缺的情况时，往往会拖延开证。对此，我们应催促对方迅速办理开证手续，特别是大宗商品交易或应买方要求特制的商品交易，更应根据备货情况及时催证。必要时，也可请我驻外机构或有关银行协助催证，并告知对方不及时开证将被视为撕毁合同，并在对方仍不开证时可声明保留索赔权，或拒绝交货，维护合同的严肃性。

在正常情况下，买方信用证最少应在货物装运期前 15 天开到卖方手中。为使出口合同顺利履行，在下列情况下，应及时催促买方开立信用证：

（1）合同规定装运期限较长（如 3 个月），同时规定买方应在装运期前一定期限（如 15 天）内开证，出口商应在通知进口商预期装运期时，同时催促对方按约定时间开证；

（2）结合船期情况或有可能提前装运时，也可与进口商商议要求提前开证；

（3）买方未在销售合同规定的期限内开立信用证，卖方有权利向买方要求损害赔偿，并在此之前，仍可催促进口商开证；

（4）开证期限未到，但发现客户资信不佳，或市场情况有变，也可催促对方开证。

（二）审证

信用证是依据合同开立的，信用证内容应该与合同条款一致。根据 UCP600 中有关义务与责任条款的规定：银行必须合理小心地审核一切单据，以确定单据表面上是否符合信用证条款。单据之间表面上的不一致，将被认为不是表面上符合信用证条款。因此，当卖方收到买方开来的信用证之后，务必及时对信用证内容进行逐项审核。

1. 银行审证的主要内容

（1）政治性的审查。来证国家必须是与我国有经济往来的国家和地区，应拒绝接受与我国无往来关系的国家和地区的来证。来证各项内容应符合我国方针政策，不得有歧视性内容，否则应根据不同情况向开证行交涉。

(2) 资信情况审核。对开证银行和保兑银行的资信情况的审核，在经济上应要求其本身资信情况必须与所承担的信用证义务相适应，如果发现他们资信不佳，应酌情采取适当的措施。

(3) 信用证真伪的审核。银行应合理谨慎地检验信用证表面的真实性。如果银行不能确定信用证的表面真实性，必须不延误地告知开证行，并且告知受益人他不能核对信用证的真实性。

(4) 对开证行责任范围的审核。国外的开证行一般应遵循 UCP600，如果开证行愿意依照该惯例解释信用证条款的话，就应该在信用证上注明本证受该惯例限制的条款。

2. 受益人以合同条款对照信用证进行审核

银行虽然不管买卖双方合同，但信用证的开立，进口商申请开证时毕竟还是以合同条件为基础，信用证应该反映合同的内容。审核信用证时，主要判断信用证条款是否与合同一致，审核项目一般包括：

(1) 审核信用证的种类。信用证种类繁多，要审查来证是可以撤销的或是不可撤销的。根据 UCP600 规定，即使信用证没有注明“不可撤销”字样，仍应按不可撤销信用证处理。另外要注意对有些国家的来证，虽然注明有“不可撤销”的字样，但在证内对开证行付款责任方面加列“限制性”条款或“保留”条件的条款，受益人必须对相应的条款进行修改以减少风险。此外，还要审核信用证是保兑的或是不保兑的，如果是保兑的信用证，由哪一家银行保兑以及保兑费由谁承担也是审核信用证种类的内容之一。

(2) 审核开证申请人和受益人。由于开证申请人的名称或地址经常会与进口商在进出口合同上显示的名称或地址不一样，因此要仔细审核开证申请人的名称和地址，以防错发错运货物。受益人的名称或地址必须正确无误，前后一致，否则会被视为不符点，影响安全收汇。

(3) 审核信用证的支付货币和金额。信用证的金额和支付的货币种类应与合同一致，总金额的大小写数字必须一致。如果合同订有溢短装条款，那么信用证金额还应包括溢短装部分的金额。来证采用的支付货币种类如果与合同规定的货币不一致，应按中国银行的外汇牌价折算成合同货币，在不低于或相当于原合同货币总金额时才可接受。

(4) 审核信用证有关货物的内容描述。来证中的有关品名、质量、规格、数量、包装、单价、金额、装运港、卸货港、目的地、保险等是否与合同规定一致；有无附加特殊条款及保留条款；是否需要提供客户检验证明；商业发票是否要求证实或有进口国的领事签证等，这些条款必须仔细审核，视具体情况判断是否接受或提请修改。

3. 信用证一般条款的审核

信用证中各种条款都应该逐条审核和落实，稍有一点不能满足信用证要求的单据，就会造成单证不符，都有被开证行拒付的可能。

（1）审核信用证规定的交单期。根据 UCP600 第 14 条，交单出具的一份或者多份正本运输单据，必须由受益人或其代表按照相关条款在不迟于装运日后的 21 个日历日内提交，但无论如何不得迟于信用证的到期日。如果来证中规定向银行交单的日期不得迟于提单日期后若干天，则过了限期或单据不齐有错漏，银行有权不付款。

（2）审核装运期和有效期。装运期必须与合同规定一致，如国外来证晚，无法按期装运，应及时电请国外买方延展装运期。信用证中规定的最迟装运日期，应与合同中的装运条款相一致，运输单据的出单日期或上面加注的装船或启运日期，不得迟于最迟装运日期。若信用证未规定装运期，则最迟装运日期即为信用证的到期日。

（3）审核转船和分批装运条款。除信用证另有规定外，货物是允许分批装运的。特别注意 UCP600 规定："如信用证规定在指定的时间段内分期支款或分期发运，任何一期未按信用证规定期限支取或发运时，信用证对该期及以后各期均告失效。"① 如果在信用证中规定了每一批货物出运的确切时间，则必须按此照办，如不能办到，必须修改。

（4）审核信用证的付款方式。银行的付款方式有四种：即期付款、延期付款、承兑汇票、到期付款或议付。所有的信用证都必须清楚地表明付款属于哪一类。

4. 有关单据条款审核

（1）保险单条款的审核。信用证在保险条款中要明确投保哪些主要险别，如通常风险或惯常风险等类似含糊不清的险别，根据 UCP600 规定："信用证应规定所需投保的险别及附加险（如有的话）。如果信用证使用诸如'通常风险'或'惯常风险'等含义不确切的用语，则无论是否有漏保之风险，保险单据将被照样接受。"②

（2）海运提单条款的审核。一般信用证对提单份数条款最常见的规定为全套正本提单、三份正本提单。目前外贸公司多数习惯缮制提单份数以一式三份为一套出具。

（3）包装单条款的审核。对包装商品，信用证一般要求出具包装单。包装单

---

① 参见《联合国国际货物销售合同公约》第 32 条。

② 参见《联合国国际货物销售合同公约》第 28 条。

表明货物不同规格、不同包装和每件具体情况。如果每件是不定量包装，要逐一列出每件的毛重和净重等情况。

（4）领事发票和领事签证单据条款的审核。领事发票是根据进口国驻在出口国的领事馆所制定的一种固定格式而填制的一种发票，并由领事盖章，或我们已经缮制好单据，如发票和产地证等，再由领事盖章。

（三）改证

对信用证进行了全面细致的审核以后，如果发现问题，应区分问题的性质，分别同银行、运输、保险、商检等有关部门研究，做出恰当妥善的处理。凡是属于不符合我国对外贸易方针政策，影响合同执行和安全收汇的情况，我们必须要求国外客户通过开证行进行修改，并坚持在收到银行修改信用证通知书后才能对外发货，以免发生货物装出后而修改通知书未到的情况，造成我方工作上的被动和经济上的损失。

1. 信用证修改的一般程序

（1）开证申请人向开证银行申请修改信用证，应提交信用证修改申请书。

（2）开证银行审核同意后，向信用证原通知行发出信用证修改书，修改书一经发出就不可撤销。

（3）通知行收到修改书后，审核修改书的表面真实性后，将修改书转交给受益人。

（4）修改书的通知程序与信用证的通知程序大致相同。修改通知书上应作如下指示："请书面回复我行可否接受本次修改以便答复开证行。"受益人如不接受信用证项下修改，应尽快告知通知银行并将修改书正本退回，以便通知银行将受益人意见及时转告开证银行。

（5）受益人同意接受信用证修改后，则信用证项下修改正式生效；如受益人拒绝接受信用证修改，将修改通知书退回通知银行，并附上表示拒绝接受修改的文件，则此项修改不能成立，视为无效。受益人对修改拒绝或接受的表态，可延期至交单时。

2. 修改方式

（1）受益人审证后要求开证申请人改证。受益人审证后，发现内容与合同和惯例规定不一致，应及时向开证申请人提出。

（2）开证申请人主动改证。

3. 在改证中应注意的问题

（1）如发现同一份信用证中有多次需要修改的地方，应尽量做到一次性向国外客户提出，避免由于疏忽或考虑不周而多次提出修改要求，以节约对方改证费用。

（2）对于收到的信用证修改，如其内容不能接受，应及时向客户声明表示拒绝，并再次提请修改。

（3）开证申请人改证应征得受益人的同意。根据 UCP600 规定："凡未经开证行、保兑行（如有）以及受益人同意，信用证既不能修改也不能撤销。"和"在受益人向通知修改的银行表示接受该修改内容之前，原信用证（或包含先前已被接受修改的信用证）的条款和条件对受益人仍然有效。受益人应发出接受或拒绝接受修改的通知。如受益人未提供上述通知，当其提交至被指定银行或开证行的单据与信用证以及尚未表示接受的修改的要求一致时，则该事实即视为受益人已作出接受修改的通知，并从此时起，该信用证已被修改。"

（4）对于改证通知书的内容，如发现其中一部分不能接受，则应把改证通知书退回，待全部改妥后才能接受。因为根据 UCP600 规定："不允许部分接受修改，部分接受修改将被视为拒绝接受修改的通知。"

三、出口货物的装运

（一）托运

在实际业务中，出口企业一般委托货运代理人办理租船订舱，并办理货物的报关、检验、交接、仓储和转运等工作。他们以货主的代理人身份对货主负责，并通过服务收取一定的手续费。

1. 出口订舱流程

（1）以 CIF 出口，出口方负责租船订舱，对于出口数量大，需整船运输的货物办理租船手续，对于出口量不大，可洽订班轮或租订部分舱位运输。出口商缮制海运货物订舱委托书，并向货运代理公司签发，委托货运代理公司代理租船订舱。

（2）货运代理公司接受货主委托后，向船公司或船公司代理签发的海运出口托运单（booking note；B/N），办理租船订舱手续。

（3）船公司或其代理确认货运代理公司的订舱后，向货运代理公司签发配舱回单等运输单据，作为对订舱的确认通知。

（4）出口商将该货物运至指定码头等待检验、报关、装船。

（5）船方在确认订舱后，以发送载货清单的方式通知港口。

（6）出口方根据合同与信用证有关规定及时向保险公司办理保险手续，缮制投保单，缴纳保险费，取得信用证规定的保险单据。

（7）出口方根据合同约定向进出口商品检验检疫机构申请报检，填制报检单，货物检查合格后，获取检验检疫证书。出口方应在检验检疫证书规定的有效期限内将货物装运出口。一般货物的检验证书从发证日起两个月内有效，鲜果和鲜蛋等保质期较短货物的检验检疫证书的有效期为 14 天。

(8) 出口商在装货前 24 小时向海关办理出口货物报关手续（或向货运代理公司提供整套报关单据，委托其代理报关），填写出口货物报关单，接受海关审批。

(9) 海关审核单据、查验货物无误后，向出口商征收关税，并在出口货物报关单上加盖海关“放行章”。出口商凭该报关单办理货物装运。

(10) 货物装船后，由船长或大副签发大副收据（mate's receipt），出口商凭“大副收据”，向外轮代理公司结算运费，凭运费单换取船公司向货代公司签发的海运提单，并立即向进口商发出装船通知。

2. 集装箱运输

(1) 积载和装载。集装箱装箱和拆箱有两种方式，一是由货主或其代理装拆箱，一是由船公司或其代理装拆箱。如属货主自装箱，在配箱时要选择相互适应的货种同箱装运；在装箱时必须采取有效措施，把运输过程中因震动和摇晃时产生影响货物安全的外力减少到最低限度。装货前必须检查集装箱是否完好无损，装载原则是“不留空隙，各方面均等”。

(2) 制单。①装箱单。每一个集装箱出口均须填制一份装箱单。②场站收据（dock receipt)。相当于传统运输的装货单（shipping order; S/O），其格式基本上同集装箱联运提单一致，由发货人填制。③集装箱提单。发货人在装船后即可以场站收据换由外轮代理公司签发的提单。

（二）出口报关

(1) 申报。它是指进出口货物装船出运前，向海关申报的手续。按照我国海关规定：凡是进出国境的货物，必须经由设有海关的港口、车站、国际航空站进出，并由货物所有人向海关申报，经过海关放行后，货物才可装运出口或提取货物。出口货物的报关主要是填写出口货物报关单，在出口货物被装上运输工具之上 24 小时之前，向海关申报出口。根据海关规定，一般贸易项下的进出口货物使用白色的报关单，进料加工的进出口货物使用红色的报关单，来料加工的进出口货物使用绿色的报关单，外商投资企业的进出口货物填写蓝色的报关单。出口后需办理出口退税的货物，还需表明“出口退税专用”的黄色出口货物报关单。

(2) 查验。查验是指海关在接受报关单位的申报后，依法为确定进出国境的货物的性质、原产地、货物状况、数量和价值是否与货物申报单上已填报的详细内容相符，对货物进行实际检查的行政执法行为。出口货物，除海关总署特免查验的以外，都应接受海关查验。查验的目的是核对报关单证所报内容与实际到货是否相符，有无错报、漏报、瞒报、伪报等情况，审查货物的出口是否合法。海关查验货物，应在海关规定的时间和场所内进行。海关在查验过程中，要求进出口货物的收发货人或其代理人必须到场，并按海关的要求负责办理货物的搬运、拆装箱和重封货物的包装等工作；海关认为必要时，也可以进行开验、复验或者提取货样，货物保管人员应到场作为见证人。

(3) 放行。放行是指海关在接受进出口货物的申报，经过审核报关单据、查验货物并依法办理了征收货物税费手续或减免手续后，对进出口货物作出结束现场监管决定的工作程序。海关在决定放行进出口货物后，需要在有关的报关单据上签章（海关放行章），进出口货物的收发货人凭此办理提取进口货物或装运出口货物手续。对于海关监管货物来说，盖有"海关放行章"的报关单也是海关办理核销的依据。

（三）出口保险

1. 出口货物保险的流程

(1) 申请投保。当投保人需要对一笔货物申请保险时，可到当地保险公司办理手续。一般先填制"运输险投保单"一式两份。一份由保险公司签署后交投保人作为接受承保的凭证；一份由保险公司留存，作为缮制、签发保险单或保险凭证的依据，保险契约即告成立。

(2) 出具保险单。保险单是保险人与被保险人之间的一种契约，规定了双方之间的权利与义务，是投保的一方支付保险费，保险的一方在保险标的遭受损失时承担赔偿责任的依据。同时也是投保单位通过银行结汇的重要单据之一。保险公司根据投保人填报的内容，凭以签发保险单或保险凭证，并计算保险费。

2. 保险索赔程序

(1) 提出索赔申请。属于出口货物遭受损失，对方（进口方）向保险单所载明的国外理赔代理人提出索赔申请。中国人民保险公司在世界各主要港口和城市，均设有委托国外检验代理人和理赔代理人两种机构，前者负责检验货物损失。收货人取得检验报告后，附同其他单证，自行向出单公司索赔，后者可在授权的一定金额内，直接处理赔案，就地给付赔款。

(2) 审定责任，予以赔付。被保险人在办妥上述有关索赔手续和提供齐全的单证后，即可等待保险公司审定责任，给付赔款。在我国，保险公司赔款方式有两种：一是直接赔付给收货单位；二是集中赔付给各有关外贸公司，再由各外贸公司与各订货单位进行结算。

四、信用证下的制单结汇

在出口业务中，制单结汇是一个非常重要的环节。制单结汇是指出口企业在货物装船之后，按信用证的要求正确缮制各种单据，在信用证规定的交单有效期内，递交银行办理议付结汇手续。银行对这些单据审核无误后，才向出口方支付货款。因此，制单的好坏直接关系到出口方能否安全及时收汇。

(一) 结汇办法

结汇是将出口货物销售获得的某种币制的外汇按售汇之日银行外汇牌价的买入价卖给银行。目前，我国出口商在银行可以办理出口结汇的做法主要有三种：收妥结汇、出口押汇和定期结汇。

(1) 收妥结汇。收妥结汇又称先收后结，是指议付行在收到出口企业提交的全套单据后，经审核无误，就将全套单据寄交于国外的付款行（开证行），要求索取货款，待收到付款行将货款转入议付行账户的贷记通知书（credit note）时，即按当日外汇牌价折成人民币付给出口企业。这种方法的特点是：银行不需预先垫付资金，不承担资金风险，但对出口方而言，占用资金时间长，收汇较慢。

(2) 出口押汇。出口押汇又称买单结汇，是指议付行在审单无误情况下，按信用证条款贴现受益人的汇票或者以一定的折扣买入信用证项下的货运单据，从票面金额中扣除从议付日到估计收到票款之日的利息，将余款按议付日外汇牌价折成人民币，付给出口企业。这种结汇方式是银行对出口企业的资金融通，有利于出口企业资金周转，从而扩大出口业务。出口押汇是真正意义上的议付。UCP600 规定，银行如仅仅审核单据而不支付价款不构成议付。

(3) 定期结汇。定期结汇是指议付行根据向国外付款行索偿所需时间，预先确定一个固定的结汇期限，并与出口企业约定该期限到期后，无论是否已经收到国外付款行的货款，都主动将票款金额折成人民币付给出口企业。

(二) 单证不符业务的处理

在实际业务中，单证不符情况经常发生。此时，首先要争取时间修改单据，使其与信用证相符。如果来不及修改，视具体情况，选择如下处理方法：

(1) 表提，也称担保结汇，即信用证受益人在提交单据时出现单证不符，主动向议付行书面提出单证不符点，议付行要求受益人出具保函，担保日后遭到拒付时，一切后果由受益人承担。表提一般适用于单证不符点并不严重，或虽然是实质性不符，但事先已经让进口商确认可以接受的情形。

(2) 电提，又称电报提出，即在单证不符情况下，议付行先向开证行去电（电报或电传），列明单证不符点，待开证行同意后再将单据寄出。这样可在最短时间内由开证行征求买方意见。如果对方同意，可寄单收汇；如果不同意，卖方可及时处理运输中的货物。

(3) 跟单托收，议付行不同意上述两种方法，这时出口单位只能采用托收方式收款。

需要指出的是，以上各种处理方法，都使得受益人失去了开证行的付款保证，银行信用已经变成了商业信用。

五、出口收汇核销和出口货物退税

出口收汇核销与退税是出口贸易业务工作的一个组成部分。了解国家有关出口收汇核销与退税管理的有关政策法规，掌握出口收汇核销与退税业务的内容和程序是外贸工作的一项重要内容。

（一）出口收汇核销

所谓出口收汇核销是指国家外汇管理部门根据国家外汇管制的要求，通过海关对出口货物的监管，对出口单位的收汇是否符合国家规定而进行监督的一种管理制度。根据《对外贸易法》的有关规定，对外贸易经营者在对外贸易经营活动中，应当依照国家外汇管理制度的要求结汇、用汇，银行对企业的收付汇实行结汇、售汇制。2002 年国家外汇管理局设计开发了“出口收汇核报系统”，该系统能够通过国际收支申报等渠道从银行获取出口收汇电子数据信息，从“中国电子口岸出口收汇系统”获得出口报关单和出口收汇核销单数据信息。

1. 出口收汇核销的特点

1）采取以出口收汇核销单为中心的管理办法

外汇管理局通过核销单的发放与收回，并采取核销的方法来管理出口收汇的工作。出口企业必须凭核销单及其他有关单据向海关办理出口货物报关，向银行交单结汇。出口收汇核销单涉及海关、银行、外贸运输和国家有关职能部门，贯穿于整个出口业务的全过程。

2）实行先收汇后核销的方法

出口企业待货物装运后，向银行结汇，凭银行收款通知单才可以办理核销手续，提高了收汇管理工作的效率。

3）以提高收汇为目的

出口收汇核销制度实行全方位的管理，准确及时掌握出口收汇的情况，加强对逾期收汇的监督，保证了收汇的安全。

2. 出口收汇的对象和范围

（1）出口收汇核销的对象是经商务主管部门或其授权机关批准或登记，具有对外贸易经营权的所有单位。

（2）出口收汇核销的范围包括一切出口贸易方式，如一般贸易、加工贸易、补偿贸易、易货贸易和寄售等。

3. 出口收汇核销的基本流程

出口收汇核销工作的主要当事人有出口企业、外汇管理局、海关和银行。出口企业向当地外汇管理局申领出口收汇核销单，一份出口报关单只能申领一份，不得相互借用，并在当地办理核销手续。出口收汇核销的流程：

（1）出口单位领核销单。

（2）出口单位向海关交验核销单，海关审验后，退回给出口单位。

（3）货物出口后，将有关单据及附有核销单编号的发票交银行收汇。同时，将核销单存根及有关单据送还签发核销单的外汇局。

（4）银行收妥货款后，将结汇水单[①]退回出口单位。

（5）出口单位将银行确认货款已经收回的结汇水单和由海关退回的原核销单送外汇局，核销该笔收汇。

4. 出口收汇的方式

外汇局可以根据各地业务量和出口单位的具体情况，按照下列规定分别采取逐笔核销、批次核销、自动核销的出口收汇核销方式：

（1）逐笔核销，即由出口单位按核销单证一一对应进行报告，外汇局按照一一对应的原则逐笔为出口单位办理核销手续的核销方式。适应于出口收汇高风险企业以及差额核销和无法全额收汇的出口收汇数据。

（2）批次核销，即由出口单位集中报告，外汇局按批次为出口单位办理核销手续的核销方式，是按照核销单与核销专用联总量对应的原则进行。适应于除出口收汇高风险企业外的所有出口单位的全额收汇核销，以及来料加工项下和进料加工抵扣项下需按合同核销的出口收汇数据。

（3）自动核销，即出口单位不需向外汇局报告，外汇局根据从“中国电子口岸出口收汇系统”采集的核销单信息和报关信息，以及从“国际收支统计申报系统”采集的收汇信息，进行总量核销的核销方式。适应于国际收支申报率高以及符合外汇局规定的其他条件的出口收汇荣誉企业的一般贸易项下及其他出口贸易项下全额收汇的出口收汇数据。

（二）出口退税

出口退税指国家为增强出口商品的竞争力，由税务机关将出口离境的货物在国内生产与流通环节中已征的中间税款返还给出口企业，从而使出口商品以不含税价格进入国际市场参与国际竞争的一种政策制度。

1. 出口退税的企业范围

凡发生出口业务的出口企业，均可申报办理出口退税。享有出口退税的企业有：

---

① 结汇水单：银行的结汇水单一般包括两联，一联为贷记通知，是公司财务人员的记账凭证；另一联为出口收汇核销专用联，专为外汇局核销用。

（1）具有进出口经营权的外贸企业（包括外商投资企业）；

（2）自营生产企业和生产型集团公司；

（3）工贸企业、集生产和贸易为一体的集团贸易公司；

（4）委托外贸企业代理出口的企业；

（5）商业合资企业[①]；

（6）特准退还或免征增值税和消费税的企业；

（7）特定企业，如外轮公司、远洋运输公司等单位发生的一些特定业务。

2. 出口退税的货物

只有同时具备下列条件的出口货物，才可办理出口退税：

（1）属于增值税或消费税征税范围的出口货物；

（2）已报关离境的货物；

（3）已收妥货款并结汇的货物；

（4）财务已作出口商品销售处理的货物；

（5）按规定提供全套退税单据的货物。

3. 出口退税的方法

（1）先征后退。先征后退的方法是指出口货物时，先视同内销货物计算缴纳增值税（由生产企业先缴纳，外贸企业按含税价收购出口货物），待货物出口报关离境后，由税务机关将在生产、流通环节中所缴纳的税款退还给外贸出口企业。此方法主要适用外贸进出口企业。

（2）免、抵、退。免、抵、退的方法是指出口货物根据其生产经营情况的不同，分别采用免税、抵税和退税的方法。即免征生产销售环节增值税，用生产企业出口货物应予退还所耗原材料等已纳税款抵内销货物的纳税款，退一个季度内未抵完的税额部分税款。此方法主要适用于生产企业。

4. 出口退税的一般程序

1）出口退税的登记

出口企业办理出口退税应先办理出口退税登记，持出口经营权批件（复印件）和工商营业执照（副本），于批准日起 30 日内到当地主管退税业务的税务机关办理退税登记。填写“出口企业退税登记表”，盖章后连同出口产品经营权的批准文件、工商登记等证明报送税务机关，由税务机关审核无误后，发给企业“出口退税登记证”。

2）出口货物退税的定期申报

出口企业应按期向当地主管出口退税的税务机关申报退税，除中、远期结汇的出口货物外，上年度出口退税应在清算结束前（本年度 5 月 30 日）收集齐全，

---

① 商业合资企业：经国务院批准设立，享有进出口经营权的中外合资企业和合资连锁企业。

因收集不全并未申报的，主管部门不再受理该批货物的退税申请。

3）定期审核、审批出口退税

主管出口退税的部门收到经商务主管部门稽核的退税申报资料后，应及时审核退税。

5. 出口货物退税率

为进一步控制外贸出口的过快增长，缓解我国外贸顺差过大带来的突出矛盾，优化商品结构，对“高耗能、高污染、资源性”的商品生产与出口进行限制，2007年7月1日开始，国家对2831项商品出口退税进行了调整。

（1）进一步取消了553项“高耗能、高污染、资源性”产品的出口退税，主要包括：濒危动植物及其制品、盐和水泥等矿产品、肥料、燃料等化工产品、金属碳化物和活性炭产品、皮革、部分木板和一次性木制品、一般普碳焊管产品、非合金铝制条杆等简单有色金属加工产品，以及分段船舶和非机动船舶；

（2）降低2268项容易引起贸易摩擦的商品的出口退税率，主要包括：服装、鞋帽、箱包、玩具、纸制品、植物油、塑料和橡胶及其制品、部分石料和陶瓷及其制品、部分钢铁制品、焦炉和摩托车等低附加值机电产品、家具以及粘胶纤维；

（3）将10项商品的出口退税改为出口免税政策，主要包括：花生果仁、油画、雕饰板、邮票和印花税票。

为应对国内外经济环境及进出口形势的变化，国家又于2008年对出口货物退税率进行了调整。此次调整的主要内容是，自2008年8月1日起，将部分纺织品、服装的出口退税率由11%提高到13%；将部分竹制品的出口退税率提高到11%。同时，取消红松子仁、部分农药产品、部分有机胂产品、紫杉醇及其制品、松香、白银、零号锌、部分涂料产品、部分电池产品、碳素阳极的出口退税。

第二节 进口合同的履行

在进口贸易的整个过程中，进口合同的履行是进口交易的一个实质性的阶段，是合同的当事人实现合同内容的具体行为。当进口合同签订之后，进口企业就要根据合同的规定，履行支付价款、接收货物等义务。目前我国进口合同大多以FOB价格条件成交，以信用证方式结算货款，履行该类合同的一般程序是：开立信用证、租船订舱、装运、办理保险、审单付款、办理清关、报验和货物在国内的运输、转交和拨交，保证进口货物按时、按质、按量顺利到达。发现国外卖方有违法行为，要及时提出异议和索赔。

一、开立信用证

以信用证方式支付的进口贸易实务中，开立信用证是履行进口合同的关键一步，是进口业务的重要环节。

（一）申请开证

进口合同签订后，进口商应填写开证申请书（application for letter of credit）向银行办理开证手续。开证申请书是银行开立信用证的依据，也是申请人和银行之间的契约关系的法律证据。

1. 程序

（1）进行备忘登记。进口企业要登记合同的日期、合同号、结算方式、价格条款、装运日期、外汇性质、结算单位、收妥/支出保证金日期、开证日期、信用证号码。

（2）外贸企业向订货单位开出收取人民币保证金通知，保证金按 100%收取。如果由订货单位的开户银行出具保函，则按开证金额的 110%出具。

（3）收妥订货单位的保证金或银行保函后，根据国家外汇管理局的有关规定，由进口企业向银行申领并填写“进口付汇核销单”，办理批汇手续，待进口办理付汇时，银行办理核销手续。

（4）办理批汇后，填写好开证申请书，连同进口合同提交银行，申请开立信用证。

（5）开证银行对开证申请书进行审核，如发现有不妥之处可向外贸企业提出修改意见。待信用证开妥后，立即邮寄或电开出信用证，将信用证副本送外贸企业，同时将保证金转入专户。

2. 内容

外贸或经营进口业务的单位，按合同规定填写“开立不可撤销跟单信用证申请书”，向从事国际结算的商业银行办理申请开立信用证手续。申请书的内容包括两部分。

1）开证申请人的保证

开证申请人首先明确要求开证银行开立信用证的种类和方式。请开证银行按所列条款以信开或简电或全电开立一份不可撤销的信用证。申请人保证向开证银行提供偿付该证项下货款、手续费、其他费用及利息等所需外汇。申请人保证在单证表面相符的条件下对外付款或承兑，并在接到信用证规定的全套单据日起三个工作日内通知开证银行对外付款或承兑；如果因单证不符拒绝付款或承兑，应在三个工作日内将全套单据如数退回开证银行并注明拒付理由，请开证银行按开证适用的国际惯例如 UCP600 确定能否对外拒付。如经开证银行确定不属于单证不符，不能对外拒付时，开证银行有权利办理对外付款或承兑，并从开证申请人账户项下扣款。

除上述内容外，开证申请人还必须向开证银行申明：该信用证如因邮电传递发生遗失、延误、差错，开证银行概不负责。该信用证如需修改，由开证申请人书面通知开证银行。

开证申请人向开证银行做出保证后，还应附“外汇金额申请书”，其内容包括：开证金额、费用、进口商品名称和数量、国内用户名称及地址、外汇用途、订货卡片号等。外汇金额申请书经外汇管理部门和开证银行认可后，才能办理正式开立信用证。

2）开立信用证的内容

（1）信用证性质：不可撤销的跟单信用证。

（2）信用证号码、有效期及信用证失效地点。

（3）受益人：国外出口人。

（4）通知银行：出口人当地银行。

（5）开证申请人：外贸公司或直接进口单位。

（6）信用证总额。

（7）单据要求。

（8）装运说明和依据：支付费用的分项说明、合同号和运输标志。

（9）装运港、目的港和装运期。

（10）分批转运和转运：是否允许分批装运和转船。

（11）实际生产厂商名称。

（12）包装条件。

（13）特殊要求与声明：如开证行以外的费用由谁承担；不能接受第三者为发货人；不接受发票日期早于开证日期的单证等。

（二）开证注意事项

（1）开证时间。如合同规定开证日期，进口商应在规定期限内开立信用证；如合同只规定了装运期而未规定开证日期，进口人应在合理时间内开证，一般掌握在合同规定的装运期前30～45天左右申请开证，以便出口方收到信用证后在装运期内安排装运货物。

（2）信用证的内容。信用证内容应严格以合同为依据，对于应在信用证中明确的合同中的贸易条件，必须具体列明，不能使用“按XX号合同规定”等类似的表达方式。因为信用证是一个自足文件，有其自身的完整性和独立性。根据UCP600第4条b款规定：“开证行应劝阻申请人将基础合同、形式发票或其他类似文件的副本作为信用证整体组成部分的做法。”

（3）信用证的条件要单据化。UCP600 第 14 条规定：如果信用证中包含某项条件而未规定需提交与之相符的单据，银行将认为未列明此条件，并对此不予置理。因而，进口方在申请开证时，应将合同的有关规定转化成单据，而不能照搬照抄。

（4）装船前检验证明。由于信用证是单据业务，银行不过问货物质量，因而可在信用证中要求对方提供对方认可的检验机构出立的装船前检验证明，并明确规定货物的数量和规格。如果受益人所交检验证明的结果和证内规定不符，银行即可拒付。

（5）保护性规定。UCP600 第 1 条“统一惯例的适用范围”中规定：“适用于所有在正文中标明按本惯例办理的跟单信用证（包括本惯例适用范围内的备用信用证）。除非信用证中另有规定，本惯例对一切有关当事人均具有约束力。”该条款说明了信用证的效力是大于惯例的。

（6）保兑和可转让信用证。我国银行原则上不开立保兑信用证，对可转让信用证也持谨慎态度。对此，进口商在签订合同时应予注意，以免开证时被动。

二、办理运输和保险

在进口业务中，货物大多是通过海洋运输方式进行的，因为海洋运输的载货量大、运费便宜等优点，使其运用越来越广泛，占了整个国际货物运输量的80%以上。

（一）办理运输

（1）履行 FOB 交货条件下的进口合同，应由买方负责派船到对方口岸接运货物。卖方在交货前一定时期内，应将预计交货日期通知买方。在接到上述通知后，买方应及时向外轮代理公司或货代办理租船订舱手续。在办理委托订舱时，需要填写“进口订舱联系单”，提出具体的运输要求，内容包括：货名、重量、尺码、合同号、包装种类、装卸港口、交货期、发货人名称、地址、电话和传真等项目以及其他特殊要求事项。

（2）在 CFR 或 CIF 价格条件下，由卖方负责租船订舱。我方也应随时了解和掌握卖方的备货和装船前的准备等情况，催促对方按时装运。卖方装船后，应及时电报、传真或电子邮件向我方发出装船通知以告知我方船名、航次及船期和其他装运信息，以便我方办理保险和办理进口报关接货等事宜。

（二）办理进口保险

FOB、FCA、CFR 和 CPT 交货条件下的进口合同货物，均由进口商向我国国内保险公司办理货物运输保险。进口企业可凭出口方发出的装运通知，向保险公司办理保险手续，缴纳保险费。进口企业向保险公司办理进口运输保险时，一般有以下两种做法。

1. 预约保险

为了简化投保手续，防止漏保，我国外贸公司和经常有货物进口的企业，与保险公司订有预约保险合同。该合同对进口货物的投保险别、保险费率、赔付方法和承保货物的范围都做了具体的规定。在预约保险合同规定范围内的货物，一经启运，保险公司即启动承担保险责任。外贸企业在接到国外卖方的装船通知后，将装船通知交给保险公司作为投保凭证，即货物一经装船，保险公司即负有自动承保的责任。

2. 逐笔投保

收货人在接到卖方发来的装船通知后，到保险公司填写投保单，办理投保手续。保险公司出具保险单，投保人缴付保险费后，保险单随即生效。保险公司接受承保后将签发一份保险单作为双方之间保险合同的证明文件。

保险公司对海运货物的责任期限，一般是从货物在装运港装上海轮起生效，到卸货港转运单据载明的国内目的地收货人仓库为止。保险公司对货物在卸货港的责任，以货物卸离海轮后 60 天为限。

三、审单和支付

我国的进口业务很多都是使用信用证付款方式来结算货款。这就要求对方提交的各种依附单据应符合我方开立的信用证的条款。

（一）审单

1. 银行的审单责任

UCP600 第 14 条 a 款明确规定了审核单据的标准："按照指定行事的被指定银行、保兑行（如有）以及开证行必须对提交的单据进行审核，并仅以单据为基础，以决定单据在表面上看来是否构成相符交单。"

第 14 条 g 款规定："提交信用证中未要求提交的单据，银行将不予置理。如果收到此类单据，可以退还交单人。"

根据 UCP600 规定，银行必须：审核单据；决定单据是否相符；决定接受还是拒绝单据。同时还规定开证行可以就不符点问题征询开证申请人的意见，但无论如何，这都不能解释为允许由开证申请人来审核单据。又据 UCP600 的规定，单据经审核存在不符点且银行决定拒付，则开证行所承担的信用证项下的付款责任得以免除；但当受益人在规定的时间内补交了符合信用证规定的单据，开证行仍然必须承担其付款责任。

2. 银行的审单要点

以信用证方式结算，出口商必须提交与信用证相符合的单据，开证行必须对全套单据进行审核。主要单据有：汇票、提单、商业发票、保险单、产地证和检验证书。

（二）付款和拒付

信用证受益人在发运货物后，将全套单据经议付行寄交开证行。如开证行经审单后认为单证一致、单单一致，即应予以即期付款或承兑或于信用证规定的到期日付款，开证行付款后无追索权。但是根据 UCP600 第 16 条 c 款中规定：如果开证行审单后发现单证不符或单单不符，应于收到单据次日起 5 个工作日内，以电讯方式通知寄单银行，也就是要求通知必须以电讯方式发出，或者，如果不可能以电讯方式通知时，则以其他快捷方式通知，但不得迟于提示单据日期翌日起第 5 个银行工作日，并且在通知中说明单据的所有不符点，并说明是否保留单据以待交单人处理或退还交单人。

对于单证不符的处理，按 UCP600 规定，银行有权拒付。在实际业务中，银行需将不符点征求开证申请人的意见，以确定拒绝或仍可接受。

四、进口商品清关

我国海关对一般进口商品的监管，有接受申报、检验货物、征收关税、清关放行四个环节。

（一）申报

申报是指货物入境后，由收货人或其代理人向海关申报，交验规定的单据文件，请求办理进口手续的过程。

（1）申报期限。我国《海关法》对进口货物的申报时限做了如下规定：进口货物的收货人应当自运输工具申报进境之日起 14 日内向海关申报。进口货物的收货人超过 14 日期限未向海关申报的，由海关征收滞报金。对于超过 3 个月还没有向海关申报进口的，其进口货物由海关依法提取变卖处理。如果属于不宜长期保存的货物，海关可以根据实际情况提前处理。

（2）申报附随单证。进口企业向海关申报时必须提供发票、装箱单、提运单、报关单、进口批文、减免税证明及加工贸易备案手册等单证。

（二）检验

海关以报关单、许可证等为依据，对进口货物进行实际的核对和检查，以确保货物合法进口。海关通过对货物的查验，检查核对实际进口货物是否与报关单和进口许可证相符，确定货物的性质、成分、规格、用途等，以便准确依法计征关税，进行归类统计。

海关查验货物时，进出口货物的收发货人或其代理人应当到场，并按照海关的要求负责搬移货物、开拆和重封货物的包装等；海关查验货物时，进出口货物收发货人或其代理人应当在场陪同，并按海关要求提供查验货物所需的单证，回答海关提出的问题；海关查验进出境运输工具时，运输工具负责人或有关责任人应当到场，并根据海关的要求开启舱室、房间、车门，有走私嫌疑的，并应当开拆可能藏匿走私货物、物品的部位，搬移货物、物料。

（三）纳税

海关按照《中华人民共和国海关进口税则》的规定对进口货物计征进口税。由海关征收的税种有关税、增值税和进口调节税等。

（1）关税。进口关税是货物在进口环节由海关征收的基本税种，它以CIF价为基数计算，如果是FOB价格进口，还要加上国外运费和保险费。其公式为

$$\text{进口关税税额} = \text{CIF 价格} \times \text{关税税率}$$

（2）增值税。增值税是由海关代征的税种，征收基数是完税价格。其公式为

$$\text{应缴税额} = \text{完税价格} \times \text{税率}$$

$$\text{完税价格} = (\text{CIF 价格} + \text{关税})/(1 - \text{税率})$$

（3）进口调节税。进口调节税是国家对限制进口的商品或其他原因加征的税种。其公式为

$$\text{进口调节税} = \text{CIF 价格} \times \text{进口调节税税率}$$

（四）放行

放行是指海关接受进出口货物的申报，经过审核报关单据、查验货物、依法征收税款等环节后，对进出口货物作出结束海关现场监管决定的工作程序。收货人或其代理人必须凭海关签印放行的货运单据才能提取进口货物。

进口货物放行的手续：

（1）签印放行。对于一般贸易进口货物，在收发货人或其代理人办完向海关申报、接受查验并如数缴纳税款和有关费用后，海关在货物的进口货运单据或特制的放行条上签盖“海关放行章”，进口货物的收货人凭以到海关监管仓库换取提货单提取货物。

（2）签发《货物进（出）口证明书》。《货物进（出）口证明书》是证明某项货物经海关监管合法实际进口的文件。海关一般在办完放行手续后签发。海关签发《货物进（出）口证明书》主要是为了方便进出口货物的所有人办理有关业

务。因此，在同时符合以下条件的情况下，海关才签发《货物进（出）口证明书》：①报关员或货物所有人提出要求的；②某项进口的货物是经海关监管验放的、合法的进（出）口货物，且需要证明的。

五、进口索赔

在进口业务中，有时会发生卖方不按时交货，或所交货物的品质、数量、包装与合同规定不符的情况，也可能由于装运保管不当或自然灾害、意外事故等致使货物损坏或短缺，进口方可因此而向有关责任方提出索赔。

（一）索赔对象

（1）向卖方索赔：货物品质规格不符合合同规定；原装数量不足；包装不符合合同规定或因包装不良致使货物受损；未按期交货或拒不交货。

（2）向承运人索赔：货物数量少于运单所载数量；提单为清洁提单，由于承运人保管不当而造成货物短损。

（3）向保险公司索赔：由于自然灾害、意外事故或运输中其他事故的发生致使货物受损，并且属于承保险别范围内的；凡承运人不予赔偿或赔偿金额不足抵补损失的部分，并且属于承保险别范围内的，凭检验证书索赔。

（二）索赔注意事项

办理对外索赔时，一般应注意以下几个问题：

（1）索赔依据。索赔时应提交索赔清单和有关货运单据，如发票、提单（副本）、装箱单。在向卖方索赔时，应提交商检机构出具的检验证书；向承运人索赔时，应提交理货报告和货损货差证明；向保险公司索赔时，除上述各项证明外，还应附加由保险公司出具的检验报告。

（2）索赔金额。向卖方索赔金额时，应按买方所受实际损失计算，包括货物损失和由此而支出的各项费用，如检验费、装卸费、银行手续费、仓储费用、利息等；向承运人和保险公司索赔，均按有关章程办理。

（3）索赔期限。向卖方索赔应在合同规定的索赔期限之内提出。如合同未规定索赔期限，按《公约》规定，买方行使索赔期限自其收到货物之日起不超过两年；向船公司索赔期限为货物到达目的港交货后一年之内；向保险公司提出海运货损索赔的期限，则为被保险货物在卸载港全部卸离海轮后两年内。

（4）买方职责。买方在向有关责任方提出索赔时，应采取适当措施保持货物原状并妥为保管。按国际惯例，如买方不能按实际收到货物的原状归还货物，就丧失宣告合同无效或要求卖方交付替代货物的权利；按保险公司规定，被保险人必须按保险公司的要求，采取措施避免损失进一步扩大，否则不予理赔。

第三节 主要进出口单据

一般而言，单据是信用证所要求提供的与信用证交易相关的一切凭证和证明文件，包括汇票、运输单据、保险单据、商业发票和其他单据等。严格来讲，汇票属于票据的范畴，或称为“金融票据”，由票据法加以调整和规范。

一、主要进出口操作单据

（一）报验单

报验单也称检验申请单，是指根据我国《商检法》规定，针对法定检验的进出口货物向指定商检机关填制和申报货物检验的申请单。其内容一般包括：品名、规格、数量（或重量）、包装、产地等项。如需有外文译文时，应注意使中、外文内容一致。

在填制和提交“出口检验申请单”时，要注意按一种商品，一次出运，一个受货人为一批，填写一张出口检验申请单。一般还应附上合同和信用证副本等有关凭据，供商检局检验和发证时参考。

在填写和提交“进口检验申请单”时，国内外贸企业一般应随附货物买卖合同、国外发票、提单、装箱单、重量明细单、质量保证书和国外检验证书等资料。

（二）报关单

报关单是向海关申报进出口货物，供海关验关估税和放行的法定单据；也是海关对进出口货物统计的原始资料。根据货物进出口的情况，又分为《出口货物报关单》和《进口货物报关单》。其主要填写项目为：经营单位、贸易性质、贸易国别（地区）、原产国别（地区）、货名、规格及货号、成交价格、数量等。

出口货物报关单综合了出口发票有关货物的各项记载和托运单上运输事项的记载，此外还设有“海关统计商品编号”和“离岸价格”等栏目，前一栏目须按《中华人民共和国海关统计商品目录》的规定填制，后一栏目须将不同价格条件、不同币种的出口金额减除运费、保险费、佣金和折扣等，以 FOB 净额按国家外汇管理局核定的各种货币对美元统一折算率折算后填报，以利海关统计汇总。

在提交进出口货物报关单时，一般还须按规定随附如下文件或单证：进出口许可证或批准文件、进出口货物提货单、装货单或运单；进出口货物发票、进出口货物装箱单、减税、免税或免验的证明文件，必要时还须附上货物买卖合同、产地证明等有关单证。

（三）投保单

投保单是进出口企业向保险公司对运输货物进行投保的申请书，也是保险公司据以出立保险单的凭证，保险公司在收到投保单后即缮制保险单。

投保单一般是在逐笔投保方式下采用的做法。进出口企业在投保单中要填制的内容包括货物名称、运输标志、包装及数量、保险金额、保险险别、运输工具、开航日期、提单号等。

（四）货物托运单

货物在办理运输过程中需要缮制托运单据，不同运输方式或运输工具使用不同格式的托运单。

1. 海运托运单

出口企业填写托运单，作为订舱依据。所谓托运单是指托运人（发货人）根据买卖合同或信用证条款内容填写的向承运人（货运服务机构、船公司或装运港的船方代理人）办理货物托运的单证。

承运人根据托运单内容，并结合船舶的航线挂靠港、船期和舱位等条件考虑，认为合适后，即接受这一托运，并在托运单上签章，留存一份，退回托运人一份。至此，订舱手续即告完成，运输合同即告成立。

货运服务机构、船公司或其代理人在接受托运人的托运单证后，即发给托运人装货单。装货单俗称下货纸。其作用有三：一是通知托运人货物已配妥××航次××船，及装货日期，让其备货装船；二是便于托运人向海关办理出口申报手续，海关凭此验放货物；三是作为命令船长接受该批货物装船的通知。

海洋运输按运输工具不同有两种运输方式：一种是传统的散货运输，另一种是现代化的集装箱运输，海运托运单又根据这两种不同运输方式分为以下两种：

（1）散货运输托运单。是在装货单和大副收据基础上发展而成的一种多功能单据，一套十二联。其内容包括目的港、运输标志、件数和包装式样、货名、运费到付或运费预付、重量、尺码、可否转船、可否分批、装运期和有效期等。

（2）集装箱货物托运单。是指集装箱运输专用出口单证。标准格式一套共十二联，性质与散装运输托运单相同，此套单据的核心是装货单和场站收据。其内容与散装运输托运单基本相同。

2. 陆运托运单

陆运主要指陆上火车运输，分沪港联运和国际联运。两者都纳入货运代理人，如外运公司的货运代理业务范围。为简化工作，各出口单位一般以发票代托运单，但发票上必须加注必要的项目，如编号、装运期、有效期、可否分批等等，并随附出口报关单、出口收汇核销单、出仓（提货）单等报运的有关单证。

3. 空运托运单

中国民用航空局制订有统一的国际货物托运书（Shipper's Letter of Instruction），其内容与海运托运单大同小异，也与陆运托运单类似。

（五）大副收据

在海运中，货物装船之后，即由船长或大副签发收货单，也被称为大副收据。收货单是船公司签发给托运人的表明货物已装船的临时收据。托运人凭收货单向外轮代理公司交付运费并换取正式提单。收货单上如有大副批注，则在换取提单时，将该项大副批注转注在提单上。

（六）出口收汇核销单

出口收汇核销单是由国家外汇管理局制发，是国家外汇管理局用以监督出口企业核销收汇的凭证，也是出口企业办理报关、收汇、核销及退税的依据。出口收汇核销单一式三联，第一联为出口企业存根联，第二联为外汇管理局存根联，第三联为出口退税联。

（七）出口货物退税单

出口货物退税单即出口货物报关单中的退税专用联，格式与出口货物报关单完全相同，但纸张为黄色，通关时由海关盖章表示货物已出口，出口单位可凭此联作为证明，按规定时期向主管退税的税务机关申请退还本批出口货物所征纳过的产品税或增值税。

二、主要进出口结付汇单据

（一）汇票（bill of exchange; draft）

汇票是一种由债权人（即出票人，在国际贸易中通常是出口人）开给债务人（即受票人，一般是进口人）的不以任何条件为前提的书面支付命令。由于跟单信用证项下的汇票缮制必须严格按信用证上的要求办理，因此尽管汇票是票据的一种，也可视作信用证所要求提交的一种国际贸易结汇单证。汇票属于资金单据，它可以代替货币进行转让或流通。因此，汇票是一种很重要的有价证券。为了防止丢失，一般汇票都有两张正本，根据票据法的规定，两张正本汇票具有同等效力，但付款人付一不付二，付二不付一，先到先付，后到无效。银行在寄送单据时，一般也要将两张正本汇票分两个邮次向国外寄发，以防在邮程中丢失。

（二）发票（invoice）

1. 商业发票（commercial invoice）

是出口商对装运货物的全面情况详细列述的一种货款价目的清单。商业发票是出口单据中最主要的单据之一，是许多其他单据填制的依据，其作用主要有以下几个方面：

（1）商业发票是出口商寄送给进口商的发货通知书及价格计算书，根据商业发票，进口商可以了解和掌握有关部门货物的数量、商品规格、包装情况和重量等各项目的全面详细情况，可以说是商品的总清单。

（2）商业发票是进口商进行进口报关和海关统计的依据，大多数国家的海关都根据商业发票的货物描述、货价及产地等内容进行征税。

（3）发票是进口商对货物进行验收和核对的依据。

（4）在某些情况下，商业发票可以作为合同的证明。

（5）在信用证不要求出具汇票的情况下，开证行就根据商业发票的金额付款，这时商业发票就成了买方支付货款的依据。

（6）对于出口商而言，商业发票是记账、收汇和统计的依据。

（7）对出口国海关而言，商业发票是进行统计和征收出口关税的依据。

（8）商业发票的主要内容一般为："发票"字样；出口商的名称和地址；进口商的名称和地址；编号及出票日期；订单或合同号码；起运港和目的地；运输方式；货物描述；唛头；货物的数量；价格；信用证号及开证行；出口商的签章等。

2. 海关发票（customs invoice）

是出口商根据进口国海关规定的特定格式填制的供进口商凭以清关用的一种特殊发票。海关发票有以下几项作用：

（1）进口国海关统计的依据。

（2）进口国海关核定货物的原产地，以便根据不同国家采用不同的征收进口税率。

（3）进口国海关掌握对该商品在出口国市场的价格情况，以便确定该产品是否对进口国低价倾销。

（4）进口国海关用以了解进口商是否虚报价格，预防进口商逃税，也是减免关税的情况的依据。

（5）进口国海关对进口货物估价定税的依据。

3. 领事发票（consular invoice）

是由进口国驻出口国领事认证或出具的发票。有些国家有固定格式的领事发票，有的规定由其领事在出口人的商业发票上认证即可。领事发票的作用是进口国可以凭此了解并证实货物的原产地，审核有无倾销；作为进口征税的依据；认证费还可作为领事馆收入来源的一部分。

4. 厂商发票（manufacturer's invoice）

厂商发票是出口货物的制造厂商所出具的以本国货币计算，用来证明出口国国内市场的出厂价格的发票。要求提供厂商发票的目的是检查出口国出口商品是否有销价倾销行为，供进口国海关估价，核税以及征收反倾销税之用。

（三）海运提单（bill of lading）

海运提单是证明海上运输合同的货物由承运人接管以及承运人保证凭以交付货物的单据。

（1）提单是要式证券。必须记载能够说明货物的托运人、承运人、收货人各自的职责以及货物的外表、性质、数量或重量等一些具体事项，内容必须完整，否则会影响提单自身的效力。

（2）提单是文义证券。提单制成后，承运人与托运人或其他的提单当事人之间的权利义务关系由提单上的文字加以界定。

（3）提单是流通证券。除了少数记名提单不可转让外，其他的大部分提单可以通过背书或交付连续多次地转让，不过连续背书人不负连带责任。同时，转让人的权利有瑕疵时，善意受让人不能取得货物的所有权。

（4）提单是处分证券。提单制成后，不根据提单就不能处分其项下的货物，只有交付提单才等于交付货物。

（5）提单是有价证券。提单本身代表提单上记载的货物，买卖提单等于买卖货物。

提单是银行重点审核和决定是否接受的重要单据。银行接受海运提单的条件，根据 UCP600 第 20 条的规定，对提交提单的接受必须符合以下条件：表面上看有合格的人作适当的签字或以其他方式证实；已装船或做适当的批注；注明信用证规定的装货港和卸货港；全套正本提单；银行审核内容以提单表面为限；没有注明运输单据受租船合约约束。

（四）保险单据（insurance policy）

我国的出口货物大部分是通过海上运输，因而海上保险单是最重要的保险单。

（1）保险单。是正规的保险契约，背面印有保险条款，对受让人来讲保险人的责任非常明确，俗称“大保单”，又称“正式保险单”，是被保险人在货物发生损失时进行索赔的主要依据。

（2）保险凭证。又称“小保单”，是保险人为简化手续，把保险单的条款作简略，对背面条件不作详细记载的一种文件，是保险单一种简化了形式的凭证，其作用等同于保险单。

（3）联合凭证。是一种为简化手续而在出口商发票上加盖图章证明承保的方式，一般只将险别和保险金额加注在有关发票上，其作用等同于保险凭证，但是不可转让，使用范围有限，只适用于香港、澳门、新加坡和马来西亚地区的海上运输货物保险，而且开证行必须是中国银行联行开立的信用证方可使用。

保险单的必填内容包括以下：保险人名称、被保险人、保险标的物、保险金额、承保险别、保险的航次或期间或者两者兼有、保险费、检验代理、赔偿付款地点、出单日期和地点、保险人签字。

（五）产地证书（certificate of origin）

产地证书主要是证明出口产品确系出口国生产或制造。其用途是进口国批准进口许可、验关进口和承付外汇以及对不同国家的产品实行差别关税，并由进口国据此分配和控制进口配额。我国出口商品所使用的产地证主要有以下两种。

（1）普通产地证。用以证明货物的生产国别，进口国海关凭以核定应征收的税率。在我国，普通产地证可由出口商自行签发，或由进出口商品检验局签发，或由中国国际贸易促进委员会签发。实际业务中，应根据买卖合同或信用证的规定，提交相应的产地证。在缮制产地证时，应按《中华人民共和国原产地规则》及其规定办理。

（2）普惠制产地证。凡是向给惠国出口受惠商品，均须提供普惠制产地证，才能享受关税减免的优惠，所以不管来证是否要求提供这种产地证，我方出口商均应主动提交。普惠制产地证的书面格式名称为格式 A（Form A）。普惠制产地证的签发机构必须经过受惠国政府指定，其名称、地址、授权印签都必须在给惠国登记，并在联合国贸易与发展会议秘书处备案。在我国，普惠制产地证的签发机构是各地的进出口商品检验局。出口商须向各地商检局购买，需要时由出口商缮制，连同一份申请书和商业发票送商检局，经商检局核对签章后即成为有效单据。一套 Form A 中有两份副本和一份正本，副本仅供参考和留存之用，正本是可以议付的单据。由于大多数给惠国当局凭 Form A 产地证给予减、免税待遇，所以它可以说是一种有价证券，是重要的单证。

（六）装箱单（packing list）

装箱单是重点用来说明每件商品包装详细情况的单据。一般用于机器零件、服装、纺织品、工艺品和不定量包装商品的出口。

（1）装箱单的主要作用在于：①是进口商收到商品时核对货物的品种、花色、尺寸和规格的主要依据；②是海关对某特定商品包装进行核查的重要依据。

除非信用证另有其他要求，装箱单可以没有签字，同时也可以不注明重量单位和出单日期。

（2）装箱单一般应有货物描述，其可以使用统称，但不得与信用证规定的货物描述有抵触，如果没有货物描述，而只有数量、型号、发票等细节，而且与商业发票等单据有联系并显示相一致时，银行可以接受。

（3）装箱单一般分简式和繁式两种。简式无需记载货物的详细成本（货物价格和金额一般不出现在装箱单中），一般只有以下一些内容：出口商的名称和地址、唛头、发票号码、合同号码、装箱内容（品名、净重、毛重、数量及尺码等）、出口商的英文名称及法人签字图章。繁式基本上包含了装运货物的详细细节及包括装箱单的页数。

（七）检验证书

国际贸易中检验证书的种类很多，分别用以证明货物的品质、数量、重量和卫生条件等方面的情况。检验证书一般由国家指定的检验机构出具，也可根据不同情况，由出口企业或生产企业自行出具。应注意出证机构检验货物名称和检验项目必须符合信用证的规定。还须注意检验证书的有效期，一般货物为60天，新鲜果蔬类为2～3个星期，出口货物务必在有效期内出运，如超过期限，应重新报检。

三、制作并审核单据的基本原则

（一）缮制单据的基本原则

（1）正确。正确是单证工作的前提，制作的单据只有正确，才能够保证及时收汇。单据应做到两个一致：单据与信用证一致，单据和单据一致。此外，单据与货物也应一致。这样一来，单据才能真实地代表货物，以免发生错装错运事故。所谓单证一致，意指凡是信用证规定的条款，都必须明白、准确地体现在出口单据上，不能有任何含糊或差错。单、单一致是指所有单据均以发票为中心，其他单据与发票，单据与单据之间相互核对，做到单据齐全、数字一致、内容相符。

（2）完整。完整是指单据的内容、种类及其份数的完备。每种单据都有其特定作用，它通过特定的格式、栏目、文字和签章等得以体现。如果格式使用不当，项目漏填，内容不完整，签章不符要求，就不能构成一份有效文件，就会招致银行拒收。同时，银行在议付或委托付款时，一般都要求出口企业提供相应的全套单据。全套单据是指单据的种类齐全和每种单据的份数符合有关规定。如CIF交易中，出口商提供议付单据至少包括发票、提单、保险单，其中发票、提单的份数也不能短缺，如果信用证或合同未作规定，也应按惯例如数交齐。

（3）及时。单证工作的及时性主要体现在两个方面：一是出单及时。具体地说，每种单据的出单日期不能超过信用证、合同规定的时间或商业习惯的合理日期。例如，海运提单不能晚于信用证规定的装运期；按照国际惯例，保险单与检验检疫证书不能晚于提单签发日期。二是交单及时。在信用证支付条件下，应在信用证有效期和交单期内，向银行递交办理结汇，如果信用证未作交单时间的规定，应在信用证有效期内，不得晚于提单签发日后21天交单。

（4）简明。单据内容应按照信用证规定填制，力求简明扼要，有利于提高工作效率和单证的质量。

（5）整洁。所谓整洁是指单据表面要清洁，不准涂改，内容要清晰易认，主次有序，字迹清晰。单据的布局要美观大方，缮写或打印的字迹要清楚，单据表面要清洁，对更改的地方要加盖校正章。

（二）审核单据的基本原则

1. 按照UCP600的规定审单

UCP600是确保在世界范围内将信用证作为可靠支付手段的准则，已被大多数的国家与地区接受和使用。UCP600所体现出来的国际标准银行惯例是各国银行处理结算业务必须遵循的基本准则。我们必须按照UCP600的要求，合理谨慎地审核信用证要求的所有单据，以确定其表面上是否与信用证条款相符。

2. 按照信用证所规定的条件、条款审单

信用证是根据买卖双方的贸易合同而开立的，它一旦为各有关当事人所接受，即成为各有关当事人必须遵循的契约性文件。在信用证结算业务中，各有关当事人必须受其约束，按照信用证规定与UCP600有抵触时，则应遵循信用证优先于UCP600的原则，按照信用证的要求审核单据。它又包括表面一致性和内容相符性两条原则：

（1）表面一致性原则。受益人提交的单据名称及其内容等表面上必须与信用证规定完全一致。例如，某信用证将货物描述为卫生洁具附件，而受益人具体的货物为膨胀螺栓。虽然如此，有关单据中货物描述仍必须与信用证的规定相一致。可能有的单据因某种特殊作用如清关报税等须显示具体货名时，我们仍必须将信用证所规定的卫生洁具附件显示在单据上，而在其后加注具体货名膨胀螺栓。

（2）内容相符性原则。在审单时应注意避免照搬、照抄信用证的原话，只要内容相符即可。例如，信用证的有关人称指向、时态、语态等，转到单据上时即应作相应的调整，以避免不必要的误会。

3. 按照银行的经营思想、操作规程审单

国际贸易结算作为银行经营的一项重要业务，在操作过程中，必须按照银行的有关操作规程行事。尤其是在向客户融资时，更应明确银行的观点和看法，更有权对单据有关条目的处理做出自己的选择和判断，以体现银行的经营方针和经营作风。

4. 按照普遍联系的观点，结合上下文内容审单

信用证是一个与商务合同分离的独立文件，其内容是完整的、互为联系的。其中要求的条件、单据等是相辅相成、前后一致的。审单时必须遵循普遍联系的观点，结合上下文内容进行，避免片面、孤立地看待某一条款。例如，欧盟某国开来一信用证，要求提交的单据中有一项是产地证，而在后文中又要求受益人将正本普惠制产地证寄交开证申请人。结合上下文内容，我们就能判断出信用证要求向银行提交的是副本普惠制产地证，而非一般的产地证。

5. 按照合情、合理、合法的原则审单

所谓合情、合理、合法是指审单员应根据自己所掌握的国际贸易结算知识，对各种单据的完整性和准确性，做出合乎情理的判断。例如，普惠制产地证是给惠国赋予受惠国出口货物减免的一种优惠凭证，其“收货人”一栏，应填写最终买主。如信用证未作明确规定，我们应根据提单的收货人、通知人及货至目的地对最终买主做出合理的选择。

6. 按照单据的商业功能和结算功能相统一的原则审单

单据的商业功能即在商务流转及商品买卖过程中的作用，是主要的，结算功能是次要的，审单时应着重考虑其商业功能。我们应该了解各类单据的作用及功能，按照各类单据自身的功能及用途审单，避免将不必要的内容强加于单据。

➢重要概念

制单结汇；外汇核销；出口退税；出口押汇；大副收据；表提；电提

➢思考题

1. 出口合同履行一般要经过哪些环节？
2. 信用证一般审查哪些内容？
3. 出口收汇核销的基本程序是什么？
4. 进口合同履行一般要经过哪些环节？
5. 在进口业务中，办理对外索赔，应注意哪些事项？

➢案例分析

1. 我A公司与往来多年的一日本客户签订某畅销商品合同一份，交货条件为12月至次年6月，每月等量装运，凭不可撤销信用证自提单日后10天付款。

该客户按时开出不可撤销信用证。信用证规定的总金额和总数量与合同相符，最迟装运期为6月30日，并有“分数批装运”条款（to be shipped in several shipments）。

A公司除在12月按照原定的数量装运外，因见来证未列明“每月等量装运”条款，为了“早出口，早收汇”，便于次年1月底将一季度应交数量一并装出，我中国银行凭单议付；2月底又将二季度应交数量一并装运，中国银行再凭单议付，并先后向开证行索汇，开证行审单后认为单证无误。

当客户接到装船通知后，发现第二批和第三批货物装出的时间和数量与合同规定条件不符，随即提出异议，开证行根据客户申请致电中国银行：“开证申请人要求缓付第二批和第三批货款，待买卖双方达成协议后，再告受益人确认。”以致我方未能按时收到第二、三批货款。试分析此案例。

2. 温州某公司与A公司签订了一笔USD40 000FOB宁波的出口合同，付款方式是订单确认后先支付USD1000作为订金，剩余货款于货物装船前通过电汇（T/T）付清，并且约定客户将在货物生产完毕之时来工厂检验。我方收到订金后开始生产，在货物即将生产完毕之时通知对方来工厂检验。但对方要求货物在装运港——宁波港实施检验，检验合格后，对方将直接给我方银行汇票。与此同时，我方了解到，船公司是客户指定的，提单将由船公司直接交给客户。以上有什么不妥之处吗？

3. 某外资企业出口货物一批，买卖合同与信用证均规定为CFR条件。货物装运后，出口企业在向轮船公司支付全额运费后，取得了由船公司签发的已装船清洁提单字样，但制单人员在提单上漏打了“Freight Prepaid”字样，当时正值市场价格下跌，开证行根据开证申请人意见，以所交单据与信用证不符为由拒付货款。试分析此案。

4. 我某公司通过香港商人与法国巴黎某公司凭牌名成交一批商品，合同由巴黎某公司签字，港商要求我方寄样品至香港及巴黎各一份，此后接到外商开来的信用证内有这样的条款：“买方巴黎总公司认可样品的电抄作为议付单据之一。”我经办人员未提出异议，货物装运出去，仅凭该香港分公司样品认可电抄送银行议付，遭开证行拒付。问我方应吸取什么教训？

5. 出口商甲与进口商乙订立买卖合同并提供样品，由乙开出以甲为抬头的信用证，又由甲与制造商丙订立与买卖契约内容完全相同的合同，厂商丙订货后自行包装交货，而甲与乙、丙的合同内注明“以制造厂检验为最后标准”，同时甲与丙的合同内也订明“如规格品质不符时负责调换或赔偿”，因此没有另外送样检验及验货，现货物到达国外，进口商发现品质规格皆不符合要求而提出索赔要求。试问：

(1) 甲是否应负完全赔偿责任？或可将责任推给厂商丙？

(2) 甲与乙曾多次与丙交涉，但丙未能同意赔偿，丙声称信用证并非直接开给他，在此情况下，乙能否直接控告丙？或必须先告甲再告丙？

第十一章

国际贸易方式

国际贸易方式是指国际间进行货物买卖所采取的具体交易做法，即通过什么渠道、什么方法推销商品，利用什么方法抵偿货款以及采用什么方式进行成交和交易双方之间的关系等多方面的问题。随着国际贸易的发展和世界经济关系的变化，商品贸易的方式也日趋多样化。现在国际市场上采用的贸易方式除通常的逐笔售定方式外，还有经销、代理、加工贸易、易货贸易、寄售、招标、拍卖、展卖会等多种方式。本章重点介绍我国习惯采用的几种贸易方式。

第一节　经销与代理

一、经销

（一）经销的含义

经销（distribution）是指某一国家和地区的商人经营国外供应商（supplier）的商品的活动。经销人（distributor）自付资金购买出口人的货物，自付销售，自负盈亏，自担风险。在经销活动中，供货人或出口人在价格和支付条件上往往给予经销商适当的优惠。经销是世界上许多国家普遍采用的一种贸易方式。

经销可分两种情况：一种是经销商通过与出口人签订买卖合同购得货物后，自行在任意市场上，以任意价格将所购货物销售出去，出口人与经销商是买卖关系。这种关系在双方履行了买卖合同的义务后即告终止。这种形式不需要双方签订经销协议。另一种情况是出口人给经销商提供在国外一定地区或指定市场上，在一定期限内，销售指定货物的权利。出口人与经销商之间订有协议，经销商在销售货物时要遵守协议的规定。

如果出口人仅指定一家或几家联合起来的集团在指定市场上作为指定的货物

的经销商，则这家经销商称作独家经销商（exclusive distributor）或总经销商（sole distributor），这种独家经销（exclusive distribution）实际就是包销（exclusive sales），独家经销商即为包销商。

（二）经销协议的基本内容

经销协议（sales agreement；distributorship agreement）是供货人和经销人订立的确立双方法律关系的契约，其内容的繁简可根据商品的特点、经销地区的情况以及双方当事人的意图加以确定。在实际业务中，许多经销协议只原则性地规定双方当事人的权利、义务和一般交易条件，以后每批货的交付双方要依据经销协议再订立具体买卖合同，明确价格、数量、交货期甚至支付方式等具体交易条件，或由供货商根据经销商发出的订单来交付货物。

通常，经销协议主要包括以下内容：

1. 经销商品的范围

经销商品可以是供货人经营的全部商品，也可以是其中的一部分，因此，在协议中要明确订明商品的范围，以及同一类商品的不同牌号和规格。确定经销商品的范围要同供货人的经营意图和经销人的经营能力与资信状况相适应。如经销商品范围规定为供货人经营的全部商品，为避免争议，最好在协议中明确经销商停止生产其经销的商品或供货人有新产品推出时对协议是否适用。

2. 经销地区

经销地区是指经销人行使经营权的地理范围。它可以是一个或几个城市或某地区，也可以是一个甚至是几个国家，其大小的确定，除应考虑经销人的规模、经营能力及其销售网络外，还应考虑地区的政治区域划分、地理和交通条件以及市场差异程度等因素。经销地区能否扩大，习惯上则是根据经销实绩加以调整。

在包销协议中，供货人在包销区域内不得再指定其他经销商经营同类商品，以维护包销人的专营权。为维护供货人的利益，包销协议也常常规定包销商不得将包销商品越区销售。

3. 经销数量或金额

经销协议还应规定经销人在一定时期内的经销数量或金额，在包销协议中这更是必不可少的内容之一。此项数量或金额的规定对协议双方均有约束力，它既是经销商在一定时间内应承购的数额，也是供货商应保证供应的数额。经销数额一般采用最低承购额的做法，规定一定时期内经销人应承购的数额下限，并明确经销数额的计算方法。为防止经销商签约后拖延履行，可以规定最低承购额以实际装运效力为准。规定最低承购额的同时，还应规定经销商未能完成承购额时供货商可行使的权利。

4. 作价方法

经销商品可以在规定的期限内一次作价，结算时以协议规定的固定价格为准。这种方法由于交易双方要承担价格变动的风险，故较少采用。在大多数经销协议中是采用分批作价的方法，也可由双方定期地根据市场情况加以商定。

5. 经销商品的其他义务

在许多经销协议中，往往要求经销商要负责做好广告宣传、市场调研和维护供货人权益等工作。通常规定，经销商有促进销售和开展广告宣传的义务。有的协议也规定，供货人应提供必要的样品和宣传资料。对于广告宣传的方式以及有关费用的负担问题，也应明确规定，一般多由经销人自己负担。

在协议中，还可规定经销人承担市场调研的义务，以供出口人参考制定销售策略和改进产品质量。有的包销协议还规定，如在包销地区内发现供货人的商标权或专利权受到侵害，包销人要及时采取保护性措施。

6. 经销期限

经销期限即协议的有效期，可规定为签字生效起一年或若干年。一般还要规定延期条款，可以经双方协商后延期，也可规定在协议到期前若干天如没有发出终止协议的通知，则可延长一期。

除了协议期限届满可以终止外，如遇到下列情况之一，也可以终止协议：

(1) 任何一方有实质性的违约行为，并在接到另一方的要求纠正该违约行为的通知后的一段时间内，未能加以纠正。

(2) 任何一方发生破产清理或公司改组等严重事项，另一方提出终止协议的书面通知。

(3) 由于发生了人力不可抗拒的意外事件，造成协议落空，而且遭受事件的一方在一定的期限之后仍无法履行协议规定的义务，另一方发出终止协议的书面通知。

除上述主要内容外，还应规定不可抗力及仲裁条款等一般交易条件，其规定方法与一般买卖合同大致相同。

(三) 采用经销方式出口应注意的问题

经销方式作为出口业务中常见的方式之一，如果运用得当，对于出口商拓展国外市场、扩大出口销售，会产生良好的推动作用。然而，如果运用不当，也会带来适得其反的后果。许多经验说明，采用经销方式出口时应注意以下问题：

1. 要慎重选择经销商

供货商与经销商之间存在着一种相对长期的合作关系。如果经销商选择得当，对方信誉好，能够重合同守信用，而且经营能力强，即使市场情况不好时，也能充分利用自己的经验和手段，努力完成推销定额。这样，业务会越做越大，供销双方都会受益。然而，如果经销商选择失当，其经营能力不佳或资信不好，则会使供货人作茧自缚。这一问题在独家经销方式下尤为明显。有些包销商在市场情况不利时，拒绝完成协议中规定的承购数额，结果使供货商原定的出口计划无法完成，又失掉其他客户。也有的包销商凭借自己独家专营的特殊地位，反过来在价格及其他条件下要挟供货商，单为自己谋利，却损害了供货商的利益。为防止这类情况发生，作为出口商，在选择经销商时，事先应认真进行调查，了解对方的资信状况和经营能力，在任命独家经销商之前，这项工作尤为重要。

2. 要注意订好经销协议

经销协议是在经销方式下，确定供货人和经销人之间的权利和义务的法律文件，对双方均有约束力。协议规定得好坏关系到这项业务的成败，因此，一定要认真对待。比如在独家经销方式下，要慎重选择包销的商品种类，合理确定包销的地理范围，适当规定包销商在一定期限内的承购数额以及完不成的后果或超额完成的奖励等等。这些都是至关重要的内容。在签订独家经销协议时，还应当了解当地的有关法规，并注意使用的文句，尽可能避免与当地的法律发生抵触。

二、代理

（一）代理的概念

代理（agency）是指委托人（principal）授权代理人（agent）代表他向第三者招揽生意、签订合同或办理与交易有关的各项事宜，由此而产生的权利与义务直接对委托人发生效力。这种销售代理方式正成为国际货物买卖的主要方式，在国际贸易中使用比较广泛。

代理人在委托人授权的范围内行事，不承担销售风险和费用，不必垫付资金，通常按达成交易的数额提取约定比例的佣金而不管交易的盈亏。

代理具有以下特点：

（1）代理人以委托人的名义从事业务活动；

（2）双方是委托代理关系；

（3）代理人只取佣金；

（4）代理人不承担履行合同的责任。

（二）有关代理的法律规定

根据有关代理的法律规定，如果代理人是在本人即委托人的授权范围内行事，他的行为对本人具有约束力，本人既可取得由此产生的权利，也必须承担由此而产生的义务，而代理人一般不对此承担个人责任。如《国际货物销售代理公约》第三章第十二条规定：“代理人于其权限范围内代理本人实施行为，而且第三人知道或理应知道代理人是以代理身份实施行为时，代理人的行为直接约束本人与第三人”。我国《合同法》第 402、403 条关于委托的权利义务也有类似的规定。

在实际业务中，本人及代理人同第三人的关系往往并非如此简单。大陆法把代理分为直接代理和间接代理。直接代理人又称商业代理人，即代理人以本人的名义同第三人订立合同，则合同的权利和义务直接及于本人；间接代理人又称为行纪人，行纪人为本人的利益，并以行纪人自己的名义与第三人签订合同，行纪人对第三人承担合同中的义务，享受合同中的权利，本人对第三人不承担责任。英美法则将代理分为披露本人的代理与隐名代理，即未披露本人的代理。如果代理人在同第三人签订合同时，表明了代理关系的存在，不管他是否指出本人的姓名，本人都应对合同负责；如果代理人根据本人的授权与第三人签订合同，但未披露有关代理关系的存在，则代理人应对合同承担责任。

（三）代理方式的种类

按委托人授权的大小，销售代理人可分为下列三种。

1. 总代理（general agency）

总代理是委托人在指定地区的全权代表，他不仅有权独家代销指定的商品，还有权代表委托人从事商务活动和处理其他事务。在我国的进出口业务中，一般不签订总代理协议，只指定驻外的贸易机构作为我国进出口公司的总代理。如香港地区华润公司、澳门地区的南光公司，分别为我各外贸专业总公司在香港和澳门地区的总代理。

2. 独家代理（exclusive agency；sole agency）

独家代理是在指定地区内，由他单独代表委托人行为的代理人，委托人在该指定地区内，不得委托其他第二人作为代理人。也就是说，委托人给予代理人在特定地区和一定期限内享有代销指定商品的专营权。不过，独家代理具有的专营权与包销商具有的专营权并不完全一样。通常，除非协议另有约定，一般也可允许委托人直接向指定的代理地区的买主进行交易，但一般来说委托人仍需向独家代理人计付佣金。

独家代理的作用体现在：①代理人不负担经营亏损的风险，但享有专营权利，多推销货物即可多得佣金，因而有利于调动代理商的积极性；②在代理业务中，代理商只负责介绍业务关系，收取订单，然后由买卖双方直接签订和执行合同。因此，委托人掌握商品的成交价格、数量和其他交易条件，可处于比较主动的地位。

3. 一般代理（agency）

一般代理又称佣金代理（commission agency），是指在同一代理地区及期限内，委托人同时委派几个代理人为其推销商品服务。佣金代理根据推销商品的实际金额或根据协议规定的办法和百分率向委托人计收佣金，委托人也可以直接与该地区的买主成交，毋需向代理人支付佣金。在我国出口业务中，使用这种代理商比较多。

一般代理与独家代理的主要区别有两点：一是独家代理商享有独家专营权，而一般代理商则不享受这种权利；二是独家代理商收取佣金的范围，既包括独家代理促成的，也包括委托人自行达成的，而一般代理商收取佣金的范围只限于介绍生意成交金额，委托人直接成交的则不另付佣金。

（四）代理协议

代理协议（agency agreement）是明确委托人和代理人之间权利与义务的法律文件。协议内容由双方当事人按照契约自由的原则，根据双方的合意加以规定。代理协议主要包括以下内容：

1. 序言条款

序言条款一般都明确了委托人与代理人之间的法律关系、授权范围和代理人的职权范围等。

2. 指定的代理商品

在协议中应明确说明商品的品名、规格等。

3. 指定的代理地区

代理地区是指代理人有权开展业务的地区，这种地区的规定方法与包销协议的规定方法相同。

4. 代理的权利

在不同的代理方式中，委托人授予代理人的权限是不一样的。在一般的代理协议中，委托人应该在协议中规定：保留委托人在代理人的代理地区，在代理人不参与的情况下，直接同买主进行谈判和成交的权利。

独家代理协议中关于专营权或排他性权利条款一般有两种规定方法，一是委托人向代理人提供绝对代理权使他成为该地区唯一的独家代理，而货主不保留在该地区同一定的买主进行交易的权利；二是委托人授予代理人有限绝对代理权，即委托人可保留对一定的买主直接供货的权利，不过此时委托人同样要对代理人计付佣金。

5. 协议有效期及中止条款

按照国际市场的一般习惯做法，代理协议既可以定期，也可以是不定期的。定期的有1～5年；如不定期，双方当事人在协议中规定，如其中一方不履行协议，另一方有权中止协议。

6. 佣金

佣金是代理人取得报酬的主要形式，合同中的佣金条款，主要包括下列内容：

(1) 代理人有权索取佣金的时间。一般做法是，只要代理人履行了其代理职责，即有权收取佣金。

(2) 佣金率。佣金率的大小，直接关系协议双方的利益。因此，在协议中必须明确约定佣金率，一般为1%～5%不等。

(3) 计算佣金的基础。计算佣金的基础，可以有不同的做法。例如，在销售代理协议中，有些以实际出口的数量为准，有些则以发票总金额作为计算佣金的基础，也有的以FOB总值为基础计算佣金，不论采取何种办法，都应事先在协议中订明。

(4) 支付佣金的办法。佣金的支付，有不同的做法。有些可按约定时间根据累计的销售数量或金额，按累计的佣金汇总支付，有些则在委托人收汇后逐笔结算或货价中直接扣除。

7. 价格

在代理协议中，指定商品的价格是由货主确定的，代理人是按照指示的价格对外成交。代理人对成交价格只有建议权，但没有决定权。有关价格的确定和变动，双方如何衔接和通知，在新旧价格交替时期对存货的价格如何处理等，这些内容均应在合同中作出明确规定。

8. 最低成交额

最低成交额条款是指代理人要承担签订不低于规定数额的（最低成交额）买卖合同。如果代理人未能达到或超过最低成交额时，委托人对代理人的报酬可作相应的调整。

9. 向委托人提供市场情报、广告宣传和商标保护等

代理人在代理协议有效期内，有义务定期向委托人提供市场趋势、外汇、海关规定以及本国有关进口规定的资料，还应在委托人的指令下组织广告和宣传工作与委托人磋商广告内容及广告形式。在代理协议中，委托人一般要明确货主保留对通过代理人销售的商品的注册商标权。

10. 非竞争条款

这一条款是指代理人在协议有效期内无权提供、购买与委托人的商品相竞争的商品，也无权为该种商品组织广告。代理人也无权代表协议地区内的其他相竞争的公司。

（五）代理的一般做法及使用

出口商委托代理人销售商品，主要是利用代理商熟悉销售地市场，有广泛的

销售渠道。特别需要指出的是，代理人的商誉对商品的销售乃至出口企业的形象有举足轻重的作用。选择一个代理商，不仅仅着眼于他的销售能力，也应重视代理商已有的商誉。代理的一般做法如图 11.1 所示。

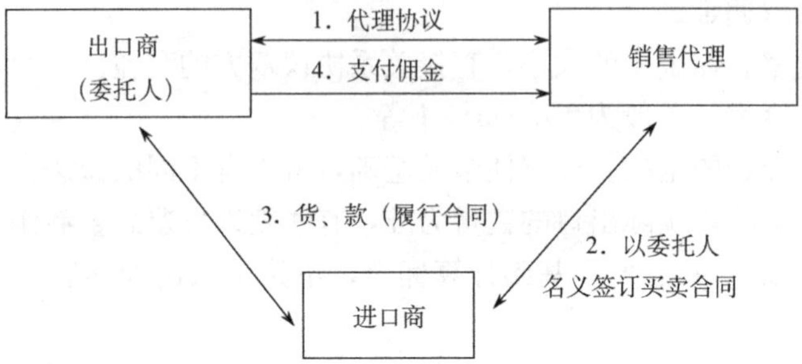

图 11.1　代理的一般做法

在我国进出口业务中，尽管也习惯采用代理方式，但我国实际业务中对代理的运用与某些国家有关代理法律的规定和商业惯例的解释并不完全一致。因此，签订代理协议时，必须注意某些国家的有关法律和商业惯例以及国际上有关代理商方面公认的准则。

第二节　寄售与展卖

一、寄售

（一）寄售的含义、性质及特点

寄售（consignment）是一种委托代售的贸易方式。它是指出口人即寄售人（consignor）先将商品运交国外约定的代售人（consignee），由代售人根据事先订立的寄售协议条件代为出售商品，货款则由代售人在货物售出后扣除佣金和其他费用，通过银行寄交寄售人。

寄售是按双方签订的协议进行的，寄售人和代销人之间不是买卖关系，而是委托与受托关系，寄售协议属于行纪合同（又称信托合同）性质。按照我国合同法的解释，行纪合同是指行纪人接受委托人的委托，以自己的名义，为委托人从事贸易活动，委托人支付报酬的合同。行纪人的权利、义务与代理人相似，但又有区别。最主要的区别是，代理人在从事授权范围内的事务时，可以用委托人的名义，也可以用自己的名义。但行纪人只能用自己的名义处理行纪合同中规定的事务，而且行纪人同第三方的法律行为，不能直接对委托人发生效力。由此可见，寄售既不同于经销业务，又与一般的销售代理业务有区别。

在国际贸易中采用的寄售方式，具有如下几个特点：

(1) 寄售人与代销人之间不存在买卖关系，而仅是一种委托代售关系。代销人只能根据寄售人的指示处置货物，货物的所有权在寄售地售出之前仍属寄售人。

(2) 寄售人必须先供货，后结汇。采用这种方式，寄售人先将货物运至目的地市场（寄售地），然后经代销人在寄售地向当地买主销售，货款由代销人在扣除佣金和费用后汇给货主。

(3) 寄售货物在售出之前，包括运输途中和到达寄售地后的一切费用和风险，均由寄售人承担。

(4) 寄售属于凭实物进行买卖的现货交易，便于买主看货成交，随时采购，所以对买主有一定的吸引力。

(二) 寄售协议的主要内容

寄售协议（consignment agreement）是委托人与代销人为了明确双方的权利、义务和有关寄售的条件签订的协议。寄售协议的内容主要有：

1. 协议双方的关系条款

一般在寄售协议中要明确委托人与代销人之间的关系，明确阐明代销人是以代理人的身份办理寄售业务，寄售商品在未售出之前，仍属委托人之财产；代销人出售商品后，一般应以自己名义，向买主收取货款，处理争议甚至进行起诉等，所有费用应由委托人偿付。委托人有权监督代销人执行寄售协议中的各项条件。

2. 寄售商品的价格条款

决定寄售货物价格，通常有以下三种方法：

(1) 规定最低售价。即由寄售人事前规定最低限价，代销人只有不低于限价才能出售。这种方法虽然比较慎重，但对代销人约束较大，如果遇到市场处于不断下跌情势，由于代销人不能随行就市定价，可能失去销售时机。

(2) 随行就市。代销人可以自由代替委托人出售货物，在价格上不作限制，但其售价应当不低于当地市价。代销人无权以低于当地市场价格出售寄售货物。这种方式主要在代销人商业信誉较高或寄售人对代销人比较信任或商品滞销的情况下采用。

(3) 由寄售人掌握价格。代销人随时将市场价格向寄售人报告，寄售人确认后或自行报价销售。这种做法一般由寄售人订出一定时期的限价，方式较为灵活，使用也较普遍。

3. 佣金条款

寄售协议中有关支付佣金的问题与代理协议规定相似。

4. 付款及付款保证

寄售货物的货款应于何时和采用何种方法付款，双方可在合同中约定。从付款时间来说，通常是先出后结，即在货物出售后付款，但经双方同意，也可以由代销商先预付一部分货款，至于预付多少，可由双方在合同中约定。从付款方法来说，对于先出后结，一般由代销商汇付给寄售人。如属预付一部分货款，一般可采用信用证或托收方式。有关付款时间和方法等内容均应在合同内订明。对于大宗寄售贸易，货主可以采用与代销人签订保售协议，以确保货款的安全。

5. 协议双方当事人的义务条款

代销人的义务主要包括：

(1) 提供储存寄售商品的仓库，雇佣工作人员，取得进口商品的许可证。

(2) 保证货物在仓库存放期间，品质和数量完好无损，如货物发生损失、灭失等现象，代销人应负赔偿责任。

(3) 代垫寄售商品在经营、仓储期间所发生的一切费用。

(4) 代垫费用，对寄售商品办理保险。

(5) 宣传广告，展示商品或提供售后服务。

(6) 及时向委托人进行市场报道。

委托人的义务主要包括：

(1) 按质、按量、按期提供寄售商品。

(2) 偿付代销人在寄售中所代垫的费用。

(三) 寄售方式的利弊

1. 寄售的优点

(1) 寄售货物出售前，寄售人持有货物的所有权。因此，尽管货物已经运往寄售地，但对货物的销售处理和价格确定等大权，仍操纵在寄售人手中，有利于随行就市。

(2) 寄售方式是凭实物买卖，货物与买主直接见面，有利于促进成交。

(3) 代销人不负担风险和费用，一般由寄售人垫资，代销人不占用资金，可以调动其经营的积极性。

2. 寄售的缺点

(1) 寄售方式对于出口方来讲，风险较大，费用较多，资金易积压。

(2) 寄售货物的货款回收较慢，一旦代销人不守协议时，可能遭到货款两空的危险。因此，在采用寄售方式时，必须严格选择代销商和寄售地，制订好寄售协议。

(四) 采用寄售方式的一般做法及应注意的问题

采用寄售方式，出口商应在寄售地区选定代销人，签订寄售协议，然后将货物运往寄售地点由代销人现货销售。寄售的一般做法如图 11.2 所示。

图 11.2　寄售方式的一般做法

采用寄售方式应注意以下几个问题：

(1) 选择适当的寄售地点。要了解寄售地同类商品的供求情况、销售渠道、消费习惯、当地政府对外贸的管理制度、外汇管制、税收办法和市场管理等。一般应选择商品进出与外汇转移比较方便和税收、费用较低地区作为寄售点比较合适，如自由港或自由贸易区。

(2) 审慎选择可靠的代销人。鉴于寄售是先出运、后成交和售货后收回货款，故代销人合适与否，对寄售人有切身的利害关系。因此，对于代销人的资信、经营推销能力、社会地位等也应有较为透彻的了解。

(3) 选择适销对路的商品作为寄售的商品。一般应选择当地市场有销路而又难凭样成交的商品，或者是一些名优产品与新小商品。对品质、规格、包装不适应当地市场需要的商品或滞销商品，不适于寄售。

(4) 寄售商品数量掌握得当。寄售商品数量的多少，应根据销售情况和市场容纳量大小而定。少了不足以应付当地市场的需要，多了一旦积压则需支付大量的仓租、保险费用，如若回运，还要支付较多的运费。

(5) 订好寄售协议。寄售协议关系到双方当事人的权利和义务，因此，在寄售协议中，对价格条款和佣金给付及费用的负担等事项，均应明确规定。

二、展卖

(一) 展卖的含义及其优点

展卖 (fairs and sales) 是利用展览会 (exhibition) 和博览会 (fair) 及其他展卖交易会形式，对商品实行展销结合的一种贸易方式。

展卖可以采取各种不同的方式。从展卖商品的所有方和客户的关系来看，展卖的做法主要有两种：一是将货物通过签约方式卖断给国外客产，双方是一种买卖关系，由客户在国外举办或参加展览会。货价有所优惠，货款可在展览会后或定期结算。另一种方式是由双方合作，展卖时货物所有权不变，展品出售的价格由货主决定。国外客户承担运输、保险、劳务及其他费用。货物出售后收取一定手续费作为补偿。展卖结束后，未售出的货物可以折价卖给合作的客户，或运往其他地方进行另一次展卖。

展卖作为一种商品推销方式，其基本特点为：把出口商品的展览和推销有机地结合起来，边展边销，以销为主。这种展销结合的方式具有下列优点：

(1) 有利于宣传出口国家的科技成就和介绍出口商品，以扩大影响，促成交易。

(2) 有利于建立和发展客户关系，广交朋友，以扩大销售地区和范围，实现市场多元化。

(3) 有利于收集市场信息，开展市场调查研究，以便更有效地掌握市场动态。

(4) 有利于听取国外客户的意见，并通过货比货发现问题，找出差距，不断提高出口商品质量，增强出口竞争能力。

展览会一般是不定期的，博览会和商品交易会有定期的，也有临时组织的。这些都起着广告宣传和促进贸易的作用。

(二) 我国开展的展卖方式

1. 国际博览会 (international fair)

国际博览会是指在一定的地点定期举办的，由一国或多国联合组办，邀请各国商人参加交易的贸易形式。

国际博览会是最古老的贸易方式之一，是由区域性的集市发展演变而来的，目前，它已成为扩展国际间经济贸易往来的重要途径。它不仅为买卖双方提供了交易方便，而且越来越多地作为产品介绍、广告宣传以及介绍新工艺、进行技术交流的重要方式。参加博览会的各国商人除进行现场交易外，还可通过样品展览、广告宣传同世界各地建立更广泛的商业关系。

国际博览会分为综合性和专业性两种。综合性的博览会，产品齐全、规模较大、会期较长。如莱比锡国际博览会、巴黎国际博览会等。专业性的博览会仅限于某类专业性产品参加展览和交易，其规模较小，会期也较短。如科隆博览会，每年举行两次，一次展销纺织品，一次展销五金制品。

我国曾多次参加各国举办的国际博览会，并于 1985 年 1 月在北京建成了自己的博览会——中国国际展览中心。同年 11 月，中国第一次作为东道主举办了亚洲及太平洋地区第四届国际贸易博览会，从此揭开了在此举办大型国际性博览会和展览会的序幕。近年来，频繁开展的在华和出国展览，为介绍我国的产品，学习国外先进技术，促进我国对外贸易发展，增进同各国人民之间的相互了解和友谊起到了积极的作用。

2. 中国进出口商品交易会（China Import and Export Fair）

中国进出口商品交易会又称“广州商品交易会”，它是我国各进出口公司在广州定期联合举办的、邀请国外客户参加的一种集展览与交易相结合的商品展销会。因其会址设在广州，故习惯上称为“广交会”，它开始于1957年春，以后每年春、秋两季各举办一次。

广交会是采用展览和交易相结合的办法，向各国来宾展出我国的各类商品，看样洽谈成交。广交会是以出口为主，但也洽谈进口贸易，有买有卖，形式多样，交易活跃，已深受世界各国贸易界的欢迎。广交会的展出规模和成交额逐年扩大，现已成为我国对外贸易进出口的重要场所。

中国进出口商品交易会的作用，主要表现在以下几方面：

（1）来会的各国客商和友好团体众多，为集中成交创造了有利条件。

（2）加强了与各国客户的广泛联系，便于了解国外市场动态，开展行情调研，熟悉客户的资信和作用。

（3）有利于生产和其他有关部门直接听取客户对产品的要求和反映。

（4）由于交易会采取当面洽商、看样成交的方式，从而有利于发现问题，及时解决。

在广交会闭会期间，在某些商品的产地或出口口岸等地，还举办一些专业性的小型交易会（minifair），简称“小交会”，如地毯交易会、工艺品交易会、服装交易会、化工交易会等。小交会的特点是专业性强，成交高度集中，交易方式灵活，它弥补了广交会过于集中的弊端，对于推销新小商品起到了积极作用。

（三）开展展卖业务应注意的问题

1. 要正确选择展卖商品

并非所有的商品都适合展卖，在展卖时要选择质量较好，具有独特风格和在市场上有竞争力的商品参展。在参加国际性专业展览会时，这一点尤为重要。另外，展出的品种也应多样化，每一种花色的档次要多而全，以适应不同层次消费者的不同需要。

2. 要选择适当的展出地点和展卖时机

展出地点一般应选择一些交易比较集中、市场潜力比较大且有发展前途的商品集散地或交易中心地带进行展卖活动。展卖的时间应选择适合销售该项商品的季节，展出时间不宜过长，以免耗费过大，影响效果。

3. 注意做好组织宣传、广告工作

展卖本身是一种宣传活动，但要成功地举办展卖活动，就必须做好组织宣传工作。展出前通过各种媒体进行广告宣传，向客户及有影响的人士事先发出邀请，进行重点宣传，引起轰动效应。在展卖期间，仍要继续报道、宣传，以吸引更多的顾客。

为了加强实际宣传效果，对展台和展品的布置、文字说明和图片的配置也要考究。好的展卖往往配有工艺或使用表演，以使观众加深印象。此外，应备有一些宣传画册和图文并茂的说明性小册子，供观众参考。

4. 选择好合作的客户

对合作客户的选择也是展卖业务能否取得成效的决定性因素之一。经验证明，合作的客户必须具有一定的经营能力，他在当地市场应有一定的地位和影响，比较熟悉展出地点的市场情况，并有一定的业务联系网络或销售渠道，至少是具有一定能力的中间商。选择这样的客户进行合作，有利于使展卖取得成功。

第三节　招标投标与拍卖

一、招标与投标

招标投标是国际贸易中日趋流行的一种贸易方式。它常用在国家政府机构、市政当局、公用事业单位采购物资、器材或设备的交易中，但更多地用于国际承包工程。近年来，不少发展中国家为了发展民族经济，日益广泛地采用招标方式来招包工程项目。甚至有些国家通过法律规定，凡属主要商品进口或对外发包的工程必须采用国际招标方式。目前，国际间政府贷款项目和世界银行的贷款项目，往往在贷款协议中规定，接受贷款方必须采用国际竞争性招标采购项目物资或发包工程。

（一）招标与投标的含义

招标（invitation to tender）是指招标人（买方）在规定时间、地点发出招标公告或招标单，提出准备买进商品的品种、数量和有关买卖条件，邀请卖方投标的行为。

投标（submission of tender）是指投标人（卖方）应招标人的邀请，根据招标公告或招标单的规定条件，在规定的时间内向招标人递盘的行为。

招标投标与一般的交易形式不同，主要区别是：投标只能按招标人提出的条件，一般由投标人一次递价成交，无须反复讨价还价，投标是多方参加，所以投标人之间的幕后竞争特别激烈，而招标人则处于主动地位。如果招标人认为全部递盘均不符合要求，也可以宣布招标无效，等待再组织另一次招标活动。

（二）招标方式的种类

招标和投标为同一贸易方式的两个方面。目前，国际上的招标方式主要有以下几种：

1. 国际竞争性招标（international competitive bidding，ICB）

国际竞争性招标是指招标人邀请几个乃至几十个投标人参加投标，通过多数人竞争，选择其中对招标人最有利的投标人达成交易。它属于一种竞卖的方式。

竞争性招标在国际上一般有公开招标和选择性招标两种做法。公开招标（open bidding）是一种无限竞争性招标，以广告方式招揽买主。凡对该项招标有兴趣的人均有机会购买招标资料进行投标。选择性招标（selected bidding）又称邀请招标，它是一种有限竞争性招标。这种做法不登广告，而是根据自己的业务关系，在资格审查合格后，有针对性地邀请，再由受邀者投标。这种招标方式水平较高，常用于较大的、技术性强的重要商品进口。

2. 谈判招标（negotiated bidding）

谈判招标又称议标。它是非公开的，是一种非竞争性的招标。一般由招标人物色几家客户直接进行合同谈判，选择最佳者成交。

3. 两段招标（two-stage bidding）

两段招标是无限竞争招标和有限竞争招标的综合方式。一般先公开招标，再用选择性招标，分两段进行。

政府采购物资，利用国际金融组织贷款采购物资等，大部分采用竞争性的公开招标办法。

（三）招标投标的基本业务程序

1. 招标前的准备工作

一项成功的国际招标，其成败的关键往往取决于招标前的准备工作，因此招标前必须做好一切准备工作。招标前准备工作很多，其中包括发布招标公告、投标人的资格预审、编制招标文件等。

（1）发布招标公告（announcement of tender）。招标人可以通过发出招标通知和刊登招标广告的形式，将招标书及其信息送达有关投标人手中。凡采用“选择性招标”或“谈判招标”方式时，一般只发招标通知，而采用“公开招标”或“两段招标”时，则刊登招标广告。招标通知和招标广告的内容应包括：项目名称、项目地点、项目内容概况、工程范围、索取招标文件、价格以及有关事项的咨询单位等。发送招标通知和刊登招标广告都必须及时。按照国际惯例，招标通知和招标广告一般在开始招标前两日发出。

（2）资格预审。招标人在公开招标前要对投标人的资格条件进行审查以确保投标人在各方面有投标能力。全面预先审查投标人的基本情况、财务状况、供应与生产能力、经营作风及信誉等，审查合格方能取得投标的资格。目前国际上通常采用分发“资格预审调查表”的方法，招标人根据投标人提供的有关数据进行分项评分与估价。

(3) 编制招标文件 (bidding documents)。在物资采购的招标中，招标文件又称为“标书”、“标单”，内容较简单，其主要是列明招标商品的各种交易条件。这些交易条件与一般买卖合同的条件类似，而唯独价格条件由投标时递价。标单还须列明投标人须知，如投标人资格、投标日期、开标日期、寄送投标单的方法等。招标单中还要求规定投标人交纳投标保证金及履约保证金，其中以保证金金额的交付，保证方式等作为投标担保。

2. 投标

投标人参加投标之前，也须做许多准备工作，其中包括编制投标资格审查表，分析招标文件，寻找担保单位等。其中，分析招标文件是核心问题，投标人要对招标文件中的招标条件、技术标准、合同格式等认真分析。因为投标人递价是一个“要约”，在投标有效期内不得撤标，所以投标人要对价格、交货期、招标人所在国的税收、法律等进行认真研究。

投标人决定投标后，编制投标文件和提供投标保证金 (bid bond; tender bond) 或投标保函。投标保证金或投标保函的作用是为了防止投标人在中标后不与招标人签约，招标人要求的一种投标保证。投标保证金可以缴纳现金，也可以由投标人通过银行向招标人出具银行保函或备用信用证。保证金额是以投标金额的百分比计算的，一般为10%左右。

投标文件须在投标截止日期之前送达招标人，逾期无效。

3. 开标、评标、决标

开标 (opening of tender) 是指招标人在指定日期、时间和地点将全部投标人寄来的投标书中达列的标价予以公开唱标，使全体了解最高与最低价。为了实现公平原则，公开开标时，投标人可派代表进行监督。不公开的开标，则由招标人自行选定中标人，投标人不能派出代表参加开标。

国际招标，大多采用公开开标的方式。开标后，有些可以当场决定由谁中标，有的还要由招标人进行评标。参加评标的人员要坚持工作的准确性、公正性和保密性。评标后决标，选定中标人。

4. 中标签约

中标是从若干投标人中选定交易对象，即中标人中标，中标人即为得标。中标者必须与招标人签约，否则保证金予以没收。但为了确保中标人签约以后履约，招标人仍然要求交纳保证金 (performance bond) 或保函。在中标人违约或弃权的情况下，招标委员会可决定重新招标或取消投标，或者将标授予次低报价的投标人或其他合适的投标人。

按国际招标惯例，如招标人在评标过程中，认为所有投标均不理想不能选定中标人，也可宣布招标失败，拒绝全部投标，这种行为称为拒绝投标。一般出现下列情况之一者，可拒绝全部投标：

（1）最低标价大大超过国际市场的价格水平。

（2）投标书内容与招标书要求不符。

（3）在国际竞争性招标中，投标人太少。

（四）招标投标中应注意的问题

招标时，注意对投标人的资格审查，既要防止招标后无力履约而造成损失；同时要防止投标人串通，垄断价格。在招标中要防止招标人员受贿泄密，因标底失密而遭损失，要严格贯彻公平、公正、公开的原则。

投标时，应注意对成交条件和价格的处理，在确保低利的情况下，争取成交。对标单填写要十分慎重，因标单具有买盘性质，在投标有效期内不得撤标。在投标前，要了解招标国家的规定和习惯，以及有关的国际惯例，同时要落实好货源和相关的准备工作。通过招标方式成交的商品，往往数量比较大，交货期也比较集中，一旦中标，要保证按时、按质、按量交货，否则将会带来政治上和经济上的损失。

二、拍卖

（一）拍卖的含义及适用范围

拍卖（auction）是由经营拍卖业务的拍卖行（auctioneer）接受货主的委托，在规定的时间和场所，按照一定的章程和规则，以公开叫价的方法，把货物卖给出价最高的买主（bidder）的一种现货交易方式。

在国际贸易中，采用拍卖方式进行交易的商品主要有：

（1）品质、规格不易标准化或难以用科学方法对其品质进行精确检验并难以用文字或语言对其品质、规格进行准确描述的商品。

（2）价格昂贵，价格变化较大或难以准确估价的商品。

（3）容易变质、难以久存的商品。

（4）倒闭企业的机械设备和资产的处理。

（二）拍卖的出价方法

1. 增价拍卖

增价拍卖也称英国式拍卖（English auction）、买方叫价拍卖。这是最常用的一种拍卖方式。拍卖时，由拍卖人提出一批货物，宣布预定的最低价格，然后由竞买者相继叫价，竞相加价，有时规定每次加价的金额额度，直到拍卖人认为无人再出更高的价格时，则用击槌动作表示竞买结束，将这批商品卖给最后出价最高的人。在拍卖人击槌前，竞买者可以撤销出价。如果竞买者的出价都低于拍卖人宣布的最低价格，或称价格极限，卖方有权撤回商品，拒绝出售。

2. 减价拍卖

减价拍卖又称荷兰式拍卖（Dutch auction），这种方法是由拍卖人喊出一个最高价格，如无买主，再喊出逐渐降低的价格，直到有人购买为止。

减价拍卖成交迅速，经常用于拍卖鲜活商品。

以上两种方法均是在预定的时间和地点，按照先后批次，公开叫价，现场确定，当时成交。

3. 密封递价拍卖

密封递价拍卖（sealed bids）又称招标式拍卖。采用这种方法时，先由拍卖人公布每批商品的具体情况和拍卖条件等，然后由各买主在规定的时间内把自己的出价密封递交拍卖人，由拍卖人开封选出出价最高的人，与其达成交易。这种方法已失去了拍卖方式所特有的公开竞买的性质，拍卖人有时要考虑价格以外的其他因素。

有些国家的政府或海关在处理罚没货物、库存物资时采用这种方法。

（三）拍卖的一般程序

拍卖业务一般有四个阶段：

（1）准备阶段。卖方先将要拍卖的货物运送到拍卖行的仓库，然后根据货物的特点，由拍卖行进行挑选、分类和分级，并将其印成拍卖目录，提供给打算参加拍卖会的买主。为了使买主了解货物的品质状况，准备拍卖的商品都存在专门的仓库里，在规定的时间内，允许参加拍卖会的买主到仓库仔细查看货物，以利于按质论价。

（2）定价阶段。拍卖人一般在买主看货之后和正式拍卖之前，与货主一起分析市场情况并讨论价格方案，作为拍卖的叫价依据。

（3）正式拍卖阶段。在拍卖行规定的时间和地点，按照拍卖行印好的拍卖目录次序，依次叫价成交。按照拍卖业务的惯例，在主持人的木槌落下之前，买主可以撤回出价，货主在货物出售之前也可以撤回要拍卖的货物；但如果拍卖行按照一定的章程和规则，在拍卖时落槌成交，则表示拍卖已定，买卖双方应按此价成交。

（4）成交与交货阶段。买卖成交后，拍卖行的工作人员交给买方一份销售确认书，由买方填写签字后，即成为拍卖合同的书面依据。

拍卖商品的货款一般用现汇支付。在成交时，买方一般支付货款金额的一定百分比，其余部分尽快支付。货款付清后，货物的所有权也随之转移，买方即可凭拍卖行出具的栈单（war-rant）或提货单（delivery order），在规定的期限内，按仓库交货文件到指定仓库提货。在仓库交货之前，拍卖人控制着货物，他有义务妥善保管货物，并且在买方未付清货款之前，有权拒绝交货。

拍卖行为交易的达成提供了服务，要收取一定的佣金，或称为行纪费(brokerage)。

(四) 拍卖的注意事项

(1) 确定适当的基准价格。拍卖方式的目的是要形成一个自由竞价销售的场所，定价过高不仅不能成交，还要支付货物出运和仓储的费用以及拍卖费用，一般可以比函电成交价格略高一些。卖方可根据自己的销售意图，事先通知拍卖主持人是否采用保留最低价格的做法。

(2) 选择适当的货物参加拍卖。不同的拍卖中心有拍卖不同商品的习惯。我们要选择适宜拍卖，有拍卖习惯的商品参加拍卖。

(3) 要了解各个拍卖中心的习惯做法和规章制度，各个拍卖行都是按照自己的拍卖规则组织拍卖的。

(4) 关于商品的品质。拍卖属于现货交易，是在买方看货之后成交，所以一般卖方对商品的品质问题概不负责。但如果货物存在隐蔽的缺陷，而且这种缺陷是凭借一般的查验手段不易发现的质量问题，则允许买方提出索赔。各拍卖行关于提赔的规定并不一致。

(5) 采用拍卖方式销售货物，货主不能完全按自己的意愿交易，容易受拍卖人的制约；而且买主有时私下串通，违背公平交易的原则。我们应提前采取必要措施，尽量避免不利因素，做到有备无患。

第四节 对销贸易与加工贸易

一、对销贸易

对销贸易 (counter trade)，又称对等贸易、反向贸易、互抵贸易等，是将进口与出口紧密结合起来的一种贸易方式，买卖双方必须相互购买或交换对方的产品，或者一方提供产品和技术时，另一方必须用另外的产品、劳务等给予支付，因而无须直接使用外汇。

对销贸易可以运用在各种交易中，其基本形式可以归纳为以下几种：易货贸易、补偿贸易、互购、抵销。

(一) 易货贸易

所谓易货贸易 (barter trade)，是指用实物的进口或出口去换取另一国实物的出口或进口，而不用货币作为支付手段的一种传统的古老的贸易方式。随着国际贸易的发展，这种贸易方式仍得到一定程度的运用，并产生了很多新的形式或变型的贸易做法。

1. 易货贸易的形式

易货贸易在国际贸易实践中主要表现为下列两种形式。

1）直接易货

直接易货又称为一般易货。从严格的法律意义上讲，易货就是指以货换货。交易双方按照各自的需要，交换价值相等或相似的商品。这种直接易货形式往往要求进口和出口同时成交，一笔交易一般只签订一个包括双方交付相互抵偿货物的合同，而且不涉及第三方。它是最普遍的，也是目前应用最广泛的易货形式。

在实际业务中，也有一些变通的做法，最常见的是通过对开信用证的方式进行易货贸易。即交易双方先签订换货合同，双方商定，彼此承诺在一定时间购买对方一定数量的货物，各自出口的商品按约定的货币计价，总金额一致或基本一致，货款通过开立对开信用证的方式进行结算，即双方都以对方为受益人，开立金额相等或基本相等的信用证。由于交货时间的差异，双方开立信用证的时间也就有先有后，先进口开证的一方为了确保对方也履行开证义务，一般都在信用证中规定该证以对方按规定开出信用证为生效条件；或规定该证的金额只能用来做对方开立回头信用证之用，以控制对方。需要明确的是，在这种做法下，双方进行的仍然是以货换货的交易，而非现汇交易。

2）综合易货

综合易货多用于两国之间根据记账或支付（清算）协定而进行的交易。由两国政府根据签订的支付协定，在双方银行互设账户。双方政府各自提出在一定时期（通常为1年）提供给对方的商品种类，进口金额相等或基本相等，经双方协商同意后签订易货协定书，然后根据协定书的有关规定，由各自的对外贸易专业公司签订具体的进出口合同，分别交货。商品出口后，由双方银行凭装运单证进行结汇并在对方国家在本行开立的账户进行记账，然后由双方银行按约定的期限结算。如果一定时期终了时，双方账户出现余额，只要不超过约定的幅度，即通常所说的“摆动额”，原则上顺差方不得要求对方用自己外汇支付，而只能以货物抵冲，即通过调整交货速度，或用逆差与增交货物予以平衡。

2. 易货贸易的优缺点

1）易货贸易的优点

（1）可以不动用外汇而进行交易，因而有助于一些外汇短缺的国家发展对外贸易。

（2）有利于发挥贸易双方各自的商品优势。有些国家的某些资源和商品比较丰富，而某些资源和商品又比较缺乏，通过相互的易货，可以取长补短，调剂余缺，扩大出口，特别是经济互补性较强的双边贸易用这种方式对双方都有好处。

（3）由于易货贸易不必动用外汇，而是通过实物的交换进行的，因此它基本上不受国际金融、货币的波动影响，有利于贸易的进行。

2）易货贸易的缺点

（1）由于易货贸易不是单边进口或单边出口的方式，而是进口与出口结合的方式。买者不仅要买进商品，而且同时要卖出商品；卖者同样也要同时买进商品，在这种条件下，不容易找到贸易对象。特别是双方产品互补性不强的情况下，甲方提供的商品，可能是乙方所需要的，然而，乙方提供给甲方的商品，却未必是甲方需要的，由于各企业经营商品范围的限制，往往很难找到合适的产品。

（2）易货贸易要求在签订合同时确定货物的品质和数量，但在实践中，由于所交货物的种类及定价标准可能相差很大，品质标准较为复杂，因而交易双方在签约时，很难确定货物的品质及相应的数量。

（3）由于易货贸易不用支付外汇，而以实物进行等值的交换，那么就可能造成交换的各种实物价值不完全相等。所剩差额，或者形成赊销拖欠，或者必须以现汇偿还。否则，有出口余额的一方等于是为对方提供了无息信贷。所以，易货贸易是一种有局限性的贸易方式，只有在一定条件下才宜采用。

3. 开展易货贸易时应注意的问题

（1）应注意尽量避免冲击正常的出口创汇贸易。我国有很多商品能够通过单边出口换取外汇，而且销路较好。这类商品，一般不宜采用易货贸易方式，否则将会减少我方的外汇收入，算总账可能得不偿失。

（2）注意易货贸易的规模。易货大多采用优惠关税或免税，因而不易规模太大，这一方面会造成某些货物进口冲击国内市场，同时又可能违反“关贸总协定”的最惠国待遇与国民待遇原则，应予以注意。

（3）应加强对易货的组织管理。开展易货贸易，应该在统一指导、加强管理的条件下放开经营。目前，为了促进地区与企业出口的积极性，已经放宽了企业开展易货贸易的限制。但有些企业不顾产品质量，致使在易货中造成在国际市场上的不良影响，同时也由于盲目易货，使一些易货来的进口商品不适销对路和出现质量问题。这些情况说明，加强对易货的管理是非常必要的。

（二）补偿贸易

补偿贸易（compensation trade）是指在信贷基础上进口机器、设备、技术或劳务后，在约定的期限内，不用现汇而用商品或劳务分期清偿货款。

补偿贸易是20世纪60年代开始发展起来的，由于这种贸易方式对双方均有好处，我国从1978年开始开展这种贸易。它是我国利用外资的一种重要方式。

1. 补偿贸易的种类

补偿贸易的种类甚多，但主要有以下几种：

(1) 直接产品补偿。即进口方用其引进的技术设备所生产出来的产品，直接偿付进口之价款。这种方法也称产品返销或产品回购。产品回购是原出口方必须承诺的义务，而设备进口方生产的产品也必须保证质量，符合要求。这是补偿贸易最基本的做法，也是我国采用的主要形式。

(2) 间接产品补偿。即进口方用以偿还进口价款的产品，不是引进的技术设备直接生产出来的，而是由双方商定的其他商品或劳务进行补偿。这种形式也称为抵偿贸易，或称为互购。

(3) 劳务补偿。这种做法常见于同来料加工或来件装配相结合的中小型补偿贸易中。按照这种做法，双方根据协议，往往由对方代我方购进所需的技术、设备，货款由对方垫付，我方按对方要求加工生产后，从应收的工缴费中分期扣还所欠款项。

(4) 综合补偿。即对引进的技术装备的价款，部分用产品，部分用货币偿还。偿还的可以是直接产品，也可以是间接产品；偿还的货币可以是现汇，也可以以货款方式后期偿还。这种办法的偿付更为灵活，更为方便，是补偿贸易的变通形式。

2. 补偿贸易的特征

(1) 不严格限定等值商品交换。出口方所承担的回购义务，不必以售出设备、技术作价金额为限。进口方用产品还清偿款后，出口方还可在一定时期继续承担回购的义务。

(2) 贸易与信贷相结合。信贷是补偿贸易不可缺少的部分，只有借助于双方信贷关系，补偿贸易才能实现。

(3) 贸易与生产相联系。补偿贸易由于可用产品偿还进口设备价款，因而设备的进口和产品的出口联系在一起，进出口贸易与生产相关联。这样，原出口方势必关心项目的进展和产品生产情况，既要保证设备的质量与适用性，还要提供零件、技术服务和培训人员。

(4) 不用货币而用产品作为主要支付手段。补偿贸易用以支付的主要手段不是货币，而是直接产品或其他产品。并且，进口方向出口方支付的补偿不是立即、全部兑现，而是分期付清。因而，它不是一次性的买卖，而是长期的合作交易。从交易开始，到最后完成，短则 1～2 年，长则 10～20 年。

(5) 补偿贸易双方既有买卖关系，又有合作关系。这种方式的买卖双方必须在贸易、技术转让与服务、生产等各方面密切配合，才能达到双方的贸易目的，所以它也是一种新型的国际经济合作形式。

3. 补偿贸易的作用

补偿贸易的原则是互惠互利，对双方均有明显的好处，但也有所区别。对设备进口方而言，补偿贸易是一种较好的利用外资的形式。它可以解决一些国家经济发展过程中所面临的资金短缺、外汇不足等难题。通过补偿贸易，可以引进先进的技术和设备，发展和提高本国的生产能力，加快企业的技术改造，使产品不断更新及多样化，增强出口产品的竞争力。而且通过对方回购，还可在扩大出口的同时，得到一个较稳定的销售市场和销售渠道。

对设备供应方，则可扩大设备、技术的出口，占领外汇短缺的发展中国家市场，扩大资本的输出，有利于获得廉价、稳定的回头产品或原材料。补偿贸易是出口方以向进口方提供技术设备为贷款，这种贷款可得到产品和其他东西的补偿，因而风险较小。同时，出口方在销售技术设备时可以获得利润，通过回购产品在国际市场上的销售，还可以获得“销售的商业利润”，在回购产品价格订得较低的情况下，利润更为丰厚。

4. 补偿贸易合同的主要内容

进行补偿贸易，双方须签订补偿贸易协议。目前，我国对外签订的补偿贸易合同一般应包括以下几个方面：

（1）有关技术及技术协助方面的规定。一般包括设备的名称、型号、规格、性能、参数，同时明确设备的安装责任及质量保证等。

（2）有关信贷的条件。这部分包括贷款金额、计价和结算利率、偿还期限、偿还办法以及银行担保等内容。

（3）有关回购义务的规定。主要包括回购产品的名称、品种规格；回购的额度即回购产品的数量；回购产品作价，以及对回购产品销售地区限制回购产品的规定等。

5. 采用补偿贸易时应注意的问题

（1）选择进口设备要确保设备的先进性和适用性。进行补偿贸易时要防止外商把更新替换下来的旧设备给我们，以次充好。要切实注意不要盲目引进，防止引进不适用设备，为偿还贷款带来困难。

（2）要正确处理补偿产品和正常出口的关系，原则上应该以不影响我国正常出口为前提，必须在出口数量、销售市场和定价方面予以充分注意。

（3）补偿贸易中最关键的问题是用什么偿还设备的贷款。中小型补偿贸易一般应采用直接产品进行补偿，至少也应当是部分用直接产品、部分用间接产品进行补偿。

（4）偿还期的长短、货币的选择和利率的多少，都要进行通盘考虑，认真做好核算工作。

（三）对销贸易的其他形式

1. 互购贸易

互购贸易（counter purchase）又称“平行贸易”，就是交易双方互相购买对方的产品。互购贸易涉及使用两个既独立又相互联系的合同。在这种方式下，交易双方先签订一个合同，约定由先进口国（往往是发展中国家）用现汇购买对方的货物（如机器、设备等），并由先出口国（通常为发达国家）在此合同中承诺在一定时期内（如6个月）买回头货；之后，双方还需签订一个合同，具体约定由先出口国用所得货款的一部分或全部从先进口国购买商定的回头货。

2. 抵销贸易

抵销贸易（offset trade）是20世纪80年代开始盛行的一种贸易方式。这种方式目前多见于军火或大型设备，如飞机等的交易。

抵销贸易可以分为两种类型，即“直接抵销”（direct offset）和“间接抵销”（indirect offset）。在直接抵销的情况下，先出口的一方同意从进口方购买哪些出售给进口方的产品中所使用的零部件或与该产品有关的产品。有时，先出口方对进口方生产这些零部件会提供技术或进行投资。这种直接抵销有时也被称为“工业参与”（industrial participation）或“工业合作”（industrial cooperation）。在间接抵销的情况下，先出口方同意从进口方购买与其出口产品不相关的产品。

（四）对销贸易在国际贸易中的作用

当前，在复杂多变的国际经济环境中，对销贸易方式在发达国家与发展中国家之间仍在广泛适用，这是它的生命力所在，参加方可从中各得其所。

1. 对发展中国家的主要作用

（1）节约外汇支出。发展中国家大多外汇短缺，难于应付必要进口之需，有的虽有外汇，也要备以应付急需进口之需。由于采用对等贸易，它们就可以用其产品的出口来抵偿从西方国家企业的进口，代替现汇支付。

（2）维持出口产品的名义价格。在它们同西方国家开展的对等贸易中，由于双方不以现汇支付，不标明产品价格，而是以一方若干数量的某些产品换取另一方若干数量的某些产品，纵使西方国家的进口商提高这些产品的售价，也无法认定它们是低价出售自己的产品，从而可避免西方国家的反倾销指控和进口数量限制。

（3）改善贸易收支状况。它们在同西方国家的贸易中，普遍存在两大问题：一是向西方的出口不能跟进口齐头并进，二是向西方销售产品的渠道不畅，因而往往存在大量贸易逆差。如果能较好地采用对等贸易，不仅能带动回头产品的出口即以进带出，还能利用西方企业的销售渠道扩大出口。因此，这有利于它们改善同西方国家的贸易收支状况，不至于出现大量贸易逆差。

（4）促进经济发展。它们通过对等贸易购进西方国家的先进设备和技术，以及其他重要物资，不仅衍生产品，而且非衍生产品的返销有了一定程度的保证，就可以增加劳动就业，培训工程技术人员，提高工业技术能力和管理水平。

2. 对发达国家的主要作用

（1）增加销售机会。它们能利用对方购买其机器设备不必使用现汇支付的优厚条件促使其产品顺利地进入对方市场，甚至能从不愿同其对方开展对等贸易的对手那里夺得部分市场，还能开拓一些潜在市场，也可扩大按传统方式无法做到的出口。

（2）稳定廉价原材料供应来源。它们利用对等贸易可以从东欧国家和发展中国家获得廉价或低价的、长期可靠的原材料或初级产品的供应，还能增加其战略原材料的贮存。

（3）减少收汇风险。它们通过对等贸易回购产品，以抵偿其出口货款，减少信贷状况不佳而不能以外汇付款的风险。

（4）缓解通货膨胀压力。发达国家在经济不景气期间，通货膨胀和失业压力相当大，通过对等贸易，可以在一定程度上缓解这种压力。这是因为对等贸易的交易期一般都比较长，出口市场有保证，而且进口的原材料供应稳定、价廉。

二、加工贸易

加工贸易是国际上普遍采用的一种贸易方式。在我国的外贸实践中，虽然很早就有使用，但就全国范围而言，则还是在党的十一届三中全会实施对外开放政策以后才得以广泛开展起来。加工贸易与一般的进出口贸易不同。一般的进出口贸易属于货物买卖；加工贸易虽有原材料、零部件的进口和成品的出口，但却不属于货物买卖。因为原料和成品的所有权始终属于委托方，并未发生转移，加工方只提供劳务并收取约定的工缴费。因此，可以说加工贸易是以加工为特征的，以商品为载体的劳务出口。目前我国常用的加工贸易，主要有对外加工装配和进料加工两种。对外加工装配业务包括来料加工和来件装配两个方面，再加上来样定制和补偿贸易，称为“三来一补”。这种业务在国际贸易中相当盛行，在我国对外贸易中也相当普及，已成为我国现阶段利用外资，引进设备、技术，增收创汇的一种有效形式。

（一）对外加工装配业务

对外加工装配业务有来料加工，来件装配两种形式。来料加工（processing with customer's materials）是指一个国家或地区的企业（承接方）承接国外厂商（委托方）的原材料和包装物料，必要时还由委托方附带提供某些设备或技术，按照委托方的品质规格、款式等要求进行加工生产，其成品按规定时间交给委托方。如果委托方提供元部件、零配件，必要时也提供某些设备或技术，由承接方按照委托方的设计、工艺等要求进行装配后将其成品交给委托方的，就称为来件装配（assembling with customer's parts)。无论是来料加工，还是来件装配，承接方都只收取工缴费，不负责销售盈亏。

1. 对外加工装配业务的作用

对外加工装配业务对承接方所在国家而言，其积极作用主要表现在：

（1）由于国外厂商提供全部或部分来料、来件，有利于减缓内外销争货源、尤其是争紧缺货源的矛盾，增加出口产品的品种和数量。

（2）有利于以进带出，搭配我国部分料、件的出口，也有利于以出带进，引进一些比较先进的设备和技术，从而有利于提高管理水平和产品质量。

（3）有利于多方位地增加国家的外汇收入，如搭配出口的外汇收入，劳务净创的外汇收入，因提高产品档次和质量而增加附加价值的外汇收入。

（4）有利于繁荣经济，增加就业，提高劳动者的技术、文化素质，增加国家、企业和劳动者的收入，从而提高企业的技术等级，改善劳动者的生活。

对委托方来讲，对外加工装配业务也可以降低其产品成本，增强竞争力，并有利于委托方所在国的产业结构调整。

2. 对外加工装配合同的主要内容及注意问题

对外加工装配合同包括三个部分：约首部分、正文部分和约尾部分。约首和约尾主要说明订约人的名称、订约宗旨、订约时间、合同的效力、有效期限、终止及变更办法等问题。正文部分是合同的核心部分，具体规定双方的权利义务。在商谈合同的主要条款时，应注意下列问题：

1）对来料来件的质量、数量和到货时间的规定

在对外加工装配业务中，委托方能否提供合格的原材料、零部件并如数送到指定地点，是加工方按时、按质、按量交付成品的前提条件。因此在合同中应明确规定，原材料、零部件的质量、数量、规格以及提交的具体时间和送到地点。为了分清责任，防止发生不必要的纠纷，一般还应规定验收方法。如果发现来料、来件的质量、数量、到货时间与合同规定不符时，致使加工方停工待料造成的损失，以及由此引起的加工方不能按时交付合格成品的违约行为，合同中应规定由委托方承担责任。例如，如果发现上述情况，允许成品交货期延迟，对于停工、生产中断所造成的损失由委托方负责赔偿；如果损失超过一定金额或停工待料时间超过一定期限时，承接加工方有权解除合同。

2）关于耗料率和残次品率的规定

耗料率也称原材料消耗定额，指单位成品所消耗的原材料的数额。残次品率是指不合格产品在全部产品中的比率。这两个指标的确定直接影响着委托方的利

益。指标值高，表明生产过程中浪费严重，增加了产品的成本支出，因此委托方总是希望规定得越低越好。我们应根据我国的加工条件和水平，实事求是地规定，而且要留有余地，防止交付的产品数量不足。一般规定如果在实际加工中这两个指标超过规定数值时，委托方有权拒收并提出损害赔偿。

3）关于成品质量要求的规定

对外加工装配的产品要由外商到国际市场上销售，其质量好坏直接关系到商品的销路，也影响到委托方的利润。因此，外商对成品质量的要求都相当严格，我们在对外磋商和签订合同时，必须根据自己的技术水平和生产能力，并视不同情况适当留有余地，以免交付产品时发生困难。一般在合同中规定较详细，同时还规定违约的处理方法。

4）关于成品的交货数量和交货期的规定

对外加工装配贸易，一般是长期的加工合作关系，在合同中通常规定合同期间的加工装配总额以及每期的加工数量和具体的交货时间，以及发生不能按时交货或交货数量不足时的处理方法。合同中关于成品的交货期和每期的交付数量，应与合同中对来料、来件的到货日期、每批到货量相适应，并适当地留有余地和一定的灵活性，以免造成履约的困难。

5）关于工缴费的规定

工缴费是指加工方对产品进行加工装配后取得的全部收入，它是加工成本和加工利润之和。由于工缴费的标准高低直接关系到对方当事人的经济利益，因此这是双方磋商的焦点。工缴费的核定，应该以国际劳务市场的价格为基准，结合我国的加工成本来确定，使我国的出口中加工贸易既能为我国多创汇，又有一定的竞争能力。

6）关于工缴费支付办法的规定

总的来说，加工装配工缴费的支付方法有两种：一是对来料、来件和成品均不计价格，由委托方按加工装配进度或成品交付进度支付；二是对来料、来件和成品均分别计价，两者之间的差额即属工缴费。对于后者，必须坚持先收后付的原则，也就是用成品出口的货款来偿付来料、来件的款项，避免垫付外汇。

至于具体的支付方法，一般都是采用以银行为中介的国际通常使用的贸易外汇支付方式。如来料、来件和成品均不计价者，可采用即期不可撤销信用证，即期托收付款交单（D/P）或交货前若干天内汇付。如来料、来件和成品均计价者，则可采用以下做法：

（1）来料、来件用远期信用证（或银行远期付款保证书），成品出口用即期信用证付款，即对开信用证方式。

（2）来料、来件用远期托收中的承兑交单（D/A），成品出口用即期信用证、即期付款交单或汇付。

为了避免垫付外汇，远期付款的期限要与加工周期和加工成品收款所需时间相衔接并适当留有余地。我方开出的信用证或银行保证书内可订明须俟收到并通知订自对方开来的信用证，或收到汇付款后方始生效的条款。

7）运输问题

对外加工装配业务涉及两段运输，即原料运进和成品运出。有关不同阶段的运输和费用应在合同中明确规定，合同的运输条款应订明采用的运输方式、起运地、目的地、托运手续由谁来办、运费的负担等。

8）保险问题

保险条款中主要是确定保险责任和保险费。从对外加工装配的业务来看，基本上可以分为三个阶段：从国外运进料、件；在国内进行加工装配；加工装配成成品后装运出口。以上三个阶段每一段由谁向保险公司投保，保险费由谁承担，投保的保险险别，应在合同中明确规定。加工装配的原材料、零部件其所有权是属于委托方的，承接加工方拥有使用权，加工方在加工后得到工缴费，而保险的标的物是原材料、零部件的价值与工缴费之和。原则上讲，加工方只承担工缴费的投保责任，但在实际业务中，有时外商要求我们代办保险，其保险费则可连同工缴费向委托方一并收取，或包括在工缴费内不另支付。为增加我国保险费的外汇收入，可到中国人民保险公司为这些货物代办保险责任。

此外，对外加工装配合同还应订立工业产权的保证、不可抗力和仲裁等预防性条款。

（二）来样定制

来样定制（made to order against buyer's samples）主要是为了适应国外市场需要，由商人提供来样，我外贸出口公司委托有关工厂或由工厂直接按来样做成成品出口。但来样往往是国内不销，国外仅销一个地区或一个客户的商品。一般地说，只要来样不是反动的、黄色的、丑恶的，均可接受定制。但必须考虑我国的原料和生产、加工能力等各方面的条件，如果我们的生产水平可以做到的，应予接受；如果对方来样的要求超过我们目前的生产、加工条件，就不应接受。

来样定制有三种情况，即提供实样；除实样外，还要提出对商品的具体品质、规格和要求；除以上要求外，还要提供必要的说明书，说明其构造、用料、性能和使用方法以及必要的图纸和技术资料等。来样定制实际上是凭样品买卖，而凭样品买卖的基本要求是，以样品作为交货品质的唯一依据，卖方所交货物必须与样品完全一致。因此，来样定制最主要的是把它的品质和规格明确。对客户来样或来图，必须进行认真的分析研究，一经接受，与客户明确交货条件，并做出回样，经买方认可后，凭以成交和交货。这种做法，实际上是把凭买方样品的买卖变为凭卖方样品的买卖，使卖主能主动掌握交货的品质，但所交货物的品质不得低于样品。在对外签订合同时，应规定交货数量允许有上下变动的幅度数。来样定制往往用进口商人的定牌商标，或中性包装。由于来样定制系特殊要求，为防止日后发生纠纷，可在合同协议中订明对买方有约束性的条款，如预收一定订金、使用循环信用证、明确知识产权问题等，以保障我方的利益。

（三）进料加工业务

1. 进料加工的含义

进料加工（processing with imported materials）一般是指从国外购进原料，加工生产出成品再销往国外。由于进口原料的目的是为了扶植出口，所以，进料加工又可称为“以进养出”。我国开展的以进养出业务，除了包括进口轻工、纺织、机械、电子行业的原材料、零部件，加工、制造或装配出成品再出口外，还包括从国外引进农、牧、渔业的优良品种，经过种植或繁育出成品再出口。

进料加工与来料加工有相似之处，即都是“两头在外”的加工贸易方式，但两者又有明显的不同：第一，来料加工在加工过程中均未发生所有权的转移，原料运进和成品运出属于同一笔交易，原料供应者即是成品接受者；而在进料加工中，原料进口和成品出口是两笔不同的交易，均发生了所有权的转移，原料供应者和成品购买者之间也没有必然的联系。第二，在来料加工中，我方不用考虑原料的来源和成品的销路，不担风险，只收取工缴费；而在进料加工中，我方是赚取从原料到成品的附加价值，要自筹资金、自寻销路、自担风险、自负盈亏。

2. 进料加工业务的做法

进料加工的具体做法，归纳起来，大致有以下三种：

(1) 先签订进口原料的合同，加工出成品后再寻找市场和买主。这种做法的好处是进料时可选择适当时机，低价时购进，而且一旦签订出口合同，就可尽快安排生产，保证及时交货，交货期一般较短。但采取这种做法时，要随时了解国外市场动向，以保证所生产的产品能适销对路，否则产品无销路，就会造成库存积压。

(2) 先签订出口合同，再根据国外买方的订货要求从国外购进原料，加工生产，然后交货。这种做法包括来样进料加工，即由买方先提供样品，我方根据其样品的要求再从国外进口原料，加工生产。这种做法的优点是产品销路有保障，但要注意所需的原料来源必须落实，否则会影响成品质量或导致无法按时交货。

(3) 对口合同方式。即与对方签订进口原料合同的同时签订出口成品的合同，原料的提供者也就是成品的购买者。但两个合同相互独立，分别结算。这样做，原料来源和成品销路均有保证，但适用面较窄，不易成交。实际做法中，有时原料提供者与成品购买者也可以是不同的人。

3. 开展进料加工的意义

进料加工在我国并非一种新的贸易方式，但在改革开放的过程中，在中央政策的鼓励下有了较为迅速的发展，特别是东部沿海地区开展十分普遍。我国开展进料加工的意义，主要表现在以下几方面：

(1) 有利于解决国内原材料紧缺的困难，利用国外提供的资源，发展出口商品生产，为国家创造外汇收入。有些不能出口的产品，还可以满足国内市场的需要。

(2) 开展进料加工可以更好地根据国际市场的需要和客户的要求，组织原料进口和加工生产，特别是来样进料加工方式，有助于做到产销对路，避免盲目生产，减少库存积压。

(3) 进料加工是将国外的资源和市场与国内生产能力相结合的国际大循环方式，也是国际分工的一种形式。通过开展进料加工，可以充分发挥我国劳动力价格相对低廉的优势，并有效利用相对过剩的加工能力，扬长避短，促进我国外向型经济的发展。

(四) 进行加工贸易应注意的问题

(1) 要正确处理加工装配和正常出口的关系。在确定加工装配的成品、工缴费的标准和销售市场等方面，应以不影响正常出口为原则。

(2) 确定成品质量时，既要从当前的技术、工艺水平出发，又要在有条件时逐步升级、以促进技术、工艺水平的提高。从品种而言，应积极创造条件，从当前以劳动密集型产品为主逐步过渡到资本密集或技术密集型产品。

(3) 注意对国外的先进技术和经验的吸收、消化、推广、借鉴，以利于改进我国产品的质量和设计。

(4) 加强经济和成本核算，使工缴费的标准既能适应国际市场水平，具有竞争力，使国外委托人有利可图，又能使加工装配企业和国家都得益。

(5) 加强经营管理，不断降低消耗，提高劳动生产率，进一步发挥我国劳动力资源的优势，提高经济效益。加强对来料、来件和成品的检验，防止不必要的损失。维护商品的信誉和不断扩大业务。

(6) 对外加工装配业务，如果各地、各单位分散承接，互不通气，很易被外商利用各地、各单位步调不一，进行压价或取得对他片面有利的条件，使我方遭受不必要的损失。为此，应该建立必要制度，定期交流信息，做到统一对外。

(7) 来料、来件可享受进口免税待遇，因此合同签订后，承接方（承接企业或外贸企业）应及时填报“来料、来件加工装配报批单”，上报主管部门批准后，再向海关填报“专为制造外销商品而进口原辅料、包装物料免税申请表”一式三份，随附合同副本先报主管单位审查后再交所在地海关批准，以备今后料、件进口时凭以免税。成品出口后，再向批准地海关办理销案手续。

➢重要概念

贸易方式；经销；总代理；独家代理；寄售；展卖；招标；投标；拍卖；对销贸易；易货贸易；互购；抵销；补偿贸易；加工贸易；来料加工；来件装配；来样定制；进料加工

➢思考题

1. 以经销方式出口应该注意哪些问题？
2. 简述代理的一般做法。
3. 请对国际上通行的三种拍卖方式（出价方式）进行比较。
4. 对销贸易与正常进出口贸易的关键区别是什么？
5. 来料加工与进料加工的异同点是什么？

➢案例分析

1. 内地A公司与香港B公司签订一份独家代理协议，指定由香港B公司为独家代理。在订立协议时，A公司正在试验改进现有产品的规格。不久，A公司的试验获得成功，并把这项改进后的同类产品，指定香港另一家C公司作独家代理。结果A公司与香港B公司发生了纠纷。问A公司能签订本案中的第二份独家代理协议吗？为什么？

2. 一招标机构接受委托，以国际公开招标形式采购一批机电产品。招标文件要求投标人制作规格标书和价格标书两份投标文件。开标时，先开规格标，对符合条件者，再定期开价格标，确定中标者。共有12家企业投标。到了开标期先开规格标，经慎重筛选，初步选定7家，通知他们对规格标进行澄清，并要求将投标有效期延长两个月。7家中有4家送来澄清函并同意延长有效期，另3家提出若延长有效期，将提高报价10%或更多，否则将撤销投标。招标机构拒绝了后3家的要求。到了价格标的开标日期，对仅有的4家开标后，却发现4家报价均过高，超过招标机构预定标底30%以上。无奈，招标机构只得依法宣布此次招标作废，重新招标。试析此次招标失败的原因以及应吸取的教训？

3. A工厂与B港商订约为美国C公司生产一种价值几万美元的特殊规格的

机械用具，A厂按合同规定马上投入生产。可是，接近完工时，B港商来电通知，由于美国C客户撤销订单，合同无法履行。A厂立即电告B港商：生产已接近完工，合同必须执行。最后，该案递交仲裁，在仲裁过程中，B港商表示愿意承担责任，但调查结果表明，其注册资本只有几千港元，根本无法作出赔偿。从本案可以吸取哪些教训？

第十二章

国际电子商务

随着互联网技术的成熟和电子商务在全球范围内的发展，电子商务所提供的更快捷和更廉价的通信工具，刺激了国际贸易的发展。企业可以通过因特网与国外企业直接接触，快捷地获取商业信息，根据市场行情的变化及时调整生产，获得更大的效益，减少不必要的损失；同时，电子商务能够帮助企业大大增加贸易机会、降低贸易成本和提高贸易效率。电子商务还能够使企业向用户提供全天候的产品信息和服务，从而大大提高市场竞争力。

目前，快速发展的国际贸易迫切要求实现全球贸易运作的信息化，电子商务使整个贸易中的卖方交货和买方付款的各项数据能够通过电子计算机在进出口商、海关、银行、运输公司、保险公司及政府有关部门间进行传输和处理，这是国际贸易交易方式上的革命。

本章主要介绍国际贸易中几种常用的电子单据，并对电子合同的有关问题进行探讨。

第一节　电子单据

随着电子商务的迅猛发展，电子单据在进出口企业、海关、质检、保险机构、物流运输、商业银行等政府部门和企业都有了不同程度的应用。通过电子单据流通，建立在 Internet 技术平台之上的电子贸易金融服务也在一些国家出现。

一、电子单据概况

（一）电子单据的概念

国际贸易结算业务已经有几百年的发展历史，在产品概念和运作模式创新等方面长期以来一直没有太多的变化。而近年来兴起的电子单据的应用与流通，为传统国际结算业的发展提供了创新的原动力。

传统的国际贸易结算大多采用纸制单据，商业银行通过对纸制单据的审核、议付，采用邮寄方式完成凭单索汇，通过审核纸制单据的格式和内容的统一，根据“单证一致，单单一致”，为进出口企业提供国际结算服务。

从技术上说，电子单据是指通过结构化定义形成的规范数据结构或数据模型，对纸质的交换业务信息的单据中包含的数据和格式以电子方式进行制作、生成、采集、发送、传输、接收和保存所形成的单据。这些结构化、格式化的电子数据具有可视性，可以用特定的输出格式呈现在各种终端上或打印在纸面上。实际上，电子单据是从企业主体在贸易活动过程中的全部单证、票据与文件中提炼的能够代表所有商业单据的电子数据，它们分别属于与外贸活动相关的进出口企业、海关、银行、保险、运输、商检、贸促会等部门。通过电子数据的制作、采集、提交、流通等一系列计算机系统处理环节，代表商业单据的电子单据被广泛应用于国际结算和贸易过程中。

(二) 电子单据对国际贸易的影响

电子单据的应用与流通对国际贸易产生了深远影响。

(1) 电子单据加快了国际结算业务的处理速度。电子单据的应用与流通，缩短了单据传递过程中耽搁的时间，消弭了各种人为因素的影响。电子单据的全天候和全球性特性，使得商业银行处理电子单据获得了时间上和空间上前所未有的自由度，把传统单据的流转时间由几天、十几天缩短为几小时。同时，不同类型单据所使用的数据项无需重复录入，可以有效提高单据的处理速度和数据信息的利用效率。

(2) 电子单据减少了纸制单据容易引起贸易欺诈的可能性。传统单据下，商业银行在结算业务处理时只能采取“单证一致，单单一致”的原则，在国际惯例中明确规定只承担“表面相符”的责任，容易给不法分子造成可乘之机。电子单据是以电子数据的记录形式，从制作初始，就被存储在各个贸易活动方自身的系统中，通过安全认证、交叉认证、数据加密、电子签名等一系列电子技术的保护，有效规避利用电子单据实施欺诈事件的发生。

(3) 电子单据降低了国际贸易的运作成本。进出口企业和商业银行通过电子单据的应用与流通加快了对单据的处理速度，加快了企业资金链和实物供应链的运转。

(4) 电子单据催生了新型的贸易融资方式和服务手段。电子单据的应用与流通、贸易流程的电子化运作催生了诸如电子贸易金融服务平台、国际贸易供应链平台等一系列服务概念。它为整合贸易活动涉及的货物流、资金流和信息流提供了更加快捷的国际贸易供应链运作，增加了各种贸易信息的透明度、公开度和可信度。围绕着通向无纸化贸易的发展路线，国际上许多大的商业银行开始推出国际贸易供应链融资的产品战略，为链条上各个环节的企业提供适时的融资服务，在融资方式和融资渠道上开辟了新的通道。

（三）电子单据的发展

在国际结算中，电子单据的运用离不开单据传输的电子化，国际电子单据是随着电子技术和网络技术的发展逐渐兴盛起来的。目前，银行间信息的传递主要采用 SWIFT（环球同业银行金融电讯协会）、电传、电报等通讯方式，而尤以 SWIFT 在银行间的使用更为普遍。SWIFT 是国际金融机构间的合作组织，它的价值体现在为全球金融业提供一个技术先进、安全可靠的通讯平台，并在信息处理和金融标准方面处于世界领先地位，其业务涉及支付、资金、证券和贸易等领域。与电传、电报通讯方式相比，SWIFT 方式具有通讯费用低、传输速度快、安全性好、标准化和自动化程度高以及配套服务完善等多种优势。目前，全球有 200 多个国家和地区加入了 SWIFT 组织。

SWIFT 的发展促进了贸易结算的便利化，贸易实践的发展也对单据传输渠道提出了更高的要求。为适应当前经济全球化、金融一体化的发展，推动国际贸易和国际结算向高效的无纸化方向发展，降低贸易结算风险、规范国际结算电子文件法律效力及争端解决方法，解决交易成本高、贸易和结算分割、客户不能直接参与结算及交易过程和结算过程无法实时监控等问题，欧共体与 SWIFT 组织共同开发了新一代贸易与结算相结合的系统平台 BOLERO（bills of lading electronic registry organization），该系统已于 1999 年 9 月 27 日向全球推出。目前，BOLERO 的服务面向 80 多个国家的海运、港口和货物承揽，业务范围涵盖全球 2/3 以上的国家和地区。BORELO 的用户包括了国际贸易中的进出口商、银行、保险公司、运输行、承运人、港务机构、海关、检验机构等，为进出口客户提供了一个更高效、更安全可靠的贸易、结算环境，帮助贸易链中的各方降低成本，提高效率。

在国际贸易的发展中，随着电子商务的发展和互联网技术的进步，单据电子化已经成为现代国际贸易的重要特征。

二、主要的电子单据

电子商务和 EDI 在国际贸易中应用以后，传统贸易中的合同、提单、保险单、发票等书面形式的文件逐渐被储存于计算机内的相应数据资料代替。与传统的贸易文件相比，这些电子单据有其自身的特殊性：第一，传统的贸易文件属有形物，宜于长久保存，一般不会消失，而电子单据不具有有形物的特点，如果操作疏忽、失误或感染电脑病毒，则会立即消失。第二，传统的贸易文件是书面的，如有改动便会留下痕迹，而电子数据使用的是磁介质，通过向电脑输入某种指令，可以很容易地对其进行修改而不留下任何可鉴别的痕迹。第三，只要当事人处事谨慎小心，传统的贸易文件一般不会发生差错，而电子单据中的数据则易出差错，这些差错有些是人为原因造成的，如电脑操作人员疏忽、过失，有些则归咎于环境和技术条件，如供电不均衡、计算机通讯网络运转不灵等。第四，电子数据易改动而不留痕迹使电子欺诈成为可能。此外，电子数据一旦泄露给未经授权的人，将给用户造成巨大的损失。

纵观贸易实践的发展，目前几乎所有的贸易单据都出现了电子化的发展趋势，但是从使用频率来看，电子信用证、电子提单、电子报关单等单据的使用频率最高。国内外为了保障当事人的利益，推动国际电子商务的发展，进行了一系列的立法活动，促进了无纸贸易的发展。

（一）电子信用证

信用证最初是以纸制、手开、信开等方式运作的。20 世纪 70、80 年代，随着通讯技术的发展，信用证的开证、通知、修改等方式可以通过电报、电话、电传的方式进行，被称为电开信用证。在当代国际贸易由纸制单据向无纸化单据演变的过程中，传统信用证业务的单证运作模式受到了很大的冲击。随着电子提单等电子单证的应用，电子交单和电子审单已提上议事日程。借助于现代网络科技的发展，信用证迈开了电子化的步伐。

信用证全面电子化是未来的方向，它是真正进入全球电子贸易时代的信号。据统计，截止 2005 年底，在世界主要国家的近 60 家商业银行中，已经有近 50%的被调查银行在不同程度上开展了信用证电子开证、电子交单的业务。在国内，从 2000 年开始，招商银行顺应电子化潮流率先开出了第一张网上人民币信用证。到目前为止，中国各大商业银行都开始经营电子信用证业务。

1. 电子信用证的分类

随着各国电子信用证业务的蓬勃开展，电子信用证的提供者越来越多。根据其业务的主体，可以将电子信用证分为两类：商业银行的电子信用证和电子商务公司的电子信用证。

1）商业银行的电子信用证

电子信用证的一般程序与传统的信用证使用程序类似，主要差别在于整个程序的电子化。也就是说，买卖双方的业务谈判、订单、买卖合同的签署等，一般先通过网络 EDI 系统，由进口商通过网络将电子开证申请书递交开证行，开证行据客户核定的授信额度，按申请书内容，向出口商（即受益人）开出信用证，并通过银行内部作业系统与外部网络系统的接口，将信用证发送给出口商所在地的分行或代理行（即通知行）。通知行核对印鉴无误后，将电子信用证转发到出口商的电子邮箱。出口商用 EDI 系统自动审核信用证后，再由 EDI 系统自动生成全套单据并通过通信网络传送至运输、保险、海关及商检机构等有关部门，要求这些机构根据信用证的内容和实际货物的情况出具诸如发票、提单、保险单等电子单据。出口商按照信用证的规定装运货物以后，备齐各类电子单据，开出电子汇票，通过通信网络提示议付行付款。议付行 EDI 系统按照信用证条款审核单据无误后将货款垫付给出口商，将电子汇票、货运单据通过电子邮件转发给开证行或其指定的付款行索偿。开证行核对单据无误后，付款给议付行，然后通知进口人付款赎单。进口商付款后，开证行将各类电子单据转发给进口商，进口商再将电子单据通过网络转发承运商换取货物。

我国招商银行的网上信用证业务就是一项基于网上银行科技的创新性金融业务。它的推广将对企业的资金周转、贸易结算和企业经营的现代化产生巨大的推动作用，但它仅针对电子商务市场上交易的会员企业，而且单证的提交和审核仍未涉及电子化。

2）电子商务公司电子信用证

第一，美国电子商务公司的 Tradecard 系统。该系统于 2004 年 4 月开始运营，其服务仅限于入会的会员企业。要求成为会员的企业必须先由法国金融机构 Coface 进行信用评定，有资格才能入会。Tradecard 除提供电子市场撮合契约外，它的付款审核单据机制整合了 Coface 付款保证机制与 Thomas Cook 汇兑转账机制，因此能建置创新的财务供应链管理，整合谈判、订约、付款及运送的信息管理作业，大幅降低贸易文件的使用成本。同时，Tradecard 系统将贸易中使用的电子文件作为买卖双方履约运送及付款的查核参考，避免了实体交易上贸易文件的使用及其电子化所面临的可能困扰。从根本上说，它的付款审核机制实质上取代了信用证的功能。因此，它还不是真正意义上的信用证结算方式。

第二，BOLERO 系统。这是以伦敦作为主营业所在地的电子商务公司开发的管理系统。它是一个开放、中立、高度安全、合法的以互联网为支持，以核心信息平台为主构架的电子网络，致力于消除纸上贸易。

BOLERO 的使用者签署协议成为成员后，通过互联网交换单据、核查数据，完成贸易过程。注册申请后，BOLERO 允许在线转让货物所有权。BOLERO 提供的电子信用证支付方式起始于承运人通过核心电讯平台按发货人的要求签发的一份电子提单，BOLERO 权利注册系统将一个信用证项下的所有信息（包括电子提单、电子保险单、电子商检证书等）捆绑到一起，并根据指示确定提单的持有人；捆绑提单信息的流转是通过当前捆绑提单持有人向权利注册系统发出指定另一提单持有人的指令来进行。发货人指定银行为提单持有人时，银行应完成信用证项下垫付货款责任；银行再指定买方为提单持有人时，买方应完成付款赎单责任。当最后收货人成为捆绑提单的持有人时，他可以将捆绑提单通过电子手段交回给承运人或承运人指定的其他人，并要求提货。

BOLERO系统基本上不介入买卖双方交易流程，而是一种包括付款与运输流程在内的完全电子化信用证，用以支持国际贸易流程参与各方包括进出口商、银行、保险公司、运输行、承运人、港务机构、海关、检验机构等传输、交换电子单据与数据。它希望建立一个安全无误的中立流通平台，让现有国际贸易文件可以在电子化的环境下传输及交换，真正实现了信用证项下提单背书后转让的这一关键流程。

我国国家金关工程主干网，在网上也只需一个简单快捷的注册手续就可以进入先进有效的BoleroAdvise信用证通知系统，以相同的单证格式接收来自不同通知行的信用证通知文件，还可以下载、打印，为后续流程做准备。这是我国在电子信用证方面跨出的一大步。

第三，电子商务软件公司开发的CCEWeb系统。该系统将信用证的功能和信用卡相结合，集成了基于因特网的贸易支付、贸易流程和单证管理等多项功能，可进行全球贸易。该系统的核心是"单据清算中心"，其功能类似于银行的融资部，将贸易、运输、保险、融资等各类单据集中处理并进行传递。信用证项下的支付通过单据清算中心进行，运作方式和银行处理信用证交易一样，中心将检查受益人所提交单据的表面一致性，并在支付受益人后结束整个交易过程。它为买卖双方提供了一个安全的电子交易平台。

中国的电子信用证业务由电子商务公司主导，在实践中，最典型的是贸易担保网（www.1001yes.net）的业务运作。这种类似于"直通信用证"的业务，是网上信用证的替代说法，其业务方式不但改变了信用证的形式，而且由于没有银行承担第一性付款责任，也彻底改变了信用证的内在性质。

2. 有关电子信用证的法律

随着互联网技术发展的日趋成熟和网络本身具有的开放性、全球性、地域性、低成本性和高效率的特点，国际贸易运作模式发生了翻天覆地的改变。金融电子化和单据无纸化对国际贸易结算产生了更大的冲击，原有的信用证支付方式已经开始显现与快速发展的电子商务不协调的景象。由于网上银行在国际有关机构的推动下已露端倪，规范电子商务方面的法律纷纷出台，早在1989年通过的INCOTERMS1990就认可了电子信息传输的使用，并在INCOTERMS2000中继续认可了电子单证的效力。国际商会银行委员会于1999年起草了《电子贸易和支付统一规则》；2000年，国际商会又对UCP500即《跟单信用证统一惯例》进行了重新定义和解释，主要针对电子通信技术的发展，特别是电子数据交换（EDI）和传真技术的广泛应用所引发的国际货物交付、运输、邮递等业务的相应变化，做出了明确修订。2002年，国际商会银行技术与实务委员会成立专门工作小组，起草了电子信用证业务方面的统一惯例——《跟单信用证统一惯例电子交单增补规则》（*Supplement to* UCP500 *for Electronic Presentation*，“eUCP”）用来专门解决电子交单和电子审单问题。eUCP 已于 2002 年 4 月 1 日正式生效。

目前草拟的 eUCP 初稿共有 11 个条款，涉及电子信用证业务中惯例的适用、电子交单格式、有关定义、修改、拒付通知、正副本、交单日期、运输单据等方面的内容。

（1）从信用证的适用范围来看，遵循 eUCP 开立的信用证当然遵循 UCP，但在电子交单方面，如果二者发生冲突，eUCP 享有优先权。为了适应目前电子商务参差不齐的发展水平，eUCP 不仅适用于完全电子交单方式，同时也适用于纸质单据与电子单据混合的交单方式。另外，对于 eUCP 的版本，应当按照 eUCP 规定，以开立或修改信用证时有效的 eUCP 版本为准。

（2）从信用证的格式与修改来看，开证行在信用证中应明确规定提交电子单据的格式，如无此规定，则任何形式的电子单据，如微软 Word 文件、Excel 表格、PDF 文件、EDI 标准信息、E-mail 信息以及 HTML、XML 等文件都应被接受。如果信用证发生修改，受益人在提交电子单据时应明示接受或拒绝修改，如无此明示，则表明受益人拒绝修改。

（3）在电子交单上，所有依据 eUCP 开立的信用证均应注明电子单据的“交单地点”。“交单地点”系指计算机所在的物理地址或其电子地址。在电子交单的其他问题上，eUCP 作了如下规定：除非信用证另有规定，各种电子单据应单独提示，受益人还应通知银行单据何时提示完毕；除非电子单据本身标明了出具日，否则该电子信息发出日被视为出具日；除非信用证另有规定或电子单据本身另有标注，否则该电子信息被视为正本，信用证要求提供全套某种电子单据时，仅提交一份即可。另外，UCP500 第 44 条信用证有效期、交单期的顺延原则同样适用于电子交单。需要强调的是，未按 eUCP 规定提示单据将被开证行或保兑行视为没有收到有关电子信息。

（4）在拒付通知上，eUCP 的规定很有特色。在采用完全电子交单方式时，审核单据的合理时间为不少于电子单据提示完毕后的 3 个工作日，一般不超过 5 个工作日，并在相应的时间内发出拒付通知。在发出拒付通知的一定期限内仍未接到单据处理指示，则开证行可将有关电子记录删除。另外，开证行无能力审核电子单据不能成为拒付的理由。

与传统的跟单信用证业务惯例相比，eUCP 中“单证相符、单单一致”的审单原则没有变更，但被赋予了新的内涵，一份电子单据与信用证相符将被视为与同一交易其他合格电子单据相一致。

eUCP 的制定，改变了商业银行提供电子贸易金融服务无规范可依的局面，为国际贸易活动，特别是商业银行国际结算业务处理过程提供了国际惯例指导与“电子化”便利。同时，制定与电子商务应用技术发展相适应的统一规则也有利于巩固国际商会和国际商会相关惯例规则在商业银行国际结算业务领域内的权威地位。

此外，各发达国家针对电子单证进行了专门的立法修改，使得信用证的电子化成为可能，信用证的电子化进程迅速展开。

3. 电子信用证与传统信用证的异同点

1）电子信用证与传统信用证的相同点

电子信用证的操作也是建立在UCP的基本原则和银行标准实务的基础之上的，因此，传统信用证和电子信用证的特点和作用仍然是一致的。从特点看，信用证结算方式不管在纸质还是在电子商务环境下，仍保持三大特点：银行信用、自足文件和单据买卖。从作用来看，在电子商务环境下，信用证仍对买卖双方起到融资、结算和避险作用，促进了国际贸易的发展。

2）电子信用证与传统信用证的不同点

传统信用证在向电子信用证发展的过程中，主要在内容、操作流程及遵循的惯例上发生了变化。

在内容上，主要表现为信用证当事人权利义务的变化，如在电子信用证方式下，受益人交单增加了许多被拒付的理由；开证行审单和付款前需向认证机构确认单据数字签名的真伪等等。

在操作流程上，电子信用证和传统信用证的不同则具体表现在开证、通知、交单和审证等环节。

第一，信用证的开立和通知的电子化。电子信用证是进口商通过网络将电子开证申请书递交开证行，开证行据客户核定的授信额度，按申请书内容，向出口商（即受益人）开出信用证，并通过银行内部作业系统与外部网络系统的接口，将信用证发送给出口商所在地分行或代理行（即通知行）。通知行核对印鉴无误后，将电子信用证转发到出口商的电子邮箱，即完成了信用证的通知步骤。传统信用证从开立到通知一般需要7天左右的过程，在网上操作后可以缩短至一天甚至是一个小时。这无疑为进出口双方加快商品交易速度提供了最大方便。

第二，单据交付的电子化。受益人收到经过网络系统核实的电子信用证后，将信用证内容通过网络立即转发到受益人已经联系好的船运公司、货物运输代理、保险公司及商检机构等，要求这些服务机构根据信用证的内容和实际货物情况出具电子单据，如提单、保险单及质检单等。待实际货物装运后，这些服务机构又通过网络将单据提交给受益人。受益人汇集所有信用证所需的电子单据后，可直接发送给开证行请求付款，也可以将单据交给网络服务商的单据审核中心，由该中心负责审核单据是否与信用证相符，然后再帮助受益人发送电子单据到开证行请求付款。而传统信用证的单据制作都是各部门手工完成，错误率较高；单据交付一般由邮政部门，至多是快递公司通过邮寄方式完成的，不仅时间长，有时还会发生单据遗失、发错的情况，整个过程往往使受益人面临单证不符，遭拒付货款的局面。

第三，单据审核、付款赎单的电子化。开证行通过网络接收受益人提交的电子单据，并对其进行审核，以确认单证相符。根据 UCP600，银行审核纸质单据的合理时间为 5 个工作日，而审核电子单据的时间则大大缩短。由于电子单据的内容、格式标准化规范化，信用证单据的审核将更多地借助计算机系统的自动校验，既大大缓解了纸制单据下不符点带来的诸多麻烦，又降低了信用证的结算成本，由此可摆脱信用证长久以来对人工的强烈依赖。

电子信用证可克服传统信用证耗时、耗财、易遭拒付等缺点，更充分地发挥信用证支付方式的特点，它有利于降低贸易成本，提高贸易效率，更大程度上促进国际贸易的快速发展。因此，电子信用证是国际贸易潮流的发展方向，中国实现信用证全面电子化只是个时间问题。

（二）电子提单

目前，为了规避货物流与资金流的时间差造成的贸易风险，国际商品贸易广泛采取象征性交货的方式，获得承运人或其代理人签发的提单，通过银行向进口商提交包括提单在内的有关单据，就视为完成了交货义务，而无需保证到货。在象征性交货条件下，单据成为交易的关键，单据既是出口商履约的证明，也是进口商付款、提货的依据。单据与货物的实际状况不符，就可能产生极大的风险。而海运提单因其代表货物的物权，从而成为全套结汇单据中最为核心的单据，也理所当然成为出口商双方、承运人、银行等当事人关注的焦点。

随着电子技术的发展，海运提单的电子化形式在国际贸易中的使用增加，与之相关的问题也引起了人们的关注。

海运提单与纸质提单的功能和使用方法相似，不同之处在于，在“有纸贸易”中，各国法律都规定，提单的转让须通过提单持有人的背书进行，而电子提单显然难以按此方式进行转让。许多国际组织和专家都在探求解决这一棘手的法律问题的途径。1990 年国际海事委员会通过的《电子提单规则》率先提出了解决这一问题的方法，即当事人通过协议以电子密码的通知代替传统的背书来实施提单的转让，谁持有密码，谁就享有货物所有权。其具体过程是：掌握密码的人将其转让的意思通知承运人，承运人确认后再向受让人说明有关货物情况，如果受让人接受，则承运人就取消原有出让人掌握的密码，并向受让人发出一个新的密码，至此，这一转让手续结束。当然，上述通知是由电子计算机进行的。

（三）电子报关单

随着政务电子化和金关工程的推进，无纸报关成为贸易实务中的重要变革。无纸报关就是向海关提交电子数据形式以取代传统报关中提交书面文件的做法。它是随着 EDI 技术在国际贸易中的不断应用而逐渐被各国海关应用到货物报关中的。早在 2002 年，中国海关总署就决定在上海海关进行进出口无纸化通关试点，随后又在青岛、宁波、深圳等 7 个海关区推行出口无纸化通关试点。截至目前，无纸化报关已经得到了中国海关系统的全面支持，电子报关单也日益成为贸易实务中不可缺少的电子单据。

电子报关单就是进出口企业根据海关电子报关单的数据格式，录入相关的信息，然后通过电子系统将单据传递给海关进行报关。标准化的电子报关单成为企业进行报关的主要单据，也是海关进行审批和监管的重要凭证。

报关企业输入报关单数据并通过电子网络向海关申报后，电子审单程序就会根据预先设定的报关单数据状态决策表来决定单据的处理类型。目前，海关既定的通道设置包括“现场验放通道”、“接单审核通道”、“专业审单通道”、“不接受申报通道”。

同时，海关的报关系统还包括辅助决策表、布控条件表、数据分析逻辑检查表及其他控制条件表用以对报关单数据的规范性和有效性进行综合审核，根据审核结果对报关单数据进行自动分类，确定报关单数据的通道流向。

报关单辅助决策主要用以确定决策通道或确定通关环节重点提示信息。如“舱单卸货地布控的报关单”，状态是“066”，06 是舱单标志，6 指分散、小型或无人监管的卸货地，必须进行查验。

报关单布控条件是预定式布控环节。海关将根据企业分类情况、情报信息等，通过预先设置布控参数在电子审单、专业审单、接单审核、查验、放行环节对一定期限内的某项商品或某个企业报关单提出布控要求。

报关单数据分析逻辑检查和控制的目的是规范申报，提高报关单数据质量。除了海关总署有统一要求外，各直属海关（包括隶属海关）也可以根据当地申报情况，通过设置参数的方式将不符合海关报关单填制规范要求的予以信息提示或退回，进行诸如非法 HS 编码检查，手册、免表、许可证件等电子数据备案检查，品名及规格型号申报的规范性检查，重点企业、重点商品监控海关统计规范性要求逻辑控制等。

报关单数据状态决策、辅助决策、布控条件、数据分析逻辑检查及其他控制条件表是海关业务管理的信息化。海关借此制定各类标准，为实现计算机对进出口报关单数据的自动审核、确定企业的通关方式提供判断依据，也因此与进出口企业通关成本控制的关系十分密切。

从根本上说，电子报关单既提高了海关的工作效率，节约了进出口企业的报关时间和贸易成本，又迎合了当前国际贸易报关业务的电子化潮流。

随着电子化的发展，电子商检证书、电子原产地证书、电子汇票等单据也在贸易中出现并日益影响贸易的发展。

三、电子单据的主要问题

尽管无纸化贸易和单据电子化已经成为当代国际贸易发展的潮流，但是电子商务发展中的许多问题还是制约了贸易电子化的发展。首先，国际电子单据的安全性颇受质疑。它不仅仅是单据电子化过程中所遭遇的困境，也是制约整个电子商务发展的瓶颈之一。电子商务是一个基于数据共享的网络系统，因此数据在传播过程中容易遭到信息的截取和篡改、身份识别困难和黑客的攻击，没有完善的防范技术，容易导致收件方所收到的电子文件被篡改或资料已泄露，这使得交易存在着一些安全隐患。

其次是信用证欺诈行为。按照信用证的特点，只要单证条款完全一致，银行就要无条件付款。信用证的这个特点使犯罪分子容易得手，信用证电子化虽然解决了合同条款填写的标准化，却无法避免现实生活中欺诈行为的存在。

最后是实行电子化所需要的资金问题。国内的外贸企业一般都是中小型企业，全部实现电子化在现阶段显然有一定的难度。很多外贸企业虽然建立了自己的网站，并实现了部分业务流程电子化，但很多步骤仍然脱离不了人工操作。投资一个信息化系统不是一般中小企业能承受的，需要大量资金和技术支撑。

第二节　电子合同

《联合国国际货物销售合同公约》规定合同的形式是指合同书、信件和数据电文（包括电报、电传、电子数据交换和电子邮件）等可以有形地表现所载内容的形式。我国的合同法在合同形式方面也逐步与国际公约和惯例接轨，认可了合同的各种形式。其中在书面形式的合同中，我国《合同法》也认可合同书、信件和数据电文的法律效力，可以说我国已成为世界上为数不多的采纳电子合同形式的国家，这为电子合同的推广应用以及今后的电子合同相关法规的立法奠定了基础。

虽然电子合同具有合同的一般特征，但是电子合同的出现确实对传统合同构成了冲击和挑战。它是人类信息处理和储存技术进步的结果，是人类进入信息化、数字化时代的产物。

一、电子合同概述

(一) 电子合同的概念

信息技术和信息产业的迅猛发展是知识经济在全球崛起的重要标志，它在全球范围内促进了以国际互联网络为传播媒介进行的商务活动的兴起；与之相适应，电子合同也应运而生。电子商务所使用的工具和它所依赖的载体信息技术改变了人们的传统贸易观念和贸易方式，同时它也引发了许多新的法律问题，如电子合同的要约和承诺、成立的时间与地点、书面形式要求等等。

电子合同（electronic contract），亦称电子商务合同。目前我国对电子合同尚未做出明确的法律定义，我国《合同法》规定："书面形式是指合同书、信件和数据电文（包括电报、电传、传真、电子数据交换和电子邮件）等可以有形地表现所载内容的形式。"① 这样，我国《合同法》实际上把电子合同纳入了"书面形式"之内。

有关电子合同概念的表达，有学者认为："电子合同是当事人之间通过信息网络以电子形式达成的设立、变更、终止财产性民事权利义务关系的协议。"② 也有学者指出："电子合同是指当事人之间通过应用电子管理和数据交换系统设立、变更、终止财产性民事权利和义务关系的交易协议。这里的交易协议应既包括线上达成协议、线上支付的交易协议，也包括需要物流配送而通过电子方式（by electronic means）签订的协议。"③ 还有学者认为："电子合同一般是指通过因特网（Internet）或电子数据交换（EDI）所订立的，明确当事人彼此之间权利和义务关系的协议，有时也称作无纸合同，以区别于传统意义上的合同。"④

根据我国学者的一般理解，电子合同有广义和狭义之分。广义的电子合同是指经电子手段、光学手段，或其他类似手段拟定的约定当事人之间权利与义务的契约形式，即我们通常意义上所指的以"数据电文"为形式拟定的合同。狭义的电子合同概念是专指由 EDI 方式拟定的合同。⑤ 本书采用广义的电子合同概念，即电子合同是指以数据电文形式订立的合同。

(二) 电子合同的特征

电子合同作为一种崭新的合同形式，它与传统合同所包含的信息大体相同，

---

① 参见《中华人民共和国合同法》第 11 条。

② 齐爱民．2002. 电子合同的民法原理．武汉：武汉大学出版社．第 9 页。

③ 魏士廪．2001. 电子合同法理论与实务．北京：北京邮电大学出版社．第 4 页。

④ 覃征等．2001. 电子商务与法律．北京：人民邮电出版社．第 6 页。

⑤ 蒋志培．2001. 网络与电子商务法．北京：法律出版社．第 286 页。

即同样是对签订合同各方当事人的权利和义务做出确定的文件，其成立同样要具备要约和承诺两个要件。在订立电子合同的过程中，合同的意义和作用并没有发生改变，但其签订过程和载体已不同于传统的书面合同，其形式也发生了很大的变化。通过将电子合同与传统合同进行比较，我们可以清楚地看到它的特征。

(1) 电子合同的要约和承诺均通过计算机互联网进行。传统的合同的要约和承诺一般采取“面对面”(F to F) 的方式，这种直接、简单的方式是传统法律制定的出发点，从民商法的主体制度到权利制度，无一不是规范“面对面”的交易活动的。电子合同的要约和承诺是通过计算机网络完成的，只要输入的信息符合预定程序，计算机就自动做出意思表示，电子合同的签订完全可以在计算机的操作下摆脱民事主体的“操纵”独立完成。

(2) 电子合同是无纸化合同。无论是合同法早期的严格的形式主义，还是近代的意思主义，合同的书面形式一直是合同的主要要件之一。电子合同则不然，其订立、变更、解除均不需要传统的书面形式。电子合同是采用电子数据交换的方法与手段签订合同，合同的内容完全可以储存在计算机的内部或其他中介物上，如磁带、磁盘等，而不是以传统的书面形式表现出来。电子合同是一种完全的无纸化合同。

(3) 电子合同生效的方式、时间和地点与传统合同有所不同。传统合同一般以当事人签字或者盖章的方式表示合同生效，而在电子合同中，表示合同生效的传统的签字盖章方式被电子签名所代替。合同成立的时间和地点对于确定当事人的权利与义务以及合同应适用的法律具有重要的意义，但各国合同法对承诺生效的时间并不一致。一般认为，电子合同采取到达生效的原则更为合理，联合国《电子商务示范法》亦采取此种做法。传统合同的生效地点一般为合同成立的地点，而采用数据电文等形式所订立的合同，一般以收件人的主营业地为合同成立的地点；没有主营业地的，其经常居住地为合同成立的地点。

(4) 电子合同还有主体具有虚拟性和广泛性、意思表示具有电子化、订立中 EDI 报文的国际标准性等特征。

(三) 电子合同的类型

电子合同作为合同的一种，理论上也可按照传统合同的分类进行划分。此外，根据不同标准还可以分为不同的种类。

1. 按订立形式不同分类

根据电子合同的订立形式不同，可以将电子合同分为以电子数据交换 (EDI) 方式订立的合同、以电子邮件 (E-mail) 方式订立的合同和电子格式合同。

一般特定企业间 (B to B) 连续的、长期的交易多采用电子数据交换 (EDI)

方式订立合同。使用EDI方式，需在特定企业间进行网络联机，通过网络传递缔约。其前提是先有一个“基本交易合同”，依此确定双方交易信息的标准与格式。

企业和不特定多数消费者之间的交易关系（B to C）多属利用电子邮件（E-mail）缔结合同。主要有如下几种方式：①通过主页（Homepage），顾客操作计算机进入网页，浏览商品宣传和广告后如有购买意思，可依屏幕画面上所显示的要约书格式输入必要信息，输入完毕将信息发出，即为完成要约。对此要约，作为网页所有人的卖主可以用电子邮件或书面做出承诺，合同依双方意思表示一致而成立。②在电脑软件授权合同（licenses）和点击合同（click-wrap contract）等情形下，使用许诺条款，买方从网页上下载软件或在界面上点击“同意”键时，合同即为成立。③在以电子邮件缔结合同的情况下，当事人之间发出要约后，进行承诺的电子邮件一经交换，合同即成立。

电子格式合同是格式合同中的一种，主要用于电子商务企业与消费者之间的消费合同。这种合同可以减少不安全的因素，但也带来不少法律问题。在电子商务中，电子格式合同通常表现为点击合同。许多网站在用户接受邮件服务之前弹出格式合同界面，用户只有点击之后才能使用服务。网站声称，点击表明用户接受合同。

2. 按内容不同分类

根据电子合同的内容不同，可以将电子合同分为实物商品合同、信息商品合同、信息技术合同、合作合同、商务开发合同和市场策划合同。

实物商品合同是最基本的电子合同，也是数量最大的电子合同形式。这种合同在标的上与传统合同相似，只是订立方式有所不同；信息商品合同主要包括计算机软件使用许可合同、技术开发与转让合同，在线书刊、电影、音乐、游戏的交易合同；信息技术合同主要包括网络软件与硬件设备买卖合同、技术开发合同和技术服务合同等；合作合同主要包括网站新闻信息提供合同、网站合作合同、互换广告合同和网站链接合同等；商务开发合同主要适用于电子商务经营者与物流配送、金融机构支付和第三方认证等相关机构之间的合作上；市场策划合同主要适用于电子商务经营者与广告策划企业、市场调查企业和管理咨询企业等相关机构之间的合作上，也适用于电子商务经营者与各类券商、风险投资机构、投资银行、律师事务所、会计师审计师事务所等相关机构之间的合作上。

二、电子合同的订立、成立及效力

（一）电子合同的当事人

合同当事人是指能够参与合同法律关系，享有合同权利和承担合同义务的人。合同的当事人资格是由国家法律规定的。只有享有当事人资格的人，才能在具体的合同法律关系中成为当事人。电子合同当事人是指能够参与电子合同法律关系，享有电子合同权利和承担电子合同义务的人。它属于合同当事人的一种，具有合同当事人的一般法律特征。

缔约能力，是指当事人能够通过自己的行为缔结合同并享有合同权利、承担合同义务的资格。在合同一般生效要件中，通常要求当事人应具有完全行为能力。在纸面交易中，我们可以通过查验身份证，鉴别营业执照，核对授权委托书以及谈话来判断对方当事人是否具有相应的缔约能力，或者通过长期的交易伙伴关系，或是通过对他方的资信状况等可见指标来建立一种最起码的信任关系。在电子合同订立过程中，当事人则很难分辨交易对方当事人真正的性别、年龄、身份，当事人中一方如何能得知他方是否具有相应的民事行为能力，这确实存在判断上的困难。

中国现行法中对当事人缔约能力的规定适用于电子合同。

（二）电子合同的要约与承诺

1. 电子要约

1）电子要约的概念

要约是指一方当事人向另一方当事人提出合同条件，愿与对方当事人订立合同的意思。我国《合同法》规定："要约是希望和他人订立合同的意思表示，该意思表示应当符合下列规定：a）内容具体确定；b）表明经受要约人承诺，要约人即受该意思表示约束。"① 其中，发出要约的一方当事人称为要约人，其相对方称为受要约人。要约的成立，必须具备以下条件：首先，要约必须是特定的意思表示。其次，要约必须是向相对人发出。再次，要约必须内容具体确定。最后，要约必须表明经受要约人承诺，要约人即受该意思表示约束。

电子要约显然也必须符合以上条件，只是实现要约的手段不同而已。由此可以认为电子要约是通过电子媒介的方式希望和他人订立合同的意思表示，该意思表示应当是特定人所为的意思表示，内容应当具体确定，并且表明一旦经受要约人的承诺，要约人即受该意思表示的约束。

2）要约与要约邀请

要约邀请又称要约引诱，是指一方邀请对方向自己发出要约。从法律性质上看，要约是当事人旨在订立合同的意思表示，它有一经承诺就产生合同的可能性，所以，要约在发生以后，对要约人和受要约人都产生一定的拘束力。但要约邀请不是一种意思表示，而是一种事实行为，换言之，要约邀请是当事人订立合

---

① 参见《中华人民共和国合同法》第 14 条。

同的预备行为，在发出要约邀请时，当事人仍处于订约的准备阶段。

在以电子邮件或电子数据交换与特定人联系的情况下，一方发出的信息是要约还是要约邀请，比较容易判断。但是，在一般商业网站上推销商品或服务的信息，要判断其是要约还是要约邀请，却并非易事。在 B to C 交易中，通常认为，如果该商品的信息有明确的价格、规格等内容并可以在线下载的话，应认定为要约。对于网页上陈列的商品，一般应认为其是要约邀请。如果一个向公众提供有关商品或服务信息的网页仅仅是普通的商业广告，那么根据我国《合同法》第 15 条第 1 款的规定，商业广告属于要约邀请。

3）电子要约的效力

我国对要约效力发生的时间不作区分，一律采取到达主义。《合同法》第 16 条第 1 款“要约到达受要约人时生效”；第 2 款“采用数据电文形式订立合同，收件人指定特定系统接受数据电文的，该数据电文进入该特定系统的时间，视为到达时间；没有指定特定系统的，该数据电文进入收件人的任何系统的首次时间，视为到达时间。”《合同法》第 34 条规定承诺生效的地点为合同的成立地点，由此看出合同的成立地点与要约的生效没有关系。因此，我国的《合同法》没有就要约的生效地点做出规定。

要约效力的内容有两个方面：一是要约对要约人的效力，二是要约对受要约人的效力。要约对要约人的效力称为要约的形式效力，是指要约一经生效，要约人即受到要约的约束，不得反悔（扩张、限制、变更）。法律之所以对要约人规定这种义务，目的在于保护受要约人的利益，维护正常交易的安全。但为了适应商业活动的实际需要，要约人在特定条件下可以不受要约的约束，这种情形称为“拘束力的除外”。

要约对受要约人的效力又称要约的实质效力，是指受要约人于要约发生效力时，取得可以承诺的地位。法律之所以这样规定，是考虑到要约人一旦发出要约并且发生效力，就必须给予受要约人承诺的权利。受要约人取得可以承诺的地位后，可以做出有效的承诺，但并不受其约束，即并不因此而负有必须承诺的义务，除非订有预约或者法律另有规定。因此，受要约人即使不做出承诺，也没有通知要约人的义务。

2. 电子承诺

1）电子承诺的概念

根据我国《合同法》第 21 条规定，所谓承诺，是指受要约人同意要约的意思表示。承诺的法律效力在于一经承诺并送达于要约人，合同便宣告成立。承诺必须具有如下要件，才能产生法律效力：承诺必须由受要约人做出；承诺必须在合理期限内向要约人做出；承诺的内容必须与要约的内容一致；承诺必须表明受要约人决定与要约人订立合同；承诺的传递方式应当符合要约的要求。

传统法律关于承诺的规定同样适用于电子合同，电子承诺也应当具备《合同法》规定的上述条件。此外，由于电子代理人的存在，《合同法》关于承诺的规定应当做广义的解释。承诺由受要约人的电子代理人做出的应视为受要约人的行为，因为电子合同可以通过电子代理人之间的操纵作用而订立。如这种相互作用导致电子代理人根据当时的情况进行了承诺的操作，则合同成立。但是，如果该操作是由于欺诈、电子错误或者类似情形所引起，则法院可以提供适当救济。

2）电子承诺的效力

我国对承诺效力发生的时间不作区别，一律采取到达主义。在电子商务环境下，采用数据电文形式订立合同的，收件人指定特定系统接收数据电文的，该数据电文进入该特定系统的时间，视为承诺的到达时间；未指定特定系统的，该数据电文进入收件人的任何系统的首次时间，视为承诺的到达时间。承诺一经生效，合同即告成立。

英美普通法认为要约人在受要约人做出承诺之前的任何时候都可以撤回要约，所以采用发信主义原则，受要约人以书面形式做出承诺时，于该承诺通知付邮时承诺生效。在大陆法系国家，承诺效力发生效力的时间因承诺的形式不同而有所差别。承诺采用对话方式的，从要约人了解时发生效力；承诺采用非对话方式的，采用到达主义原则，承诺到达要约人时发生效力，但这种到达必须在承诺期限内才可，否则逾期到达，即使该承诺的发送是在承诺期限内所为，亦不发生效力。

（三）电子合同的成立与效力

1. 电子合同的成立

合同的成立，是指合同因符合一定的要件而被认为客观存在。电子合同作为合同的一种特殊类型，其成立与传统合同一样，也是指具备法定或约定的构成要素，而在法律上被认为客观存在。

合同的成立与合同的订立既有联系又有区别。对电子合同而言，其成立与订立的联系依然存在，但两者的区别却日趋模糊甚至合一。但并不是说，在电子合同中就没有区分合同成立与订立的需要了，因为以电子意思表示方式订立合同并不意味着一切均能在网上完成。有时双方也会因一些重要条款而坐到一起共同协商，而合同的订立与成立又是判定双方到底是承担缔约过错责任还是违约责任的一个根本标准，所以在电子合同中区别合同的订立与成立仍是有必要的。

关于合同的成立时间，英美法系国家采取投邮主义，承诺一经发出不论要约人是否收到即已生效。大陆法系国家采取到达主义，承诺只有在要约人收到后，才能生效。在电子商务环境下，采取投邮主义在电子合同实践中会遇到极多法律问题。所以，联合国国际贸易法委员会《电子商务示范法》第 15 条没有明确指出在承诺生效上是采取投邮主义还是采取到达主义，只是客观地分别规定了数据电文发出和到达的时间。

我国《合同法》规定："采用数据电文形式订立合同的，承诺到达的时间适用本法第 16 条第 2 款的规定。"① 可见，我国《合同法》在承诺生效上是采取到达主义。另外，我国《合同法》还规定："当事人采用信件、数据电文等形式订立合同的，可以在合同成立之前要求签订确认书。签订确认书时合同成立。"②

2. 电子合同的生效

电子合同的生效，是指电子合同具备一定的要件便能产生法律效力。也就是说，电子合同符合法律规定的生效条件，就可以受到法律的保护，并能够产生电子合同当事人所预期的法律后果。

合同的成立和合同的生效是两个问题，已经成立的合同并不必然生效。合同的生效是指成立且具备生效要件的合同开始在当事人之间产生一定的法律约束力。作为一般原则，我国《合同法》第 44 条第 1 款规定了，依法成立的合同，自成立时生效。但《合同法》同时规定，法律、行政法规规定应当办理批准、登记等手续生效的，依照其规定；凡附生效条件的，自条件成就之时生效；附生效期限的，自期限届至时生效等特殊情况。③ 电子合同一般无法采用批准、登记这种特殊的赋予效力的方式，因此只要不是附条件或期限的合同，电子合同在成立时即生效。

根据我国《合同法》的立法精神以及司法实践经验，电子合同的生效应当具备以下一般性条件：首先，电子合同当事人在订立电子合同时必须具有相应的订立电子合同的行为能力。所谓订立电子合同的行为能力，是指电子合同主体据以独立订立电子合同的法律资格。其次，电子合同当事人的意思表示真实。电子合同只要当事人之间意思表示一致即可成立，但只有当事人之间意思表示真实才能生效。再次，电子合同不违反法律、行政法规或者损害社会公共利益，这是针对电子合同的目的和内容而言的。此外，电子合同的内容必须确定，即电子合同的内容在电子合同成立时必须确定，或者必须处于在将来履行时可以确定的状态。最后，电子合同的形式必须符合法律的要求。

（四）电子签名与电子认证

1. 电子签名

在电子商务的虚拟网络环境中，原先传统的直接交易方式被网上的非直接交

① 参见《中华人民共和国合同法》第 26 条第二款。

② 参见《中华人民共和国合同法》第 33 条。

③ 参见《中华人民共和国合同法》第 44～46 条。

易方式所取代，交易的主体、客体、要约、承诺和合同的签订、履行以及解决合同纠纷时所使用的证据等等都将成为经数字化处理后可在网络终端的人机界面上显现的影像。互联网的共享性和开放性使得在互联网上建立交易双方的安全和信任关系相当困难，其中交易主体的身份认证成为贸易各方必须首先解决的问题，电子签名是保障合同订立和交易顺利进行的重要手段。

从广义上讲，电子签名是指附加于数据电讯中的，或与之有逻辑上联系的电子形式的数据。它可用来证明数据电讯签署者的身份，并表明签署者同意数据电讯中所包含的信息内容。狭义上的电子签名，是以一定的电子签名技术为特定手段的签名，通常指数字签名，它是以非对称加密方法产生的数字签名。

一个较完善的签名，一般应满足以下三个条件：第一，签名者事后不能否认自己签署的事实；第二，任何其他人均不能伪造该签名；第三，如果当事双方关于签名的真伪发生争执，能够由公正的第三方仲裁者，通过验证签名来确认其真伪。手签、印章、指印等书面签名，基本上满足了以上条件，因而得到立法与司法部门的支持，并具有一定的法律意义。

从电子签名所涉及的技术手段来看，电子签名可以分为生理特征签名（signature by biometrics）、数字签名和电子化签名（electronic signature）。在贸易实践中，使用最多的是数字签名的方法。

数字签名是一种应用非对称密码系统（asymmetric cryptosystem）对信息动作产生的转换体（transformation）。它仅仅是一组位元，这组位元是一堆乱码所组成的电磁记录，如位元转换体有任何改变，都显示信息已遭更改。

电子签名操作的程序大致为：在进行电子签名处理之前，发信人必须产生一个“密钥”对。其中包括一个“公共密钥”（public key）以及一把“私人密钥”（private key）。私人密钥由发信人私自隐秘地保存，不为外人所知。公共密钥则是尽可能为所有收信人所知。私人密钥和公共密钥具有绝对排他的“唯一对应性”的特性，但用公共密钥无法推出私人密钥的内容。在发文时，发信人必须先将所要签署的文件内容通过一个哈希函数的运算，转换为长度通常为128byte的资料摘要（message digest），然后再对这些资料摘要利用私人密钥做加密运算，其结果即为原文资料做出了电子签名。然后将电子签名及原文发送至收信人。收信人在接到上述资料后，首先将原文资料的相同的哈希函数重新加以运算，得到一个资料摘要。同时，验证方把所收到的电子签名用发信人公布的公共密钥做解密运算而得到发信人送出的原资料摘要。两资料摘要相对比，如果相同，由可确认该文件确实是由该公共密钥所对应的私人密钥所签署。即表示所收到的资料确实为发信人所签署和发送。

数字签名运作方式简便，成本低廉，安全性高，是现今世界各国普遍采用的网络通信安全工具，这种方式也是迄今为止技术最为成熟、完善的一类电子签名。

对电子签名效力的认可同对电子合同本身的有效性认定是紧密相关的，各国法律一般都要求某些合同、文件或单据必须有当事人的“签名”予以确认才有效。而按通常理解，签名是某一具体人亲笔写出自己的姓名或姓名的缩写。但电子商务交易活动是很难满足这项法律要求的，因为人们不可能通过电子方式亲笔签字。虽然目前各国法律一般都接受了诸如电报、电传和传真这几种电子信息传送形式，认为它们都可以文本形式出现并加以核实，是符合法律上认可的文本形式和签名要求的，但是，真正现代意义上的电子合同是建立在大量使用 EDI 和电子邮件这类无纸化信息传输手段基础之上的。根据现行法律的规定，在这些电子合同中所使用的电子签名就存在着效力问题了。

我国《合同法》规定，“自双方当事人签字或者盖章时合同成立。”[①] 显然，我国合同法所指的“签字”是指一般意义上的签字，即当事人的亲笔签名。至于电子合同是否必须经当事人亲笔签字或盖章才能成立，我国合同法并未做出规定。我国《合同法》还规定，“当事人采用信件、数据电文等形式订立合同的，可以在合同成立之前要求签订确认书。签订确认书时合同成立。”[②] 这就是说，合同当事人可以在合同签署过程中运用电子签名时可以不签订确认书，直接使用电子签名；也可以根据实际情况，首先签订使用这种方法的确认书。

2. 电子认证

电子认证是指特定的机构对电子签名及其签名者的真实性进行验证的具有法律意义的服务。在电子认证过程中，有一个将电子签名和特定的人或者实体加以联系的专门管理机构，这个特定的机构就是“认证机构”（certification authority，CA）。认证机构具有独立性、中立性、可靠性和可执行性等法律特征。

认证是一种服务，其根本的作用是信用公证，目的是降低电子交易的风险。依据电子认证的性质和交易风险的来源不同，电子认证的作用表现在三个方面：信用公示、对外防止欺诈和对内防止否认。信用公示是认证性质的体现，是认证机构职责所在。所谓防止欺诈，是指防范电子交易当事人以外的人故意入侵而造成的风险。所谓防止否认，则是认证服务面对电子交易中不得否认这一技术要求所必须达到的法律效果。

电子认证的具体操作程序为：发信人利用密钥制造系统产生公共和私人密钥，发信人在做电子签名前，签名者（发信人）必须将他的身份资讯和公共密钥送到一个经合法注册、具有从事电子认证服务许可证的第三方（即我们通常所称的“CA 认证机构”）登记并由该认证机构签发电子印鉴证明（certificate），也就

---

① 参见《中华人民共和国合同法》第 32 条。

② 参见《中华人民共和国合同法》第 33 条。

是我们通常所说的“认证证书”。然后，发信人对其要约信息以其私人密钥制作数字签名文件，同电子印鉴证明（认证证书）一同发送给对方（收信方），向对方发出要约。收信人经由电子认证证书及电子签名的验证，即可确信电子签名文件的真实性和可信性。若认证机构有“认证废止目录”，则可以查询目录以了解该认证证书是否依然有效；收信人承诺，则电子合同成立。

三、电子合同的履行

电子合同的履行是指电子合同当事人按照法律的规定和电子合同的约定，全面完成电子合同义务，实现电子合同权利。它是电子合同当事人严格按照电子合同的约定全面完成各自所承担的义务的行为。

（一）电子合同履行的原则

合同履行的原则，是当事人在履行合同债务时所应遵循的基本准则。在这些基本准则中，有的是基本原则，有的是专属于电子合同履行的原则。根据我国《合同法》的规定，电子合同履行的原则主要有四条。

1. 诚实信用原则

诚实信用原则是指民事主体在从事民事活动时，应诚实守信，以善意的方式履行其义务，不得滥用权利及规避法律或合同规定的义务。同时，该原则要求维持当事人之间的利益以及当事人利益与社会利益之间的平衡。诚实信用原则是合同法中的一项极为重要的原则，也是合同履行中的一项最基本的原则。

2. 适当履行原则

适当履行原则又称正确履行原则或者全面履行原则，是指当事人按照电子合同规定的标的及其数量、质量，由适当的主体在适当的履行期限、履行地点，以适当的履行方式，全面完成电子合同义务的履行原则。它与实际履行既有联系又有区别。实际履行强调债务人按照电子合同约定交付标的物或者提供服务，至于交付的标的物或者提供的服务是否适当，则无力顾及。

3. 协作履行原则

协作履行原则是指当事人不仅适当履行自己的合同债务，而且应当基于诚实信用原则要求对方当事人协助其履行债务的履行原则。一般认为，该原则要求债务人履行债务时，债权人应当适当受领给付；债务人履行合同债务时，债权人应当给予适当的便利条件，如履行通知、协助和保密等附随义务；因故不能履行或不能完全履行义务时，应当努力减少损失；发生合同纠纷时应当主动承担责任等。

4. 情事变更原则

情事变更原则是指电子合同有效成立后至履行完毕前，因发生当事人不能预见、不可防止的客观情况，致电子合同存在的基础动摇或者丧失，如果继续履行原电子合同，必然显失公平，所以允许当事人变更或者解除电子合同。这一原则的实质在于，维护民法诚实信用原则的公正性，消除电子合同因情事变更所产生的不公平后果。我国最高人民法院的司法解释已经承认了情事变更原则，只是《合同法》对此没有规定。

（二）电子信息合同的履行

1. 履行方式与地点

所谓电子信息合同，是指以电子信息为交易标的的电子合同。这里的“电子信息”，仅包括数字化商品中的应用软件和具有财产价值的信息两类，并非所有的数字化商品，也非所有的电子信息。换言之，本书所谓电子信息，是作为交易标的的数字化商品，但不包括电子货币与电子票据。

1）有形媒介的交付方式与地点

就标的性质而言，信息可作为动产来对待。当信息是以有形媒介为载体时，它与传统的动产买卖在交付地点与交付方式方面，没有多大区别。美国《统一计算机信息交易法》规定：“拷贝的交付必须在协议指定的地点进行。如没有此种指定，下列规则应当适用：以有形价值存在的拷贝的交付地点为交付方的营业地，如果没有营业地则为其住所地。但是，如果双方在缔约之时知道拷贝位于其他某一地方，则该其他地方为交付地。”① 与传统动产交付所不同的是，该法在义务履行方所在地之外，又增加了标的物所在地，作为补充履行地。电子信息即便是以有形载体存在，其重量都较轻，在标的物所在地交付，一般不会增加接收人的负担。如此规定，体现了电子信息的特点，具有灵活性。

2）电子化交付的方式与地点

以电子传输交付电子信息，是电子交易独具特点的方式。如果仍适用义务履行方所在地原则，就违背了电子信息的规律，同时也会给当事人带来极大的不便。在这一点上，它是与数据电讯的发送、接收时间的确定方式是一致的，即以信息系统作为其参照标准。从交付完成的标准看，则是提交并保持有效的拷贝给对方支配。其最终落脚点，是让信息使用人能有效的支配合同项下的电子信息。

3）信息交付的随附义务

为了使所交付的信息复本达到“商业适用性”，即实现其有效的交付，在交付之中往往还随附着一定的义务。如同有形货物买卖中必须提供“使用说明”一样，电子信息的交付应将如何控制、访问信息的资料交给客户，使之能有效支配所接收的信息。这些义务对于电子信息的交付而言，是必不可少的，而绝非可有

---

① 参见美国《统一计算机信息交易法》第606条第1款。

可无的。譬如，在网上提供某一格式的文件，一般应同时提供打开该文件的方式，或直接提供应用软件，或指示取得软件的方式。否则，客户就无法对文件内容有效利用。这就好似卖锁应配备钥匙一样。美国《统一计算机信息交易法》第606条第2款对此有详细的规定。

4）与信息交付相对应的履行

与信息交付相对应的履行，主要是指信息使用费的支付，它是信息使用人应履行的义务，也是信息许可的对价给付，体现了合同权利义务的对应性。两项相互对应的义务，即信息的交付与使用费的支付，所应遵循的原则是尽量同时履行，除非当事人另有特约。这是由信息的共享性所决定的，如果先使用信息，后支付费用，信息权利人的利益难以得到保障。

2. 电子信息的检验与接收

1）电子信息的检验

在电子信息合同的履行过程中，电子信息的检验分为两种情况：第一，大众市场的电子信息的检验。它指向市面大量出售标准信息版本的情形，主要包括在线交易的电子信息的交付检验和有形复本的交付检验两种。这种交易检验的目的是确定该电子信息是否正版。考虑到这种交易的成交过程短暂，且电子信息使用个人一般不具备专门的检验手段，其检验方式通常是从包装、标志方面检验是否正版。第二，特定电子信息的检验。特定信息一般为履行方按照接受方的特定要求进行制作的软件，它是一种个性化的信息副本，因而检验对于它来说，其重要性是不言而喻的。一般来说，根据协议或者法律的规定，接收人有权检验，而且检验成为接收的前提条件，没有经过检验的接收并不构成合同法上的交付。

2）电子信息的接收

电子信息的接收，是电子信息合同履行的重要阶段，它标志着权利人认可了合同标的，同时也解除了对方当事人交付电子信息的义务。从接收的方式看，有整体接收与部分接收。此外，根据协议还有经查验的接收和标准版本的接收。接收实际上是当事人对合同标的质量、数量的一种同意的表示，它既可由当事人以明示方式做出，也可以从其行为给予推定。

电子信息的接收包括电子信息接收的一般要件和由多个拷贝构成的电子信息的接收。第一，电子信息接收的一般条件。一般情形下，保留了拷贝或者实现了信息的利益即为接收。第二，当一个电子信息由多个拷贝构成，则只有将各个拷贝作为一个整体的接收才是有效的接收。

3. 电子控制与电子自助

1）电子控制

所谓电子控制，主要指电子信息开发商、供应商对信息利用所进行的限制。美国《统一计算机信息交易法》规定："本条中的'自动限制措施'，指目的在于限制对信息的使用的程序、代码、装置或类似的电子或物理措施。”①

电子控制权首先是一种合同约定的权利，是电子信息开发或服务提供方，如信息许可人，对其信息采取的技术控制措施。而许可方要运用电子控制权，一般需要经过与被许可方签订协议，得到被许可方的明确授权，方可实施。同时，它又是相对权，只能对合同关系中的被许可方使用该种信息进行控制而不能破坏其他程序。其次，对电子控制权的实施应予以严格的条件限制，如必须有被许可方的明示同意或许可方应在有确切证据证明被许可方有与协议不一致的使用情形下，在规定的合同期限到期后或一定次数的使用之后，被许可方仍继续使用后，方可进行电子控制，采取自动限制措施。

2）电子自助

电子自助是与电子控制紧密联系的问题。电子控制是许可方和被许可方通过合同约定赋予许可方的一种程序上的自动控制权，而电子自助则是在因用户或被授权方违约而使电子合同取消后，法律赋予许可方利用电子方式进行自我救济的权利。它具体表现在占有权和阻止权两个方面。

许可方的占有权是指，在撤销合同时，许可方有权占有所有被许可方控制或占有的许可信息的副本和任何其他与该信息有关的根据合同应由被许可方退还或交付给许可方的材料。许可方的阻止权是指在撤销合同时，许可方有权阻止被许可方继续根据许可行使合同上或信息上的权利。

电子自助与电子控制不同。第一，电子控制权是在电子信息合同履行中，法律授予许可方的一种权利；而电子自助权是在因被许可方违约而使电子信息合同被取消后，法律赋予许可方利用电子方式进行救济的权利，它不适用于依据电子信息合同本身条款的规定而到期或者其他没有违约的情形。第二，电子控制权除了电子信息合同约定以外，许可方在有确切证据证明存在法定情形时也可行使；而电子自助权只有在取得被许可方对授权使用电子自动条款表示同意的情况下才可行使。第三，许可方行使电子控制权，符合法定条件时可免予承担责任；而许可方行使电子自助权，在一定条件下必须承担责任。

（三）电子支付

在电子合同的履行过程中，与信息交付相对应的履行就是信息使用费的支付，它是信息使用人应履行的义务，也是信息许可的对价给付，体现了合同权利义务的对应性。所谓电子支付（electronic payment），又称“网上支付”，是指以电子计算机及其网络为手段，将负载有特定的信息的电子数据取代传统的支付工具用于资金流程，并具有实时支付效力的一种支付方式。它有两方面的含义，

---

① 参见美国《统一计算机信息交易法》第605条。

一是以计算机及网络为手段，将传统的支付方式电子化，即以电子通讯取代传统的信函、电报等来进行资金流动的资金传递；二是以某种形式的电子信息完全取代传统支付工具如现金、票据，信息的传递就是资金的传递。如果没有电子支付和网上支付结算的参与，电子商务就只是停留在信息的搜索和协议的草签阶段，无法进入实质性的交易阶段，不能形成完整的电子商务。

电子支付的运作过程就是电子货币的发行和运行流程，具体分为发行、流通和回收三个步骤[①]。第一，发行。电子货币使用者 X 向电子货币的发行者 A（可以是银行、信用卡公司、电信部门、交通部门等）提供一定金额的现金存款并请求发行电子货币，A 接受了来自 X 的有关信息后，将相当于一定金额电子货币的数据对 X 授信。第二，流通。电子货币的使用者 X 接受了来自 A 的电子货币，为了清偿对电子货币的另一使用者 Y 的债务，将电子货币的数据向 Y 授信。第三，回收。A 根据 Y 的支付请求，将电子货币兑换成现金支付给 Y，或存入 Y 的存款账户。

以上是电子支付运作的基本形态，若在发行者和使用者之间有中介机构的介入，例如，在 A、X、Y 三个基本当事人中，A、X 间介入了银行 C，A、Y 间介入了银行 D，那么，电子支付的运作过程就可分为五个步骤：①A 根据 C 银行的请求，用现金或存款交换电子货币；②X 对 C 提供现金或存款，请求得到电子货币，C 将电子货币向 X 授信；③ X 将由 C 接受的电子货币用于清偿债务，授信 Y；④Y 的开户行 D 根据 Y 的请求，将电子货币兑换成现金支付给 Y 或存入 Y 的存款账户；⑤A 根据从 Y 处接受了电子货币的银行 D 的请求，用电子货币兑换成现金支付给 D 或存入 D 的账户。

四、电子合同争议的解决

（一）电子合同的司法管辖权

从国际法的角度来讲，管辖权是国家的一项基本权利。管辖权一般包括三种含义：立法管辖权、执行管辖权和司法管辖权。这里仅谈及司法管辖权，它是指国家通过司法手段对特定的人、物、事进行管理和处置的权利，它是国家固有的、不可缺少的根本性权利之一，是国家主权的直接体现。它主要通过属地管辖权、属人管辖权、保护性管辖权和普遍性管辖权等四个方面来体现国家司法管辖权力。

从国内法的角度来看，管辖权是指一国法院系统内部不同级别不同地区的法院受理案件的权限，解决的是纠纷的当事人应该向哪一个法院提起诉讼和寻求诉

---

① 赵家敏．1999. 电子货币．广州：广东经济出版社．第 19 页。

讼救济的程序问题，一般由国内法的诉讼法加以具体规定。而在国际民事诉讼当中，管辖权是指依据国际条约和国内法对特定的涉外民商事案件，根据其连接点选择由哪一国根据何种原则、规则来确定国内法院审理某一具体的涉外民事案件的权限。一国法院对某一具体的涉外民商事案件进行管辖是该国行使主权的一种具体表现，是该国享有的国际法意义上的管辖权的表现。

在传统的确立国际民事诉讼管辖权的原则中，当事人的住所、国籍、财产所在地、行为所在地以及意志均可以成为某国法院对涉外民商事案件的管辖基础。在这些管辖基础当中，都有一个明确的特点即可确定性与相对稳定性。在网络中，由于其全球性及管理的分散性，造成一个难以克服的问题，即管辖基础的难以确定性以及对传统管辖权的挑战。

针对网络的特性，学者对电子合同争议的管辖权问题提出了许多新的理论。目前关于电子商务案件的管辖的法律规制问题存在着两大理论的争议，即新主权理论和管辖权相对论。这两种理论都否认国家管辖权。新主权理论认为，网络空间是一个新的全球性的市民社会（global civil society），它能够完全脱离物理空间中的政府拥有自治的权利，因为它有着自己一套独特的组织形式、价值标准和行为规则。管辖相对论认为，网络空间完全可以成为新的独立的管辖区域，使用者和ISP可以通过自律管理来避免和解决网络空间中的各种纠纷，包括电子商务中的纠纷。管辖权相对论有三个基本点：

第一，网络空间应该作为一个新的管辖区域而存在，就像公海、国际海底区域和南极洲一样，应在此领域内建立不同于传统规则的新的管辖原则。

第二，任何国家都可以管辖并将其法律适用于网络空间内的任何人和任何活动，其程度和方式与该人或该活动进入该主权国家可以控制的网络空间的程度和方式相适应。

第三，网络空间内争端的当事人可以通过网络的联系在相关的法院“出庭”，法院的判决也可以通过网络手段来加以执行。

任何事物都有其两面性，这两种理论也不例外。新主权理论过分强调了网络空间的独特性，完全隔离了与物理空间的联系，事实上对电子商务的发展也是不利的。单纯的技术力量并不能解决技术造成的司法困难，也无法真正保护电子商务活动中当事人的切身利益。管辖相对论则过分强调了行业自律而忽视了法律的管理。诚然，行业自律是非常必要的，也是非常重要的，但是它绝不能完全取代法律的地位和作用。

（二）电子合同的法律适用

电子商务具有国际性，所以容易产生纠纷，而国际纠纷有一个法律适用问题。从理论上说，电子合同的争议与其他传统的合同争议一样，应该适用法院地国的冲突规范来确定合同所适用的法律。不过针对电子合同订立和履行过程中的全球性和网络虚拟性的特点，电子合同争议在适用准据法上也产生了一些新的特点：

第一，连结点的新变化。国际私法上的连结点是法官迅速、准确地找到应适用法律的“路标”，地位十分重要。网络世界全球性和开放性的特点使国家（地域）不再具有实质的意义。但是，一些新的连结点因素随着产生。网络服务提供商（ISP）、网址等将是法院在确定电子合同争议时可予以考虑的新的连结点因素。网址存在于网络空间中，它在网络中的位置是可以确定的，它的产生和变更需要 ISP 通过一定的程序来进行，在特定的时间内是可以确定的。

第二，准据法适用的发展。在互联网这一虚拟空间里，网络活动形成的法律关系只需当事人简单的敲键和点击，当事人之间进行磋商的特点不如传统合同那么明显。意思自治原则和最密切联系原则这些用来确定准据法的传统原则似乎受到了挑战，但一般各个国家都通过技术上的操作使其进一步完善。如为网络活动设计完善的法律选择条款，充分发挥最密切联系原则与当事人意思自治原则在主客观上相互补充、相辅相成的作用。

电子合同争议适用的准据法在传统国际私法的框架下，应该是一种灵活而合理的发展。

（三）电子合同的在线争议解决

在线争议解决（online dispute resolution，ODR），是指争议解决的全部或主要程序都在互联网上进行的争议解决方式。具体地说，就是从争议解决程序的发起到进行裁判或协商，甚至到做出裁决或达成解决协议并支付有关费用都主要通过网络技术来实现，当事人之间及当事人与争议解决机构之间不进行面对面的会见。在争议解决实践中，用网络技术仅仅实现文件的管理，程序的其余部分仍用传统方式来完成的解决方式，不属于在线争议解决的范围。

在线争议解决并不是刚刚出现的事物。早在 1996 年，网络技术较为发达的美国就已经出现了专门提供在线仲裁和调解服务的机构。1998 年，世界知识产权组织仲裁和调解中心制定了“在线加速仲裁规则”以解决域名争议。从 1999 年起，大批互联网企业开始投资于在线争议解决。2000 年，新加坡司法部门和有关政府机构联合推出了在线调解网站。2001 年，英国政府宣布，在未来（五年之后）的英国法庭上，E-mail 将成为一种正式的诉讼手段。

1. 在线仲裁

在线解决争议一般有在线调解和在线仲裁两种方式。但电子合同争议在线解决的主要方式为在线仲裁。在线仲裁是指仲裁程序的全部或主要环节都在互联网上进行，从而突破传统的国际商事仲裁规则和规范的仲裁。在线仲裁虽然在网上进行，但仍属于仲裁，与传统的仲裁有必然的联系，如仲裁的前提是双方协商同意仲裁，仲裁员的选择遵循相同的规则，经过基本相同的仲裁环节等。

但这并不意味着在线仲裁只是运用 Internet 作为通讯媒介，是传统仲裁在网络空间的简单翻版。其实，在线仲裁由于使用了 Internet 作为通讯媒介，导致传统的法律规范在运用上的尴尬。在线仲裁的法律效力不仅取决于传统法律的修改或扩大解释，如电子文件的效力，书面形式问题等，还依赖于电子技术的发展对信息传递的安全性、完整性与真实性的保证。所以技术基础的不同使在线仲裁具有新的特点，它不仅比传统仲裁更迅速、更便利，而且适用范围也日益广泛。在线仲裁与其他在线解决方式相比，其共同点是均在线进行且以当事人的自愿作为程序开始的前提，也都具备快速、经济解决争议的优点。唯一不同的是，在线仲裁裁决有强制执行力，而其他在线解决结果是否有效力，取决于当事人的自愿，即使有效，也不具强制执行力。

2. 在线调解

调解，指应争议当事人的请求，由一个居于中立地位的中间人，即调解人，努力帮助当事人达成解决争议的协议的一种过程。在我国，调解一般是指法院调解，由法院作为调解人对双方当事人进行劝解达成解决纠纷的方案，并由法院制作同判决书有同等法律效力的调解书。调解的案子不得上诉。而所谓网上调解，其基本原理同传统调解一样，只是其从程序的发起至争议解决协议的达成全部在线发生。

在线调解一方面与传统调解有紧密的联系，具有调解的一般特征，同时又具有传统调解没有的反映网络环境需要和互联网发展现状的一些特点。如在线调解更能体现当事人的自愿，它可以自由决定是否采取调解的方式，也可以自由决定是否参与到程序中来，甚至可以在程序进行中中途退出而使调解终结。另外，在线调解的程序也很自由，而且其受法律规范约束较少，因为第三人并不试图运用现有的法律规范来解决双方的冲突，而是对冲突双方提出的观点和要求策划一种妥协与和解的办法。

➢重要概念

电子单据；电子信用证；电子合同

➢思考题

1. 电子单据对当代国际贸易的影响是什么？
2. 电子信用证与传统信用证的异同点有哪些？
3. 试比较电子合同与其他书面合同的异同点。
4. 我国合同法是如何规定电子要约的时间效力的？

➢案例分析

甲公司是一大型跨国零售企业，为增加效率、降低成本，决定开展电子商务，建立一套自动的交易系统。他们首先采用电脑管理所有库存商品，包括库存商品的数量、入库、出库、订单的传送等均由电脑自动操作完成。乙公司系中国内地的大型洗涤剂生产商，其生产的某洗涤用品在甲公司的销售状况非常好，交易量特别大。甲、乙公司于2007年5月3日达成一项协议，约定双方洗涤用品的下单和接单均通过电子数据交换（EDI）的形式，由双方的电脑自动进行。就此，双方达成并签署了一个书面合同，其中约定：甲公司洗涤用品存货不足时，一经甲公司采购负责人决定，甲公司电脑自动给乙公司下单（信息发送成功，电脑会自动显示），乙公司收到订单后，无需特定的人同意，电脑便自动接单。然后，乙公司便根据甲公司的订单送货上门。合同还同时约定，乙公司一有新品，电脑便会自动向甲公司发出提示，以便甲方发出订单。

根据双方的协议，合同自5月10日生效，在此之前，双方对运行系统进行了多次调试，双方对系统的正常运行表示放心，并约定，一旦系统出现问题，应当立即告诉对方。合同生效后，系统运行一直正常，双方对这种运行高效、成本极低的交易方式十分满意。

2007年9月12日，由于甲方库存的乙公司洗涤用品低于正常库存量，急需进货，甲公司电脑便自动给乙公司下单，订单对货号、数量作了约定，电脑也显示信息发送成功。按照常规，乙方当天收到订单后，立即组织发货，9月15日就能到货。可是直到9月21日，乙公司的货才送到甲公司。而甲公司销售的乙方洗涤用品已经于9月16日销售完毕，为了应急，甲公司只得于9月15日从另一家公司进了一批其他类型的洗涤用品。甲公司为此拒绝接受乙公司此批货物，还要求其赔偿损失。因为，从9月16日到9月21日，甲公司销售的乙方洗涤用品一直缺货，不仅引起了顾客的不满，可能致使部分顾客流失，而且直接影响了甲公司的销售额。但乙公司声称，他们是在9月18日才接到订单的，并且立即组织发货，乙方没有任何违约行为，要求乙方为此承担责任，是不公平的。

你认为乙公司是否应当承担责任？双方应当如何解决纠纷？

参考文献

曹民之. 2005. 国际贸易实务指导. 上海：立信会计出版社

陈红蕾. 2001. 国际贸易实务（第二版）. 广州：暨南大学出版社

陈永富. 2003. 国际贸易实务. 北京：科学出版社

陈志友. 2007. 进出口贸易实务（第三版）. 上海：立信会计出版社

邓敏. 2005. 国际贸易实务与融资. 成都：西南财经大学出版社

丁梅生，姜鸿. 2002. 国际贸易实务. 北京：中国财政经济出版社

丁梅生，文静. 2006. 出口时采用FOB好还是CIF好——我国外贸出口中FOB和CIF术语的应用分析. 对外经贸实务，(4)：59～60

方志华，张志谦，程丽萍. 2000. 实用国际贸易结算. 上海：立信会计出版社

宫焕久，许源. 2007. 进出口业务教程（第二版）. 上海：上海人民出版社

顾明. 2001. 外贸制单与结汇. 北京：对外经济贸易大学出版社

韩玉珍. 2000. 现代国际贸易实务. 北京：首都经济贸易大学出版社

侯铁珊，逯宇铎. 2000. 国际贸易实务案例与练习. 大连：大连理工出版社

胡丹婷，杭言勇，傅纯恒. 2007. 国际贸易实务. 北京：机械工业出版社

胡丹婷. 2007. 国际贸易实务. 北京：机械工业出版社

胡涵钧. 2008. 国际经贸实务（第三版）. 上海：复旦大学出版社

黄汉民，钱学锋. 2006. 中国对外贸易. 北京：中国财政经济出版社

蒋志培. 2001. 网络与电子商务法. 北京：法律出版社

黎孝先. 2008. 国际贸易实务（第四版）. 北京：对外经济贸易大学出版社

李玖晖. 2006. 新编国际贸易实务. 北京：人民交通出版社

李军. 2005. 国际贸易实务. 成都：西南财经大学出版社.

李权. 2000. 国际贸易实务. 北京：北京大学出版社

李巍. 2002. 联合国国际货物销售合同公约评释. 北京：法律出版社

刘德标，罗凤翔. 2005. 国际贸易实务案例分析. 北京：中国商务出版社

逯宇铎，候铁珊. 2006. 国际贸易实务（第五版）. 大连：大连理工大学出版社

罗来仪，李乃军. 2001. 对外贸易业务问题集解. 北京：对外经济贸易大学出版社

彭福永. 2006. 国际贸易实务教程（第三版）. 上海：上海财经大学出版社

彭红斌. 2007. 当代国际贸易发展的特点探析. 桂海论丛，23（4）：13～15

齐爱民. 2002. 电子合同的民法原理. 武汉：武汉大学出版社

丘嘉锋，顾丽娜. 2006. 国际贸易发展的新趋势及中国对策. 经济纵横，(11)：11～13

邵渭洪，孙敏，杨宏华等. 2007. 进出口贸易实务操作. 上海：上海财经大学出版社

沈薇贞. 2000. 国际结算. 上海：复旦大学出版社

盛洪昌. 2006. 国际贸易实务. 北京：清华大学出版社

覃征等. 2001. 电子商务与法律. 北京：人民邮电出版社

童宏祥. 2006. 新编国际贸易实务. 上海：华东理工大学出版社

魏士廪. 2001. 电子合同法理论与实务. 北京：北京邮电大学出版社

吴百福，徐小薇. 2011. 进出口贸易实务教程（第六版）. 上海：上海人民出版社

熊良福，夏国政. 2004. 国际贸易实务新编（第三版）. 武汉：武汉大学出版社

徐景霖，黄海冬. 1999. 国际贸易实务案例·大纲·习题. 大连：东北财经大学出版社
徐景霖. 2006. 国际贸易实务（第七版）. 大连：东北财经大学出版社
姚大伟. 2001. 新编国际贸易实务. 上海：上海科学技术文献出版社
叶德万，陈原. 2006. 国际贸易实务案例教程（第二版）. 广州：华南理工大学出版社
应诚敏. 2000. 国际结算. 上海：高等教育出版社
袁建新. 2004. 国际贸易实务. 北京：中国财政经济出版社
袁永友，柏望生，李广英. 2004. 新编国际贸易实务案例评析. 北京：中国商务出版社
张东祥. 2000. 国际结算. 武汉：武汉大学出版社
张卿. 2005. 国际贸易实务. 北京：对外经济贸易大学出版社
张云. 2006. 国际贸易惯例发展研究. 北京：中国社会出版社
赵家敏. 1999. 电子货币. 广州：广东经济出版社

附录

联合国国际货物销售合同公约

（1988年1月1日生效）

序　言

本公约各缔约国，

铭记联合国大会第六届特别会议通过的关于建立新的国际经济秩序的各项决议的广泛目标，

考虑到在平等互利基础上发展国际贸易是促进各国间友好关系的一个重要因素，

认为采用照顾到不同的社会、经济和法律制度的国际货物销售合同统一规则，将有助于减少国际贸易的法律障碍，促进国际贸易的发展，

兹协议如下：

第一部分　适用范围和总则

第一章　适用范围

第一条

（1）本公约适用于营业地在不同国家的当事人之间所订立的货物销售合同：

（a）如果这些国家是缔约国；或

（b）如果国际私法规则导致适用某一缔约国的法律。

（2）当事人营业地在不同国家的事实，如果从合同或从订立合同前任何时候或订立合同时，当事人之间的任何交易或当事人透露的情报均看不出，应不予考虑。

（3）在确定本公约的适用时，当事人的国籍和当事人或合同的民事或商业性质，应不予考虑。

第二条

本公约不适用于以下的销售：

（a）购供私人、家人或家庭使用的货物的销售，除非卖方在订立合同前任何时候或订立合同时不知道而且没有理由知道这些货物是购供任何这种使用；

（b）经由拍卖的销售；

（c）根据法律执行令状或其他令状的销售；

(d) 公债、股票、投资证券、流通票据或货币的销售；

(e) 船舶、船只、气垫船或飞机的销售；

(f) 电力的销售。

第三条

(1) 供应尚待制造或生产的货物的合同应视为销售合同，除非订购货物的当事人保证供应这种制造或生产所需的大部分重要材料。

(2) 本公约不适用于供应货物一方的绝大部分义务在于供应劳力或其他服务的合同。

第四条

本公约只适用于销售合同的订立和卖方和买方因此种合同而产生的权利和义务。特别是，本公约除非另有明文规定，与以下事项无关：

(a) 合同的效力，或其任何条款的效力，或任何惯例的效力；

(b) 合同对所售货物所有权可能产生的影响。

第五条

本公约不适用于卖方对于货物对任何人所造成的死亡或伤害的责任。

第六条

双方当事人可以不适用本公约，或在第十二条的条件下，减损本公约的任何规定或改变其效力。

第二章　总　　则

第七条

(1) 在解释本公约时，应考虑到本公约的国际性质和促进其适用的统一以及在国际贸易上遵守诚信的需要。

(2) 凡本公约未明确解决的属于本公约范围的问题，应按照本公约所依据的一般原则来解决，在没有一般原则的情况下，则应按照国际私法规定适用的法律来解决。

第八条

(1) 为本公约的目的，一方当事人所作的声明和其他行为，应依照他的意旨解释，如果另一方当事人已知道或者不可能不知道此一意旨。

(2) 如果上一款的规定不适用，当事人所作的声明和其他行为，应按照一方与另一方当事人同等资格、通情达理的人处于相同情况中，应有的理解来解释。

(3) 在确定一方当事人的意旨或一个通情达理的人应有的理解时，应适当地考虑到与事实有关的一切情况，包括谈判情形、当事人之间确立的任何习惯作法、惯例和当事人其后的任何行为。

第九条

（1）双方当事人业已同意的任何惯例和他们之间确立的任何习惯做法，对双方当事人均有约束力。

（2）除非另有协议，双方当事人应视为已默示地同意对他们的合同或合同的订立适用双方当事人已知道或理应知道的惯例，而这种惯例，在国际贸易上，已为有关特定贸易所涉同类合同的当事人所广泛知道并为他们所经常遵守。

第十条

为本公约的目的：

（a）如果当事人有一个以上的营业地，则以与合同及合同的履行关系最密切的营业地为其营业地，但要考虑到双方当事人在订立合同前任何时候或订立合同时所知道或所设想的情况；

（b）如果当事人没有营业地，则以其惯常居住地为准。

第十一条

销售合同无须以书面订立或书面证明，在形式方面也不受任何其它条件的限制。销售合同可以用包括人证在内的任何方法证明。

第十二条

本公约第十一条、第二十九条或第二部分准许销售合同或其更改或根据协议终止，或者任何发价、接受或其它意旨表示得以书面以外任何形式做出的任何规定不适用，如果任何一方当事人的营业地是在已按照本公约第九十六条做出了声明的一个缔约国内，各当事人不得减损本条或改变其效力。

第十三条

为本公约的目的，“书面”包括电报和电传。

第二部分　合同的订立

第十四条

（1）向一个或一个以上特定的人提出的订立合同的建议，如果十分确定并且表明发价人在得到接受时承受约束的意旨，即构成发价。一个建议如果写明货物并且明示或暗示地规定数量和价格或规定如何确定数量和价格，即为十分确定。

（2）非向一个或一个以上特定的人提出的建议，仅应视为邀请做出发价，除非提出建议的人明确地表示相反的意向。

第十五条

（1）发价于送达被发价人时生效。

（2）一项发价，即使是不可撤销的，得予撤回，如果撤回通知于发价送达被发价人之前或同时，送达被发价人。

第十六条

(1) 在未订立合同之前，发价得予撤销，如果撤销通知于被发价人发出接受通知之前送达被发价人。

(2) 但在下列情况下，发价不得撤销：

(a) 发价写明接受发价的期限或以其它方式表示发价是不可撤销的；或

(b) 被发价人有理由信赖该项发价是不可撤销的，而且被发价人已本着对该项发价的信赖行事。

第十七条

一项发价，即使是不可撤销的，于拒绝通知送达发价人时终止。

第十八条

(1) 被发价人声明或做出其它行为表示同意一项发价，即是接受，缄默或不行动本身不等于接受。

(2) 接受发价于表示同意的通知送达发价人时生效。如果表示同意的通知在发价人所规定的时间内，如未规定时间，在一段合理的时间内，未曾送达发价人，接受就成为无效，但须适当地考虑到交易的情况，包括发价人所使用的通讯方法的迅速程序。对口头发价必须立即接受，但情况有别者不在此限。

(3) 但是，如果根据该项发价或依照当事人之间确立的习惯作法和惯例，被发价人可以做出某种行为，例如与发运货物或支付价款有关的行为，来表示同意，而无须向发价人发出通知，则接受于该项行为做出时生效，但该项行为必须在上一款所规定的期间内做出。

第十九条

(1) 对发价表示接受但载有添加、限制或其它更改的答复，即为拒绝该项发价，并构成还价。

(2) 但是，对发价表示接受但载有添加或不同条件的答复，如所载的添加或不同条件在实质上并不变更该项发价的条件，除发价人在不过分迟延的期间内以口头或书面通知反对其间的差异外，仍构成接受。如果发价人不做出这种反对，合同的条件就以该项发价的条件以及接受通知内所载的更改为准。

(3) 有关货物价格、付款、货物质量和数量、交货地点和时间、一方当事人对另一方当事人的赔偿责任范围或解决争端等等的添加或不同条件，均视为在实质上变更发价的条件。

第二十条

(1) 发价人在电报或信件内规定的接受期间，从电报交发时刻或信上载明的发信日期起算，如信上未载明发信日期，则从信封上所载日期起算。发价人以电话、电传或其它快速通讯方法规定的接受期间，从发价送达被发价人时起算。

(2) 在计算接受期间时，接受期间内的正式假日或非营业日应计算在内。但是，如果接受通知在接受期间的最后1天未能送到发价人地址，因为那天在发价人营业地是正式假日或非营业日，则接受期间应顺延至下一个营业日。

第二十一条

(1) 逾期接受仍有接受的效力，如果发价人毫不迟延地用口头或书面将此种意见通知被发价人。

(2) 如果载有逾期接受的信件或其它书面文件表明，它是在传递正常、能及时送达发价人的情况下寄发的，则该项逾期接受具有接受的效力，除非发价人毫不迟延地用口头或书面通知被发价人：他认为他的发价已经失效。

第二十二条

接受得予撤回，如果撤回通知于接受原应生效之前或同时，送达发价人。

第二十三条

合同于按照本公约规定对发价的接受生效时订立。

第二十四条

为公约本部分的目的，发价、接受声明或任何其它意旨表示“送达”对方，系指用口头通知对方或通过任何其它方法送交对方本人，或其营业地或通讯地址，如无营业地或通讯地址，则送交对方惯常居住地。

第三部分 货物销售

第一章 总 则

第二十五条

一方当事人违反合同的结果，如使另一方当事人蒙受损害，以至于实际上剥夺了他根据合同规定有权期待得到的东西，即为根本违反合同，除非违反合同一方并不预知而且一个同等资格、通情达理的人处于相同情况中也没有理由预知会发生这种结果。

第二十六条

宣告合同无效的声明，必须向另一方当事人发出通知，方始有效。

第二十七条

除非公约本部分另有明文规定，当事人按照本部分的规定，以适合情况的方法发出任何通知、要求或其它通知后，这种通知如在传递上发生耽搁或错误，或者未能到达，并不使该当事人丧失依靠该项通知的权利。

第二十八条

如果按照本公约的规定，一方当事人有权要求另一方当事人履行某一义务，法院没有义务做出判决，要求具体履行此一义务，除非法院依照其本身的法律对不属本公约范围的类似销售合同愿意这样做。

第二十九条

(1) 合同只需双方当事人协议，就可更改或终止。

(2) 规定任何更改或根据协议终止必须以书面做出的书面合同，不得以任何其它方式更改或根据协议终止。但是，一方当事人的行为，如经另一方当事人寄以信赖，就不得坚持此项规定。

第二章　卖方的义务

第三十条

卖方必须按照合同和本公约的规定，交付货物，移交一切与货物有关的单据并转移货物所有权。

第一节　交付货物和移交单据

第三十一条

如果卖方没有义务要在任何其它特定地点交付货物，他的交货义务如下：

(a) 如果销售合同涉及到货物的运输，卖方应把货物移交给第一承运人，以运交给买方；

(b) 在不属于上款规定的情况下，如果合同指的是特定货物或从特定存货中提取的或尚待制造或生产的未经特定化的货物，而双方当事人在订立合同时已知道这些货物是在某一特定地点，或将在某一特定地点制造或生产，卖方应在该地点把货物交给买方处置；

(c) 在其他情况下，卖方应在他于订立合同时的营业地把货物交给买方处置。

第三十二条

(1) 如果卖方按照合同或本公约的规定将货物交付给承运人，但货物没有以货物上加标记、或以装运单据或其他方式清楚地注明有关合同，卖方必须向买方发出列明货物的发货通知。

(2) 如果卖方有义务安排货物的运输，他必须订立必要的合同，以按照通常运输条件，用适合情况的运输工具，把货物运到指定地点。

(3) 如果卖方没有义务对货物的运输办理保险，他必须在买方提出要求时，向买方提供一切现有的必要资料，使他能够办理这种保险。

第三十三条

卖方必须按以下规定的日期交付货物：

(a) 如果合同规定有日期，或从合同可以确定日期，应在该日期交货；

(b) 如果合同规定有一段时间，或从合同可以确定一段时间，除非情况表明应由买方选定一个日期外，应在该段时间内任何时候交货；或者

(c) 在其他情况下，应在订立合同后一段合理时间内交货。

第三十四条

如果卖方有义务移交与货物有关的单据，他必须按照合同所规定的时间、地点和方式移交这些单据。如果卖方在那个时间以前已移交这些单据，他可以在那个时间到达前纠正单据中任何不符合同规定的情形，但是，此一权利的行使不得使买方遭受不合理的不便或承担不合理的开支。但是，买方保留本公约所规定的要求损害赔偿的任何权利。

第二节 货物相符与第三方要求

第三十五条

(1) 卖方交付的货物必须与合同所规定的数量、质量和规格相符，并须按照合同所规定的方式装箱或包装。

(2) 除双方当事人业已另有协议外，货物除非符合以下规定，否则即为与合同不符：

(a) 货物适用于同一规格货物通常使用的目的；

(b) 货物适用于订立合同时曾明示或默示地通知卖方的任何特定目的，除非情况表明买方并不依赖卖方的技能和判断力，或者这种依赖对他是不合理的；

(c) 货物的质量与卖方向买方提供的货物样品或样式相同；

(d) 货物按照同类货物通用的方式装箱或包装，如果没有此种通用方式，则按照足以保全和保护货物的方式装箱或包装。

(3) 如果买方在订立合同时知道或者不可能不知道货物不符合同，卖方就无须按上一款 (a) 项至 (d) 项负有此种不符合同的责任。

第三十六条

(1) 卖方应按照合同和本公约的规定，对风险移转到买方时所存在的任何不符合同情形，负有责任，即使这种不符合同情形在该时间后方始明显。

(2) 卖方对在上一款所述时间后发生的任何不符合同情形，也应负有责任，如果这种不符合同情形是由于卖方违反他的某项义务所致，包括违反关于在一段时间内货物将继续适用于其通常使用的目的或某种特定目的，或将保持某种特定质量或性质的任何保证。

第三十七条

如果卖方在交货日期前交付货物，他可以在那个日期到达前，交付任何缺漏部分或补足所交付货物的不足数量，或交付用以替换所交付不符合同规定的货物，或对所交付货物中任何不符合同规定的情形做出补救，但是，此一权利的行使不得使买方遭受不合理的不便或承担不合理的开支。但是，买方保留本公约所规定的要求损害赔偿的任何权利。

第三十八条

(1) 买方必须在按情况实际可行的最短时间内检验货物或由他人检验货物。

(2) 如果合同涉及到货物的运输，检验可推迟到货物到达目的地后进行。

(3) 如果货物在运输途中改运或买方须再发运货物，没有合理机会加以检验，而卖方在订立合同时已知道或理应知道这种改运或再发运的可能性，检验可推迟到货物到达新目的地后进行。

第三十九条

(1) 买方对货物不符合同，必须在发现或理应发现不符情形后一段合理时间内通知卖方，说明不符合同情形的性质，否则就丧失声称货物不符合同的权利。

(2) 无论如何，如果买方不在实际收到货物之日起两年内将货物不符合同情形通知卖方，他就丧失声称货物不符合同的权利，除非这一时限与合同规定的保证期限不符。

第四十条

如果货物不符合同规定指的是卖方已知道或不可能不知道而又没有告知买方的一些事实，则卖方无权援引第三十八条和第三十九条的规定。

第四十一条

卖方所交付的货物，必须是第三方不能提出任何权利或要求的货物，除非买方同意在这种权利或要求的条件下，收取货物。但是，如果这种权利或要求是以工业产权或其他知识产权为基础的，卖方的义务应依照第四十二条的规定。

第四十二条

(1) 卖方所交付的货物，必须是第三方不能根据工业产权或其它知识产权主张任何权利或要求的货物，但以卖方在订立合同时已知道或不可能不知道的权利或要求为限，而且这种权利或要求根据以下国家的法律规定是以工业产权或其它知识产权为基础的：

(a) 如果双方当事人在订立合同时预期货物将在某一国境内转售或做其它使用，则根据货物将在其境内转售或做其它使用的国家的法律；或者

(b) 在任何其他情况下，根据买方营业地所在国家的法律。

(2) 卖方在上一款中的义务不适用于以下情况：

(a) 买方在订立合同时已知道或不可能不知道此项权利或要求；或者

(b) 此项权利或要求的发生，是由于卖方要遵照买方所提供的技术图样、图案、程式或其它规格。

第四十三条

(1) 买方如果不在已知道或理应知道第三方的权利或要求后一段合理时间

内，将此一权利或要求的性质通知卖方，就丧失援引第四十一条或第四十二条规定的权利。

(2) 卖方如果知道第三方的权利或要求以及此一权利或要求的性质，就无权援引上一款的规定。

第四十四条

尽管有第三十九条第 (1) 款和第四十三条第 (1) 款的规定，买方如果对他未发出所需的通知具备合理的理由，仍可按照第五十条规定减低价格，或要求利润损失以外的损害赔偿。

第三节　卖方违反合同的补救办法

第四十五条

(1) 如果卖方不履行他在合同和本公约中的任何义务，买方可以：

(a) 行使第四十六条至第五十二条所规定的权利；

(b) 按照第七十四条至第七十七条的规定，要求损害赔偿。

(2) 买方可能享有的要求损害赔偿的任何权利，不因他行使采取其它补救办法的权利而丧失。

(3) 如果买方对违反合同采取某种补救办法，法院或仲裁庭不得给予卖方宽限期。

第四十六条

(1) 买方可以要求卖方履行义务，除非买方已采取与此一要求相抵触的某种补救办法。

(2) 如果货物不符合同，买方只有在此种不符合同情形构成根本违反合同时，才可以要求交付替代货物，而且关于替代货物的要求，必须与依照第三十九条发出的通知同时提出，或者在该项通知发出后一段合理时间内提出。

(3) 如果货物不符合同，买方可以要求卖方通过修理对不符合同之处做出补救，除非他考虑了所有情况之后，认为这样做是不合理的。修理的要求必须与依照第三十九条发出的通知同时提出，或者在该项通知发出后一段合理时间内提出。

第四十七条

(1) 买方可以规定一段合理时限的额外时间，让卖方履行其义务。

(2) 除非买方收到卖方的通知，声称他将不在所规定的时间内履行义务，买方在这段时间内不得对违反合同采取任何补救办法。但是，买方并不因此丧失他对迟延履行义务可能享有的要求损害赔偿的任何权利。

第四十八条

(1) 在第四十九条的条件下，卖方即使在交货日期之后，仍可自付费用，对任何不履行义务做出补救，但这种补救不得造成不合理的迟延，也不得使买方遭受不合理的不便，或无法确定卖方是否将偿付买方预付的费用。但是，买方保留本公约所规定的要求损害赔偿的任何权利。

（2）如果卖方要求买方表明他是否接受卖方履行义务，而买方不在一段合理时间内对此一要求做出答复，则卖方可以按其要求中所指明的时间履行义务。买方不得在该段时间内采取与卖方履行义务相抵触的任何补救办法。

（3）卖方表明他将在某一特定时间内履行义务的通知，应视为包括根据上一款规定要买方表明决定的要求在内。

（4）卖方按照本条第（2）和第（3）款做出的要求或通知，必须在买方收到后，始生效力。

第四十九条

（1）买方在以下情况下可以宣告合同无效：

（a）卖方不履行其在合同或本公约中的任何义务，等于根本违反合同；或

（b）如果发生不交货的情况，卖方不在买方按照第四十七条第（1）款规定的额外时间内交付货物，或卖方声明他将不在所规定的时间内交付货物。

（2）但是，如果卖方已交付货物，买方就丧失宣告合同无效的权利，除非：

（a）对于迟延交货，他在知道交货后一段合理时间内这样做；

（b）对于迟延交货以外的任何违反合同事情：

（一）他在已知道或理应知道这种违反合同后一段合理时间内这样做；或

（二）他在买方按照第四十七条第（1）款规定的任何额外时间满期后，或在卖方声明他将不在这一额外时间履行义务后一段合理时间内这样做；或

（三）他在卖方按照第四十八条第（2）款指明的任何额外时间满期后，或在买方声明他将不接受卖方履行义务后一段合理时间内这样做。

第五十条

如果货物不符合同，不论价款是否已付，买方都可以减低价格，减价按实际交付的货物在交货时的价值与符合合同的货物在当时的价值两者之间的比例计算。但是，如果卖方按照第三十七条或第四十八条的规定对任何不履行义务做出补救，或者买方拒绝接受卖方按照该两条规定履行义务，则买方不得减低价格。

第五十一条

（1）如果卖方只交付一部分货物，或者交付的货物中只有一部分符合合同规

定，第四十六条至第五十条的规定适用于缺漏部分及不符合同规定部分的货物。

(2) 买方只有在完全不交付货物或不按照合同规定交付货物等于根本违反合同时，才可以宣告整个合同无效。

第五十二条

(1) 如果卖方在规定的日期前交付货物，买方可以收取货物，也可以拒绝收取货物。

(2) 如果卖方交付的货物数量大于合同规定的数量，买方可以收取也可以拒绝收取多交部分的货物。如果买方收取多交部分货物的全部或一部分，他必须按合同价格付款。

第三章　买方的义务

第五十三条

买方必须按照合同和本公约规定支付货物价款和收取货物。

第一节　支付价款

第五十四条

买方支付价款的义务包括根据合同或任何有关法律和规章规定的步骤和手续，以便支付价款。

第五十五条

如果合同已有效的订立，但没有明示或暗示地规定价格或规定如何确定价格，在没有任何相反表示的情况下，双方当事人应视为已默示地引用订立合同时此种货物在有关贸易的类似情况下销售的通常价格。

第五十六条

如果价格是按货物的重量规定的，如有疑问，应按净重确定。

第五十七条

(1) 如果买方没有义务在任何其它特定地点支付价款，他必须在以下地点向卖方支付价款：

(a) 卖方的营业地；或者

(b) 如凭移交货物或单据支付价款，则为移交货物或单据的地点。

(2) 卖方必须承担因其营业地在订立合同后发生变动而增加的支付方面的有关费用。

第五十八条

(1) 如果买方没有义务在任何其它特定时间内支付价款，他必须于卖方按照合同和本公约规定将货物或控制货物处置权的单据交给买方处置时支付价款。卖方可以支付价款作为移交货物或单据的条件。

（2）如果合同涉及到货物的运输，卖方可以在支付价款后方可把货物或控制货物处置权的单据移交给买方作为发运货物的条件。

（3）买方在未有机会检验货物前，无义务支付价款，除非这种机会与双方当事人议定的交货或支付程序相抵触。

第五十九条

买方必须按合同和本公约规定的日期或从合同和本公约可以确定的日期支付价款，而无需卖方提出任何要求或办理任何手续。

第二节　收取货物

第六十条

买方收取货物的义务如下：

（a）采取一切理应采取的行动，以期卖方能交付货物；和

（b）接收货物。

第三节　买方违反合同的补救办法

第六十一条

（1）如果买方不履行他在合同和本公约中的任何义务，卖方可以：

（a）行使第六十二条至第六十五条所规定的权利；

（b）按照第七十四至第七十七条的规定，要求损害赔偿。

（2）卖方可能享有的要求损害赔偿的任何权利，不因他行使采取其它补救办法的权利而丧失。

（3）如果卖方对违反合同采取某种补救办法，法院或仲裁庭不得给予买方宽限期。

第六十二条

卖方可以要求买方支付价款、收取货物或履行他的其它义务，除非卖方已采取与此一要求相抵触的某种补救办法。

第六十三条

（1）卖方可以规定一段合理时限的额外时间，让买方履行义务。

（2）除非卖方收到买方的通知，声称他将不在所规定的时间内履行义务，卖方不得在这段时间内对违反合同采取任何补救办法。但是，卖方并不因此丧失他对迟延履行义务可能享有的要求损害赔偿的任何权利。

第六十四条

（1）卖方在以下情况下可以宣告合同无效：

（a）买方不履行其在合同或本公约中的任何义务，等于根本违反合同；或

(b) 买方不在卖方按照第六十三条第（1）款规定的额外时间内履行支付价款的义务或收取货物，或买方声明他将不在所规定的时间内这样做。

(2) 但是，如果买方已支付价款，卖方就丧失宣告合同无效的权利，除非：

(a) 对于买方迟延履行义务，他在知道买方履行义务前这样做；或者

(b) 对于买方迟延履行义务以外的任何违反合同事情：

（一）他在已知道或理应知道这种违反合同后一段合理时间内这样做；或

（二）他在卖方按照第六十三条第（1）款规定的任何额外时间满期后或在买方声明他将不在这一额外时间内履行义务后一段合理时间内这样做。

第六十五条

(1) 如果买方应根据合同规定订明货物的形状、大小或其它特征，而他在议定的日期或在收到卖方的要求后一段合理时间内没有订明这些规格，则卖方在不损害其可能享有的任何其它权利的情况下，可以依照他所知的买方的要求，自己订明规格。

(2) 如果卖方自己订明规格，他必须把订明规格的细节通知买方，而且必须规定一段合理时间，让买方可以在该段时间内订出不同的规格。如果买方在收到这种通知后没有在该段时间内这样做，卖方所订的规格就具有约束力。

第四章　风险移转

第六十六条

货物在风险移转到买方承担后遗失或损坏，买方支付价款的义务并不因此解除，除非这种遗失或损坏是由于卖方的行为或不行为所造成。

第六十七条

(1) 如果销售合同涉及到货物的运输，但卖方没有义务在某一特定地点交付货物，自货物按照销售合同交付给第一承运人以转交给买方时起，风险就移转到买方承担。如果卖方有义务在某一特定地点把货物交付给承运人，在货物于该地点交付给承运人以前，风险不移转到买方承担。卖方受权保留控制货物处置权的单据，并不影响风险的移转。

(2) 但是，在货物以货物上加标记、或以装运单据、或向买方发出通知或其它方式清楚地注明有关合同以前，风险不移转到买方承担。

第六十八条

对于在运输途中销售的货物，从订立合同时起，风险就移转到买方承担。但是，如果情况表明有此需要，从货物交付给签发载有运输合同单据的承运人时

起，风险就由买方承担。尽管如此，如果卖方在订立合同时已知道或理应知道货物已经遗失或损坏，而他又不将这一事实告之买方，则这种遗失或损坏应由卖方负责。

第六十九条

(1) 在不属于第六十七条和第六十八条规定的情况下，从买方接收货物时起，或如果买方不在适当时间内这样做，则从货物交给他处置但他不收取货物从而违反合同时起，风险移转到买方承担。

(2) 但是，如果买方有义务在卖方营业地以外的某一地点接收货物，当交货时间已到而买方知道货物已在该地点交给他处置时，风险方始移转。

(3) 如果合同指的是当时未加识别的货物，则这些货物在未清楚注明有关合同以前，不得视为已交给买方处置。

第七十条

如果卖方已根本违反合同，第六十七条、第六十八条和第六十九条的规定，不损害买方因此种违反合同而可以采取的各种补救办法。

第五章 卖方和买方义务的一般规定

第一节 预期违反合同和分批交货合同

第七十一条

(1) 如果订立合同后，另一方当事人由于下列原因显然将不履行其大部分重要义务，一方当事人可以中止履行义务：

(a) 他履行义务的能力或他的信用有严重缺陷；或

(b) 他在准备履行合同或履行合同中的行为。

(2) 如果卖方在上一款所述的理由明显化以前已将货物发运，他可以阻止将货物交给买方，即使买方持有其有权获得货物的单据。本款规定只与买方和卖方间对货物的权利有关。

(3) 中止履行义务的一方当事人不论是在货物发运前还是发运后，都必须立即通知另一方当事人，如经另一方当事人对履行义务提供充分保证，则他必须继续履行义务。

第七十二条

(1) 如果在履行合同日期之前，明显看出一方当事人将根本违反合同，另一方当事人可以宣告合同无效。

(2) 如果时间许可，打算宣告合同无效的一方当事人必须向另一方当事人发出合理的通知，使他可以对履行义务提供充分保证。

(3) 如果另一方当事人已声明他将不履行其义务，则上一款的规定不适用。

第七十三条

(1) 对于分批交付货物的合同，如果一方当事人不履行对任何一批货物的义务，便对该批货物构成根本违反合同，则另一方当事人可以宣告合同对该批货物无效。

(2) 如果一方当事人不履行对任何一批货物的义务，使另一方当事人有充分理由断定对今后各批货物将会发生根本违反合同，该另一方当事人可以在一段合理时间内宣告合同今后无效。

(3) 买方宣告合同对任何一批货物的交付为无效时，可以同时宣告合同对已交付的或今后交付的各批货物均为无效，如果各批货物是互相依存的，不能单独用于双方当事人在订立合同时所设想的目的。

第二节　损害赔偿

第七十四条

一方当事人违反合同应负的损害赔偿额，应与另一方当事人因他违反合同而遭受的包括利润在内的损失额相等。这种损害赔偿不得超过违反合同一方在订立合同时，依照他当时已知道或理应知道的事实和情况，对违反合同预料到或理应预料到的可能损失。

第七十五条

如果合同被宣告无效，而在宣告无效后一段合理时间内，买方已以合理方式购买替代货物，或者卖方已以合理方式把货物转卖，则要求损害赔偿的一方可以取得合同价格和替代货物交易价格之间的差额以及按照第七十四条规定可以取得的任何其他损害赔偿。

第七十六条

(1) 如果合同被宣告无效，而货物又有时价，要求损害赔偿的一方，如果没有根据第七十五条规定进行购买或转卖，则可以取得合同规定的价格和宣告合同无效时的时价之间的差额以及按照第七十四条规定可以取得的任何其它损害赔偿。但是，如果要求损害赔偿的一方在接收货物之后宣告合同无效，则应适用接收货物时的时价，而不适用宣告合同无效时的时价。

(2) 为上一款的目的，时价指原应交付货物地点的现行价格，如果该地点没有时价，则指另一合理替代地点的价格，但应适当地考虑货物运费的差额。

第七十七条

声称另一方违反合同的一方，必须按情况采取合理措施，减轻由于该另一方违反合同而引起的损失，包括利润方面的损失。如果他不采取这种措施，违反合同一方可以要求从损害赔偿中扣除原可以减轻的损失数额。

第三节　利　　息

第七十八条

如果一方当事人没有支付价款或任何其它拖欠金额，另一方当事人有权对这些款额收取利息，但不妨碍要求按照第七十四条规定可以取得的损害赔偿。

第四节　免　　责

第七十九条

(1) 当事人对不履行义务，不负责任，如果他能证明此种不履行义务，是由于某种非他所能控制的障碍，而且对于这种障碍，没有理由预期他在订立合同时能考虑到或能避免或克服它或它的后果。

(2) 如果当事人不履行义务是由于他所雇用履行合同的全部或一部分规定的第三方不履行义务所致，该当事人只有在以下情况下才能免除责任：

(a) 他按照上一款的规定应免除责任，和

(b) 假如该项的规定也适用于他所雇用的人，这个人也同样会免除责任。

(3) 本条所规定的免责对障碍存在的期间有效。

(4) 不履行义务的一方必须将障碍及其对他履行义务能力的影响通知另一方。如果该项通知在不履行义务的一方已知道或理应知道此一障碍后一段合理时间内仍未为另一方收到，则他对由于另一方未收到通知而造成的损害应负赔偿责任。

(5) 本条规定不妨碍任何一方行使本公约规定的要求损害赔偿以外的任何权利。

第八十条

一方当事人因其行为或不行为而使得另一方当事人不履行义务时，不得声称该另一方当事人不履行义务。

第五节　宣告合同无效的效果

第八十一条

(1) 宣告合同无效解除了双方在合同中的义务，但应负责的任何损害赔偿仍应负责。宣告合同无效不影响合同关于解决争端的任何规定，也不影响合同中关于双方在宣告合同无效后权利和义务的任何其它规定。

(2) 已全部或局部履行合同的一方，可以要求另一方归还他按照合同供应的货物或支付的价款，如果双方都须归还，他们必须同时这样做。

第八十二条

（1）买方如果不可能按实际收到货物的原状归还货物，他就丧失宣告合同无效或要求卖方交付替代货物的权利。

（2）上一款的规定不适用于以下情况：

（a）如果不可能归还货物或不可能按实际收到货物的原状归还货物，并非由于买方的行为或不行为所造成；或者

（b）如果货物或其中一部分的毁灭或变坏，是由于按照第三十八条规定进行检验所致；或者

（c）如果货物或其中一部分，在买方发现或理应发现与合同不符以前，已为买方在正常营业过程中售出，或在正常使用过程中消费或改变。

第八十三条

买方虽然依第八十二条规定丧失宣告合同无效或要求卖方交付替代货物的权利，但是根据合同和本公约规定，他仍保有采取一切其它补救办法的权利。

第八十四条

（1）如果卖方有义务归还价款，他必须同时从支付价款之日起支付价款利息。

（2）在以下情况下，买方必须向卖方说明他从货物或其中一部分得到的一切利益：

（a）如果他必须归还货物或其中一部分；或者

（b）如果他不可能归还全部或一部分货物，或不可能按实际收到货物的原状归还全部或一部分货物，但他已宣告合同无效或已要求卖方支付替代货物。

第六节　保全货物

第八十五条

如果买方推迟收取货物，或在支付价款和交付货物应同时履行时，买方没有支付价款，而卖方仍拥有这些货物或仍能控制这些货物的处置权，卖方必须按情况采取合理措施，以保全货物。他有权保有这些货物，直至买方把他所付的合理费用偿还他为止。

第八十六条

（1）如果买方已收到货物，但打算行使合同或本公约规定的任何权利，把货物退回，他必须按情况采取合理措施，以保全货物。他有权保有这些货物，直至卖方把他所付的合理费用偿还给他为止。

（2）如果发运给买方的货物已到达目的地，并交给买方处置，而买方行使退

货权利，则买方必须代表卖方收取货物，除非他这样做需要支付价款而且会使他遭受不合理的不便或需承担不合理的费用。如果卖方或受权代表他掌管货物的人也在目的地，则此一规定不适用。如果买方根据本款规定收取货物，他的权利和义务与上一款所规定的相同。

第八十七条

有义务采取措施以保全货物的一方当事人，可以把货物寄放在第三方的仓库，由另一方当事人担负费用，但该项费用必须合理。

第八十八条

(1) 如果另一方当事人在收取货物或收回货物或支付价款或保全货物费用方面有不合理的迟延，按照第八十五条或第八十六条规定有义务保全货物的一方当事人，可以采取任何适当办法，把货物出售，但必须事前向另一方当事人发出合理的意向通知。

(2) 如果货物易于迅速变坏，或者货物的保全牵涉到不合理的费用，则按照第八十五条或第八十六条规定有义务保全货物的一方当事人，必须采取合理措施，把货物出售，在可能的范围内，他必须把出售货物的打算通知另一方当事人。

(3) 出售货物的一方当事人，有权从销售所得收入中扣回为保全货物和销售货物而付的合理费用。他必须向另一方当事人说明所余款项。

第四部分　最后条款

第八十九条

兹指定联合国秘书长为本公约保管人。

第九十条

本公约不优于业已缔结或可以缔结并载有与属于本公约范围内事项有关的条款的任何国际协定，但以双方当事人的营业地均在这种协定的缔约国内为限。

第九十一条

(1) 本公约在联合国国际货物销售合同会议闭幕会议上开放签字，并在纽约联合国总部继续开放签字，直至 1981 年 9 月 30 日为止。

(2) 本公约须经签字国批准、接受或核准。

(3) 本公约从开放签字之日起开放给所有非签字国加入。

(4) 批准书、接受书、核准书和加入书应送交联合国秘书长存放。

第九十二条

(1) 缔约国可在签字、批准、接受、核准或加入时声明他不受本公约第二部分的约束或不受本公约第三部分的约束。

(2) 按照上一款规定就本公约第二部分或第三部分做出声明的缔约国，在该声明适用的部分所规定事项上，不得视为本公约第一条第（1）款范围内的缔约国。

第九十三条

（1）如果缔约国具有两个或两个以上的领土单位，而依照该国宪法规定、各领土单位对本公约所规定的事项适用不同的法律制度，则该国得在签字、批准、接受、核准或加入时声明本公约适用于该国全部领土单位或仅适用于其中的一个或数个领土单位，并且可以随时提出另一声明来修改其所做的声明。

（2）此种声明应通知保管人，并且明确地说明适用本公约的领土单位。

（3）如果根据按本条做出的声明，本公约适用于缔约国的一个或数个但不是全部领土单位，而且一方当事人的营业地位于该缔约国内，则为本公约的目的，该营业地除非位于本公约适用的领土单位内，否则视为不在缔约国内。

（4）如果缔约国没有按照本条第（1）款做出声明，则本公约适用于该国所有领土单位。

第九十四条

（1）对属于本公约范围的事项具有相同或非常近似的法律规则的两个或两个以上的缔约国，可随时声明本公约不适用于营业地在这些缔约国内的当事人之间的销售合同，也不适用于这些合同的订立。此种声明可联合做出，也可以相互单方面声明的方式做出。

（2）对属于本公约范围的事项具有与一个或一个以上非缔约国相同或非常近似的法律规则的缔约国，可随时声明本公约不适用于营业地在这些非缔约国内的当事人之间的销售合同，也不适用于这些合同的订立。

（3）作为根据上一款所做声明对象的国家如果后来成为缔约国，这项声明从本公约对该新缔约国生效之日起，具有根据第（1）款所做声明的效力，但以该新缔约国加入这项声明，或做出相互单方面声明为限。

第九十五条

任何国家在交存其批准书、接受书、核准书或加入书时，可声明它不受本公约第一条第（1）款（b）项的约束。

第九十六条

本国法律规定销售合同必须以书面订立或书面证明的缔约国，可以随时按照第十二条的规定，声明本公约第十一条、第二十九条或第二部分准许销售合同或其更改或根据协议终止，或者任何发价、接受或其它意旨表示得以书面以外任何形式做出的任何规定不适用，如果任何一方当事人的营业地是在该缔约国内。

第九十七条

（1）根据本公约规定在签字时做出的声明，须在批准、接受或核准时加以确认。

(2) 声明和声明的确认，应以书面提出，并应正式通知保管人。

(3) 声明在本公约对有关国家开始生效时同时生效。但是，保管人于此种生效后收到正式通知的声明，应于保管人收到声明之日起 6 个月后的第 1 个月第 1 天生效。根据第九十四条规定做出的相互单方面声明，应于保管人收到最后一份声明之日起 6 个月后的第 1 个月第 1 天生效。

(4) 根据本公约规定做出声明的任何国家可以随时用书面正式通知保管人撤回该项声明。此种撤回于保管人收到通知之日起 6 个月后的第 1 个月第 1 天生效。

(5) 撤回根据第九十四条做出的声明，自撤回生效之日起，就会使另一国家根据该条所做的任何相互声明失效。

第九十八条

除本公约明文许可的保留外，不得作任何保留。

第九十九条

(1) 在本条第 (6) 款规定的条件下，本公约在第十件批准书、接受书、核准书或加入书、包括载有根据第九十二条规定做出的声明的文书交存之日起 12 月后的第 1 个月第 1 天生效。

(2) 在本条第 (6) 款规定的条件下，对于在第 10 件批准书、接受书、核准书或加入书交存后才批准、接受、核准或加入本公约的国家，本公约在该国交存其批准书、接受书、核准车或加入书之日起 12 个月后的第 1 个月第 1 天对该国生效，但不适用的部分除外。

(3) 批准、接受、核准或加入本公约的国家，如果是 1964 年 7 月 1 日海牙签订的《关于国际货物销售合同的订立统一法公约》(《1964 年海牙订立合同公约》) 和 1964 年 7 月 1 日在海牙签订的《关于国际货物销售统一法的公约》(《1964 年海牙货物销售公约》) 中一项或两项公约的缔约国。应按情况同时通知荷兰政府声明退出《1964 年海牙货物销售公约》或《1964 年海牙订立合同公约》) 或退出该两公约。

(4) 凡为《1964 年海牙货物销售公约》缔约国并批准、接受、核准或加入本公约和根据第九十二条规定声明或业已声明不受本公约第二部分约束的国家，应于批准、接受、核准或加入时通知荷兰政府声明退出《1964 年海牙货物销售公约》。

(5) 凡为《1964 年海牙订立合同公约》缔约国并批准、接受、核准或加入本公约和根据第九十二条规定声明或业已声明不受本公约第三部分约束的国家，应于批准、接受、核准或加入时通知荷兰政府声明退出《1964 年海牙订立合同公约》。

(6) 为本条的目的，《1964 年海牙订立合同公约》或《1964 年海牙货物销售公约》的缔约国的批准、接受、核准或加入本公约，应在这些国家按照规定退出该两公约生效后方始生效。本公约保管人应与1964年两公约的保管人荷兰政府进行协商，以确保在这方面进行必要的协调。

第一百条

(1) 本公约适用于合同的订立，只要订立该合同的建议是在本公约对第一条第 (1) 款 (a) 项所指缔约国或第一条第 (1) 款 (b) 项所指缔约国生效之日或其后作出的。

(2) 本公约只适用于在它对第一条第 (1) 款 (a) 项所指缔约国或第一条第 (1) 款 (b) 项所指缔约国生效之日或其后订立的合同。

第一百零一条

(1) 缔约国可以用书面正式通知保管人声明退出本公约，或本公约第二部分或第三部分。

(2) 退出于保管人收到通知12个月后的第1个月第1天起生效。凡通知内订明一段退出生效的更长时间，则退出于保管人收到通知后该段更长时间满时起生效。

1980年4月11日订于维也纳，正本1份，其阿拉伯文本、中文本、英文本、法文本、俄文本和西班牙文本都具有同等效力。

附件一　售货确认书

SALES CONFIRMATION

编号：

No：　01N54/25696

Date：4th Sep.，2007

The Sellers：	The Buyer：
武汉梅地雅进出口贸易有限公司	
WUHAN MEDIA I/E TRADE CO.，LTD.	FLORENCE SEASONS GARMENT CO.，LTD
NO. 187 ZHONGSHAN ROAD，	622 BHABAN，3RD FLOOR100，
WUHAN CHINA	MOHAKHALL，C/A
TEL：86 27 82801871　FAX. 86 27 82801852	TEL：

下列签字双方同意按以下条款达成交易：

The undersigned Sellers and Buyers have agreed to close the following transactions according to the terms and Conditions stipulated below：

品名及规格 COMMODITY	数量 QUANTITY	单价及价格条款 UNIT PRICE& TERMS	金额
LADIES GARMENTS	706SETS	CIF CHICAGO	USD38，667
Style：T-shirt with double fold 1x1 rib crew neck，set in short sleeve，with chest pocket，1/4 inch single stitch around neck and armhole，twin needle stitching around sleeve and ham. Self fabric neck binding shoulder seam to shoulder seam.			
Label：swing ticket and nylon strings to be supplied by the Buyer.			
Size：S-M-L			
SML17523　115SETS		@USD56.00	
SML18614　135SETS		@USD53.00	
SML20152　147SETS		@USD57.00	
SML36787　184SETS		@USD52.00	
SML10874　125SETS		@USD57.00	
Shipping marks：FLORENCE CO.，CHICAGO MADE IN CHINA			
Packing：Each pcs/polybage with warning，size and made in China，5pcs/carton.			

总 值：

TOTAL VALUE：US Dollar thirty eight thousand six hundred sixty and seven only.

装运期限： 目的地：

SHIPMENT：End October，2007 DESTINATION：Chicago

付款方式：

PAYMENT：By L/C to available by sight draft，reaching the Sellers 45 days before the month of shipment，remaining valid for negotiation in China for further 15 days after the prescribed time of shipment，allowing transshipment & shipments with all banking charges for buyer's a/c.

保 险：

INSURANCE：CIF to be effected by the sellers at 110% of invoice value covering all risks and war risk as per China Insurance Clauses（C. I. C）

一般条款：

GENERAL TERMS：

1. 质地、重量、尺寸、花型、颜色均允许合理差异，在合理范围内提出的索赔，概不受理。

   Reasonable tolerance in quality，weight，measurements，designs and colors in allowed，for which no claims will be entertained.

2. 买方对下列各点所造成的后果承担全部责任：（一）依用买方的特定装潢、花型图案等；（二）不及时提供生产所需的规格或其他细则；（三）不按时开信用证；（四）信用证条款与售货确认书不相符而不及时修改。

   Buyers are to assume full responsibilities for any consequences arising from（a）the use of the packing，designs or pattern made to order；（b）late submission of specifications or any other details necessary for the execution of the Sales Confirmation；（c）late establishment of L/C；（d）late amendment to L/C inconsistent with the provision of this Sales Confirmation.

3. 人力不可抗拒的事故造成延期或无法交货者，卖方不负任何责任。

   Sellers are not responsible for late or non-delivery in the event of force majeure or any contingencies beyond Sellers' control.

4. 凡有对装达的货物质量提出索赔者必须在货到目的港后30天内提出。

   Claims，if any，concerning the goods shipped shoulder be filed within 30 days after arrival destination.

5. 买方应在收到本售货确认书后十天内签退一份给卖方。如在此期限内不提任何异议，本售货确认书即生效。凭买方定单或买方先前之确认而缮制的售货确认书，在发出后即生效。非经双方同意，不得更改或撤销。

   Buyers should sign one copy of this Sales Confirmation and return it to Sellers within 10 days after receipt. If nothing is proposed to the contrary within this time，this Sales Confirmation will be effective. Sales Confirmation issued on the

Strength of Buyers' order or earlier confirmation, is effective immediately on its issuance and subject to neither modification nor cancellation, unless agreed upon by parties.

FLORENCE SEASONS GARMENT CO., LTD CHICAGO U. S. A.	武汉梅地雅进出口贸易有限公司 WUHAN MEDIA I/E TRADE CO., LTD. WUHAN CHINA
买方（The Buyer）	卖方（The Sellers）

请在本合同签字后寄回一份

Please sign and return one copy.

附件二　信用证内容

RECEIVED：6 OCT 2007

TRANSMISSION NETWORK：SW

700　ISSUE OF DOCUMENTARY CREDIT　　INCOMING PRIORITY：NORMAL

FROM：	AGRANI BANK TEJGAON I/A BR, DHAKA, BANGLADESH	
TO：	BANK OF CHINA WUHAN BRANCH ZHONGYIN BUILDING 854 ZHONGBEI ROAD WUHAN CHINA	
MESSAGE USER REF：	401	108
SEQUENCE OF TOTAL：	1/1	27
DOC. CREDIT NUMBER：	610013971	20
DATE OF ISSUE：	10 OCT 2007	31C
DATE&PLACE OF EXP：	10 DEC 2007 //CHINA	31D
APPLICANT：FLORENCE	FLORENCE SEASONS GARMENT CO.，LTD 22 BHABAN, 3RD FLOOR100, MOHAKHALL, C/A	50
BENEFICIARY：	WUHAN MEDIA I/E TRADE CO.，LTD. NO. 187 ZHONGSHAN ROAD, WUHAN CHINA	59
CURRENCY AND AMOUNT：	USD 38，677.00	32B
AMT. SPECIFICATION：	5/5	39A
AVAIL. WITH/BY：	BANK OF CHINA WUHAN BRANCH BY PAYMENT	40A
PARTIAL SHIPMENTS：	PROHIBITED	44B
TRANSSHIPMENTS：	ALLOWED	43T
SHIPMENT FROM：	SHIPMENT FROM ANY SEAPORT IN CHINA	44A
SHIPMENT TO：	CHICAGO U. S. A.	44B
LATEST SHIPMENT DATE：	31 OCT 2001	44C
SHIPMENT OF (GOODS)：	ACCORDING PROFORMA INVOICE NO. WM910706	45A
DOCUMENTS REQUIRED：	CLEAN ON BOARD OCEAN BILL OF LADING IN 2/0 (ORIGIN ALS/COPIES)，ISSUED TO THE ORDER OF, NOTIFY APPLICANT STATING FREIGHT AMOUNT PREPAID, WHICH VALUE MUST BE SAME AS INDICATED IN COMMERCIAL INVOICE.	46A

PAGE2

+ + 2/0 (ORIGINAL/COPIES) OF APROVAL SAMPLES CERTIFICATE
+ PACKING LIST IN 2/0 (ORIGINAL/COPIES)
+ COMERCIAL INVOICES IN 2/0 (ORIGINAL/COPIES),
SPECIFYING ALL MERCHANDISE, STATING VALUE
FOB, FREIGHT AND CFR.

ADDL. CONDITIONS: + ALL DOCUMENTS MUST BE DULY SIGNED. 47A
+ DOCUMENTS AND B/L ISSUED BEFORE ISSUANCE OF LETTER OF CREDIT, ARE
NOT ALLOWED, AS WELL AS, ALL OF THEM MUST INDICATE OUR REFERENCE L/C NO. 610013971 AND REF. CO. MC20010913. //ALTERATIONS IN DOCUMENTS ARE
ACCEPTED ONLY IF THEY ARE STAMPED AND INITIALLED BY THE ISSUER//REMARKS FOR CORRESPONDENT BANK IN ORDER TO PROVIDE FUNDS
NECESSARY FOR COVER YOUR PAYMENT, PLEASE ADVISE US VIA SWIFT OR TELEX WITH 3 BUSINESS DAYS PREVIOUSAT THE TIME OF PAYMENT, AMOUNT TO BE DEBITED, VALUE AND SHIPMENT DATE//BENEFICIARY ADDITIONAL INFORMATION: PHONE 86 27 82801871 FAX. 86 27 82801852
//TOLERANCE
OF PLUS/LESS 5 PCT ON CFR VALUE AND QUANTITY OF MER CHANDISE ARE ALLOWED//THIS LETTER OF CREDIT IS NEGOTIABLE AGAINS T PRESENTATION OF 2/0 (ORIGINAL/COPIES) OF BILL OF LADING, 2/0 (ORINAL/COPIES) OF COMMERCIAL INVOICE, 2/0 (ORIGINAL/COPIES) OF PACKING LIST AND 1/0 (ORIGINAL/COPIES) APROVAL SAMPLES CERTIFICATE PLUS GUIDE
COURIER OR COURIER RECEIPT AND LETTER OF BENEFICIARY CERTIFYING TO HAVE SENT DIRECTLY TO: MULTITIENDAS CORONA S. A. S ANTIAGO CHILE ONE ORIGINAL FULL SET OF DOCUMENTS, AT LATEST 7 DAYS AFTER THE SHIPPING DATE SHOWN IN THE BILL OF LADING. //BILL OF LADING MUST INDICATE DATE OF SHIPMENT, NAME OF THE VESSEL, NUMBER OF THE SEAL OF CONTAINER, SHOWING THAT THE MERCHANDISE HAS BEEN SHIPPED IN FULL CONTAINER,
FREIGHT AMOUNT PREPAID AS FREIGHT, QUANTITY OF
CARTONS//HOUSE BILL OF LADING IS ALLOWED//COMMERCIAL INVOICE MUST BE DULY SIGNED AND STAMPED FOR THE ISSUER, INDICATING UNIT VALUE, CFR VALUE AND DESCRIPTION OF MERCHANDISE SHIPPED, //PACKING LIST MUST INDICATE QUANTITY OF CARTONS, QUANTITYS OF STYLES AND SIZES SHIPPED IN EACH CARTONS//COPY APROVAL SAMPLES CERTIFICATE ISSUED BY BUYER SIGNED AND STAMPED INDICATING THAT THE SHIPPING

PAGE3

	SAMPLES HAS BEEN RECEIVED FROM BENEFICIARY AND ARE AGREE WITH THE GOODS PURCHASED. //FOR THE INSURANCE PURPOSES, THE BENEFICIARY MUST SEND BY FAX TO THE NUMBER 01 23737002 DIRECT TO THE BUYER COPY OF ALL SHIPPING DOCUMENTS//A RISE IN THE UNITA RY PRICE OF THE MERCHANDISE IS NOT ALLOWED AND BENEFICIARY MUST RESPECT THE PRICES STIPULATED IN THE PROFORMA INVOICE. //ALL YOUR BANKING CHARGES OUTSIDE U. S. A ARE FOR BENEFICIARY S ACCOUNT. // THE NSURANCE WILL BE COVERED IN U. S. A. FOR BUYERS ACCOUNT//MERCHANDISE MUST BE SHIPPED ONLY IN FULL CONTAINER. //THIS LETTER OF CREDIT MUST BE ADVISED THROUGH YOUR OFFICE IN CHINA MERCHANTS BANK WUHAN BRANCH. //BENEFICIARY ADDITIONAL INFORMATION: PHONE 86 27 82803741 FAX 86 27 82836159, ATTN MR. JAMES. // REIMBURSEMENT IS SUBJECT TO ICC NUMBER 525	
DETAILS OF CHARGES:	ALL CHARGES ARE FOR BENEF. ACC, EXCEPT CHARGES INSIDE U. S. A.	71B
PERIOD FOR PRESENT:	15 DAYS AFTER DATE OF SHIPMENT.	48
CONF. INSTRUCTIONS:	CONFIRM	49
SENDER CORRESPONDENT:	BOFCUS33NYK BOFCUS33 UNION BANK OF CALIFORNIA INTL NEW YORK	53A
INSTRUCTIONS:	KINDLY REQUEST REIMBURSEMENT AT SIGHT. INFORM US, SAME VIA, SHIPMENT DATE, AMOUNT AND NEGOTIATION DATE.	78
SENDER-RECEIVER INFO:	ADVISE US, SAME VIA, WHEN YOU NOTIFY AND CONFIRM THIS L/C TO BENEFICIARIES. THIS L/C IS SUBJECT TO ICC REV. 600 PUBL. 2007.	75
TRAILER:	MAC CHK	
DELAYED MESSAGE:		DLM

PAGE4

SWIFT SEND TIME/MIR: 1804 000914 F BSGOCLRMAXX 728148 2511

FIRST RCVD TIME/MOR: 0918 000915 F FNBCCNBJAXX 041564 0991

****************** MESSAGE PASSED AUTHENTICATION *********************

*** END OF MESSAGE ***

附件三　信用证通知

BANK OF CHINA WUHAN BRANCE
ZHONGYIN BUILDING 854 ZHONGBEI ROAD
WUHAN CHINA
TEL：86 27 8746254 FAX：86 27 8793841

Documentary Credit
Date：8-Oct-2007

To：WUHAN MEDIA I/E TRADE CO. , LTD.
NO. 187 ZHONGSHAN ROAD
WUHAN CHINA

Credit Issuing Bank：
DHAKA，BANGLADESH AGRANI BANK
TEJGAON I/A BR，

L/C Reference：610013971
Amount：USD 38，667. 00
Date of Issue：6-Oct-2007

Dear Sirs，

We are pleased to enclose a Full Text Letter of Credit received via SWIFT which has been established by the above mentioned issuing bank，for account of：

BOLTITI CORONA S. A.

Please be guided by the following instruction

The issuing bank has requested us to add our confirmation to the attached letter of credit. As per credit terms，confirmation charges are for your account. Should you desire to avail of our confirmation，please call our advising section at the number shown below.

Upon receipt of your fax to accept the confirmation clauses，we will add confirmation to this credit. And confirmation charges of USD150. 00 will be deducted from the proceeds. Until such time，this letter of credit is advised to you without any engagement on our part. It will be released to him/her against payment of USD30. 00 representing our advising charges only at this time.

Please direct all your inquiries to our：1) L/C Advising Section at 38071081 relating to advising/confirming of the credit. 2) L/C Transferring and Negotiation Section at 380712834 relating to transfer，document preparation Please examine the terms and conditions of the attached letter of credit and/or amendment so as to ensure your ability to conform to these terms. In case any terms and conditions do not meet your requirements，please contact your customer / buyer immediately and request suitable amendments to the letter of credit. This will help avoid delays at the time of negotiation of documents.

This notification along with the original letter of credit and any subsequent amendments must be presented with the documents at the time of negotiation.

This advice is subject to the Uniform Customs and Practice for Documentary Credits，(2007 Revision)，ICC Publication No. 600，in accordance with which we do not assume liability or responsibility for the consequences arising out of delays and / or losses in transit of any messages relating to this transaction

This is a computer generated advice and does not bear a signature.

Yours faithfully,

BANK OF CHINA WUHAN BRANCE

附件四　汇票

Drawn under

No. WM910706　　　　　　　　　　　　　　　　Wuhan, China

Exchange for USD 38,667

At .... sight of this FIRST of Exchange (Second of the same tenor and date unpaid) pay to the Order of

BANK OF COMMUNICATIONS.WUHAN BRANCH

The sum of U.S.DOLLARS THIRTY EIGHT THOUSAND SIX HUNDRED AND SIX SEVEN ONLY

Value received ....

DETAILS AS PER OUR INVOICE NO:WM910706

L/C NO:L610013971 DATED 011006,

ISSUING BANK:AGRANI BANK TEJGAON I/A BR,

To: AGRANI BANK TEJGAON I/A BR,

DHAKA BANGLADESH

WUHAN MEDIA I/E TRADE

CO., LTD

WUHAN CHINA

(SIGNED)

附件五　发票

WUHAN MEDIA I/E TRADE CO. , LTD.

NO. 187 ZHONGSHAN ROAD, WUHAN CHINA

PHONE 86 27 82801871 FAX. 86 27 82801852

COMMERCIAL INVOICE

TO: FLORENCE SEASONS GARMENT CO. , LTD 622 BHABAN, 3RD FLOOR100, MOHAKHALL, C/A

INVOICE NO: WM 910706 DATE: OCT. 11. 2007

L/C NO: L610013971 DATED: OCT. 6. 2007

ISSUED BY: AGRANI BANK TEJGAON I/A BR, DHAKA, BANGLADESH

DESTINATION:

Marks&Nos	Quantities and Descriptions			Amount
FLOR-ENCE CO. , CHICAGO MADE IN CHINA	706SETS LADIES GARMENTS			CIF CHICA-GO, U. S. A.
	DESCRIPTION OF GOODS SHIPPED	UNIT PRICE	CIF VALUE	
	SML17523 LADIES GARMENTS/115SETS	@USD56. 00/SET	USD6, 440. 00	
	SML18614LADIES GARMENTS/135SETS	@USD53. 00/SET	USD7, 155. 00	
	SML20152 LADIES GARMENTS/147SETS	@USD57. 00/SET	USD8, 379. 00	
	SML36787 LADIES GARMENTS/184SETS	@USD52. 00/SET	USD9, 568. 00	
	SML10874 LADIES GARMENTS/125SETS	@USD57. 00/SET	USD7, 125. 00	
		TOTAL CIF VALUE:	USD38, 667. 00	
	PACKED IN 167 CARTONS			
	WE HEREBY INDICATE THAT GOODS ARE MARKED IN AN IRRMOVABLE WAY WITH THE NAME OF COUNTRY OF ORIGIN: CHINESE			
	TOTAL FOB VALUE: USD 37, 255. 00			
	INSURANCE PREMIUM: USD 112. 00			
	FREIGHT CHARGES : USD 1, 300. 00			
	TOTAL CIF VALUE: USD 38, 667. 00			

WUHAN MEDIA I/E TRADE CO. , LTD.

WUHAN CHINA

附件六　提单

B/L No. SNL WHSG1000368

中国外运武汉公司

SINOTRANS WUHAN COMPANY

OCEAN BILL OF LADING

Shipper
WUHAN MEDIA I/E TRADE CO.,LTD
NO.187 ZHONGSHAN ROAD
WUHAN CHINA

Consignee or order
FLORENCE SEASONS GARMENT CO.,LTD
622 BHABAN,3RD　FLOOR100
MOHAKHALL,C/A

Notify address
COMERCIAL TERRANO LTD
DOMINCA 3672 DOPISO RECOLETA
CHICAGO, U.S.A.

Pre－carriage by	Port of loading SHANGHAI PORT IN CHINA
Vessel	Port of transshipment
Port of discharge	Final destination CHICAGO,U.S.A.

SHIPPED on board in apparent good order and condition (unless otherwise indicated) the goods or packages specified herein and to be discharged at the mentioned port of discharge or as near thereto as the vessel may safely get and be always afloat.

The weight, measure, marks and numbers, quality contents and value being particulars furnished by the Shipper. are not checked by the Carrier on loading.

The Shipper, Consignee and the Holder of this Bill of Lading hereby expressly accept and agree to all printed, written or stamped provisions exceptions and conditions of this Bill of Lading including those, on the back, hereof.

IN WITNESS whereof the numbers of original Bills of Lading stated below have been signed one of which being accomplished the other(s) to be void.

PARTICULARS FURNISHED BY SHIPPER

Container. seal. No.or marks and Nos.	Number and kind of packages	Description of goods	Gross weight (kgs)	Measurement (m^3)
		SHIPPER'S LOAD COUNT&SEAL	2997.00KGS	
ARTICLE: STYLE: SIZE: COLOR: QUANTITY: 36PCS	167CTNS	FREIGHT PREPAID IT'S FREIGHT THE AMOUNT USD2300.00		

1X40'H & 1X20'　CY　TO　CY

SAY ONE HUNDRED AND SIXTY SEVEN CARTONS ONLY

ON BOARD OCT.26.2007

Freight and charges FREIGHT PREPAID			REGARDING TRANSSHIPMENT INFORMATION PLEASE CONTACT
Ex. rate	Prepaid at	Freight payable at	Place and date of issue WUHAN OCT.26.2001
	Total prepaid	Number of original Bs/L THREE	Signed for or on behalf of the Master AS AGENT FOR THE CARRIER SINOTRANS WUHAN COMPANY as Agent

(SINOTRANS STANDARD FROM 5)　TERMS AND CONDITIONS AS PER ORIGINAL BILL OF LADING　　99C No. 220365

附件七　保险单

PICCO

中国人民保险公司湖北省分公司
The People's Insurance Company of China
Hubei Branch
总公司设于北京　一九四九年创立
Head Office Beijing　Established in 1949

货物运输保险单

CARGO TRANSPORTATION INSURANCE POLICY

发票号（INVOICE NO.）　WM910706　　保单号次 PY：

合同号（CONTRACT NO.）　MC20010913　　POLICY NO.　Y0042010008325

信用证号（L/C NO.）　L610013971

被保险人：

Insured：WUHAN MEDIA I/E TRADE CO.，LTD

中国人民保险公司（以下简称本公司）根据被保险人的要求，有被保险人向本公司缴付约定的保险费，按照本保险单承保险别和背面所载条款与下列特款承保下述货物运输保险，特立本保险单。

THIS POLICY OF INSURANCE WITNESSES THAT THE PEOPLE'S INSURANCE COMPANY OF CHINA（HEREINAFTER CALLED "THE COMPANY"）AT THEREQUEST OF THE INSURED AND IN CONSIDERATION OF THE AGREED PREMIUM PAID THE COMPANY BY THE INSURED，UNDERTAKES TO INSURE THE UNDERMENTIONED GOODS IN TRANSPORTATION SUBJECT TO THE POLICY AS PER THE CLAUSES PRINTED OVERLEAF AND OTHER SPECIAL CLAUSES ATTACHED HEREON.

标记 MARKS&NOS.	包装及数量 QUANTITY	保险货物项目 DESCRIPTION OF GOODS	保险金额 AMOUNT INSURED
FLORENCE CO.， CHITTAGONG MADE IN CHINA	PACKED IN 167 CARTONS	LADIES GARMENTS	USD38，667.00

总保险金额：

TOTAL AMOUNT INSURED：USD THIRTY EIGHT THOUSAND SIX HUNDRED AND SIXTY SEVEN ONLY

保费：　　启运日期：　　装载运输工具：

PREMIUM：AS ARRANGED　DATE OF COMMENCEMENT：OCT. 25，2007　PER CONVEYANCE：UN-ASSURE

自　　经　　至

FROM：SHANGHAI　VIA：　TO：CHICAGO

承保险别：　IRRESPECTIVE OF PERCENT COVERING THE FOLLOWING RISKS AS PER INSTITUTE

CONDITIONS： CARGO CLAUSES TO FINAL WAREHOUSE IN RIYADH，SAUDI ARABIA；ALL MARINE AND LAND RISKS WAR STRIKES RIOTS AND CIVIL COMMOTIONS WITH EXTENDED COVER.

所保货物，如发生保险单项下可能引起索赔的损失或损坏，应立即通知本公司下述代理人查勘。如有索赔，应向本公司提交保单正本（本保险单共有2份正本）及有关文件。如一份正本已用于索赔，其余正本自动失效。

IN THE EVENT OF LOSS OR DAMAGE WHICH MAY RESULT IN A CLAIM UNDER THIS POLICY, IMMEDIATE NOTICE MUST BE GIVEN TO THE COMPANY'S AGENT AS MENTIONED HEREUNDER. CLAIMS，IF ANY，ONE OF THE ORIGINAL POLICY WHICH HAS BEEN ISSUED（NUMBERS OF ORIGINAL 2）TOGETTHER WITH THE RELEVENT DOCUMENTS SHALL BE SURRENDERED TO THE COMPANY. IF ONE OF THE ORIGINAL POLICY HAS BEEN ACCOMPLISHED, THE OTHERS TO BE VOID.

THE KINGMEN INSPECTION & SURVEY CO.，LTD
P. O. BOX：9856，2541 CHICAGO TEL：65874212

中国人民保险公司湖北省分公司
The People's Insurance Company of China Hubei Branch

赔款偿付地点
CLAIM PAYABLE AT：CHICAGO IN USD
出单日期

ISSUING DATE：10/25/2007 Authorized Signature：刘文沣

地址：中国武汉江汉路 78 号 电话：86-27-82861006
ADDRESS：78 JIANGHAN RODA WUHAN CHINA TEL：86-27-82861006